CB056161

Modelagem plana
para moda feminina

A autora

Dra. Winifred Aldrich é ex-professora dos cursos de graduação em Moda da Nottingham Trent University, Inglaterra, onde ministrava disciplinas de vestuário e tecnologia. Designer com muitos anos de experiência profissional, é considerada uma autoridade em modelagem e tem várias obras publicadas sobre o assunto, entre elas *Modelagem Plana para Moda Feminina*, seu primeiro livro publicado em língua portuguesa.

Agradecimentos

A autora gostaria de agradecer:

- A Hilary Candler e Alec Aldrich pela ajuda com a edição original.
- Ao British Standards Institution pelas informações sobre a designação de tamanhos da moda feminina.
- Ao SATRA Footwear Technology Centre por suas informações.
- Às pessoas e empresas a seguir, que forneceram informações e imagens para o capítulo sobre desenho com auxílio do computador: assyst-bullmer, Alemanha; Gerber Technology, Manchester; Katherine Townsend e Gillian Bunce, The Nottingham Trent University; Lectra, França; Optitex, Nova York; BLUE FOX NedGraphics BV, Países Baixos; Visualretailing, Países Baixos.

A365m   Aldrich, Winifred.
           Modelagem plana para moda feminina / Winifred Aldrich ; coordenação da tradução: Claudia Buchweitz ; tradução: Laura Martins, Patrícia Varriale da Silva, Scientific Linguagem Ltda. ; revisão técnica: Camila Bisol Brum Scherer. – 5. ed. – Porto Alegre : Bookman, 2014.
           216 p. : il. color. ; 28 cm.

        ISBN 978-85-8260-174-7

        1. Moda feminina. 2. Modelagem feminina. I. Título.

                                               CDU 391-055.2

Catalogação na publicação: Suelen Spíndola Bilhar – CRB 10/2269

Winifred Aldrich

Modelagem plana
para moda feminina

5ª Edição

Tradução:
Claudia Buchweitz (coordenação)
Laura Martins
Patrícia Varriale da Silva
Scientific Linguagem Ltda.

Revisão técnica:
Camila Bisol Brum Scherer
Graduada em Tecnologia em Moda e Estilo pela UCS
Mestre em Design pela Unisinos
Professora do Bacharelado em Design e do MBA de Moda da ESPM-Sul

bookman

2014

Obra originalmente publicada sob o título
Metric Pattern Cutting for Women's Wear, 5th Edition
ISBN 978-1-4051-7567-8 / 1-4051-7567-2

Copyright © Winifred Aldrich, 1976, 1979, 1982, 1985, 1989, 1990, 1994, 1997, 2004, 2008

Publicado originalmente na Grã-Bretanha em 1976 por Mills & Boon Ltd., em 1981 por Bell & Hyman Ltd. e em 1987 por Unwin Hyman Ltd.; edição revisada em 1979; edição revisada em 1982; edição revisada em 1985; reeditado por HarperCollins Publishers em 1991; reeditado por Blackwell Scientific Publications em 1992; 3ª edição em 1994; edição revisada em 1997; 4ª edição em 2004; 5ª edição em 2008.

Todos os direitos reservados. Tradução para a língua portuguesa Copyright © 2014, Bookman Companhia Editora Ltda., uma empresa do Grupo A Educação S.A. Tradução publicada e comercializada com permissão da Blackwell Publishing Limited, que detém ou controla todos os direitos de publicação e comercialização da mesma. A precisão da tradução é de inteira responsabilidade da Bookman Companhia Editora Ltda., não sendo de responsabilidade da Blackwell Publishing Limited. Nenhuma parte deste livro pode ser reproduzida, em qualquer forma, sem a permissão por escrito da detentora do copyright do original, Blackwell Publishing Limited.

Gerente editorial: *Arysinha Jacques Affonso*

Colaboraram nesta edição:

Editora: *Mariana Belloli*

Capa: *Flávia Hocevar*

Leitura final: *Carolina Utinguassu Flores*

Editoração: *Techbooks*

Reservados todos os direitos de publicação, em língua portuguesa, à
BOOKMAN EDITORA LTDA., uma empresa do GRUPO A EDUCAÇÃO S.A.
Av. Jerônimo de Ornelas, 670 – Santana
90040-340 – Porto Alegre – RS
Fone: (51) 3027-7000   Fax: (51) 3027-7070

É proibida a duplicação ou reprodução deste volume, no todo ou em parte, sob quaisquer formas ou por quaisquer meios (eletrônico, mecânico, gravação, fotocópia, distribuição na Web e outros), sem permissão expressa da Editora.

Unidade São Paulo
Av. Embaixador Macedo Soares, 10.735 – Pavilhão 5 – Cond. Espace Center
Vila Anastácio – 05095-035 – São Paulo – SP
Fone: (11) 3665-1100   Fax: (11) 3667-1333

SAC 0800 703-3444 – www.grupoa.com.br

IMPRESSO NO BRASIL
PRINTED IN BRAZIL

Apresentação à edição brasileira

Publicado pela primeira vez em 1975, o livro *Modelagem Plana para Moda Feminina* encontra-se em sua 5ª edição, sendo um instrumento de trabalho e aprendizado para professores e estudantes de Moda em vários países, incluindo Inglaterra, Austrália e Estados Unidos. Considerada uma referência no assunto, a autora Winifred Aldrich possui diversas publicações sobre modelagem e seu processo de desenvolvimento, incluindo os segmentos masculino e infantil, o que coloca a obra em posição de destaque.

A versão brasileira do livro chega ao mercado em um importante momento da formação superior em Moda. Com mais de 200 cursos ofertados em todo o território nacional, a modelagem representa não só uma parte significativa da graduação em Moda como também uma ótima oportunidade de atuação profissional, uma vez que a figura do modelista cresce em valorização no ambiente empresarial.

Devido aos diferentes volumes que constituem o corpo da mulher e à forma como as próprias mulheres consomem a moda, o processo de confecção de moldes femininos representa um desafio para estes profissionais. A demanda por produtos que acompanham as tendências, lançadas pelos principais estilistas de alta-costura e *prêt-à-porter*, resulta na produção de moldes cada vez mais complexos e aprimorados em um tempo cada vez mais restrito de produção.

Nesse sentido, *Modelagem Plana para Moda Feminina* está em consonância com o mercado. Aqui, o leitor encontrará tabelas com medidas padrão do corpo feminino, versões adaptadas para o segmento de *high-street fashion*, bem como instruções de como personalizar moldes com medidas pessoais. Nesta edição brasileira, optamos por não converter essas tabelas para o modelo de numeração nacional, uma vez que a padronização de medidas no país ainda representa um processo em aberto e a adoção das normas vigentes é facultativa ao empresariado do setor. Assim, as medidas a serem utilizadas pelo leitor, para confecção do molde, derivarão da análise do próprio leitor em aproximação com as tabelas apresentadas no livro.

Considerado outro diferencial desta obra, Winifred Aldrich aborda tanto o processo tradicional de modelagem plana feminina quanto o processo de modelagem sem pences (*flat*). Enquanto o primeiro possibilita o desenvolvimento de peças pela manipulação de pences, o segundo representa uma alternativa para aqueles que criam produtos de malha ou de moda casual. Ambos, no entanto, possuem instruções para confecção de moldes básicos e interpretações mais complexas do corpo, da calça e da saia, seja na proposição de peças ajustadas, seja na proposição de peças com folgas. O resultado é um livro que possibilita a criação de roupas de Moda, com golas, punhos, cós, mangas e cavas, que ultrapassam a estética básica do vestuário.

Com uma linguagem objetiva e acessível aos estudantes iniciais, o livro possui tutoriais didáticos e ilustrados para confecção dos moldes apresentados. Trata também dos processos de graduação, encaixe e elaboração de planos de corte, além de abordar os principais recursos de criação e modelagem com o auxílio do computador. As ferramentas necessárias para confeccionar os moldes e uma breve caracterização dos tipos de tecidos e seu peso compõem a obra, facilitando a organização do leitor e a decisão sobre o tipo de base em que será utilizado o molde e qual o processo de modelagem que será adotado.

A disponibilização do livro no mercado nacional, pela Editora Bookman, só foi possível devido ao trabalho e dedicação de diferentes profissionais. Nesse sentido, se faz um sincero agradecimento a Mariana Belloli, que coordenou o trabalho do início ao fim, acompanhando de perto cada detalhe apresentado pela equipe de tradução e revisão técnica. À equipe de tradução da Scientific Linguagem, composta por sua sócia-diretora Claudia Buchweitz, Laura Martins e Patrícia Varriale da Silva, se faz um agradecimento especial, uma vez que junto à revisão técnica, possibilitaram a manutenção de uma linguagem objetiva ao leitor, porém adaptada à língua portuguesa e a realidade da Moda no Brasil. Por fim, é importante agradecer aos profissionais Cristian Metz, formado pelo curso de graduação em Moda da Universidade Feevale e laboratorista do mesmo curso, pelo apoio prestado na verificação dos moldes apresentados no livro, bem como ao professor Luiz Carlos Robinson, professor do curso de graduação em Design e Moda da Universidade Feevale, além de revisor técnico de obras da Bookman, pelas valiosas orientações sobre bases têxteis.

Modelagem Plana para Moda Feminina é uma obra que introduz os principais conceitos de modelagem aos interessados no tema, servindo como um manual prático para o leitor. Faça uso dela e perceba o quanto a modelagem é uma atividade instigante, motivadora e crucial para o sucesso de uma roupa!

Camila Bisol Brum Scherer

Sumário

Introdução	9
Modelagem plana e design	10
Tecidos	11
Ferramentas e equipamentos para modelar	12

Parte 1: Processo de modelagem tradicional

1 Traçado do molde básico do corpo

Sistema industrial de tamanhos e medidas	14
Medidas do corpo feminino padrão	15
Traçado de moldes	19
Molde ajustado do corpo	20
Molde do corpo com folga	22
Molde de blazer	24
Forma dos moldes	24
Molde de casaco tradicional	26
Molde de manga inteira	28
Molde de manga de duas folhas	30
Molde do corpo sem mangas	32
Forma da cintura	33
Moldes de vestido	34

2 Do molde básico ao molde final

Do molde básico ao molde final	36
Margens de costura	38
Identificação do molde final	39
Sentido do fio	40
Encaixe do molde para corte	40

3 Adaptações usuais dos moldes básicos

Manipulação de pences para formatação do busto e das omoplatas	42
Aberturas	44
1 Decote profundo	44
2 Frente com abotoamento padrão	44
3 Frente transpassada	44
4 Frente com abotoamento superior	44
5 Frente assimétrica com abotoamento	44
6 Frente com abotoamento de camisa	44
Pences sobre recortes	46
7 Pences do busto sobre recorte vertical	46
8 Pences do busto sobre recorte princesa	46
9 Pences do busto sobre recorte horizontal	46
10 Pences do busto sobre recorte curvo	46
Pences sobre volumes	48
11 Pences do busto sobre tomas	48
12 Pences do busto sobre franzidos	48
13 Pences do busto sobre pregas	48
14 Busto franzido	50
15 Frente com abertura envelope	50
16 Frente drapeada	50
Formas da blusa tradicional	52
17 Blusa tradicional	52

4 Adaptações de mangas

1 Manga longa reta	54
2 Manga de camisa	54
3 Manga longa semiajustada	54
4 Manga longa com recorte	54
5 Manga longa ajustada	54
6 Manga curta	54
7 Manga curta ajustada	54
8 Adição de ombreiras	54
9 Manga curta evasê	56
10 Manga plissé soleil	56
11 Manga franzida com punho de camisa	56
12 Manga com recorte evasê	56
13 Manga franzida com punho falso	56
14 Manga bispo	56
15 Manga lanterna	56
Adaptação do molde e da manga	58
16 Manga bufante	58
17 Manga franzida no ombro	58
18 Manga com pences no ombro	58
19 Manga com aplicação no ombro	58
20 Manga japonesa aplicada	58
21 Manga com prega superior	58
22 Manga com recorte e vivo	58
23 Cava profunda	60
24 Cava de camisa com folga	60
25 Ombro caído com cava profunda	60
26 Ombro caído	62
27 Ombro caído com manga bufante	62
28 Manga estendida	62
29 Manga estendida evasê	62
30 Manga estendida com pala	62
31 Manga raglan	64
32 Manga raglan evasê	64
33 Manga raglan profunda	64
34 Manga raglan com ombros moldados	64
Moldes de manga quimono	66
Mangas quimono	66
35 Traçado básico da manga quimono	66
36 Molde ajustado da manga quimono	66
37 Molde da manga quimono com folga	66
38 Manga dólmã	68
39 Manga quimono estruturada	68
40 Cava quadrada	68
41 Manga morcego	68
42 Manga quimono com pala	68
43 Manga japonesa	70
44 Manga japonesa com nesga	70
45 Manga japonesa com recorte	70
46 Capa evasê	70
47 Capa ajustada	70
Punhos	72

Parte 1: Processo de modelagem tradicional (continuação)

5 Construção de golas

Golas – Princípios gerais ... 74
Golas flat ... 74
  1 Gola Peter Pan ... 74
  2 Colarinho inglês ... 74
  3 Gola flat semiestruturada ... 74
  4 Gola marinheiro ... 74
Golas levantadas ... 76
  5 Gola mandarim ... 76
  6 Gola escafandro ... 76
  7 Gola tubular ... 76
  8 Gola esporte ... 76
  9 Colarinho de camisa ... 76
  10 Gola-asa ... 76
Golas inteiras ... 78
  Lapelas baixas ... 78
  11 Lapela triangular ... 78
  12 Gola smoking ... 78
  13 Mudando o formato da gola ... 78
  14 Gola xale ... 78
  15 Gola simples estruturada ... 78
  16 Decote profundo ... 78
Golas com lapelas ... 80
  17 Gola tradicional de alfaiataria masculina ... 80
  18 Gola tradicional de blazer transpassado ... 80
  19 Lapela feminina tradicional ... 80
  20 Lapela feminina tradicional com pé de gola embutido ... 80
  21 Gola e lapela com pé de gola ... 80
  22 Gola distante do pescoço ... 80
  23 Gola jabô ... 82
  24 Lapela com babados ... 82
  25 Gola drapeada ... 82

6 Molde e adaptações de saia

Molde da saia de alfaiataria ... 84
Moldes de saias – exemplos ... 86
  1 Saia reta ... 86
  2 Saia com recortes ... 86
  3 Saia reta com fenda e prega macho ... 86
  4 Saia reta com pregas fêmeas ... 88
  5 Saia plissada (trabalhar diretamente no tecido) ... 88
  6 Saia kilt (trabalhar diretamente no tecido) ... 88
  7 Saia franzida ... 90
  8 Saia franzida com recortes ... 90
  9 Saia godê ... 90
  10 Saia evasê ... 92
  11 Saia de quatro gomos ... 92
  12 Saia com mais evasê ... 92
  13 Saia evasê com gomos ... 94
  14 Saia evasê com gomos e pregas ... 94
  15 Saia evasê com recorte e franzido ... 94
  16 Saia de gomos ... 96
  17 Saia de gomos com pala e evasê na barra ... 96
  18 Saia evasê com pregas ... 96
  19 Saia com bolso no quadril ... 98
  20 Saia drapeada ... 98
  21 Saia com pala e franzido frontal ... 98
  22 Saia franzida com nesgas e recorte frontal ... 100
  23 Saia com recorte assimétrico ... 100
  24 Saia com babado na barra ... 100
  25 Cós ... 102

7 Molde básico e adaptações de calça

Molde básico da calça de alfaiataria tradicional ... 104
  1 Saia calça ... 106
  2 Saia calça com pregas ... 106
  3 Saia calça com evasê ... 106
  4 Calça com prega ... 108
  5 Calça boca de sino com pala e franzido ... 108
Molde básico da calça/jeans bem ajustada ... 110
  6 Adaptação do jeans básico ... 110
  7 Adaptação do jeans de cintura baixa ... 112

8 Adaptações complexas dos moldes básicos: vestidos, blazers, casacos

Camisolas e vestidos ajustados ... 114
  1 Vestido com bojo ... 114
  2 Com recortes verticais ... 114
  3 Tomara que caia ... 114
  4 Vestido camisola ... 116
  5 Com decote "V" ... 116
Vestidos, chemisiers e blazers ... 118
  1 Vestido básico ... 118
  2 Vestido com decote quadrado e pregas ... 118
  3 Vestido com recorte vertical e decote quadrado ... 120
  4 Vestido com recorte princesa semiajustado ... 120
  5 Chemisier tradicional ... 122
  6 Chemisier com folga ... 122
  7 Vestido de cintura alta ... 124
  8 Vestido com recorte império ... 124
  9 Blazer com peplum em pregas ... 126
  10 Blazer ajustado com recorte princesa ... 126
  11 Blazer com peplum drapeado ... 126
Blazers e casacos ... 128
  1 Blazer transpassado semiajustado ... 128
  2 Sobretudo tradicional ... 128
  3 Blazer ajustado com três botões ... 130
  4 Casaco 7/8 ajustado (cintura levemente alta) ... 130
  5 Blazer safári ajustado ... 132
Barras e margens de costura para casaco e blazer tradicional ... 133
Forros para casaco e blazer tradicionais ... 134

Parte 2: Processo de modelagem sem pences

9 Peças com folga (tecidos planos)

Modelos de calça e saia com folga

Molde da calça com folga (para calça cargo e jardineira)	136
Molde básico da calça sem pences	138
Moldes básicos da saia sem pences e saia sem pences simplificada	138
1 Calça cargo	140
2 Calça sarouel	140
3 Saia assimétrica com recortes	142
4 Saias básicas com cós e recortes	142

Modelos do corpo com folga

Molde de camisa	144
Moldes básicos de casaco sem pences	146
Molde básico do corpo de quimono para casaco sem pences	146
1 Blazer com manga embutida	148
2 Trench coat com manga embutida	148
3 Casaco com manga quimono	150
4 Cabã com manga quimono	150

10 Roupas básicas e com folga (malhas circular e retilínea)

Moldes básicos e com folga para roupas de malha circular

Camiseta básica e com folga, conjunto esportivo e moldes básicos de malha circular	154
1a Túnica com folga	156
1b Bata com folga	156
2 Camiseta com recorte vertical e adaptação para vestido	156
3 Jaqueta esportiva – manga embutida	158
4 Jaqueta de fleece – manga raglan	158
5 Calça esportiva	160

Capuzes 161

6 Capuz simples	161
7 Capuz com fechamento	161

Moldes de malha retilínea 162

Traçados básicos 162

1 Adaptação de manga para malha retilínea – ombro básico	162
2 Adaptação de manga embutida para malha retilínea – ombro caído	164
3 Adaptação de manga raglan para malha retilínea	164
Modelos de malha retilínea computadorizados	166

11 Roupas justas (tecido com elastano e malhas)

Moldes ajustados	168
1 Molde da legging	168
2 Blusa ajustada com cava raglan	170
3 Camiseta básica com manga japonesa	170
4 Saia-short	170
5 Vestido com elastano	170
Collant	172
Maiô básico	172
Maiô com bojo	172

Parte 3: Tamanho e caimento

12 Técnicas básicas de graduação

Graduação de moldes	176
Graduação para um tamanho acima – modelagem com pences (intervalos de 4 cm) – 1	176
Graduação para um tamanho acima – modelagem com pences (intervalos de 4 cm) – 2	177
Graduação para um tamanho acima – modelagem com pences (intervalos de 4 cm) – 3	178
Graduação para um tamanho acima – modelagem sem pences (intervalos de 6cm) – 1	179
Graduação para um tamanho acima – modelagem sem pences (intervalos de 6cm) – 2	179

13 Como traçar moldes personalizados e realizar ajustes

Como traçar moldes personalizados	182
Tirando as medidas	182
Construção de toiles	184
Alterações do molde para ajustes de caimento	185

Parte 4: Desenho com auxílio do computador (CAD)

14 Desenho e modelagem computadorizados

Conectividade e marketing	196
Criação e ilustração do design	198
Gerenciamento de dados de produção (PDM)	200
Desenho e adaptação de moldes – 1	202
Desenho e adaptação de moldes – 2	203
Pilotagem de roupas – programas de software 3D	204
Pilotagem de roupas – impressão em tecido	205
Inovação no design – forma e estampa	206
Modelagem por tamanhos e sob medida	207
Graduação de moldes – 1	208
Graduação de moldes – 2	209
Graduação de moldes – 3	210
Graduação de moldes – 4	211
Estudo de encaixe e plano de corte	212
Plotagem e corte	214
Gerenciamento do ciclo de vida do produto (PLM)	215

Apêndice: Divisores de apoio 216

Introdução

Revisão da edição de 2008 Esta 5ª edição do livro permanece fiel ao seu conceito original, o qual oferecia uma variedade de moldes básicos, uma introdução aos princípios básicos da modelagem plana e disponibilizava alguns exemplos de moldes de vestuário. O objetivo principal era dar confiança aos estudantes quanto a suas capacidades de modelar, criando um estilo próprio, e oferecer aos professores um ponto de partida, pelo qual eles poderiam ampliar o conhecimento dos seus alunos.

As implementações da edição de 2004 permanecem. Elas correspondiam ao modo como os tecidos e a moda mudaram o corte e o tamanho das roupas em diferentes processos de produção. A disseminação de roupas casuais, em tecidos de malha ou com elastano, culminou na expansão do processo de modelagem sem pences para a criação dos modelos. A edição de 2004 dedicou uma seção inteira para esse tipo de modelagem. Nesta edição, essa seção foi ampliada. No entanto, os estudantes precisam entender como modelar apenas com pences. Para isso, a primeira seção do livro ainda inclui essa técnica.

As tabelas de medidas foram revisadas para corresponder às alterações corporais, alinhadas com as tabelas de medidas europeia e ao modo como as roupas são comercializadas em diferentes segmentos. Como muitas lojas que vendem moda *high-street* estão atraindo adolescentes, a tabela de medidas para esse segmento de mercado foi ampliada até o tamanho europeu 6.

O livro continua sendo destinado a iniciantes, estudantes que estão começando a praticar a modelagem plana como parte da graduação em Moda ou de cursos técnicos que estudam vestuário avançado e têxteis. O capítulo 13 trata especificamente sobre o traçado de moldes personalizados, sendo útil para mulheres que fazem suas próprias roupas, para criar e desenvolver modelos sob medida, ou mulheres que acham que as roupas produzidas em grande escala não têm um caimento confortável.

Alguns moldes de vestuários, principalmente de alta-costura, são construídos com moulage, a modelagem direta no manequim. Entretanto, a modelagem plana feita a partir da criação ou da adaptação de moldes básicos é muito utilizada pelo mercado, por sua precisão de tamanho e rapidez com que as coleções podem ser desenvolvidas. A modelagem plana é um meio de criar uma forma baseada no corpo que permite o desenvolvimento ilimitado de ideias e designs, embora o corpo e, por conseguinte, os moldes básicos permaneçam constantes. Entretanto, o designer precisa estar sempre consciente de que o corpo é uma forma – o que pode ser difícil quando é preciso relacionar as partes planas de papel a um design que é praticamente uma escultura do corpo depois de finalizado. Além disso, a forma se movimentará e isso deve ser explorado no corte da peça. Uma forma em movimento é visualmente mais interessante do que uma estática, mas existem questões práticas a serem consideradas para permitir esse movimento. O sistema da modelagem plana oferecido neste livro tenta conscientizar o estudante sobre como desenhar considerando o corpo como um todo, e não somente vê-lo como uma perspectiva frontal.

A modelagem plana deve ser utilizada juntamente com um manequim. Isso significa que, conforme o design evolui, a proporção e a linha podem ser conferidas e corrigidas. A modelagem plana pode rapidamente se tornar uma forma, mas modelos mais complexos devem ser produzidos em morim ou calico para que o resultado possa ser avaliado em um manequim ou em um corpo em movimento.

Modelagem plana e design

A modelagem por adaptação de moldes básicos remonta à metade do século XIX. Conforme o artesanato se desenvolveu, as regras básicas evoluíram, mas regras podem ser quebradas ou alteradas se vindas de novas direções criativas. Esse conceito de design tem sido o responsável pelas alterações mais interessantes na forma e nos cortes durante o último século. Poiret, Vionnet e Chanel, sensíveis às influências sociais e estéticas, "promoveram o corpo" depois de ter sido escondido em estruturas por um século. Embora suas interpretações tenham sido diferentes, eles foram os inovadores nas roupas leves e folgadas. Atualmente, as diferentes atitudes sociais de muitas mulheres alteraram sua relação com a moda; elas compram roupas que as deixam felizes e não estão dispostas a ficar restritas a uma linha imposta por uma estação ou por uma imagem antiquada de feminilidade.

Unir design do produto e moda é um processo complexo; ele pode, facilmente, ficar sobrecarregado por efeitos exagerados. São muitos os estilistas que produzem imagens alternativas para a moda tradicional por meio de escolhas ecléticas. O papel desses estilistas torna-se cada vez mais importante devido ao poder que têm para iniciar ou influenciar as principais tendências.

Desenhar alta-costura ou pequenas coleções independentes é muito diferente de desenhar para um mercado de massa. As peças criadas para uma pessoa permitem maior liberdade ao designer. O fator de custo se torna menos importante, o que permite que a ideia original seja realizada. Tecidos interessantes que são difíceis de trabalhar podem ser utilizados e as suas características de superfície podem ser enfatizadas pela ornamentação. Geralmente, o "corte" da peça é determinado ao fazer-se a moulage, em que a complexidade do corte pode ser desenvolvida no manequim. Desenhar para clientes individuais permite que a personalidade do usuário seja combinada à ideia original. A ascensão de celebridades na indústria da música e a mídia desenvolveram um mercado novo e interessante para alguns dos melhores designers; é um meio em que eles conseguem promover suas criações e seus nomes. A maioria dos grandes designers também cria "coleções assinadas", produzidas industrialmente, mas o preço alto das peças permite que a "assinatura" dos seus modelos seja mantida e que tiragens limitadas em tecidos ou estampas especiais sejam usadas.

O preço e os processos de produção são os principais limitadores na criação de produtos para produção em massa. As roupas também precisam ter um "hanger appeal" ("apelo visual"); ou seja, devem seduzir as pessoas a experimentá-las ou comprá-las somente pela sua aparência. Muitas peças que podem ficar incríveis em um corpo em movimento podem parecer flácidas e monótonas em araras de roupas. Há dois tipos de designers bem-sucedidos na cadeia de moda voltada para produção em massa. O primeiro grupo trabalha com fabricantes direcionados para o custo; eles conseguem desenvolver formas atuais da moda, mas reconhecem que a otimização de tecido e métodos de padronagem são a prioridade. O segundo grupo trabalha com fabricantes voltados para o design; são capazes de produzir ideias originais e experimentar novos tecidos e processos de produção.

Estes são alguns elementos básicos do design que afetam ou podem limitar um designer em qualquer área:

Cor e estampa São as características mais dominantes na tendência da moda. A cada estação as cores da moda emergem espontaneamente ou são influenciadas pelos grandes designers. Entretanto, a maioria dos varejistas de massa segue as previsões de estilo e cor das grandes agências de codificação de tendências. Atualmente, as novas tecnologias oferecem uma revolução nos tecidos estampados. Em vez de modelos com padronagem contínua, podem ser realizadas estampas sem repetição e em diferentes escalas, oferecendo, assim, novos conceitos, nos quais a estamparia é uma parte importante do vestuário.

Qualidade do tecido Novas tecnologias também aumentaram a variedade de tecidos disponível para os designers. As qualidades estéticas de um tecido costumam ser a inspiração que inicia o processo de criação. Entretanto, ao criar uma nova forma, o designer precisa considerar cinco características cruciais do tecido que podem tornar a peça um sucesso ou um fracasso: peso, espessura, corte, caimento e elasticidade. Embora grandes empresas tenham testado procedimentos que podem determinar medidas técnicas, o designer geralmente precisa ser capaz de avaliar o tecido rapidamente e estimar suas características, visualizando, portanto, seu efeito final.

Forma Apesar de reconhecer o papel crucial que a escolha de tecido desempenha na construção do vestuário, o seu sucesso depende de uma modelagem qualificada. A disseminação dos tecidos com elastano no mercado de massa resultou em uma expansão das técnicas da modelagem sem pences, as quais dependem da flexibilidade do tecido para criar a forma do corpo. Tecidos com elastano também podem ser utilizados na modelagem com pences para proporcionar diferentes efeitos. O corte no viés valoriza o caimento dos tecidos e o uso de camadas pode afetar o peso e a espessura do modelo. A modelagem com pences de peças justas em tecidos sem transparência ou caimento, como sedas firmes, exige uma grande habilidade.

Linha A interpretação de linha e corte é a parte mais complexa do trabalho do designer. Assim que uma forma de moda é estabelecida, as variações de corte passam a ser infinitas. Os designers precisam utilizar suas habilidades na proposição de uma coleção com variedade de tamanhos que traduza a moda mais recente.

Peças pilotos

As peças pilotos são os protótipos produzidos das roupas para que o designer possa conferir e refinar tanto o molde quanto a construção da peça.

Nos estágios iniciais do processo, usa-se um manequim, mas as decisões finais geralmente são tomadas quando um modelo vivo veste a peça. É nesse estágio que as outras grandes decisões são tomadas: cor e estampa, características do tecido, forma e linha.

No momento, há muita discussão na mídia especializada sobre a escolha de modelos extremamente magras para exibir as roupas, que vestem tamanho 6 ou 8 quando, em média, as mulheres usam o tamanho 14.

Tecidos

Os designers precisam adquirir um vasto conhecimento sobre as características dos tecidos. Muitos designers se especializam em um produto específico, como lingerie ou *sportswear*. Eles precisam entender as propriedades básicas dos tecidos e os procedimentos de testes, garantindo que o mesmo seja adequado para a performance do produto.

O designer precisa se familiarizar com os tramados e estruturas do tecido. É preciso dominar a matéria-prima dos tecidos para compreender como isso afeta a grande quantidade de acabamentos que podem ser criados. Entretanto, as características mais importantes que um designer deve considerar quando estiver criando um modelo são: peso, espessura, caimento, elasticidade e densidade de fios (a quantidade de fios dispostos na direção de trama e urdume em determinado espaço, normalmente em um centímetro). Essas características afetarão drasticamente o modo como um molde será cortado e como o modelo final será executado. Abaixo, uma lista de tecidos categorizada em diferentes pesos. Geralmente, o peso e a espessura estão fortemente relacionados, mas alguns tecidos espessos produzidos com fibras artificiais podem ser ilusoriamente leves. Corte e caimento também se relacionam – essas características permitem criar a silhueta do corpo. Atualmente, a popularidade de tecidos com elastano, lã e malha é o fator que mais influencia a modelagem de roupas produzidas em massa. Na lista abaixo, a malha aparece em todas as colunas devido a sua grande variedade em diferentes pesos.

Médio leve	**Médio**	**Médio pesado**	**Pesado**
Afgalaine	Alpaca	Cabo de bedford	Astracã ou astracan
Angorá	Veludo peluche	Bouclé	Lã beaver
Bengaline	Barathea	Klot	Tecido duplo
Caschmere ou caxemira	Crepe casca de árvore	Burlap ou tecido de juta	Duffle
Chino ou crepe de algodão	Brocado	Pelo de camelo	Feltro
Chintz	Butcher	Canvas	Duffle ou duffel
Ciré	Morim	Chenilhe	Malha
Crepon	Sarja cordonê	Cheviote ou espinha de peixe	Loden
Doupion	Clocado	Corduroy ou Bombazina	Feltro melton
Faillette	Sarja espinha de peixe	Tweed Donegal	Plush
Foulard	Sarja covert	Drill e/ou cotim	Matelassé
Xadrez gingham	Crepe	Brim de linho	
Homespun	Damasco	Dungaree ou Jeans em algodão pesado	
Honan	Denim	Duvetine ou duvetina	
Malha	Doeskin	Flanela	
Lamé	Façonné	Fleece ou velo	
Matelassé	Gabardine ou gabardina	Flocado	
Mohair	Grenadine ou granadina	Fustão (de sarja)	
Moiré	Grosgrain	Tweed Harris	
Otomano	Crina (ou hair canvas)	Favo ou favinho	
Panamá	Hopsack	Intarsia (malha retilínea)	
Percal	Jacquard	Malha	
Piqué	Jeans	Lamé	
Cetineta ou cetim de algodão	Malha	Moleskin	
Satin	Veludo panne	Tapeçaria ou tapestry	
Schantung	Reps	Lona	
Sharkskin	Sailcloth e/ou lona	Tweed	
Cetim de poliéster	Saxony	Veludo	
Surá	Sarja	Veneziano ou venetian	
Tafetá	Suiting	Tecido vicunha	
Malha retilínea	Tartan	Whipcord	
Tussore	Veludo	Worsted	
	Belbutina		

Ferramentas e equipamentos para modelar

Os estudantes precisam adquirir um conjunto de equipamentos de qualidade. Entretanto, alguns itens são caros. Os itens marcados com um asterisco (*) indicam aqueles que não são imprescindíveis para começar.

Mesa para trabalho   É necessário uma mesa para trabalhar. Idealmente, deve ter 90-92 cm de altura.

Papel   Um papel firme é utilizado para moldes. Papel vegetal ou papel cartão devem ser utilizados para moldes básicos usados com frequência.

Lápis   Utilize lápis de ponta dura (2H) para traçar os moldes e lápis coloridos para contornar as áreas complexas.

Canetas coloridas   Para escrever instruções legíveis nos moldes.

Borracha

Régua métrica

Régua francesa   Para desenhar curvas longas.

Régua de 1 m

Esquadro   Um esquadro grande com um ângulo de 45° é bastante útil; esquadros métricos também podem ser encontrados.

Fita métrica

Carretilha

Tesouras   Utilize tesouras diferentes para cortar tecido e papel, pois o papel tira o fio da tesoura.

Fita adesiva

Alfinetes

Esquadros com escala de um quarto e um quinto   São essenciais para estudantes registrarem moldes e adaptações nos seus cadernos.

Estilete

Giz de alfaiate   Serve para marcar o molde final no tecido e as alterações de ajuste.

Tecidos para toile   Morim (ou calico) é utilizado nos toiles para os modelos em tecidos de algodão. Cuide para que o peso do morim seja o mais próximo possível do peso do tecido final. No caso de roupas em malha, escolha uma malha com a mesma elasticidade da que será utilizada para confecção da roupa.

*Esquadro métrico

*Calculadora   A calculadora é uma ferramenta comum em todas as áreas que se utilizam da matemática, como a modelagem. Se você não dispõe de uma calculadora, utilize a tabela de divisores de apoio (ver Apêndice, página 216).

*Curvas francesas   Curvas de plástico disponíveis em uma variedade de tamanhos; elas são úteis para desenhar curvas precisas. Uma curva flexível, também disponível, permite a manipulação da forma da curva.

*Alicate de molde   Ferramenta que marca os piques ao recortar uma parte do molde de papel.

*Perfurador de molde

*Ganchos para molde

*Pesos de papel   Mantém as partes do molde no lugar sobre papel ou tecido.

*Manequim   Embora não sejam essenciais para iniciantes, eles são inestimáveis para os estudantes experientes no desenvolvimento dos modelos.

*Equipamentos computadorizados   Uma descrição de equipamentos computadorizados pode ser encontrada nas páginas 195-215.

Parte 1: Processo de modelagem tradicional

1 Traçado do molde básico do corpo

Sistema industrial de tamanhos e medidas	14
Medidas do corpo feminino padrão	15
Traçado de moldes	19
Molde ajustado do corpo	20
Molde do corpo com folga	22
Molde de blazer	24
Forma dos moldes	24
Molde de casaco tradicional	26
Molde de manga inteira	28
Molde de manga de duas folhas	30
Molde do corpo sem mangas	32
Forma da cintura	33
Moldes de vestido	34

Sistema industrial de tamanhos e medidas

As pesquisas de medidas corporais, que coletam dados para produzir os sistemas de tamanhos e medidas, são muito caras. A obtenção de dados confiáveis depende da medição de milhares de pessoas, e é muito difícil obter financiamento público para a tarefa. A última pesquisa totalmente financiada pelo governo* com dados disponíveis para consulta data de 1957. As pesquisas mais recentes são privadas, realizadas por empresas, ou por meio de parcerias entre o governo e grandes varejistas. Como as empresas arcam com todo o custo, ou com parte dele, consideram que a informação tem valor comercial e, portanto, não a disponibilizam para uso público. Isso ocorreu com os dados da última pesquisa britânica, coordenada pelo Departamento da Ciência da Computação (*Department of Computer Science*), da University College, em Londres. A pesquisa foi realizada com o uso de escâneres computadorizados. Atualmente, diversos sistemas estão disponíveis para as empresas. Embora algumas dificuldades persistam, os escâneres têm capacidade de realizar registros confiáveis da maioria das medidas corporais necessárias para produzir roupas. Esses equipamentos também criam imagens do corpo em 3D, que oferecem informações úteis sobre a mudança da forma corporal da população. O custo continua sendo o maior problema; no contexto financeiro atual, poucas empresas estão dispostas a investir em tecnologia inovadora e quase todas estão envolvidas em projetos patrocinados pelo governo. Uma grande parte dos levantamentos, principalmente nos países em desenvolvimento, é realizada com técnicas manuais. Um pesquisador da *Manchester Metro University* desenvolveu um sistema manual de medida usando uma régua antropométrica e um arnês especial.

Normas britânicas e europeias

A *British Standards Institution* (BSI) – empresa britânica de metrologia – é, em geral, a principal referência para tamanhos, medidas e etiquetagem**. Quatro novas normas na categoria Designação do Tamanho de Peças de Vestuário foram adotadas pelo CEN, o Comitê Europeu de Normatização. A maioria dos países europeus, incluindo o Reino Unido, adotou as normas acordadas. Atualmente, as normas indicadas pela BSI são:

BS EN 13402-1: 2001 Termos, definições e procedimentos de medição do corpo.

BS EN 13402-2: 2002 Dimensões primárias e secundárias (usadas para etiquetagem de vestuário).

BS EN 13402-3: 2004 Medidas e intervalos.

A norma oferece tamanhos em intervalos de 4 e 6 cm. Esperava-se que uma norma adicional, a BS EN 12402-4, com um novo sistema de código para vestuário, fosse publicada em 2006. Entretanto, diversos países não conseguiram chegar a um consenso sobre os métodos de codificação oferecidos. Assim, a publicação da norma foi adiada enquanto novas propostas são consideradas.

A adoção das normas pelos fabricantes é voluntária, o que explica o sistema anárquico de tamanhos encontrados em peças de varejistas de moda *high-street*. Apesar do trabalho que vem sendo feito atualmente para obter uma consistência maior nos tamanhos, tanto no Reino Unido quanto na Europa, as roupas vendidas em pequenas e grandes lojas fornecem cada vez menos informação. Os pictogramas com medidas corporais praticamente deixaram de existir. Nas lojas, são poucas as tabelas disponíveis que relacionam tamanho com medidas corporais. Muitas marcas de roupas oferecem somente a numeração. Os grandes varejistas argumentam que essa prática é uma reação às demandas dos consumidores por rótulos simples, e que a maioria das mulheres reconhece seus tamanhos. Na prática, muitas mulheres selecionam dois ou três tamanhos, dependendo da loja ou do modelo da peça.

Tabela de medidas e numeração

O setor do vestuário que vende moda *high-street* – a chamada modinha – para o mercado jovem utiliza tabelas de medidas para um corpo jovem ou atlético. A variação dos tamanhos nessas tabelas é atraente às adolescentes; portanto, muitas empresas nesse mercado aumentaram as opções de tamanhos menores e reduziram a variação nos tamanhos maiores. Neste livro, serão apresentadas duas tabelas de medidas para esse mercado.

As tabelas de medidas para o mercado popular parecem oferecer medidas mais generosas no sistema de numeração; algumas empresas estão ampliando as opções de tamanhos maiores.

Os catálogos de vendas*** oferecem aos consumidores tabelas de tamanhos com as numerações 10, 12, 14, etc. Contudo, as medidas variam de acordo com o nicho de mercado.

Tabelas de medidas neste livro

(1) Medidas – para lojas de moda *high-street*, tamanhos 6-16, página 16.
(2) Medidas – para lojas de moda *high-street*, tamanhos PP, P, M, G, GG, página 16.
(3) Medidas – para tamanhos femininos padrão, em incrementos de 4 e 6 cm, tamanhos 8-22, página 17.
(4) Medidas – para tamanhos femininos padrão, PP, P, M, G, GG, página 18.

---

* N. de T.: A autora refere-se aqui ao governo britânico.
** N. de R. T.: No Brasil, o órgão responsável por padronizações é a Associação Brasileira de Normas Técnicas (ABNT), que padronizou os tamanhos de artigos de vestuário pela norma NBR 13377, de 30 de junho de 1995, "Medidas do Corpo Humano para Vestuário – Padrões Referenciais", abrangendo os segmentos masculino, feminino e infantil. Entretanto, a padronização de medidas para o vestuário ainda é um processo em aberto em nosso país e a adoção das normas é facultativa ao empresariado. Por esse motivo, optamos por não converter as medidas aqui apresentadas para um modelo de numeração nacional.

*** N. de T.: Geralmente, os catálogos no Brasil seguem as numerações 38, 40, 42, etc.

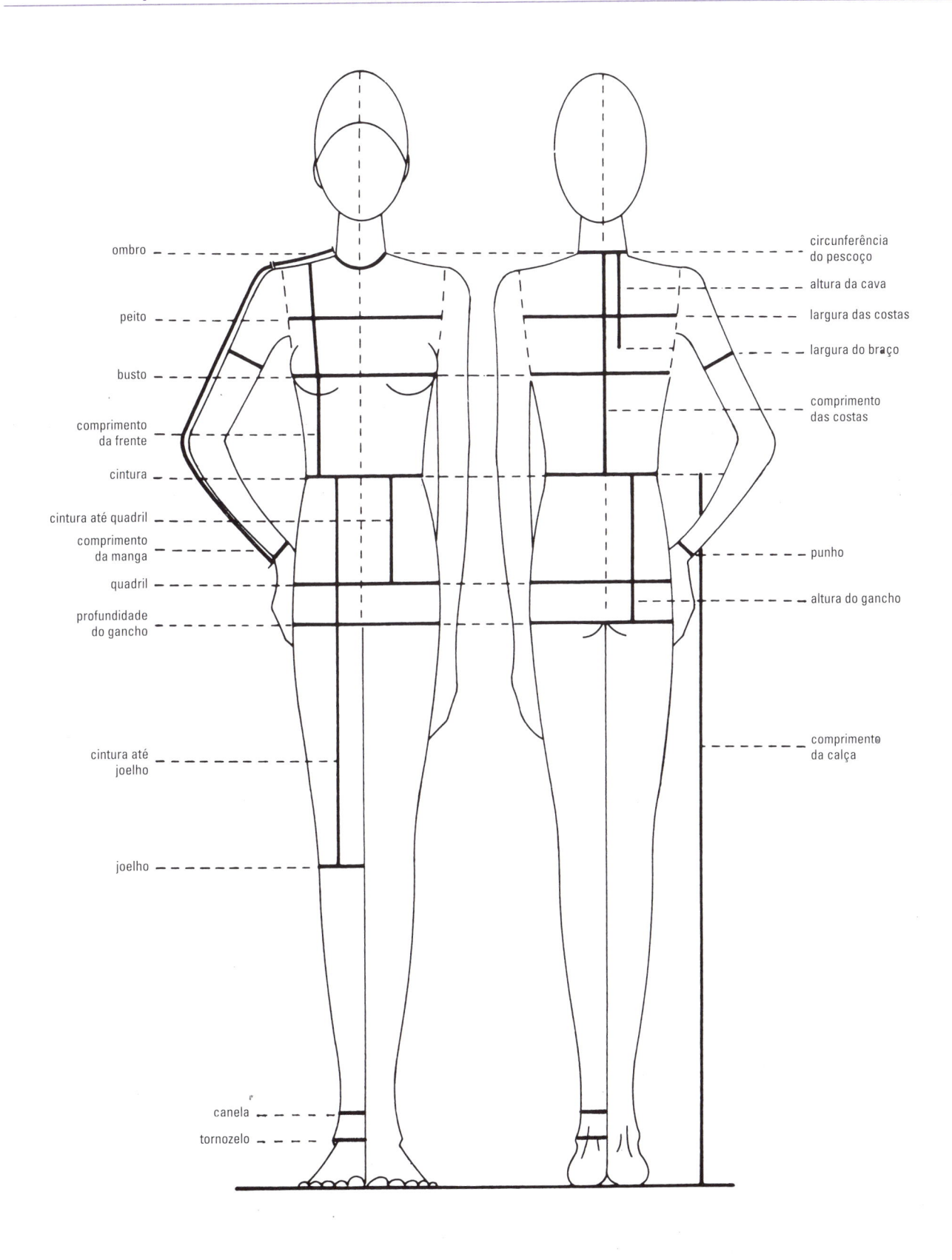

Medidas do corpo feminino padrão

- ombro
- peito
- busto
- comprimento da frente
- cintura
- cintura até quadril
- comprimento da manga
- quadril
- profundidade do gancho
- cintura até joelho
- joelho
- canela
- tornozelo
- circunferência do pescoço
- altura da cava
- largura das costas
- largura do braço
- comprimento das costas
- punho
- altura do gancho
- comprimento da calça

Tabela de medidas para moda *high-street*

(Esta tabela é útil para estudantes que querem criar roupas de moda *high-street* para pessoas com biótipo de modelo.)

O setor varejista que vende moda *high-street* para o mercado jovem usa tabelas que vestem um corpo jovem ou atlético. As faixas de tamanho são atraentes às adolescentes e, portanto, muitas empresas nesse mercado ampliaram as opções de tamanhos menores e reduziram as categorias nos tamanhos maiores. Esta tabela de medidas reflete as pressões do mercado. Os incrementos iguais entre os tamanhos foram projetados para graduações simples.

Nota Para medidas de vestuário (ex.: circunferência do punho ou largura da barra da calça), ver a tabela de tamanhos na página 17.

Mulheres jovens de estatura média, 160-172 cm						
Numeração	**6**	**8**	**10**	**12**	**14**	**16**
busto	76	80	84	88	92	96
cintura	56	60	64	68	72	76
cintura baixa (6 cm abaixo da cintura)	68	72	76	80	84	88
quadril	82	86	90	94	98	102
largura das costas	31,4	32,4	33,4	34,4	35,4	36,4
peito	28,8	30	31,2	32,4	33,6	34,8
ombro	11,5	11,75	12	12,25	12,5	12,75
circunferência do pescoço	34	35	36	37	38	39
pences	5,2	5,8	6,4	7	7,6	8,2
largura do braço	25,5	26,5	27,5	28,5	29,5	30,5
punho	14,5	15	15,5	16	16,5	17
tornozelo	22,5	23	23,5	24	24,5	25
canela	19,5	20	20,5	21	21,5	22
comprimento das costas	39,8	40,2	40,6	41	41,4	41,8
comprimento da frente	39,8	40,2	40,6	41	41,4	41,8
altura da cava	19,8	20,2	20,6	21	21,4	21,8
cintura até joelho	57	57,5	58	58,5	59	59,5
cintura até quadril	19,7	20	20,3	20,6	20,9	21,2
comprimento da calça	101	102	103	104	105	106
altura do gancho	25,9	26,6	27,3	28	28,7	29,4
comprimento da manga	57	57,5	58	58,5	59	59,5
comprimento da manga (malha)	53	53,5	54	54,5	55	55,5

Tabela de medidas para moda *high-street*: PP, P, M, G, GG

Tamanhos	PP 6	P 8-10	M 12	G 14-16	GG 18
busto	76	82	88	94	100
cintura	56	62	68	74	80
cintura baixa	68	74	80	86	92
quadril	82	88	94	100	106
largura das costas	31,4	32,9	34,4	35,9	37,4
peito	28,8	30,6	32,4	34,2	36
ombro	11,4	11,8	12,2	12,6	13
circunferência do pescoço	34	35,5	37	38,5	40
pences	5	6	7	8	9
largura do braço	25,5	27	28,5	30	31,5
punho	14,6	15,3	16	16,7	17,4
tornozelo	22,6	23,3	24	24,7	25,4
canela	19,6	20,3	21	21,7	22,4
comprimento das costas	39,8	40,4	41	41,6	42,2
comprimento da frente	39,8	40,4	41	41,6	42,2
altura da cava	19,8	20,4	21	21,6	22,2
cintura até joelho	57,1	57,8	58,5	59,2	59,9
cintura até quadril	19,8	20,2	20,6	21	21,4
comprimento da calça	101	102,5	104	105,5	107
altura do gancho	26	27	28	29	30
comprimento da manga	57,1	57,8	58,5	59,2	59,9
comprimento da manga (malha)	53,1	53,8	54,5	55,2	55,9

PP = extra pequeno
P = pequeno
M = médio
G = grande
GG = extra grande

Medidas do corpo feminino padrão – incrementos de 4 e 6 cm

Esta tabela, elaborada para o tamanho feminino padrão, é diferente da tabela na página 16; ela reflete um corpo maduro com medidas maiores para cintura e quadril e ainda tamanhos maiores para o comprimento do corpo até a cintura. É baseada em graduações de 4 e 6 cm de busto entre as numerações e está de acordo com a tabela de medidas da norma BS EN 13402-3. Apesar das variações corporais, em geral o tamanho do corpo aumenta com a estatura. Ver a tabela especial para mulheres baixas e altas.

	Mulheres de estatura média, 160-172 cm										
Numeração	6	8	10	12	14	16	18	20	22	24	26
busto	76	80	84	88	92	96	100	104	110	116	122
cintura	60	64	68	72	76	80	84	88	94	100	106
cintura baixa	70	74	78	82	86	90	94	98	104	110	116
quadril	84	88	92	96	100	104	108	112	117	122	127
largura das costas	31,4	32,4	33,4	34,4	35,4	36,4	37,4	38,4	39,8	41,2	42,6
peito	28,8	30	31,2	32,4	33,6	34,8	36	37,2	39	40,8	42,6
ombro	11,5	11,75	12	12,25	12,5	12,75	13	13,25	13,6	13,9	14,2
circunferência do pescoço	34	35	36	37	38	39	40	41	42,4	43,8	45,2
pences	5,2	5,8	6,4	7	7,6	8,2	8,8	9,4	10	10,6	11,2
largura do braço	24,8	26	27,2	28,4	29,6	30,8	32	33,2	35,2	37,2	39,2
punho	14,5	15	15,5	16	16,5	17	17,5	18	18,7	19,4	20,1
tornozelo	22,5	23	23,5	24	24,5	25	25,5	26	26,7	27,4	28,1
canela	19,5	20	20,5	21	21,5	22	22,5	23	23,7	24,4	25,1
comprimento das costas	39,8	40,2	40,6	41	41,4	41,8	42,2	42,6	43	43,4	43,8
comprimento da frente	39,8	40,2	40,6	41	41,4	42,3	43,2	44,1	45	45,9	46,8
altura da cava	19,8	20,2	20,6	21	21,4	21,8	22,2	22,6	23,2	23,8	24,4
cintura até joelho	57	57,5	58	58,5	59	59,5	60	60,5	61	61,5	62
cintura até quadril	19,7	20	20,3	20,6	20,9	21,2	21,5	21,8	22,1	22,4	22,7
comprimento da calça	101	102	103	104	105	106	107	108	109	110	111
altura do gancho	25,9	26,6	27,3	28	28,7	29,4	30,1	30,8	31,8	32,8	33,8
comprimento da manga	57	57,5	58	58,5	59	59,5	60	60,25	60,5	60,75	61
comprimento da manga (malha)	53	53,5	54	54,5	55	55,5	56	56,25	56,5	56,75	57
Medidas adicionais (medidas de vestuário)											
circunferência do punho de camisa	20,5	21	21	21,5	21,5	22	22,5	23	23,5	24	24,5
circunferência do punho, manga de duas folhas	13	13,25	13,5	13,75	14	14,25	14,5	14,75	15	15,25	15,5
largura da barra da calça	20,5	21	21,5	22	22,5	23	23,5	24	24,5	25	25,5
largura da barra do jeans	18	18,5	18,5	19	19	19,5	19,5	20	20	21	21

Mulheres baixas e altas

Tabelas de medidas para mulheres baixas ou altas seguem os ajustes de medidas verticais, como mostrado na tabela ao lado.

	Mulheres baixas (cm) (152-160 cm)	Mulheres altas (cm) (172-180 cm)
comprimento das costas	− 2	+ 2
altura da cabeça da manga	− 0,8	+ 0,8
comprimento da manga	− 2,5	+ 2,5
cintura até joelho	− 3	+ 3
comprimento da calça	− 5	+5
altura do gancho	− 1	+1

Medidas do corpo feminino padrão: PP, P, M, G, GG

Esta tabela reflete o porte médio das mulheres de hoje, que é um pouco mais avantajado. O tamanho médio foi estabelecido como 12-14. Este tipo de tabela é usado principalmente para roupa de lazer ou para vendas por catálogos.

A tabela tem graduação de 8 cm entre os tamanhos, com meia graduação no tamanho PP.

Os tamanhos XPP (extra extra-pequeno) e XGG (extra extra-grande) raramente são usados pelos varejistas.

Nota 1 Um grande número de peças confeccionadas nesses tamanhos é feita em malha e, portanto, o comprimento da frente permanece o mesmo.

Nota 2 Para as lojas de moda *high-street* cujo público-alvo é o mercado de jovens *fashionistas*, o tamanho 12 geralmente equivale ao M (médio) (ver página 16).

PP = extra pequeno
P = pequeno
M = médio
G = grande
GG = extra grande

	Mulheres de estatura média, 160-172 cm				
Tamanhos Busto (medida de controle para tamanho)	**PP** 74-78	**P** 78-86	**M** 86-94	**G** 94-102	**GG** 102-110
Numeração aproximada no Reino Unido	6-8 (meia graduação)	8-10	12-14	16-18	20-22
busto (medida para traçado do molde)	78	82	90	98	106
cintura	62	66	74	82	90
cintura baixa	72	76	84	92	100
quadril	86	90	98	106	114
largura das costas	32	33	35	37	39
peito	29,4	30,6	33	35,4	37,8
ombro	11,7	11,9	12,4	12,9	13,4
circunferência do pescoço	34,5	35,5	37,5	39,5	41,5
pences	5,4	6	7,2	8,4	9,6
largura do braço	25,4	26,6	29	31,4	33,8
punho	15	15,5	16,5	17,5	18,5
tornozelo	23	23,5	24,5	25,5	26,5
canela	20	20,5	21,5	22,5	23,5
comprimento das costas	40	40,4	41,2	42	42,8
comprimento da frente	40	40,4	41,2	42	42,8
altura da cava	20	20,4	21,2	22	22,8
cintura até joelho	57,3	57,8	58,8	59,8	60,8
cintura até quadril	19,8	20,1	20,7	21,3	21,9
comprimento da calça	101,5	102,5	104,5	106,5	108,5
altura do gancho	26,3	27	28,4	29,8	31,2
comprimento da manga	57,3	57,8	58,8	59,8	60,8
comprimento da manga (malha)	53,3	53,8	54,8	55,8	56,8

Traçado de moldes

Molde básico
Um molde básico é um molde de base traçado em tamanho médio. As medidas femininas médias são obtidas pelos fabricantes de vestuário a partir de pesquisa.

O designer usa um molde de base (molde básico) como apoio para modelar a peça que está desenhando. Mesmo que o designer introduza diferentes linhas de estilo, babados, franzidos, pregas ou drapeados, a modelagem ainda será baseada no molde básico. Com o molde finalizado, cria-se um toile de algodão para conferência das proporções e das formas desejadas. Então, uma amostra contendo os detalhes do design é produzida em tecido. O tamanho da amostra dependerá do nicho de mercado da empresa. Os fabricantes de peças da moda *high-street* irão usar um tamanho menor do que as empresas que atendem o mercado popular. Se os compradores aceitam e encomendam o design, o molde é graduado nos tamanhos necessários.

Molde básico – informações gerais
As instruções servem para uma grande variedade de peças básicas. Os moldes básicos incluem a quantidade necessária de folga para a função do molde; por exemplo, um molde básico de vestido não precisa de tanta folga como um molde básico de casaco. Alguns moldes básicos oferecem mais possibilidade de folga; por exemplo, o molde básico de um casaco pode ser traçado com corte mais ajustado, no caso de uma peça formal, ou com mais folga. É importante que o molde básico certo seja escolhido para o modelo desejado; isso não somente economiza tempo de adaptação do molde, mas pode também ter impacto no design final. Por exemplo, o molde básico ajustado utiliza pences largas para produzir a forma do busto; porém, como esse modelo seria marcado demais para muitas peças com folga, o molde básico com folga será a base mais adequada.

Nota especial Os moldes básicos devem ser traçados com escala para que os estudantes compreendam o traçado de moldes e as proporções do corpo.

Moldes básicos intermediários
Alguns fabricantes traçam moldes intermediários, que são formas básicas sempre utilizadas – por exemplo, o molde básico do corpo do quimono, da saia evasê ou de um formato específico que serviu como base para diversos modelos. Este último é, geralmente, desenvolvido para um modelo específico; às vezes, esse "molde da moda" é usado durante uma única temporada. Conforme os fabricantes mudam para sistemas computadorizados de graduação e para o desenho com auxílio do computador, os moldes intermediários são cada vez mais usados. Seus dados podem ser armazenados e reutilizados para rápida adaptação e graduação, melhorando, assim, a eficiência.

Molde básico – medidas personalizadas
Os moldes básicos podem ser traçados usando as medidas de determinada pessoa em vez das medidas padrão listadas na tabela. Os métodos para tirar medidas personalizadas e as alterações para biótipos difíceis aparecem no Capítulo 13.

Margens de costuras
Não há margens de costuras nos moldes básicos. Elas são adicionadas após a construção do molde. Ver seção sobre margens de costuras na página 34.

Tipos de moldes básicos disponíveis neste livro
Moldes para o processo de modelagem tradicional
(1) Molde ajustado do corpo (página 20).
(2) Molde do corpo com folga (página 22).
(3) Molde de blazer - ajustado e com folga (página 24).
(4) Molde de casaco tradicional - ajustado e com folga (página 26).
(5) Molde de manga inteira. O molde pode ser construído para todos os moldes acima (página 28).
(6) Molde de manga de duas folhas. O molde pode ser construído para todos os moldes acima (página 30).
(7) Modificação do molde para forma da cintura e do corpo sem manga (página 32 e 33).
(8) Moldes de vestido - traçado inteiro e com recorte (página 34).
(9) Molde ajustado da manga quimono (página 66).
(10) Molde da saia de alfaiataria (página 84).
(11) Molde básico da calça de alfaiataria tradicional (página 104).
(12) Molde básico da calça/jeans bem ajustada (página 110).

Moldes para o processo de modelagem sem pences
(1) Molde da calça com folga (página 136).
(2) Molde básico da calça sem pences (página 138).
(3) Moldes básicos da saia sem pences e saia sem pences simplificada (página 138).
(4) Molde da camisa (página 144).
(5) Moldes básicos de casacos sem pences (página 146).
(6) Molde básico do corpo do quimono para casaco sem pences (página 146).
(7) Interpretações de moldes básicos e com folgas para roupas casuais e de malha (página 154-160).
(8) Interpretações de moldes básicos para malha (páginas 162-166).
(9) Interpretações de moldes ajustados (forma do corpo) - para tecidos com stretch (páginas 167-174).

Molde ajustado do corpo

Descreve-se aqui um molde ajustado do corpo. Se você precisar de um modelo menos estruturado, com menos pences, use o molde com folga da página 22.

Medidas necessárias para traçar o molde básico*

Este molde básico comporta medidas de qualquer tabela deste livro (páginas 16-18), bem como medidas personalizadas (ver página 182).

Este exemplo ilustrado utiliza o tamanho 12 da tabela da página 16 (para moda *high-street*).

busto	88 cm	ombro	12,25 cm
comprimento das costas	41 cm	largura das costas	34,4 cm
cintura até quadril	20,6 cm	pence	7 cm
altura da cava	21 cm	peito	32,4 cm
circunferência do pescoço	37 cm		

Esquadre para baixo a partir de 0; esquadre até a metade do molde**.

0-1 1,5 cm.
1-2 medida da altura da cava mais 0,5 cm; esquadre do ponto 1 ao ponto 2.
2-3 metade do busto mais 5 cm [ex.: para busto de 88 cm: (88 ÷ 2) + 5 = 49]. Esquadre para cima e para baixo; marque essa linha como a linha do centro da frente.
3-4 = 0-2

Para tamanhos disponíveis na tabela de medidas do corpo feminino padrão (página 17) ou medidas personalizadas (página 182):

Adicione 0,5 cm para cada tamanho acima de 14.
Exemplo para tamanho 20: **3-4** = 0-2 mais 1,5 cm.
1-5 medida da nuca até a cintura; esquadre até 6.
5-7 medida da cintura até o quadril; esquadre até a linha do centro da frente (CF). Marque o ponto 8 (metade da medida do quadril mais 2,5 cm de folga).

Costas

0-9 um quinto da circunferência do pescoço menos 0,2 cm; desenhe nas costas a curva 1-9 do decote.
1-10 um quinto da medida da altura da cava menos 0,7 cm; esquadre até a metade do molde.
9-11 comprimento do ombro mais 1 cm; desenhe a linha das costas do ombro até a linha do ponto 10.
12 centro da linha do ombro.

12-13 desça uma linha pontilhada de 5 cm e esquadre 1 cm para a esquerda. Trace as pences com 1 cm de largura tendo a linha pontilhada (linha guia da pence) como centro (os dois lados da pence devem ter o mesmo comprimento).
2-14 metade da medida da largura das costas mais 0,5 cm de folga; esquadre até 15.
14-16 metade da medida de 14-15; esquadre para cima.
17 meio entre 2 e 14; esquadre para baixo com linha pontilhada até o ponto 18 na linha da cintura e ponto 19 na linha do quadril.

Frente

4-20 um quinto da circunferência do pescoço menos 0,7 cm; esquadre para a esquerda.
4-21 um quinto da circunferência do pescoço menos 0,2 cm; desenhe a curva 20-21 do decote da frente. Esquadre para baixo.
3-22 metade da medida do peito mais metade da largura da pence; esquadre para a esquerda.
3-23 metade da medida de 3-22; esquadre para baixo com linha pontilhada até o ponto 24 na linha da cintura e 25 na linha do quadril.
26 é o ponto do busto, 2,5 cm abaixo de 23; desenhe uma linha unindo 20-26.
20-27 medida da largura da pence; desenhe uma linha unindo 26-27.
11-28 1,5 cm; esquadre aproximadamente 10 cm até 29.
27-30 desenhe uma linha a partir do 27, com comprimento do ombro, para ligar até a linha do 28-29.
22-31 um terço da medida de 3-21.
32 é o ponto médio entre 14 e 22; esquadre para baixo com linha pontilhada até o ponto 33 na linha da cintura e ponto 34 na linha do quadril.

Desenhe a cava, como mostrada no diagrama, entre os pontos 11, 16, 32, 31, 30; medida das curvas:

tamanhos	6-8	do 14	2,25 cm	do 22	1,75 cm
tamanhos	10-14	do 14	2,5 cm	do 22	2 cm
tamanhos	16-20	do 14	3 cm	do 22	2,5 cm
tamanhos	22-26	do 14	3,5 cm	do 22	3 cm

Desenhe ao redor da borda externa da peça de 1-21 para completar o molde. É essencial que o decote e a cava formem curvas suaves quando as costuras dos ombros são unidas.

Manga Trace uma manga inteira (página 28) ou uma manga de duas folhas (página 30) para encaixar na medida da cava.

---

* N. de R. T.: Na reprodução dos moldes, a cava pode parecer menos arredondada do que nos diagramas impressos.
** N. de R. T.: A metade do molde equivale à metade do comprimento da peça, determinado pelo estilista.

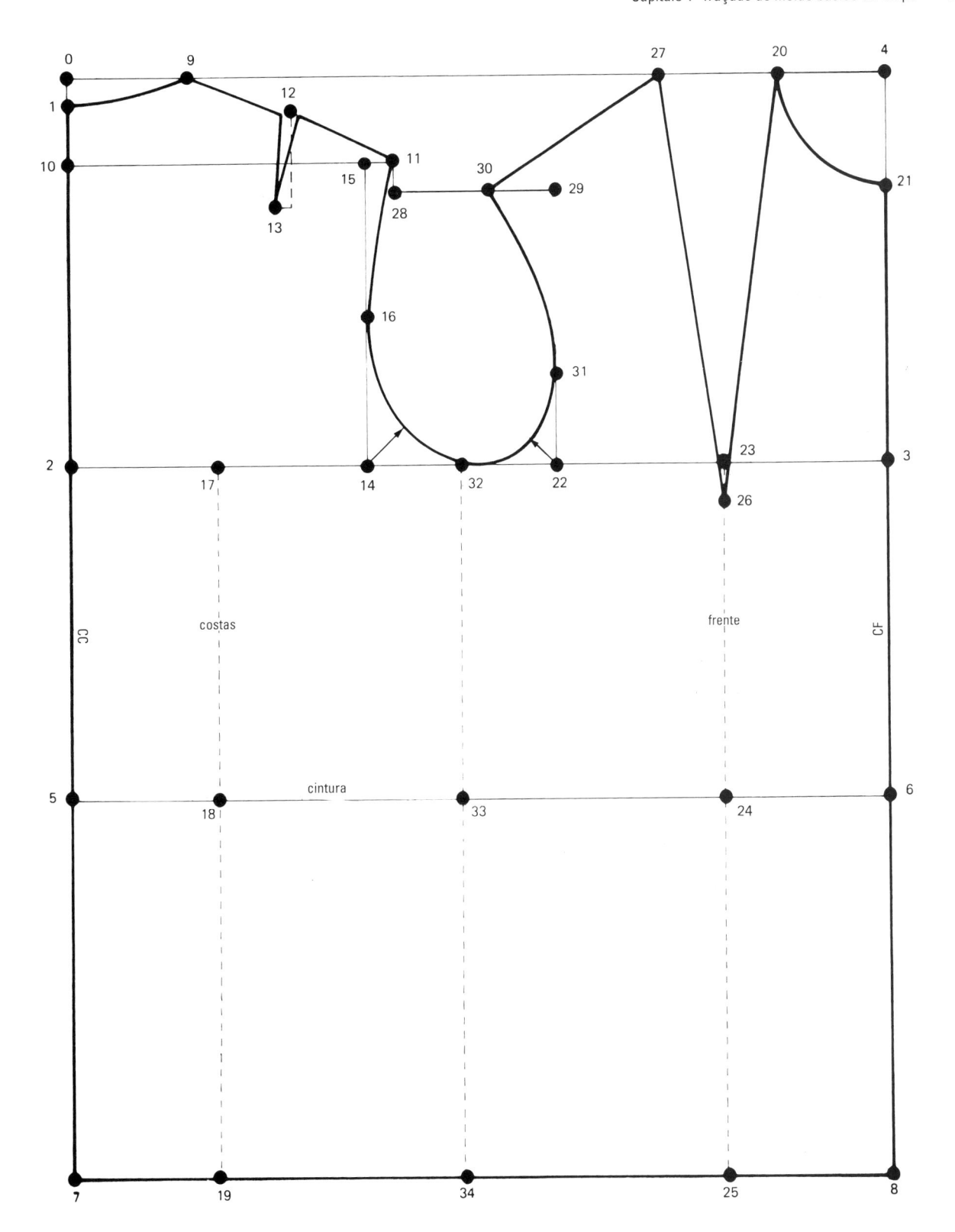

costas

cintura

frente

CC

CF

Capítulo 1 Traçado do molde básico do corpo

Molde do corpo com folga

Para vestidos com folga ou modelo raglan e quimono com folga.

Medidas necessárias para traçar o molde básico

Este molde básico comporta medidas de qualquer tabela deste livro (páginas 16-18) bem como medidas personalizadas (ver página 182).

Este exemplo ilustrado utiliza o tamanho 12 da tabela da página 16 (para moda *high-street*).

busto	88 cm	ombro	12,25 cm
comprimento das costas	41 cm	largura das costas	34,4 cm
cintura até quadril	20,6 cm	pence	7 cm
altura da cava	21 cm	peito	32,4 cm
circunferência do pescoço	37 cm		

Esquadre para baixo a partir de 0; esquadre até a metade do molde.
0-1 1,5 cm.
1-2 medida da altura da cava mais 2,5 cm; esquadre.
2-3 metade do busto mais 7 cm [ex.: para busto de 88 cm: (88 ÷ 2) + 7 = 51]. Esquadre para cima e para baixo; marque essa linha como a linha do centro da frente.
3-4 = 0-2

Para tamanhos disponíveis na tabela de medidas do corpo feminino padrão (página 17) ou medidas personalizadas (página 182):

Adicione 0,5 cm para cada tamanho acima de 14. Exemplo para tamanho 20: **3-4** = 0-2 mais 1,5 cm.
1-5 medida da nuca até a cintura; esquadre até 6.
5-7 medida da cintura até o quadril; esquadre até 8.

Costas

0-9 um quinto da circunferência do pescoço menos 0,2 cm; desenhe nas costas a curva 1-9 do decote.
1-10 um quinto da altura da cava menos 1 cm; esquadre até a metade do molde.
9-11 comprimento do ombro mais 1 cm (0,5 cm de folga e 0,5 cm a mais). Desenhe a linha das costas do ombro até a linha 10.
2-12 metade da medida da largura das costas mais 1 cm de folga; esquadre até 13.
12-14 metade da medida de 12-13.

Frente

4-15 um quinto da circunferência do pescoço menos 0,7 cm.
4-16 um quinto da circunferência do pescoço menos 0,2 cm; desenhe a curva 15-16 do decote da frente.
15-17 metade da medida da pence.
3-18 metade da medida do peito mais 1 cm, mais metade da medida de 15-17; esquadre.
18-19 metade da medida de 3-16 menos 2 cm.
3-20 metade da medida de 3-18; una 15-20 e 17-20 para formar uma pence.
11-21 1,5 cm; esquadre 15 cm até 22.
17-23 desenhe uma linha a partir de 17, com o comprimento do ombro mais 0,5 cm, para ligar até a linha do 21-22.
18-24 metade da medida de 12-18; esquadre até o ponto 25 na linha da cintura e 26 na linha do quadril.

Desenhe a cava, como apresentada no diagrama, entre os pontos 11, 14, 24, 19, 23; medida das curvas:

tamanhos	6-8	do 12	2,25 cm	do 18	2 cm
tamanhos	10-14	do 12	2,5 cm	do 18	2,25 cm
tamanhos	16-20	do 12	3 cm	do 18	2,75 cm
tamanhos	22-26	do 12	3,5 cm	do 18	3,25 cm

Manga Trace uma manga inteira (página 28) ou uma manga de duas folhas (página 30) para encaixar na medida da cava.

Capítulo 1 Traçado do molde básico do corpo **23**

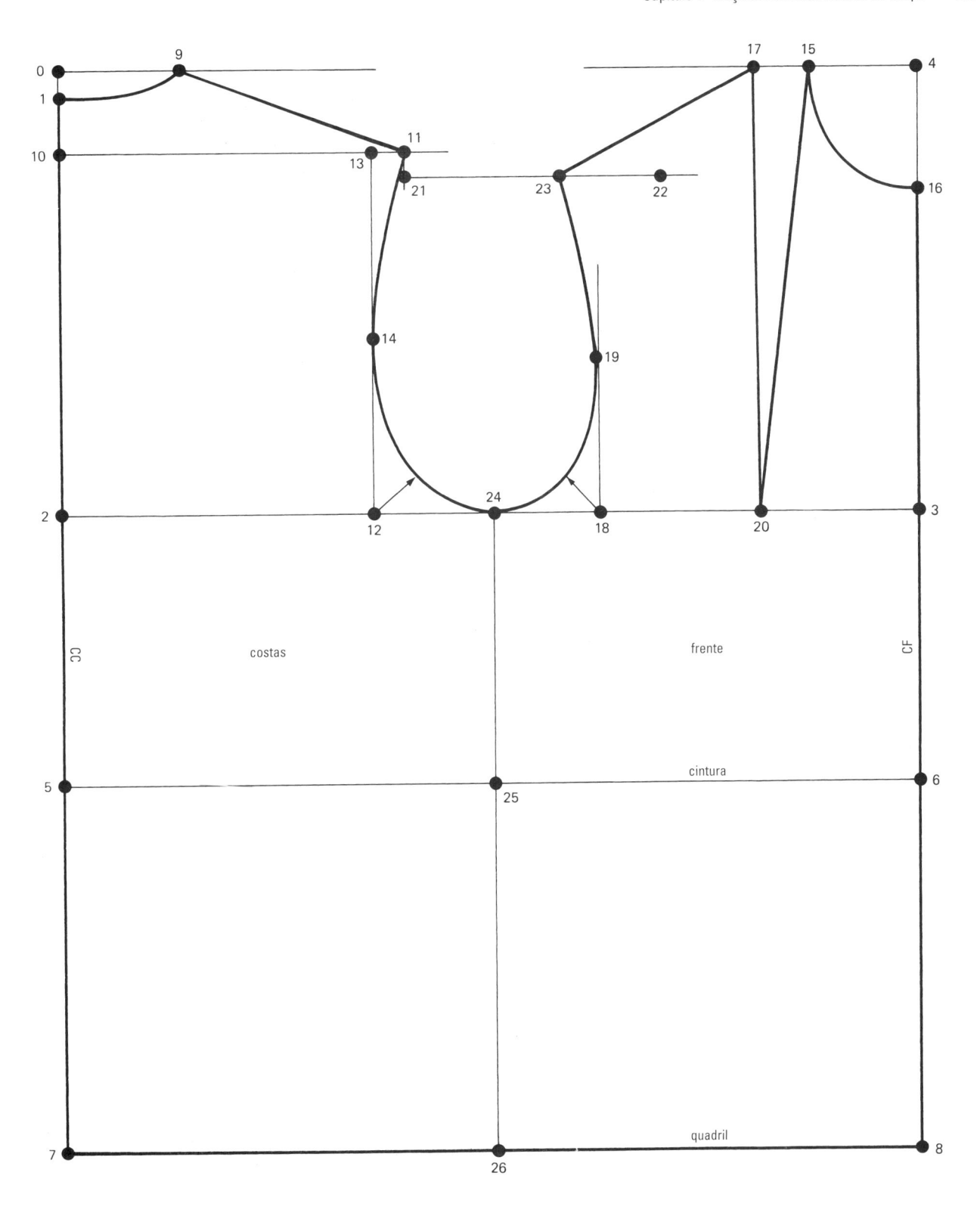

costas

frente

CC

CF

cintura

quadril

Molde de blazer

Para blazers com gola e lapelas. Modelos ajustado e com folga.

Medidas necessárias para traçar o molde básico

Este molde básico comporta medidas de qualquer tabela deste livro (páginas 16-18) bem como medidas personalizadas (ver página 182).

Este exemplo utiliza o tamanho 12 da tabela da página 16 (para moda *high-street*).

busto	88 cm	ombro	12,25 cm
comprimento das costas	41 cm	largura das costas	34,4 cm
cintura até quadril	20,6 cm	pence	7 cm
altura da cava	21 cm	peito	32,4 cm
circunferência do pescoço	37 cm		

Nota importante O molde do corpo com folga tem uma pence reduzida, para um busto menos pronunciado. Reduza pela metade a medida padrão da pence, que é de 7 cm. As instruções para o molde do corpo com folga estão entre parênteses.

Esquadre para baixo a partir de 0; esquadre até a metade do molde.

0-1 1,75 cm
1-2 nuca até cintura; esquadre.
1-3 comprimento final desejado; esquadre.
2-4 cintura até quadril, esquadre.
1-5 altura da cava mais 3 cm (5 cm); esquadre.
1-6 metade da medida de 1-5; esquadre.
1-7 um quarto da altura da cava; esquadre.
5-8 metade da largura das costas mais 1 cm (3 cm); esquadre até 9 e 10.
10-11 2 cm; esquadre para cima. Esquadre para a direita uma linha de 4 cm para criar a linha do ponto 13.
0-12 um quinto da circunferência do pescoço (mais 0,3 cm); desenhe a curva do decote.
12-13 comprimento do ombro mais 1,5 cm (3 cm). Essas medidas incluem uma folga de 0,5 cm no ombro.
5-14 metade do busto mais 8 cm (12 cm); esquadre para cima e para baixo até 15 e 16.
14-17 = 0-5

Para os tamanhos disponíveis na tabela de medidas do corpo feminino padrão (página 17) ou medidas personalizadas (página 182):
Adicione 0,5 cm para cada tamanho acima de 14.
Exemplo para tamanho 20: **14-17** = 0-2 mais 1,5 cm.
17-18 um quinto da circunferência do pescoço mais 1 cm (2 cm).
17-19 um quinto da circunferência do pescoço; desenhe a curva do decote. Una o ponto 18 ao ponto 10.
18-20 comprimento do ombro mais margem da pence mais 0,5 cm (mais margem da pence reduzida mais 2 cm).
18-21 um terço da medida do ombro.
21-22 medida da pence (metade da medida da pence).
14-23 metade do peito mais metade da medida de 21-22 mais 1 cm (3,5 cm). Esquadre.
23-24 um terço da medida de 14-19.
23-25 metade da medida de 14-23; esquadre até 26 e 27 (esquadre 2 cm para ponto 25 do busto).

Una 21-25 e 22-25; confira se as linhas das pences estão no mesmo comprimento. Remarque o ponto 22.
20-28 a partir do ponto 20, paralelo à linha 4, desça 2 cm; una 28-22 com uma curva.
23-29 metade da medida de 8-23; esquadre 30 e 31.

Desenhe a cava, como apresentado no diagrama, entre os pontos 13, 9, 29, 24, 28; medida das curvas:

		do 8	do 23
tamanhos	6-8	2 cm (2,75 cm)	1,5 cm (2,5 cm)
tamanhos	10-14	2,25 cm (3 cm)	1,75 cm (2,75 cm)
tamanhos	16-20	2,75 cm (3,5 cm)	2,25 cm (3,25 cm)
tamanhos	22-26	3,25 cm (4 cm)	2,75 cm (3,75 cm)

Manga Trace uma manga de duas folhas (página 30).

Forma tradicional do transpasse da frente

Adicione a carcela necessária.
Marque os pontos 32 e 33 na cintura e na barra.
33-34 1 cm; una 31-34 com uma curva.
32-35 um terço da medida de 32-34.
34-36 um quinto da medida de 31-34; desenhe uma curva na frente.

Forma dos moldes

O modelo da peça determina a forma do molde básico. Exemplos:

Forma padrão (modelos ajustados)

2-37 1,5 cm; desenhe uma linha curva de 30-37.
37-38 1,5 cm. **3-39** 0,5 cm (1 cm). Desenhe a linha de costura das costas 6, 38, 39.

Trace as pences da frente e das costas, conforme mostrado; a pence das costas fica no meio de 5 e 8. (Estenda a linha guia das pences da frente e das costas até a barra, finalizando 2 cm acima do comprimento desejado.)

Pence da frente: No pique da linha guia da pence com a linha guia da cintura, deixe 1,5 cm de profundidade para cada lado. Inicie a pence em zero, 3 cm abaixo do ponto 25. Finalize a pence em zero, 7 cm acima do comprimento desejado.

Pence das costas: No pique da linha guia da pence com a linha guia da cintura, deixe 1 cm de profundidade para cada lado. Inicie a pence em zero, 3 cm acima da linha 5-8. Finalize a pence em zero, 9 cm acima do comprimento desejado.

Forma da costura lateral das costas: molde 1,5 cm (2 cm) na cintura das costas; adicione 1,5 cm na barra (0,5 cm).

Forma da costura lateral da frente: molde 2 cm (2,5 cm) na cintura da frente; adicione 1 cm na barra (0,5 cm).

Forma semiajustada ("estilo masculino")

2-37 1,5 cm. **37-38** 1 cm (1,5 cm). **3-39** 0,5 cm (1,5 cm). Desenhe a linha de costura das costas 6, 38, 39.
8-40 um quarto da altura da cava menos 1 cm; esquadre até 41 na linha da cava; esquadre para baixo até 42.
8-43 1,5 cm (2 cm); Esquadre para baixo até 44 e 45.
45-46 2,5 cm; desenhe a linha de costura das costas pelos pontos 41, 44, 46 (45) e 41, 42, 45 (46).
29-47 um terço da medida de 23-29; esquadre a linha da cintura 12 cm abaixo da cintura até 48 e 49.
Desenhe nessa linha uma pence com 0,5 cm (1 cm) de profundidade para cada lado.
25-50 3 cm. **27-51** 5 cm. Desenhe nessa linha uma pence de 1 cm (2 cm) (continue com os 2 cm até a barra).

Capítulo 1 Traçado do molde básico do corpo

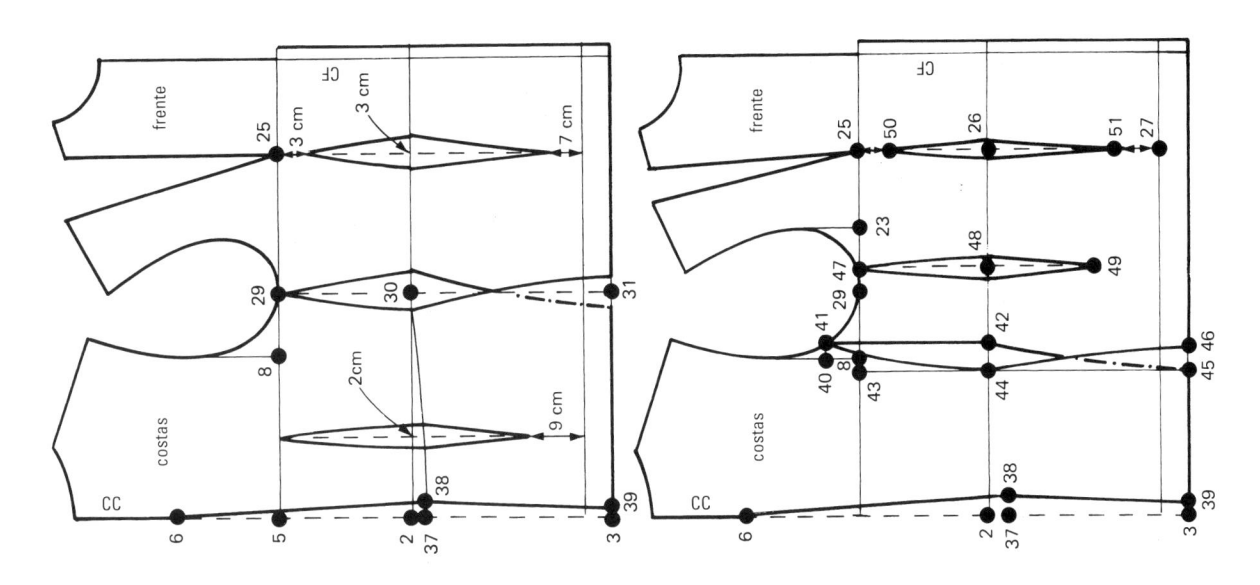

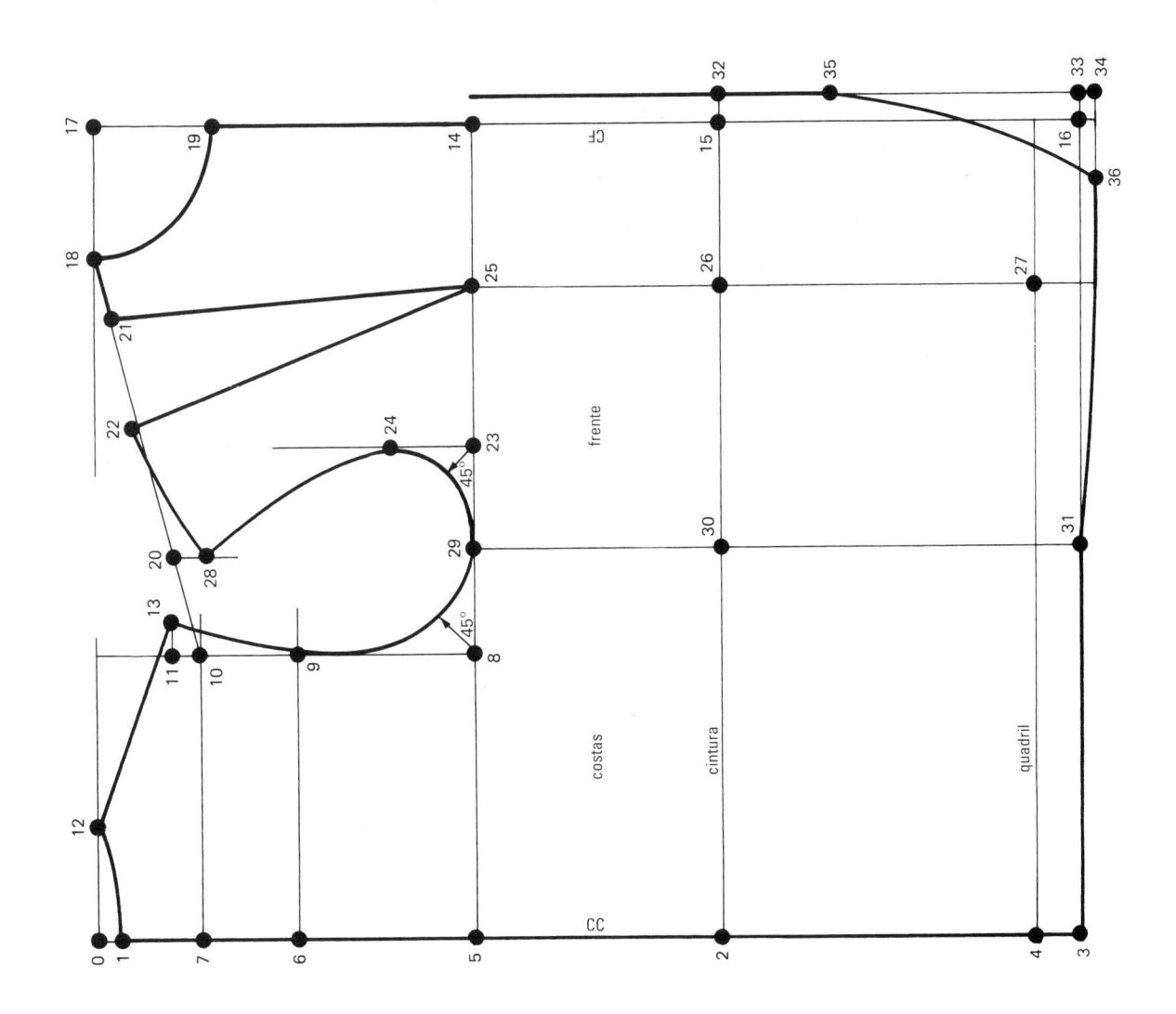

Molde de casaco tradicional

Para casacos ajustados e sobretudos com folga.

Medidas necessárias para traçar o molde básico

Este molde básico comporta medidas de qualquer tabela deste livro (páginas 16-18) bem como medidas personalizadas (ver página 182).

Este exemplo utiliza o tamanho 12 da tabela da página 16 (para moda *high-street*).

busto	88 cm	ombro	12,25 cm
comprimento das costas	41 cm	largura das costas	34,4 cm
cintura até quadril	20,6 cm	pence	7 cm
altura da cava	21 cm	peito	32,4 cm
circunferência do pescoço	37 cm		

Nota importante O molde do corpo com folga tem uma pence menos pronunciada, que marca menos o busto. Reduza pela metade a medida padrão da pence, que é de 7 cm. As instruções para o molde do corpo com folga estão entre parênteses.

Esquadre para baixo a partir de 0; esquadre até a metade do molde.
0-1 2 cm.
1-2 altura da cava mais 4 cm (6 cm); esquadre.
2-3 metade do busto mais 10 cm (15 cm) [ex.: busto com 88 cm; (88 ÷ 2) + 10 = 54 cm]. Esquadre para cima e para baixo, marque essa linha como a linha do centro da frente.
3-4 = 0-2

Para tamanhos disponíveis na tabela de medidas do corpo feminino padrão (página 17) ou medidas personalizadas (página 182):
Adicione 0,5 cm para cada tamanho acima de 14.
Exemplo para tamanho 20: **3-4** = 0-2 mais 1,5 cm.
1-5 medida da nuca até a cintura mais 0,5 cm; esquadre até 6.
5-7 medida da cintura até o quadril; esquadre até 8.

Costas

0-9 um quinto da circunferência do pescoço mais 0,4 cm (0,8 cm); desenhe a curva 1-9 do decote nas costas.
2-10 metade da medida de 1-2; esquadre.
1-11 um quarto da altura da cava; esquadre.
2-12 metade da largura das costas mais 1,5 cm (4 cm); esquadre de 13 até 14.
14-15 2 cm; esquadre 2 cm para a direita para criar o ponto 16.
9-16 comprimento do ombro mais 2 cm (3,5 cm).
Estas medidas incluem uma folga de 0,5 cm no ombro.

Frente

4-17 um quinto da circunferência do pescoço mais 0,2 cm (0,6 cm).
4-18 um quinto da circunferência do pescoço mais 0,3 cm; desenhe a curva 17-18 do decote da frente.
17-19 medida da pence (metade da medida da pence).
Una o ponto 19 até o 14.
19-20 medida de 9-16 menos 1 cm.
20-21 1,5 cm (1 cm); una 19-21 com uma curva leve.
3-22 metade do peito mais metade de 17-19 mais 1 cm (4 cm). Esquadre para a esquerda.
22-23 um terço da medida de 3-18.
22-24 metade da medida de 3-22 (esquadre 3 cm para marcar o ponto do busto). Una 17-24 e 19-24 para formar uma pence.
22-25 metade da medida de 12-22; Esquadre 26 e 27.

Desenhe a cava, como apresentado no diagrama, entre os pontos 16, 13, 25, 23, 21; medida das curvas:

		do 12	do 22
tamanhos	6-8	2,5 cm (3 cm)	2 cm (2,5 cm)
tamanhos	10-14	2,75 cm (3,25 cm)	2,25 cm (2,75 cm)
tamanhos	16-20	3,25 cm (3,75 cm)	2,75 cm (3,25 cm)
tamanhos	22-26	3,75 cm (4,35 cm)	3,25 cm (3,75 cm)

Nota Para modelos simples (ex.: molde básico do corpo do quimono) com produção em grande escala, iguale o lado da costura da seguinte forma:

2-25 metade da medida de 2-3; esquadre até o ponto 26 na linha da cintura e 27 na linha do quadril.

Manga Trace uma manga inteira (página 28) ou uma de duas folhas (página 30) para encaixar na cava.

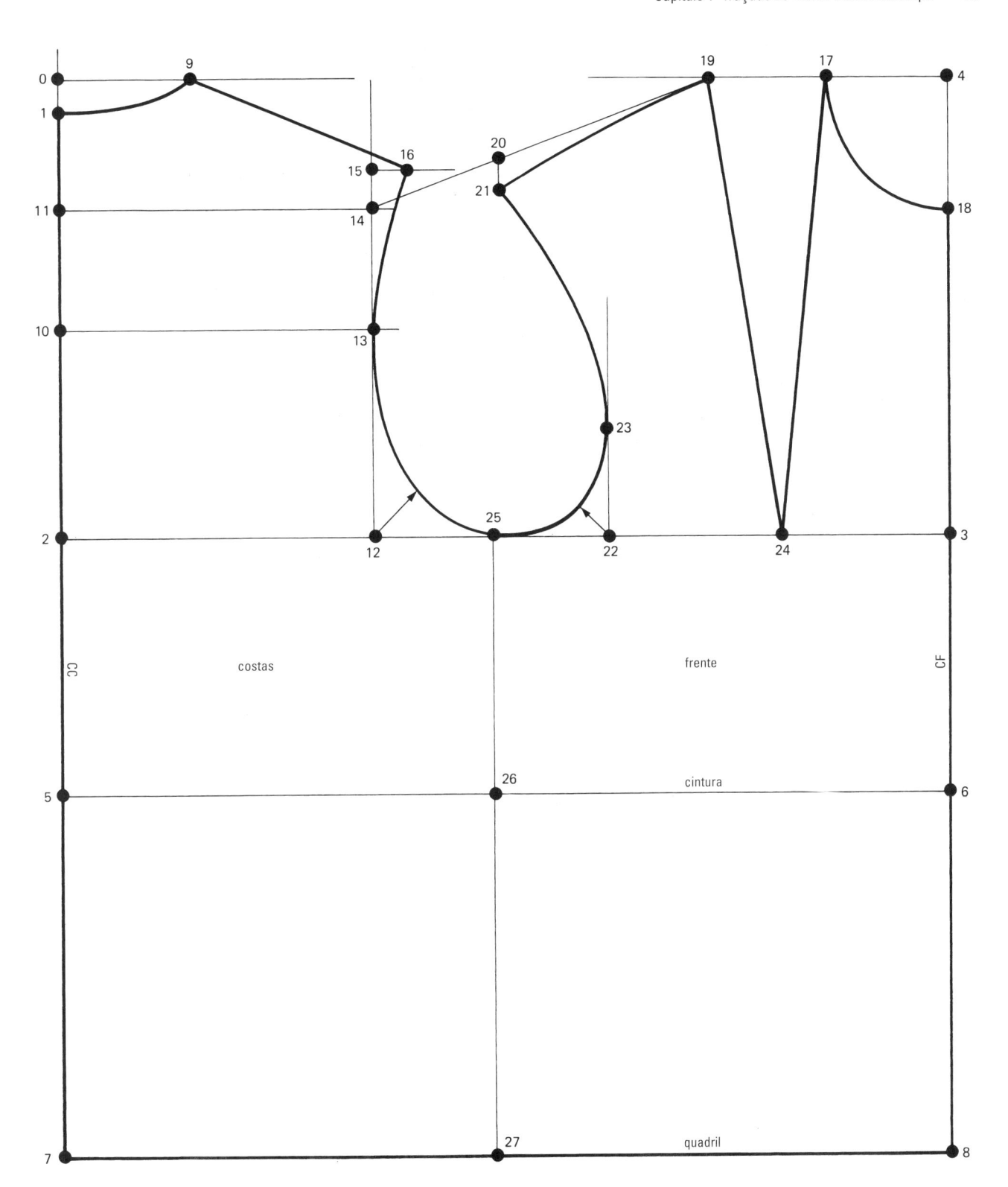

Capítulo 1 Traçado do molde básico do corpo   **27**

Molde de manga inteira

Medidas necessárias para traçar o molde básico

Este molde básico comporta medidas de qualquer tabela deste livro (páginas 16-18) bem como medidas personalizadas (ver página 182).

Este exemplo utiliza o tamanho 12 da tabela da página 16 (para moda *high-street*).

cava   medida da cava
comprimento da manga   58,5 cm

Para casacos e blazer com folga adicione 1,5 cm no comprimento da manga.

Desenhe uma linha perpendicular a partir da linha da cava no ponto 1 até a cava da frente.
1-2   um terço da medida da cava (menos 0,5 cm para os tamanhos 8-14, menos 0,3 cm para os tamanhos 16-22); esquadre.
3   no meio entre 1 e 2; esquadre até 4 na linha da cabeça da manga nas costas; marque o pique; continue a linha.
1-5   metade da medida 1-3; marque o pique da frente. Marque o ponto 5A adjacente da cava com um pique.
6   ponto da frente do ombro.
5-7   medida da curva 5A-6 mais 1 cm (mais 1,25 cm para os tamanhos 16-20; mais 1,5 cm para os tamanhos 22-26); una com uma linha. Marque a junção da linha do ombro no ponto 7.
8   ponto das costas do ombro.
7-9   medida da curva 4-8 mais 1 cm (mais 1,25 cm para os tamanhos 16-20; mais 1,5 cm para os tamanhos 22-26); una com uma linha. Marque no ponto 9 a junção das costas da manga.
10   ponto embaixo do braço na costura lateral; marque com um pique.
5-11   medida da curva 5A-10 menos 0,3 cm; una com uma linha.
9-12   medida da curva 4-10 menos 0,3 cm; una com uma linha.
Esquadre para baixo a partir de 7.

7-13   comprimento da manga até o punho; esquadre de ambos os lados para a linha do punho.

Esquadre para baixo de 11 e 12 até a linha do punho para marcar os pontos 14 e 15.

Desenhe o formato da cabeça da manga:
12-9   ao centro da linha, cave 0,75 cm para fazer a curva.
9-7   ao centro da linha, aumente 1 cm para fazer a curva.
7-5   aumente 2 cm no x (um terço da distância de 7-5) na curva.
5-11   cavar 1 cm na curva.

Desenhe na linha do punho:
14-13   desça 1 cm para fazer a curva.
13-15   suba 1 cm para fazer a curva.

Para mangas levemente estruturadas, estreite 3-5 cm no punho da manga*.

A linha do cotovelo está na linha da cintura no molde.

Nota   É importante medir com precisão todas as "medidas em curva" ao longo da linha da curva. A manga é baseada no molde para garantir um encaixe perfeito na cava.

Folga na cabeça da manga

A folga é traçada para garantir à cabeça da manga uma aparência totalmente redonda. Para uma inserção mais plana e menos arredondada, esboce com uma redução de folga; ver notas 5-7 e 7-9.

Adição de ombreiras

O esboço dos moldes e das mangas não prevê margem para ombreira. Se for necessário usar ombreiras, ver a seção "Adição de ombreiras" (ref. 8 página 54).

---

* N. de R. T.: Para mangas sem punho, mantenha somente o traçado do ponto 14-15 sem curva.

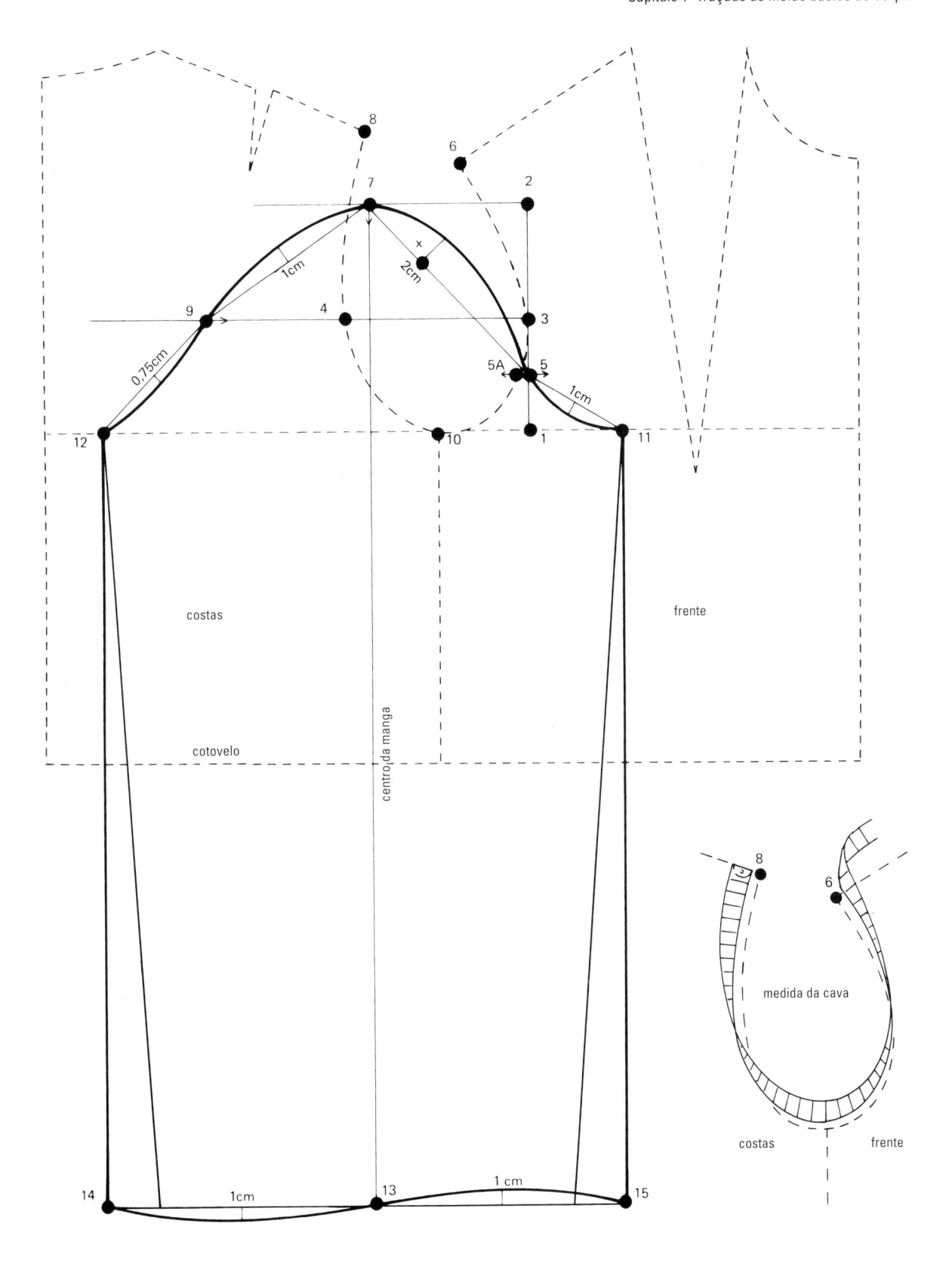

Capítulo 1 Traçado do molde básico do corpo

costas

cotovelo

centro da manga

frente

medida da cava

costas   frente

Molde de manga de duas folhas

Medidas necessárias para traçar o molde básico

Este molde básico comporta medidas de qualquer tabela deste livro (páginas 16-18) bem como medidas personalizadas (ver página 182).

Este exemplo usa o tamanho 12 da tabela da página 16 (para moda *high-street*).

cava	medida da cava
comprimento da manga até o punho	58,5 cm
circunferência do punho	13,75 cm

Para casacos e blazers com folga, adicione 1,5 cm ao comprimento da manga e 1 cm ao punho.

Marque os pontos básicos no molde do corpo.

Marque ponto A embaixo do braço, B e C nos pontos do ombro.

Marque pontos D e E na base das linhas esquadrinhadas para tocar as curvas da cava.

Manga

Esquadre a partir de 0.

0-1 um terço da medida da cava; esquadre.
1-2 um terço da medida de 0-1 mais 1 cm; esquadre.
0-3 um quarto da medida de 0-1.

No molde do corpo   E-F é igual à medida de 0-3 do molde da manga.
Esquadre até PF (pique da frente) na cava.
D-PC (pique das costas) é igual à medida de 0-2 do molde da manga.

3-4 medida da curva C-PF mais 1 cm (mais 1,25 cm para os tamanhos 16-22; mais 1,5 cm para os tamanhos 24-30). Una 3-4.
4-5 medida da curva B-PC mais 0,8 cm (mais 1 cm para os tamanhos 16-22; mais 1,2 cm para os tamanhos 24-30). Una 4-5.
0-6 medida de A-E no molde do corpo.

0-7 2 cm; esquadre dos dois lados.
7-8 e 7-9 2 cm; esquadre para baixo a partir de 8 e 9.
1-10 comprimento da manga até o punho; esquadre até 11 e 12.
10-13 3 cm; esquadre.
10-14 circunferência do punho para manga de duas folhas; una 10-14 e 10-11.
7-15 metade da medida de 7-10; esquadre (linha do cotovelo). Curve para dentro as costuras internas da manga por 2 cm (1 cm nas mangas com folga) na linha do cotovelo.

Desenhe a cabeça da manga.

5-4 aumente a curva em 1 cm.
Marque o ponto 16; 4-16 é um terço da medida de 4-3.
4-3 aumente 2 cm na curva do 16; una 3-8 com uma curva.
6-17 medida de A-PC no molde do corpo, medição reta, mais 0,5 cm.
Una 6-17, desenhe uma curva cavada por 1,5 cm.
Una 6-9 com uma curva leve.
Una 17-14 e 5-14.
Marque os pontos 18 e 19 na linha do cotovelo.
Estenda 2,3 cm as costuras externas da manga em curva (2,5 cm para os tamanhos 16-20; 2,7 cm para os tamanhos 22-26) nos pontos 18 e 19.

Nota   É importante medir com precisão todas as "medidas em curva" ao longo da linha da curva, com a fita métrica em pé (ver diagrama).

Folga na cabeça da manga

A folga é traçada para garantir à cabeça da manga uma aparência totalmente redonda. Para uma inserção mais plana, reduza a folga no esboço; ver notas 3-4 e 4-5.

Adição de ombreiras

O esboço dos moldes e das mangas não prevê margem para ombreiras. Se for necessário usar ombreiras, ver a seção "Adição de ombreiras" (ref. 8 página 54).

Capítulo 1 Traçado do molde básico do corpo

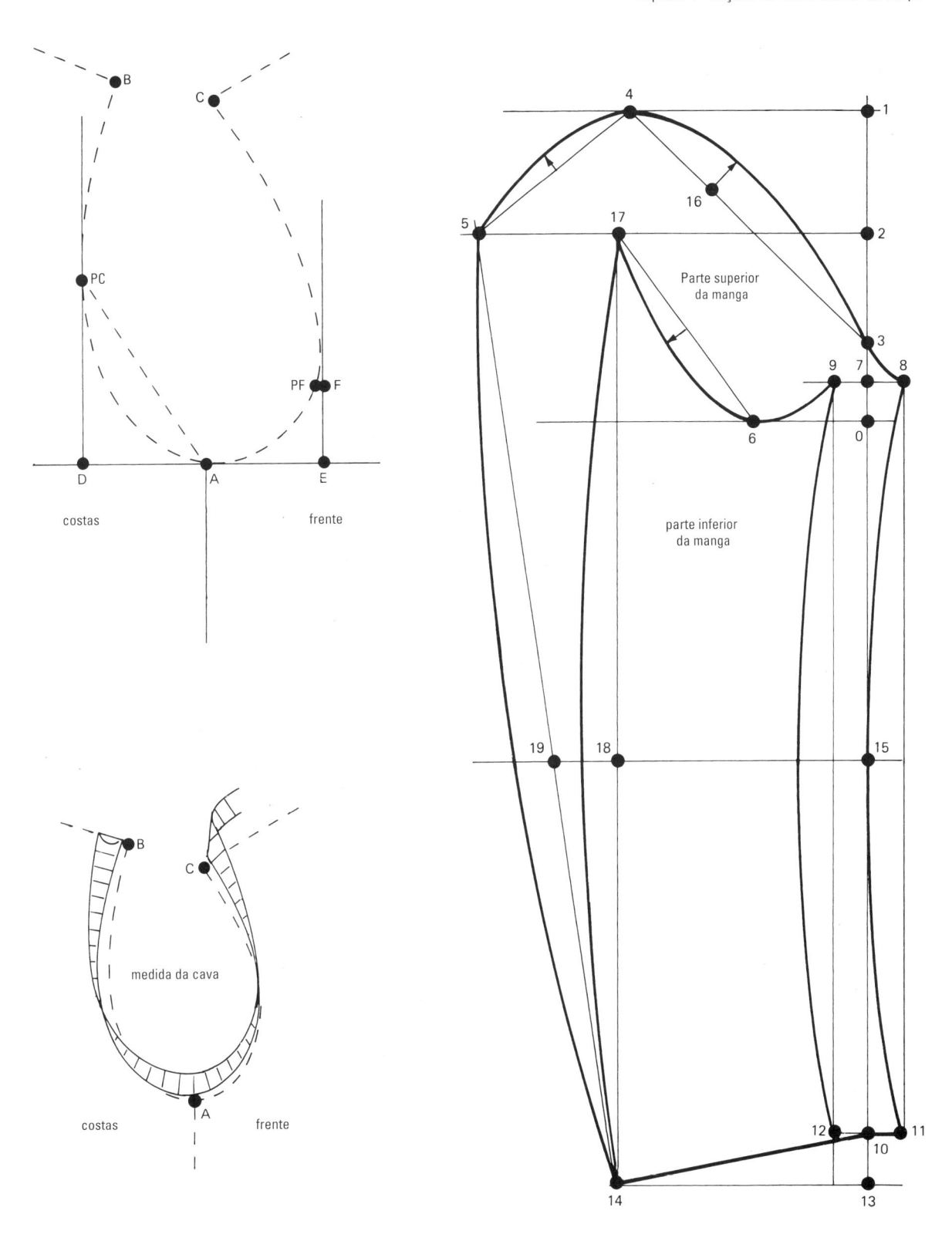

costas   frente

Parte superior da manga

parte inferior da manga

medida da cava

costas   frente

Molde do corpo sem mangas

É simples desenhar novos formatos de cavas em um molde básico ou em um molde final adaptado. Se você precisar de uma forma final maior, abra a costura tanto quanto for preciso embaixo do braço antes de começar a adaptar a cava.

1 Molde para regata simples

Use o molde básico adaptado sem pences, mostrado abaixo, para tecidos planos, malha ou moldes básicos de camiseta de malha.

Trace 1-2 e 3-4 com a mesma medida; desenhe o decote.
Trace 2-5 e 4-6 com a mesma medida; desenhe a cava.

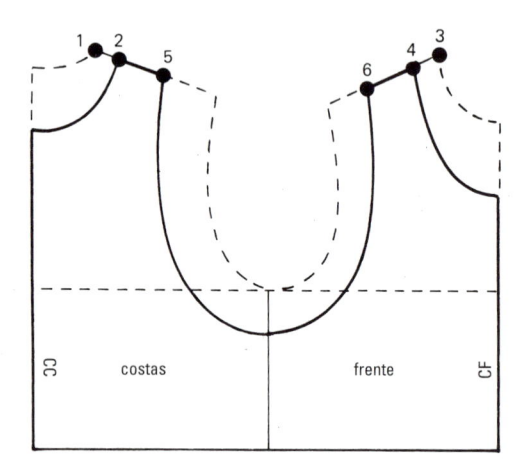

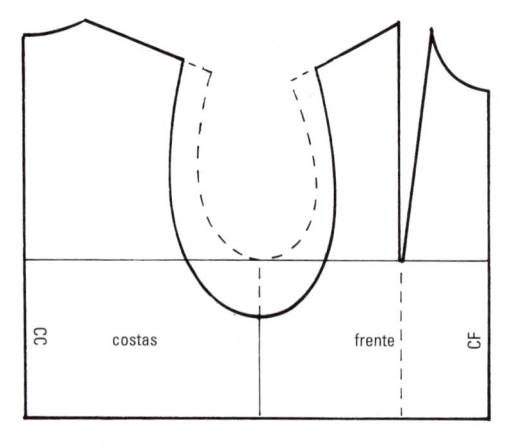

2 Transferência de pences

Trace o molde necessário com pences reduzidas do busto. Para uma cava mais baixa, desenhe o modelo da cava. Desenhe para baixo uma linha vertical desde a base das pences do busto. Corte a linha superior; feche as pences do busto. Marque os pontos 1, 2, 3, 4; **2-5** é a medida de **3-4**. Desenhe nova costura lateral em 1-5.

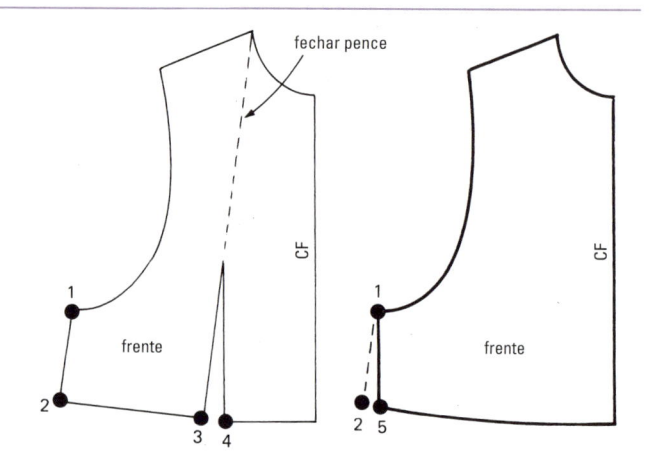

3 Molde sem manga ajustado

Trace o molde básico ajustado. Marque os pontos 16 e 31. Marque a costura lateral em 1-2.

Desenhe uma nova linha de costura lateral de 1,5 cm de cada lado de 1-2. Recorte ao redor do corpo; reúna o lado da costura em 1-2.

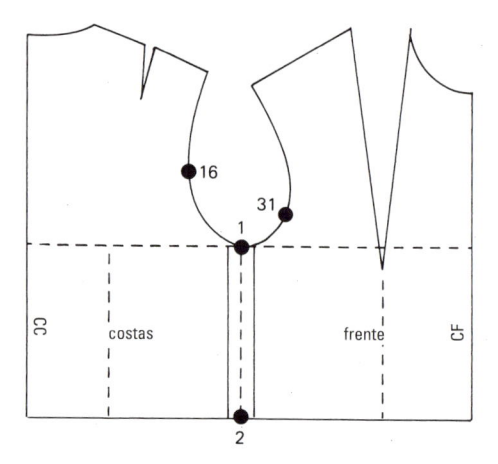

Desenhe a nova linha de altura da cava 1 cm acima da linha original.
Marque os pontos 3 e 4 a 1 cm da borda do ombro.
Marque os pontos 5 e 6 a 1 cm dos pontos 16 e 31.
1-7 1 cm. Desenhe a nova cava usando os pontos 3, 5, 7, 6, 4.

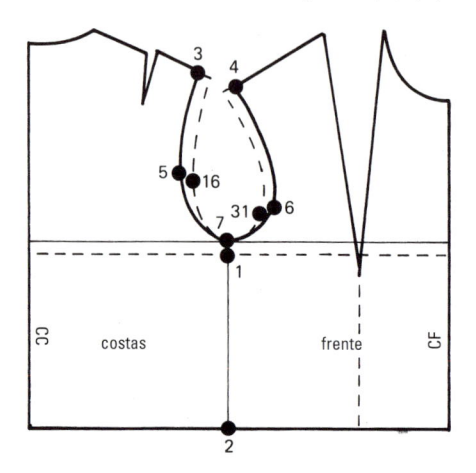

Forma da cintura

Em peças acinturadas, a cintura da frente deve cair 1 cm (1,5-2 cm para tamanhos grandes); unindo-se às costas com uma linha curva.

Forma da cintura tradicional

A forma da cintura do molde básico ajustado utiliza metade da medida da cintura mais 3 cm de folga. Isso equivale a 12 cm (para todos os tamanhos). Trace o molde nas linhas pontilhadas: 3,5 cm na pence das costas, 1,5 cm na costura lateral das costas, 2,5 cm na costura lateral da frente, 4,5 cm na pence da frente.

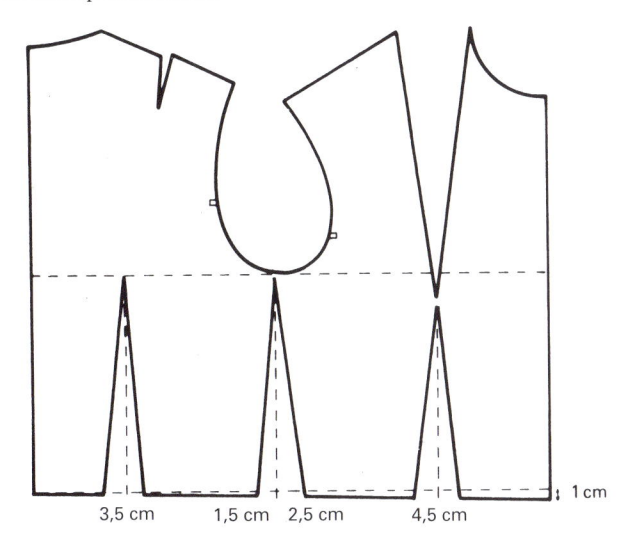

Molde sem manga ajustado

O molde sem mangas já foi reduzido em 3 cm. Isso equivale a 9 cm (para todos os tamanhos). Para a forma da cintura tradicional, siga as linhas pontilhadas: 2,5 cm na pence das costas, 1 cm na costura lateral das costas, 2 cm na costura lateral da frente, 3,5 cm na pence da frente.

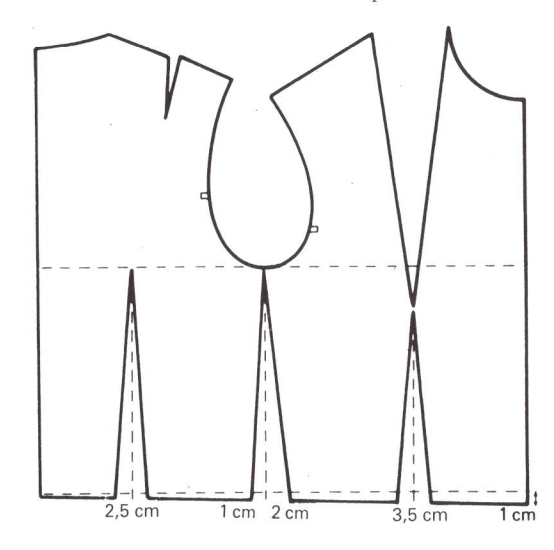

Exemplos de formas alternativas para cintura

A forma da cintura pode ser distribuída de diversas maneiras, dependendo do modelo ou molde usado. O formato pode ser reduzido se forem necessários estilos menos ajustados.

Exemplo 1   Modelo com 12 cm distribuídos em maior número de pences.

Exemplo 2   Modelo mostra a eliminação da costura lateral e uma forma com folga. Cintura reduzida somente em 9 cm.

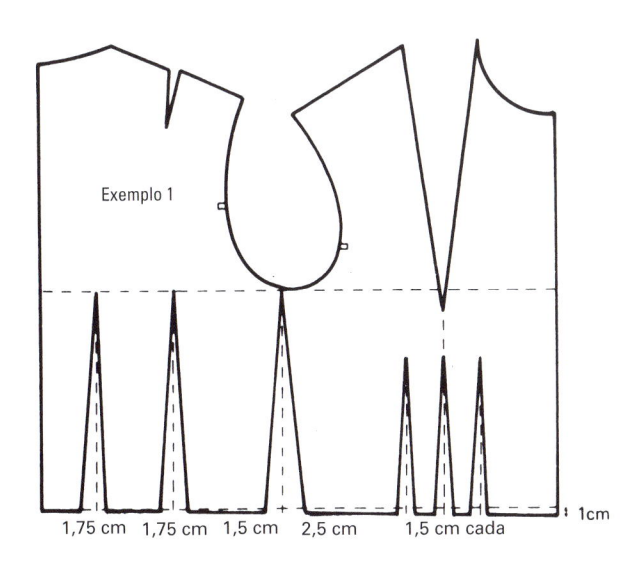

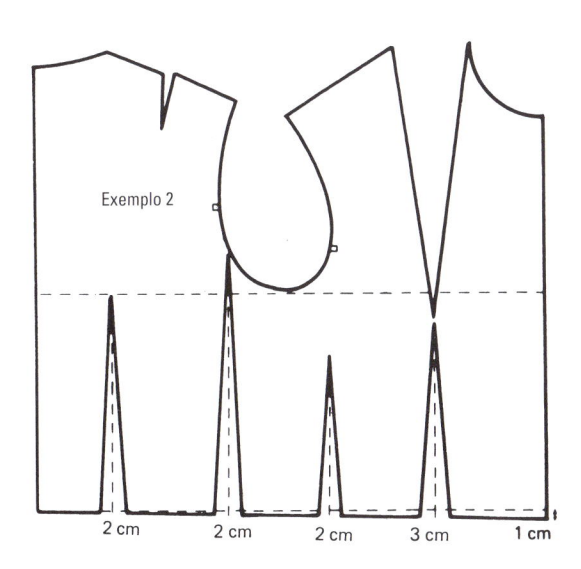

Moldes de vestido

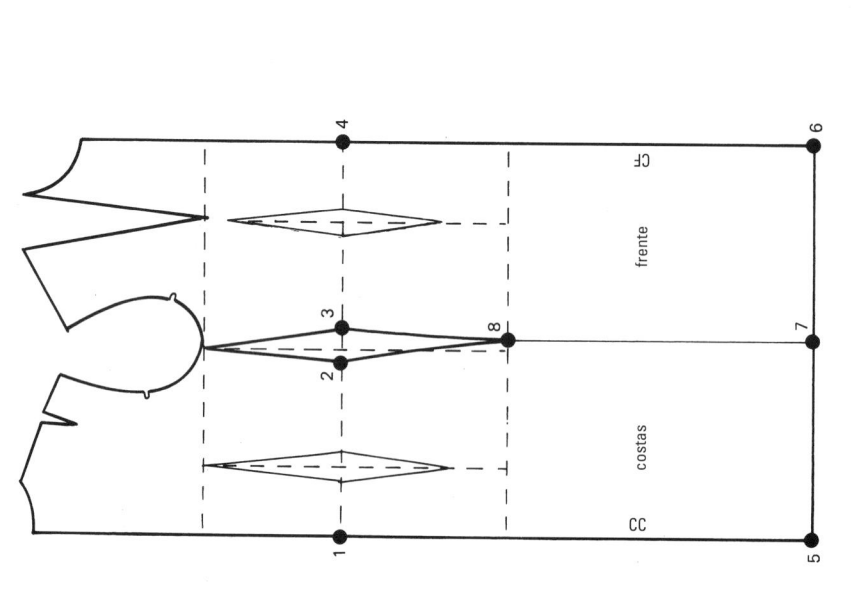

Molde de vestido sem recorte
Moldes de vestido com folga, sem marcação da cintura
Estenda o molde básico para o comprimento final; esquadre.

Molde de vestido ajustado
Trace o molde básico ajustado até a linha do quadril; desenhe a forma da cintura tradicional. Marque 1, 2, 3, 4. Esquadre para baixo do 1 e 4 até os pontos 5 e 6 (que correspondem ao comprimento desejado). Esquadre no meio de 5-6; esquadre até 8. Una 3-8 e 2-8 com linhas curvas. Estenda em 13 cm as pences da frente e das costas.

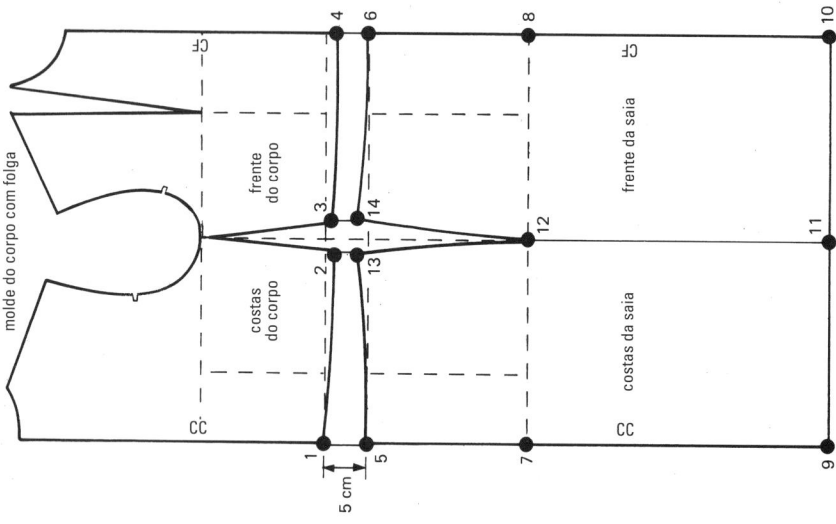

Molde de vestido com recorte
Trace o molde básico escolhido. Baixe em 1 cm a linha da cintura da frente. Desenhe a forma da cintura tradicional no molde básico ajustado. Para as costuras laterais, utilize indicações para moldes com folga e ajustados (abaixo). Marque 1, 2, 3, 4; trace uma linha de 1 até 4.

1-5   5 cm; esquadre até 6.
5-7   cintura até o quadril; esquadre até 8.
5-9   comprimento final; esquadre até 10. 11 está no meio de 9-10; esquadre até 12. 13 e 14 estão abaixo de 2 e 3 e 1,25 cm acima da linha 5-6.

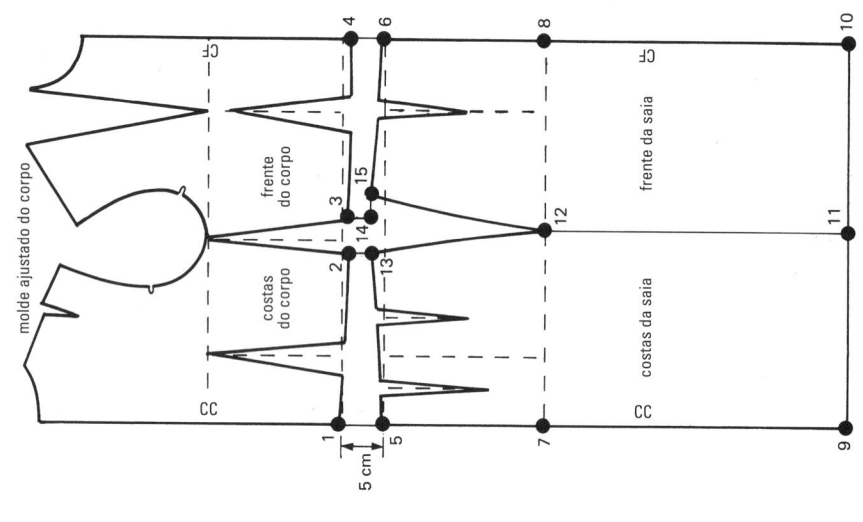

Moldes com folga
Una 5-13, 13-12, 6-14, 14-12 com linhas curvas.
Forma da costura lateral das costas: molde 1,5 cm (2 cm) da cintura nas costas; adicione 1,5 cm na barra (0,5 cm).
Forma da costura lateral da frente: molde 2 cm (2,5 cm) na cintura da frente; adicione 1 cm na barra (0,5 cm).

Moldes ajustados
14-15   2,5 cm; una 5-13, 13-12, 6-15, 15-12 com linhas curvas.
Pences das costas: trace duas pences com 1,75 cm de largura e 12 e 14 cm de comprimento. Posicione as pences em cada lado do molde do corpo, esquadre a partir da linha 5-13.
Pence da frente: trace uma pence com 2 cm de largura e 10 cm de comprimento seguindo a linha da pence do corpo.
Forma da costura lateral: desenhe uma nova linha de costura lateral de 1,5 cm de cada lado de 1-2.

Parte 1: Processo de modelagem tradicional
2 Do molde básico ao molde final

Do molde básico ao molde final	36
Margens de costura	38
Identificação do molde final	39
Sentido do fio	40
Encaixe do molde para corte	40

Do molde básico ao molde final

Manequins e toiles

É possível confeccionar moldes sem um manequim; muitas pessoas que costuram por prazer não possuem um. Entretanto, os manequins são uma ferramenta muito importante. Os estudantes devem combinar a modelagem plana com o trabalho no manequim. Modelos aparentemente aceitáveis no papel podem parecer feios e distorcidos nas curvas do corpo ou do manequim. Se você não dispuser de um manequim, use o corpo de um colega ou o seu próprio. A construção de toiles em morim (ou calico) é essencial para a produção de estilos mais elaborados. O toile é um molde cortado em algodão cru, utilizado para conferir e aperfeiçoar o modelo. Recortes e drapeados complexos podem ser trabalhados no manequim antes da confecção do toile.

Quando o toile estiver pronto, deve ser avaliado em um corpo em movimento, observando-se as proporções e garantindo a quantidade correta de folga.

O molde

Os designers usam três tipos de moldes durante o processo de confecção. É importante saber a diferença entre eles.

Molde básico   é o molde usado como apoio para adaptar todo e qualquer modelo. O molde básico é traçado ou "carretilhado" em um molde de papel para produzir o molde de trabalho.

Molde de trabalho   é o molde usado para delinear o estilo e as características do modelo (ex.: bolsos, golas, casas de botões). As peças do molde são traçadas e podem ser adaptadas futuramente. Nesta etapa, várias tentativas podem ser necessárias no caso de estilos mais elaborados.

Molde final   é o molde utilizado para cortar o tecido. Deve mostrar claramente todas as informações necessárias para a confecção da roupa.

Antes de começar qualquer adaptação, os seguintes pontos devem ser considerados:

(1) Escolha o molde básico correto (ex.: se você quiser uma calça *baggy*, é preciso usar um molde de calça com folga).
(2) Decida o comprimento; alongue ou encurte o molde básico.
(3) Decida se é necessária uma cava com folga (ver cava profunda ref. 23 página 60).

Linhas e curvas bem feitas

Consulte as ilustrações da próxima página.

Ao traçar os moldes, é essencial que as linhas e as curvas sejam suaves, já que todo e qualquer traçado irregular resultará em uma saliência disforme na roupa.

1   O encontro entre uma linha curva e uma linha reta deve ser suave.
2   As curvas do decote e da cava devem ser perfeitas. Todas as curvas do modelo devem ser desenhadas com precisão, principalmente onde encontram a linha de dobra. A régua francesa (ou curva francesa) é muito útil para traçar linhas curvas.

3   As partes "cortadas e estendidas" do molde podem assumir um contorno irregular. Desenhe os contornos com linhas suaves e uniformes.
4   Quando costurada na máquina, a base da pence deixa na barra da peça um formato em "V". Para compensar, ajuste a barra de costura, rebaixando a base da pence (como ilustra a figura 4). Na figura 4, o pontilhado mostra a linha de costura original e o traçado preto mostra a linha ajustada da pence.

Molde ajustado – pences e costuras

Quando o molde de trabalho estiver pronto, as pences e as costuras dos modelos ajustados podem ser formatadas para produzir um caimento melhor. Entretanto, na maioria dos moldes para produção em grande escala, as linhas de costura e as pences permanecem retas.

5   Para evitar saliências no busto, encurte em 2 cm o comprimento da pence do busto e da pence da frente da cintura.
6 e 7   Para produzir um modelo ajustado no diafragma, curve levemente a costura lateral para dentro (6) e o busto e as pences da cintura para fora (7 e 8). Esse método pode ser usado na costura lateral da manga (8).

Não use esse método nas pences das saias.

Não exagere na execução dos ajustes (máximo de 0,3 cm para pences e de 0,5 cm para costuras laterais e da manga).

Princípios da confecção de moldes

Os capítulos a seguir discorrem sobre adaptações, mostrando a manipulação de moldes básicos para produzir diferentes modelos. Os mesmos princípios básicos se aplicam a muitas peças e devem ser levados em consideração antes da confecção do molde.

Linhas de costura   As peças do molde podem ser cortadas vertical, horizontal ou diagonalmente, com linhas curvas, etc. Quando as partes são unidas, as peças do molde terão uma costura, mas a forma permanecerá a mesma. O traçado das pences pode ser deslocado para as costuras, de modo que a forma permaneça, mas a pence desapareça (ref. 2 página 86).

Corte   Uma roupa pode ser bem ajustada, semiajustada ou com folga. Isso é obtido através da utilização de moldes básicos com formas mais ou menos definidas. São exemplos de alteração no formato do molde: ampliação do contorno . . . peças com mais folga; formas ocultas . . . adição de pregas e godês; peças bufantes ou em sino . . . aumento da largura pela adição de babados ou franzidos; formato de cone . . . ampliação apenas da barra.

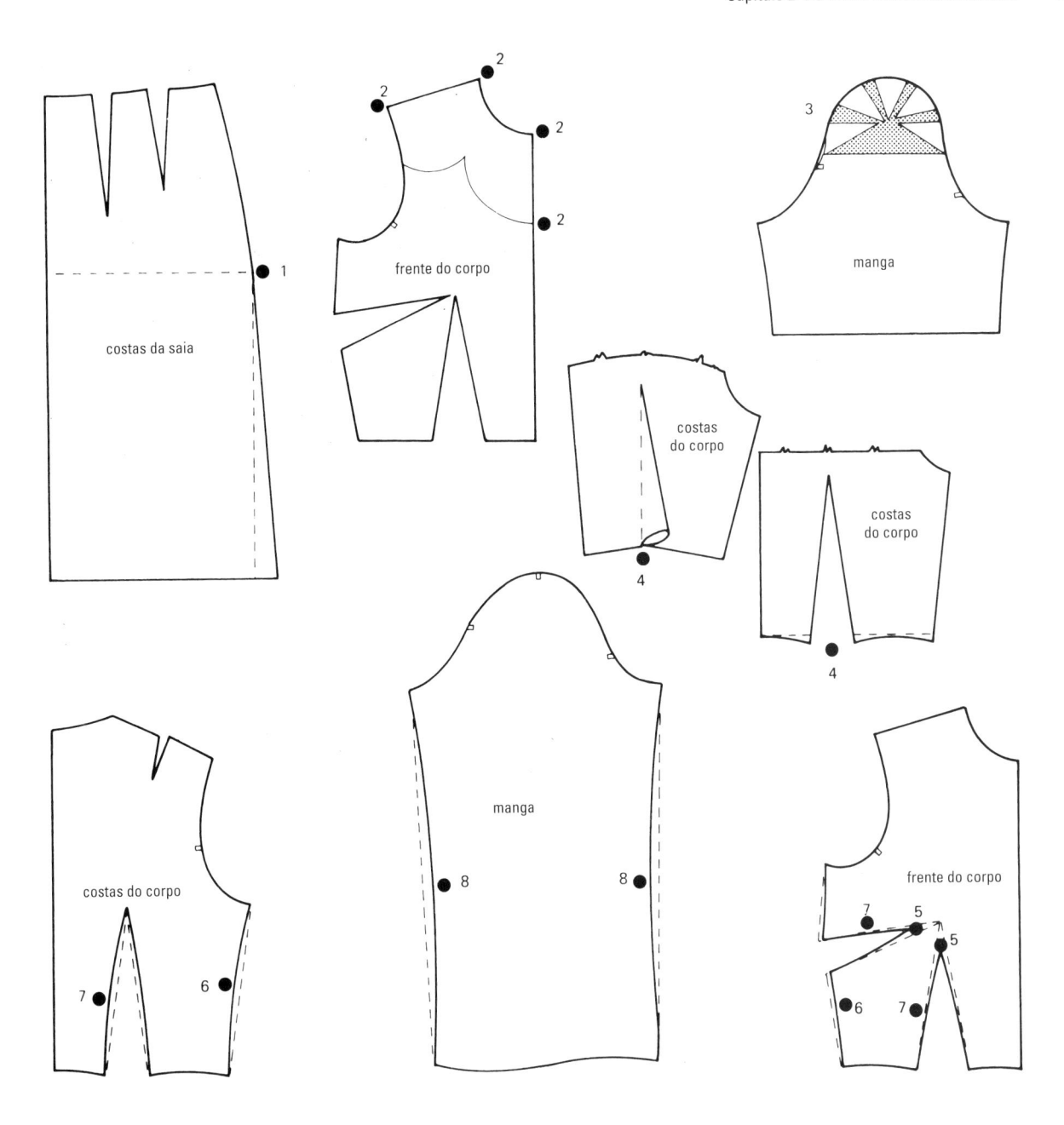

Ao aplicar partes considere o caimento do modelo quando for adicionar bolsos, pepluns, recortes, lapelas, etc.

Movimento na confecção de moldes mais elaborados, as partes do corpo são adicionadas às mangas. Ao trabalhar com esses modelos, lembre-se de que o corpo humano precisa se movimentar. Apenas roupas amplas e largas podem usar formas muito simples.

Beleza das formas é importante que linhas e silhueta sejam bem feitas. Ao cortar moldes complexos, pequenas partes do molde básico podem se perder e outras podem ser adicionadas. O limite dessas alterações depende da habilidade e da experiência de cada um; por isso é tão difícil cortar as formas sutis produzidas pelos grandes designers.

A confecção de peças personalizadas permite muito mais liberdade. Essas roupas não são restringidas por limites de preço e pelos tecidos usados na produção em larga escala.

Margens de costura

Molde com linhas de costura marcadas

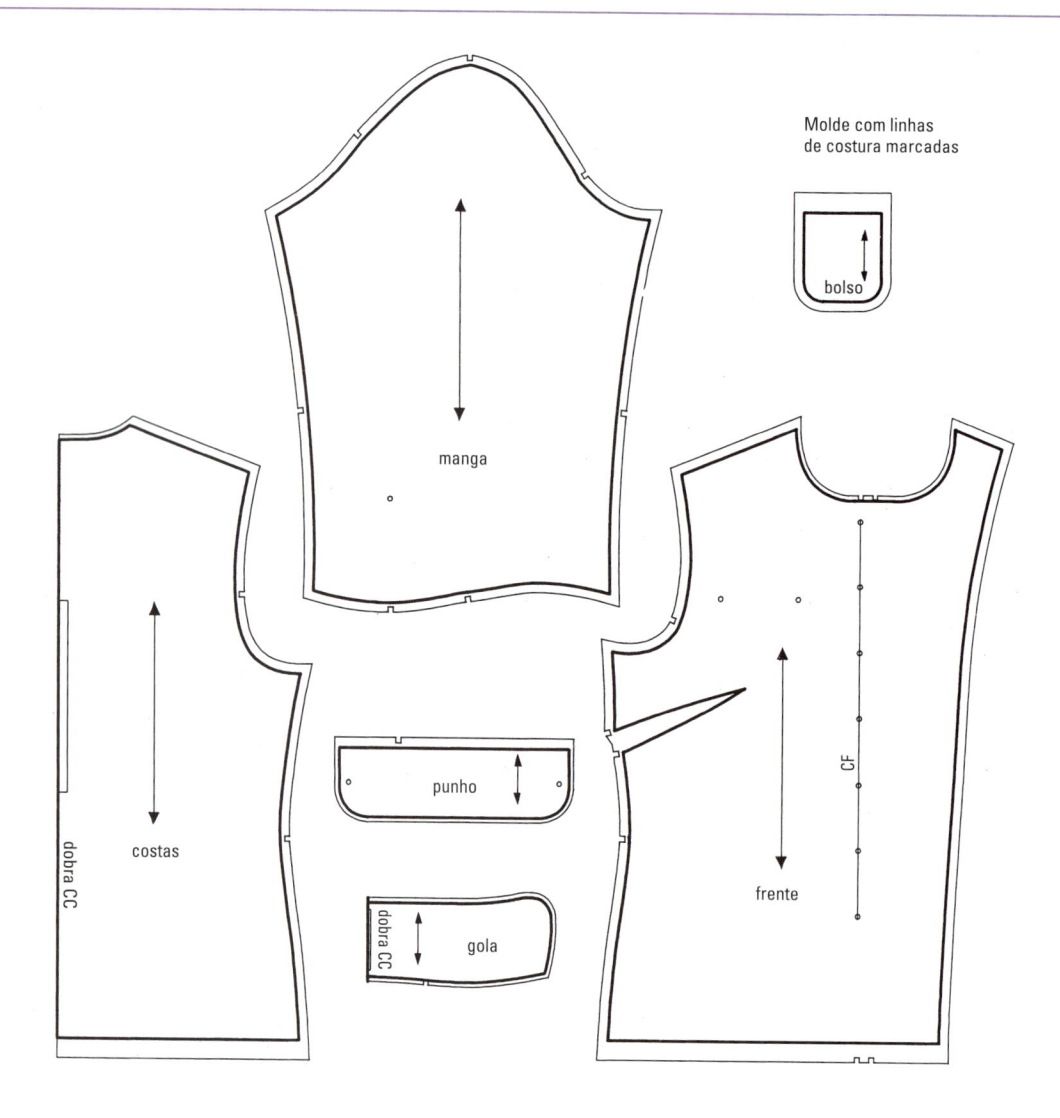

Os fabricantes exigem a adição de margens de costura aos moldes finais. Alguns exigem que seus designers adaptem modelos a partir de moldes que já incluem margens de costura. Essa é uma tarefa difícil para iniciantes. Para estudantes, o melhor é trabalhar com moldes básicos (que não possuem margens de costura), especialmente em estilos complicados. A margem de costura pode ser adicionada depois.

A largura da margem de costura varia de acordo com o tipo de produção e vestuário. Os exemplos a seguir são um guia genérico.

Costuras simples ex.: costuras laterais, linhas de estilo. . . 1 a 1,5 cm.
Costuras fechadas (ocultas) ex.: golas, punhos. . . 0,5 cm.
Barras a profundidade depende da forma e do acabamento. . . 1 a 5 cm.

As costuras decorativas geralmente exigem uma margem maior.

Tecidos que desfiam facilmente precisam de uma vira mais larga, especialmente ao redor de debruns e golas.

A largura da margem de costura deve ser marcada no molde por linhas ou piques.

Margens de costura não são necessárias nas linhas que indicam apenas uma dobra.

É importante que as margens de costura marcadas no molde sejam precisas e claras.

Molde de toile

Não é preciso adicionar margens de costura nesta etapa; elas podem ser marcadas diretamente no morim.

Moldes industriais

As linhas de costura não são marcadas nestes moldes. Geralmente, a margem de costura é definida nas especificações de produção. Apenas variações nas margens de costuras serão marcadas por piques.

Identificação do molde final

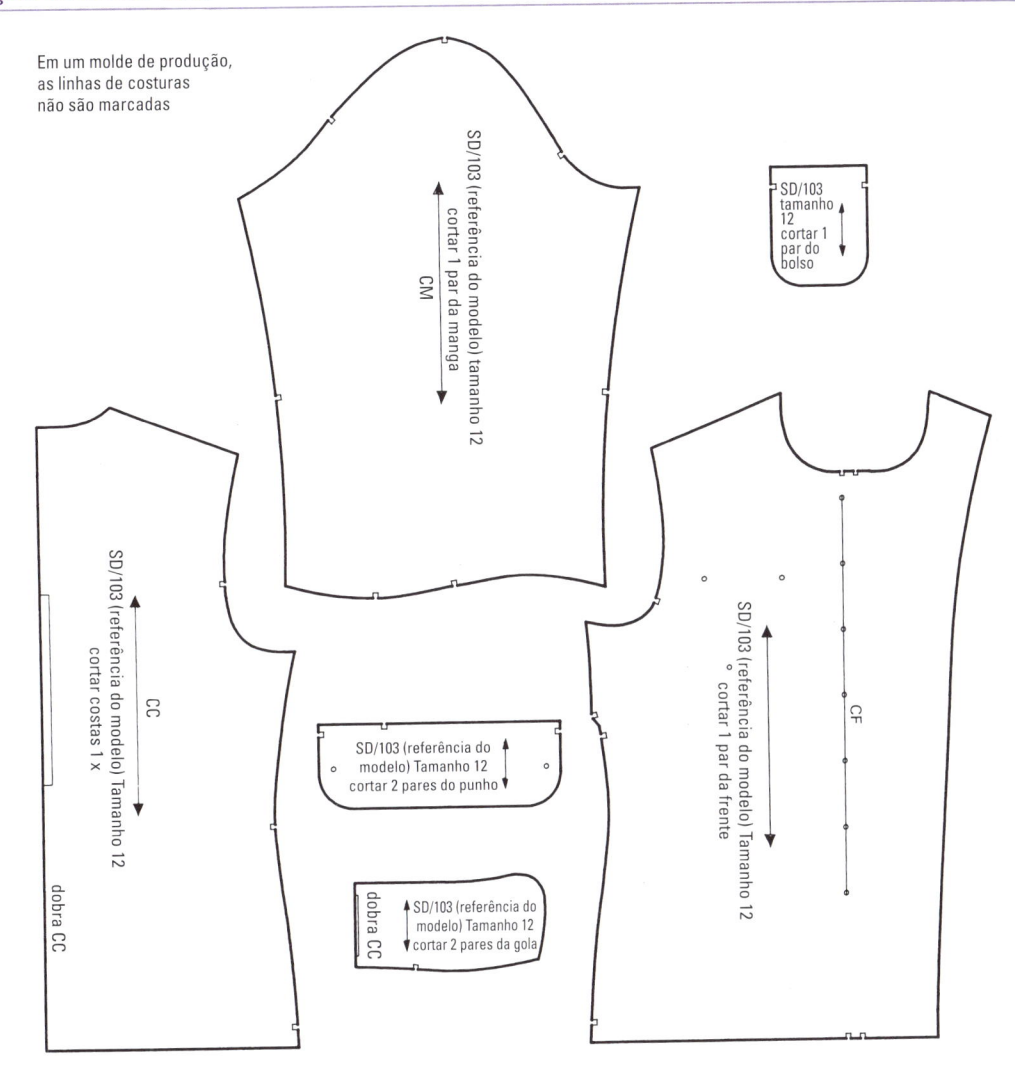

Em um molde de produção, as linhas de costuras não são marcadas

SD/103 (referência do modelo) tamanho 12 cortar 1 par da manga
CM

SD/103 tamanho 12 cortar 1 par do bolso

SD/103 (referência do modelo) Tamanho 12 cortar costas 1 x
CC
dobra CC

SD/103 (referência do modelo) Tamanho 12 cortar 2 pares do punho

dobra CC
SD/103 (referência do modelo) Tamanho 12 cortar 2 pares da gola

SD/103 (referência do modelo) Tamanho 12 cortar 1 par da frente
CF

Para que a peça possa ser corretamente confeccionada, as seguintes instruções devem ser marcadas no molde:
(1) Nome de cada parte.
(2) Centro da frente (CF), centro das costas (CC) e centro da manga (CM).
(3) Números de partes para corte.
(4) Dobras do molde.
(5) Piques ou marcas de junção... são usadas para garantir que as partes do molde sejam unidas nos pontos corretos.
(6) Margens de costura... podem ser marcadas por linhas ao redor do molde ou piques no final de cada costura. Se um molde não possui margem de costura, isso deve ser informado claramente.
(7) Linhas de montagem... incluem pences, casas de botões, localização de bolso, babados, linhas de pregas, pespontos decorativos. Essas linhas são marcadas no molde ou identificadas por furos.
(8) Sentido do fio... para obter o efeito desejado, você precisa compreender como posicionar o molde no sentido correto do tecido (veja a próxima página). No molde de trabalho, marque o sentido do fio com uma seta antes de cortar as partes. Depois que o tecido já está cortado, pode ser difícil encontrar o sentido certo do fio em partes de moldes mais elaborados.
(9) Tamanho do molde.
(10) Estilo nº., ex.: SD/103.

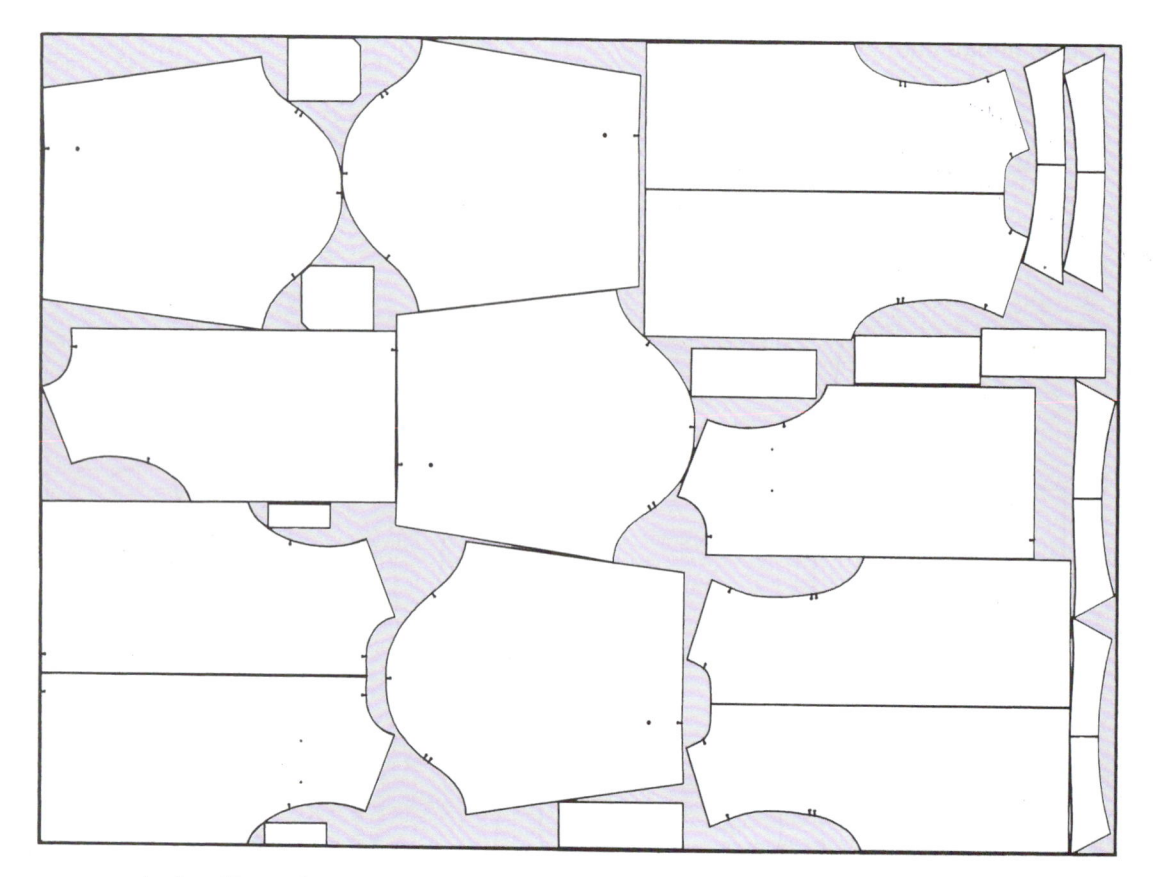

Plano de corte com encaixe de molde, gerado por computador, com eficiência de 84%.

Sentido do fio

Todos os tecidos planos têm linhas de urdume e trama. As linhas de urdume são mais resistentes e paralelas à ourela do tecido; os fios da trama são transversais ao tecido e menos resistentes.

Indica-se manter as linhas verticais do molde no sentido do urdume. As partes do molde podem ser cortadas no viés pelos seguintes motivos:

Características do modelo padronagens listradas e xadrezes podem produzir modelos interessantes se cortadas em diferentes ângulos.

***Stretch* natural** tecidos cortados no viés têm características elásticas naturais; isso permite que o molde seja cortado com menos folga. O modelo se ajusta ao corpo, mas permanece confortável.

Caimento dobras, drapeados e saias com leve efeito evasê têm melhor caimento quando cortados no viés. O tipo de tecido também potencializa o efeito do viés, a exemplo dos crepes, cetins e tecidos leves de lã.

Após decidir o sentido do fio e marcá-lo no molde, confira sempre, antes de cortar, se o molde foi posicionado corretamente sobre o tecido, para não produzir deformação na roupa.

Encaixe do molde para corte

O custo é um fator muito importante. Por isso, os fabricantes exigem encaixes economicamente vantajosos. O plano de corte é um diagrama da disposição de todas as partes que compõem o molde sobre o tecido. Tecidos que podem ser cortados só em uma direção, normalmente, são pouco econômicos; tecidos que permitem o encaixe das partes em ambas as direções reduzem o custo. Se você é iniciante, não tente economizar tecido no encaixe das peças, nem tente colocar as peças "fora do sentido do fio"; isso pode arruinar o resultado final da roupa.

Quando um designer apresenta uma amostra, faz-se um orçamento a partir do plano de corte. Geralmente, esse orçamento é baseado em duas amostras de vestuário, com planos de corte distintos para permitir um cálculo de custo mais preciso, o que pode ser feito em tecidos com diferentes larguras.

Se uma peça de vestuário utiliza mais de um tecido, exige mais de um plano de corte. O conjunto das partes de uma modelagem que forma cada um dos planos de corte é chamado de estudo de encaixe. O uso de computadores para gerar planos de corte está crescendo rapidamente, à medida que diminui o preço dos sistemas. Esse método aumenta a eficiência, ou seja, o aproveitamento do tecido utilizado pelo molde. A maioria dos fabricantes tem como meta a utilização de 80% do tecido.

Parte 1: Processo de modelagem tradicional
3 Adaptações usuais dos moldes básicos

Manipulação de pences para formatação do busto e das omoplatas	42
Aberturas	44
1 Decote profundo	44
2 Frente com abotoamento padrão	44
3 Frente transpassada	44
4 Frente com abotoamento superior	44
5 Frente assimétrica com abotoamento	44
6 Frente com abotoamento de camisa	44
Pences sobre recortes	46
7 Pences do busto sobre recorte vertical	46
8 Pences do busto sobre recorte princesa	46
9 Pences do busto sobre recorte horizontal	46
10 Pences do busto sobre recorte curvo	46
Pences sobre volumes	48
11 Pences do busto sobre tomas	48
12 Pences do busto sobre franzidos	48
13 Pences do busto sobre pregas	48
14 Busto franzido	50
15 Frente com abertura envelope	50
16 Frente drapeada	50
Formas da blusa tradicional	52
17 Blusa tradicional	52

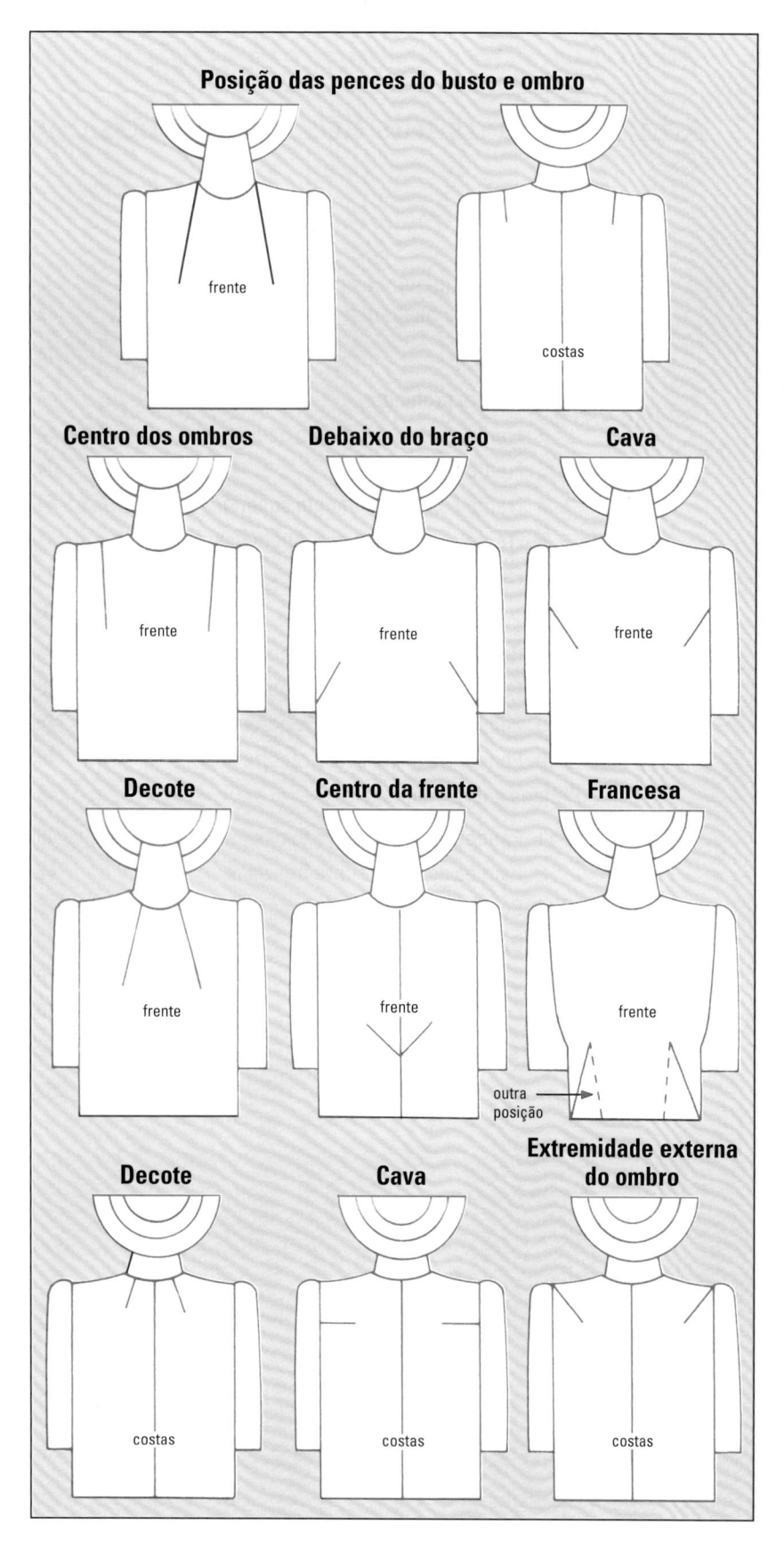

Manipulação de pences para formatação do busto e das omoplatas

Ao riscar um molde, é preciso considerar o formato do corpo. Nesta etapa, não se preocupe com as pences da cintura, elas são usadas apenas para moldar a cintura.

Faça experiências com as pences de busto e ombro que dão forma ao busto e à omoplata.

Os desenhos mostram a posição dessas pences no molde do corpo.

Você pode deslocar a posição das pences no corpo, desde que o ponto da pence seja mantido sobre o ponto do busto ou das omoplatas. Veja o diagrama da próxima página. Tente alocar as pences em novas posições.

Pences do busto

Centro dos ombros desenhe sobre o molde da frente. Trace uma linha do centro do ombro ao ponto do busto. Corte essa linha. Feche a pence original com fita adesiva. A pence do busto agora está no centro do ombro. Utilizando o mesmo método, transfira a pence do busto para: *debaixo do braço; cava; decote e centro da frente.*

Pence francesa essa pence é uma combinação da pence do busto e da pence da cintura. Trace o molde da frente e dê forma à cintura. Trace uma linha do ponto da costura lateral da cintura ao ponto do busto. Corte a linha. Feche a pence do busto e da cintura para criar uma pence grande na base da costura lateral. Essa pence pode ser posicionada na cintura.

Nota Quando a pence do busto estiver na posição final, diminua a pence em 2 cm.

Pence do ombro das costas

Decote trace o molde das costas. Desenhe uma linha do pescoço à base da pence do ombro. Corte essa linha. Feche a pence do ombro. Com o mesmo método, transfira a pence do ombro para: *cava; extremidade externa do ombro.*

Capítulo 3 Adaptações usuais dos moldes básicos

Outra posição das pences do busto e ombro

- decote das costas
- extremidade externa do ombro
- cava das costas
- linha da pence da cintura
- centro do ombro
- decote
- cava
- debaixo do braço
- centro da frente
- pence francesa
- linha da pence da cintura

Centro do ombro

Debaixo do braço

Cava

Decote

Centro da frente

União das pences do busto e da cintura

Decote

Cava

Extremidade externa do ombro

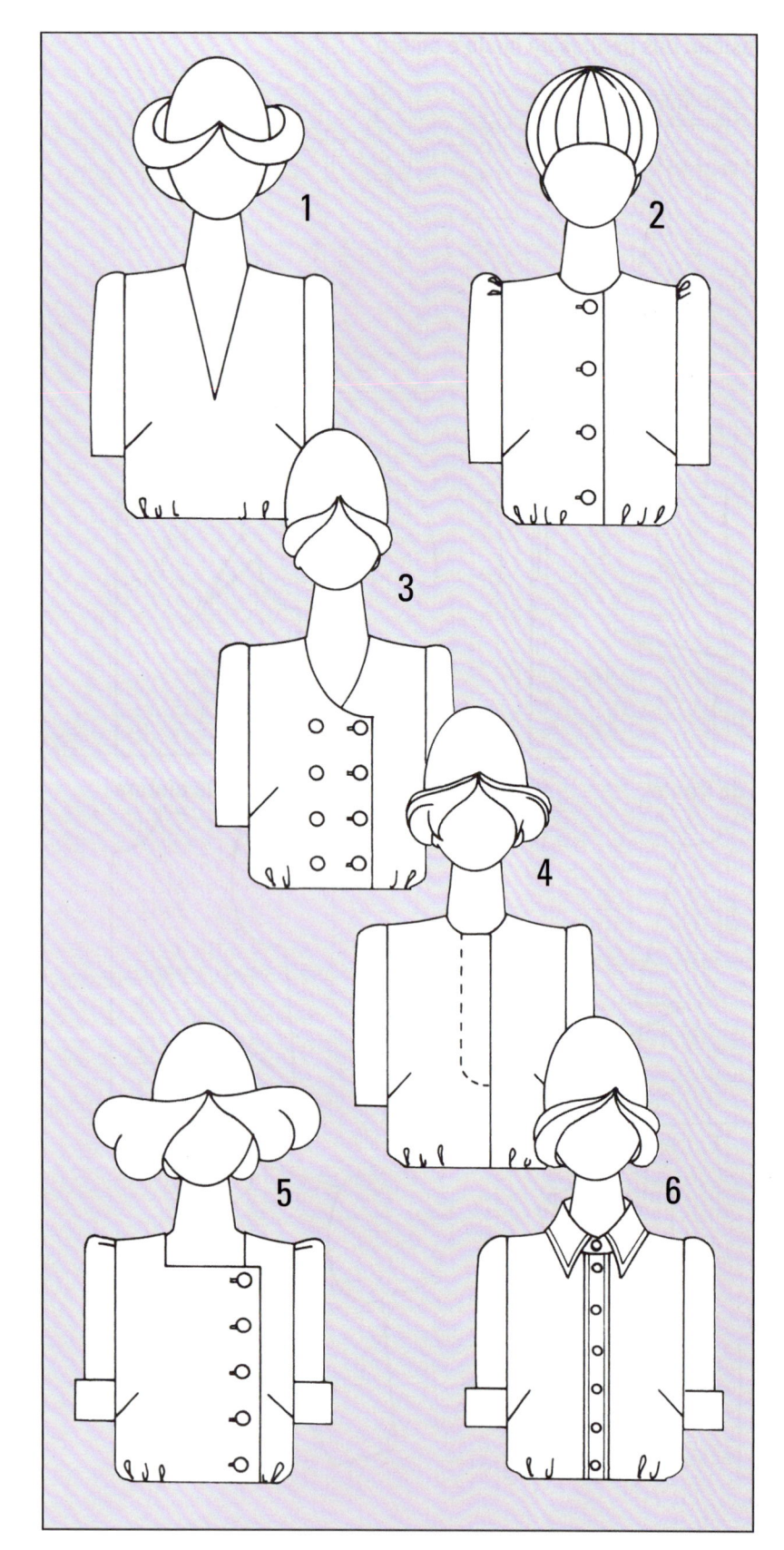

Aberturas

1 Decote profundo

Os decotes profundos podem acabar tendo uma folga excessiva. Para corrigir, mova a pence do busto para debaixo do braço. Desenhe o decote. Trace, do decote ao ponto do busto, uma pence pequena de aproximadamente 0,6 cm de largura. Feche essa pence. Corrija a leve distorção da linha do decote.

2 Frente com abotoamento padrão

Marque casas na linha do centro da frente (as casas se sobrepõem a essa linha por 0,2 cm em direção à abertura da peça); adicione carcela de aproximadamente 2,5 cm; essa medida varia de acordo com o tamanho do botão. Dobre a linha externa, passe a carretilha no formato da abertura e na linha da vista para criar uma vista interna.

3 Frente transpassada

Altere o decote para o formato desejado. Desenhe duas linhas de botões, uma de cada lado, equidistantes do centro da frente. Marque as casas (como exemplo da frente com abotoamento padrão). Adicione a carcela. Passe a carretilha nos debruns separados.

4 Frente com abotoamento superior

Lado direito da frente Adicione a carcela no centro da frente. Desenhe a linha de pesponto. Adicione uma extensão à barra da frente 5 cm abaixo da linha de pesponto. Essa extensão deve ser 2,5 cm mais larga do que a linha de pesponto. Com a carretilha, marque a vista interna com as mesmas dimensões. Marque as casas verticais na linha do centro da frente da vista.
Lado esquerdo da frente Trace o lado esquerdo da frente como se fosse uma frente com abotoamento padrão.

5 Frente assimétrica com abotoamento

Trace a frente completa do corpo, marque a linha de botão e as casas, adicione a carcela. Desenhe o decote.
 Faça uma vista interna separada.
 Trace o lado esquerdo da frente até linha do botão, adicione a carcela e estenda a vista.

6 Frente com abotoamento de camisa

Lado direito da frente Adicione a carcela com 1,5 cm de largura. Desenhe uma linha de 1,5 cm no centro da frente. Passe a carretilha para modelar a carcela. Marque as casas verticalmente na linha do centro da frente, sobre a peça carretilhada.
Lado esquerdo da frente Adicione a carcela e uma vista estendida de 3 cm de largura.

Capítulo 3 Adaptações usuais dos moldes básicos 45

1 Decote profundo

2 Frente com abotoamento padrão

3 Frente transpassada

4 Frente com abotoamento superior

5 Frente assimétrica com abotoamento

6 Frente com abotoamento de camisa

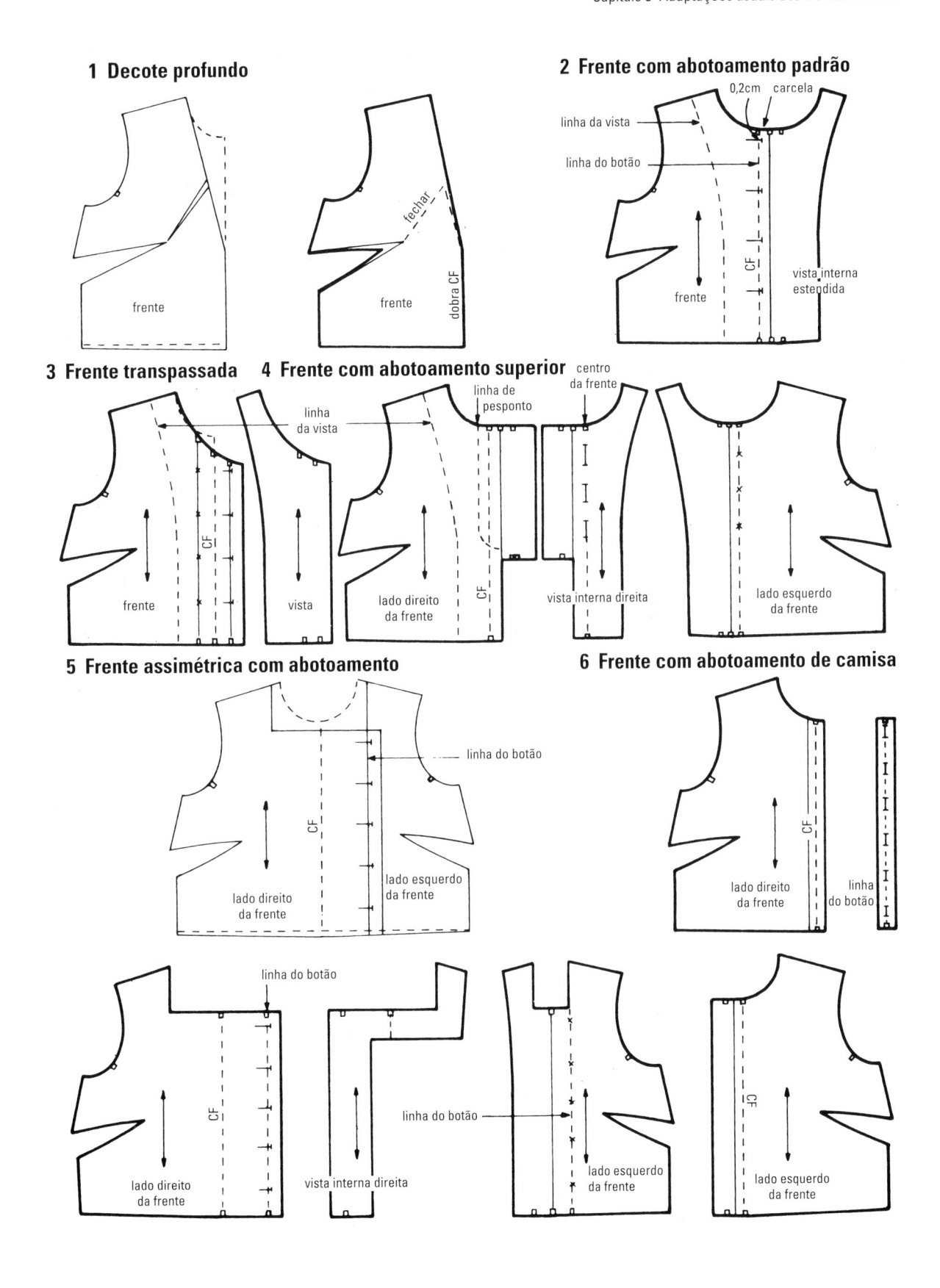

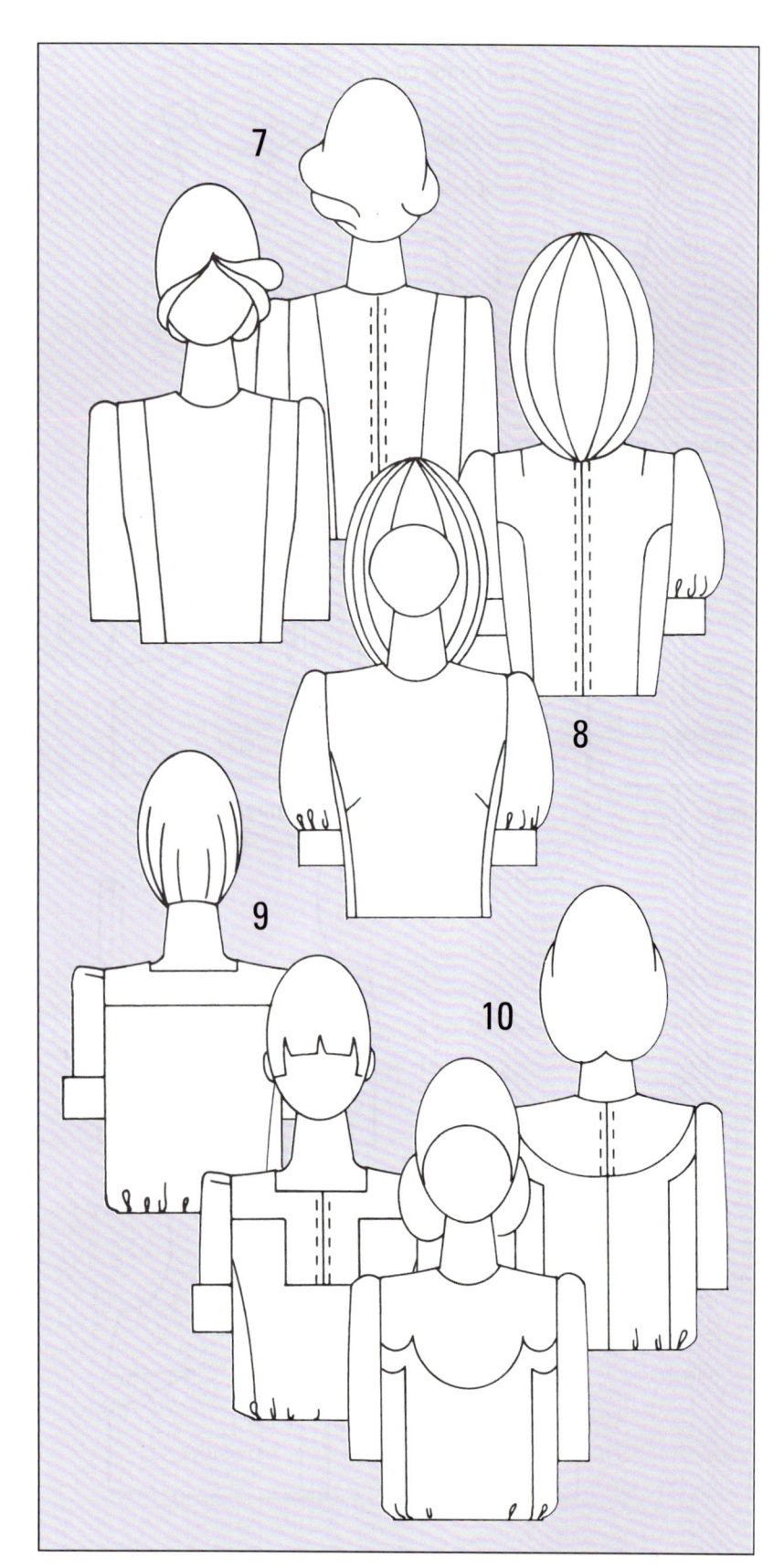

Pences sobre recortes

Se a linha de costura cruzar o ponto do busto, as pences podem ser posicionadas sobre ela. Caso contrário, será necessário inserir uma pence ou pequena folga para dar forma ao busto, ex.: 8.

7 Pences do busto sobre recorte vertical

Trace o molde do corpo desejado. Desenhe uma linha unindo a pence das costas da cintura com a pence do ombro. Transfira a pence do busto para o centro do ombro. Corte as partes do molde e contorne. Suavize as linhas das partes do molde e das costuras laterais com curvas, como apresentado. Dê forma à cintura na base das partes do molde.

8 Pences do busto sobre recorte princesa

Trace o molde do corpo desejado. Desloque as pences da cintura em direção à costura lateral. Desenhe as linhas laterais ajustadas e linhas curvas do recorte princesa conforme desejado. Desenhe uma linha do recorte até a base da pence do busto. Corte as partes do molde e contorne. Feche a pence do busto para transferi-la para a linha do recorte princesa. Molde as costuras e a linha da cintura na base das partes do molde.

9 Pences do busto sobre recorte horizontal

Trace o molde do corpo desejado.
Pala das costas Desenhe a linha da pala das costas; a partir da pence do ombro, incline 1 cm para a borda da cava. Corte a pala; feche a pence do ombro. Desenhe o decote quadrado.
Costas Trace o molde das costas unido ao molde da frente. Desloque as pences do busto conforme o recorte princesa. Desenhe a linha do recorte, pontos 1-2. Desenhe levemente a forma da cintura. Corte as partes do molde.
  Trace o molde do corpo das costas.
Frente Desenhe uma linha do recorte até a base da pence do busto e transfira a pence do busto para essa linha. Desenhe o decote quadrado e a pala da frente. Corte a pala e contorne. Feche a pence do busto.

10 Pences do busto sobre recorte curvo

Trace o molde das costas unido ao molde da frente. Desenhe as linhas de recorte no molde. Corte as partes do molde.
  Trace as partes inferiores do molde.
Pala das costas Estenda a pence das costas até a borda da pala. Feche a pence.
Pala da frente Feche a pence do busto.

7 Pences do busto sobre recorte vertical

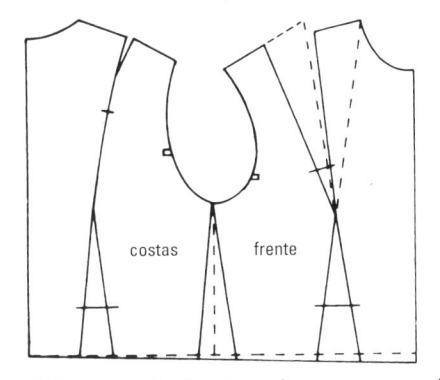

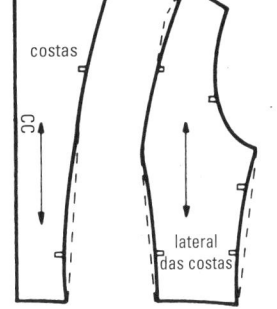

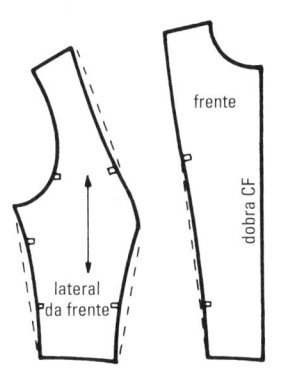

8 Pences do busto sobre recorte princesa

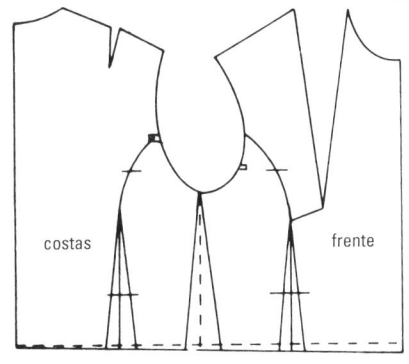

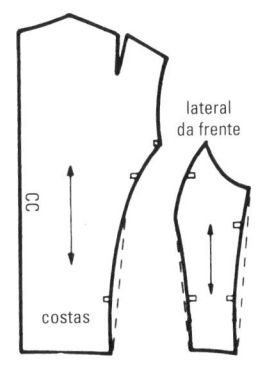

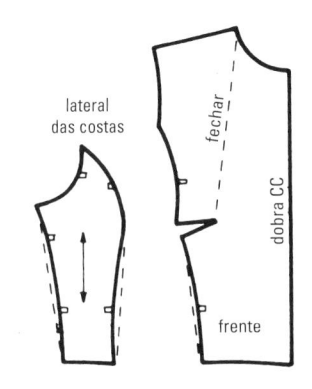

9 Pences do busto sobre recorte horizontal

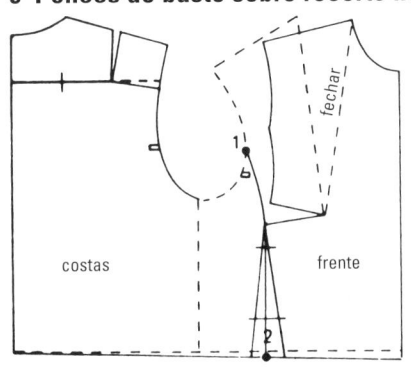

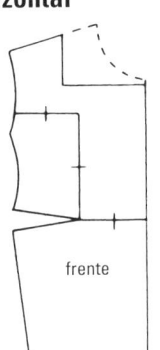

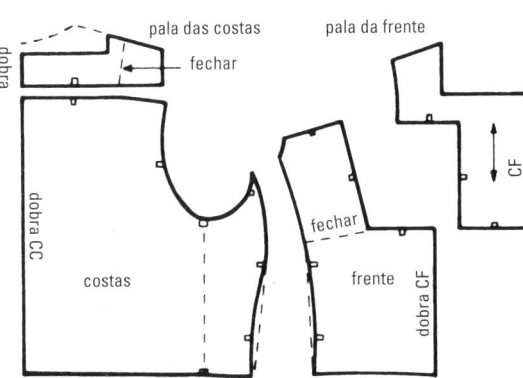

10 Pences do busto sobre recorte curvo

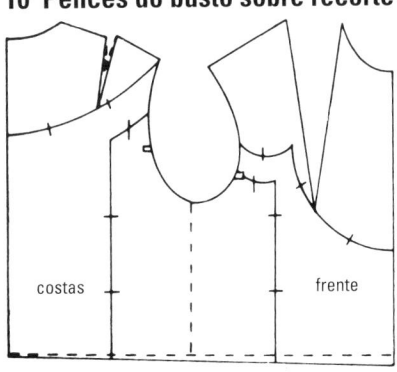

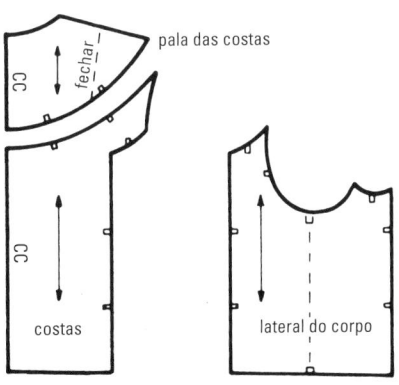

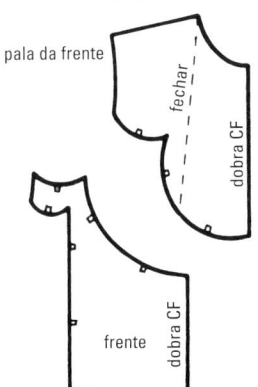

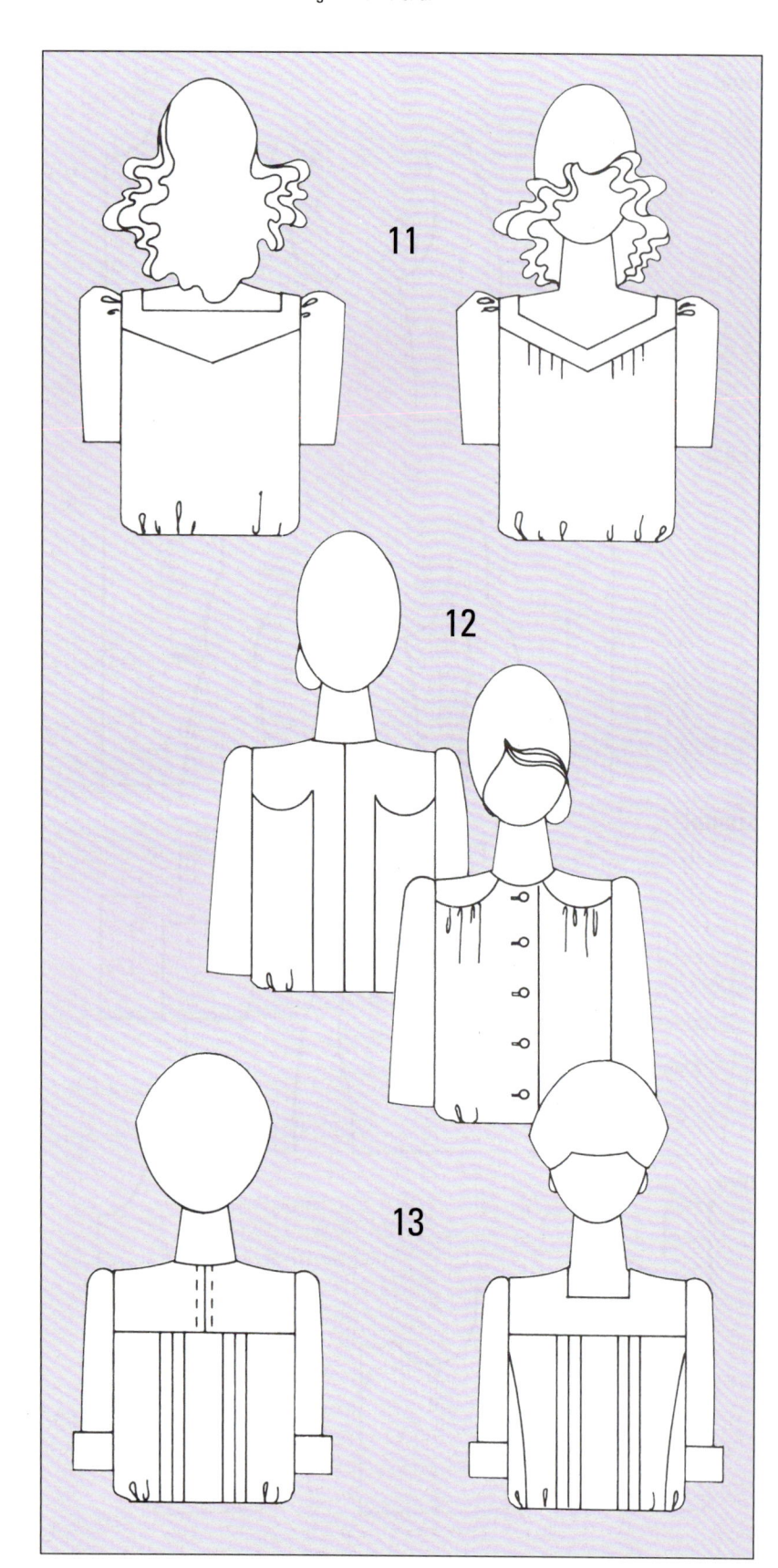

Pences sobre volumes

As pences podem ser dispostas sobre volumes, ex.: tomas, franzidos e pregas.

11 Pences do busto sobre tomas

Trace o molde do corpo desejado. Transfira a pence do busto para debaixo do braço (corte a costura lateral até o topo da pence).
Palas Desenhe as linhas da pala, corte e feche a pence das costas. Desenhe o decote. Para decotes mais abertos, estreite o ombro na cava das costas e nas palas da frente.
Costas Trace as partes do molde das costas.
Frente Desenhe a linha vertical no ponto do busto; corte essa linha. Feche a pence debaixo do braço. Contorne as partes do molde da frente, com uma abertura de 2 cm entre as linhas verticais. Marque quatro tomas no topo da linha da frente. O tamanho do tomas é a distância de 1-2, dividida em 4 partes.

12 Pences do busto sobre franzidos

Desenhe o molde do corpo desejado. Corte a costura lateral.
Costas Desenhe o recorte das costas. Corte as linhas. Contorne os painéis. Feche a pence.
Frente Transfira a pence do busto para debaixo do braço. Desenhe a linha da pala; marque os piques. Desenhe para baixo uma linha vertical da pala até o ponto do busto. Corte a pala. Corte a linha vertical, abra 3 cm. Feche a pence debaixo do braço. Trace o molde. Marque as casas. Adicione a carcela e a vista interna no centro da frente.

13 Pences do busto sobre pregas

Trace o molde das costas unido ao molde da frente. Desloque as pences do busto conforme o recorte princesa. Corte a linha do recorte. Transfira a pence do busto para a costura do recorte. Nas costas, desenhe a linha da pala e incline 1 cm na cava a partir da base da pence do ombro. Insira uma carcela para extensão da abertura da peça. Na frente, desenhe a linha da pala e insira uma carcela para extensão da abertura da peça. Corte as palas e contorne. Feche a pence das costas. Desenhe o decote da frente.
Partes do molde do corpo Desenhe e corte as linhas das pregas (2 cm de largura) nos dois moldes. Insira 4 cm entre essas linhas.

Contorne os novos moldes, feche a pence debaixo do braço.

Dobre as pregas, recorte os moldes.

Nota As pregas no molde da frente podem ser costuradas até a linha do busto.

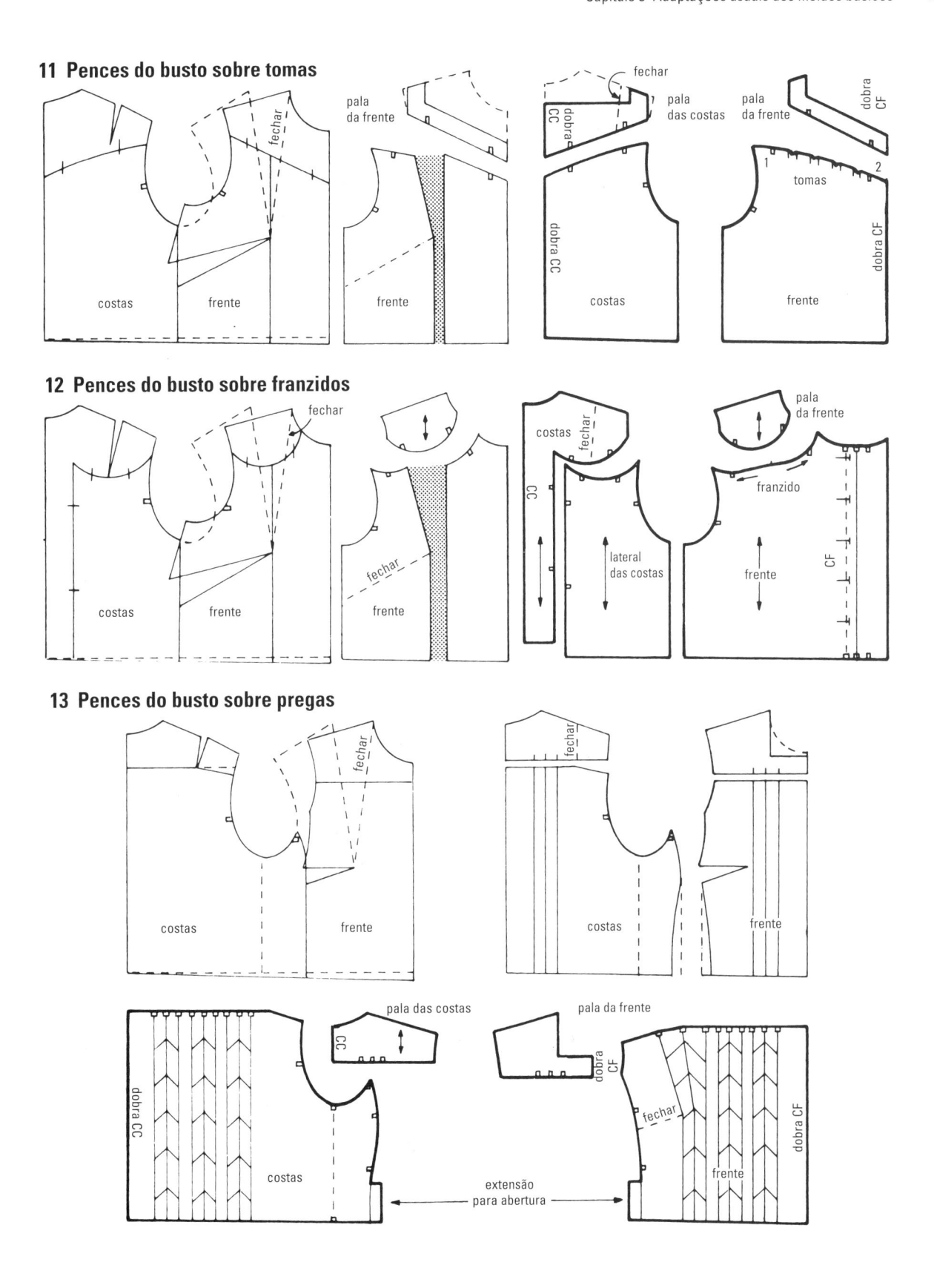

Capítulo 3 Adaptações usuais dos moldes básicos

11 Pences do busto sobre tomas

12 Pences do busto sobre franzidos

13 Pences do busto sobre pregas

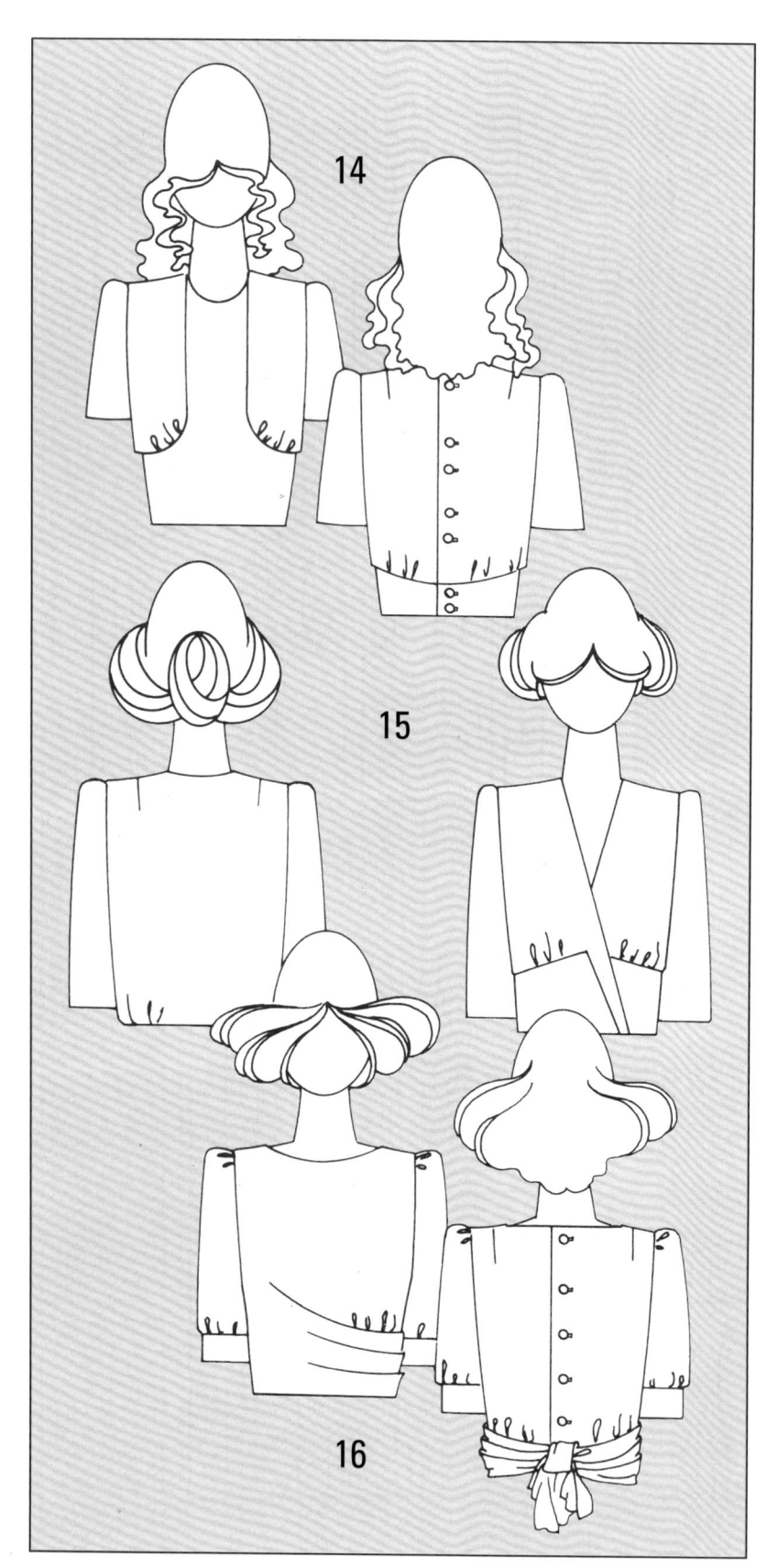

14 Busto franzido

Trace o molde ajustado do corpo. Transfira a pence do busto para a cava, desenhe a costura do busto e estenda até as costas. Marque os piques para a posição dos franzidos. Desenhe uma linha da cava da frente até a costura do busto.

Partes estruturadas do molde da frente Corte partes inferiores do molde, unindo-as como ilustrado; adicione 2,5 cm no topo da costura lateral. Contorne para criar uma linha suave na borda de cima. No centro das costas, marque as casas e adicione a carcela.

Lateral da frente Feche a pence do busto. Corte a linha desenhada, abra 2 cm na barra para mais volume. Contorne o molde.

Costas Ajuste a costura lateral. Marque as casas e adicione a carcela. Faça uma vista interna combinada para as costas e para as partes inferiores do molde.

15 Frente com abertura envelope

Trace o molde ajustado do corpo (dois lados da frente). Transfira a pence para a cava. Desenhe a frente com abertura envelope e a linha do diafragma. Marque os piques para as posições dos franzidos. Marque uma pequena pence no decote (ref. Decote profundo, página 44).

Frente Corte as costuras laterais e a parte inferior do molde. Feche a cava e as pences do decote na parte superior, contorne, ajuste o decote. Feche a pence na parte inferior do molde, contorne.

Costas Trace o molde das costas, apague a pence da cintura.

16 Frente drapeada

Trace o molde do corpo (dois lados da frente). Marque as linhas do drapeado na frente. Corte a costura lateral.

Costas Trace o molde das costas, abaixe o decote, marque as casas, adicione as carcelas e vista interna. Elimine a pence.

Frente Corte ao longo das linhas do drapeado, feche as pences da cintura. Feche as duas pences do busto. Abra as linhas do drapeado em aproximadamente 4 cm. Contorne o molde. Abaixe o decote. Estenda a parte inferior do molde até o comprimento necessário para o nó. Trace a faixa para a vista interna e o molde com nó traseiro.

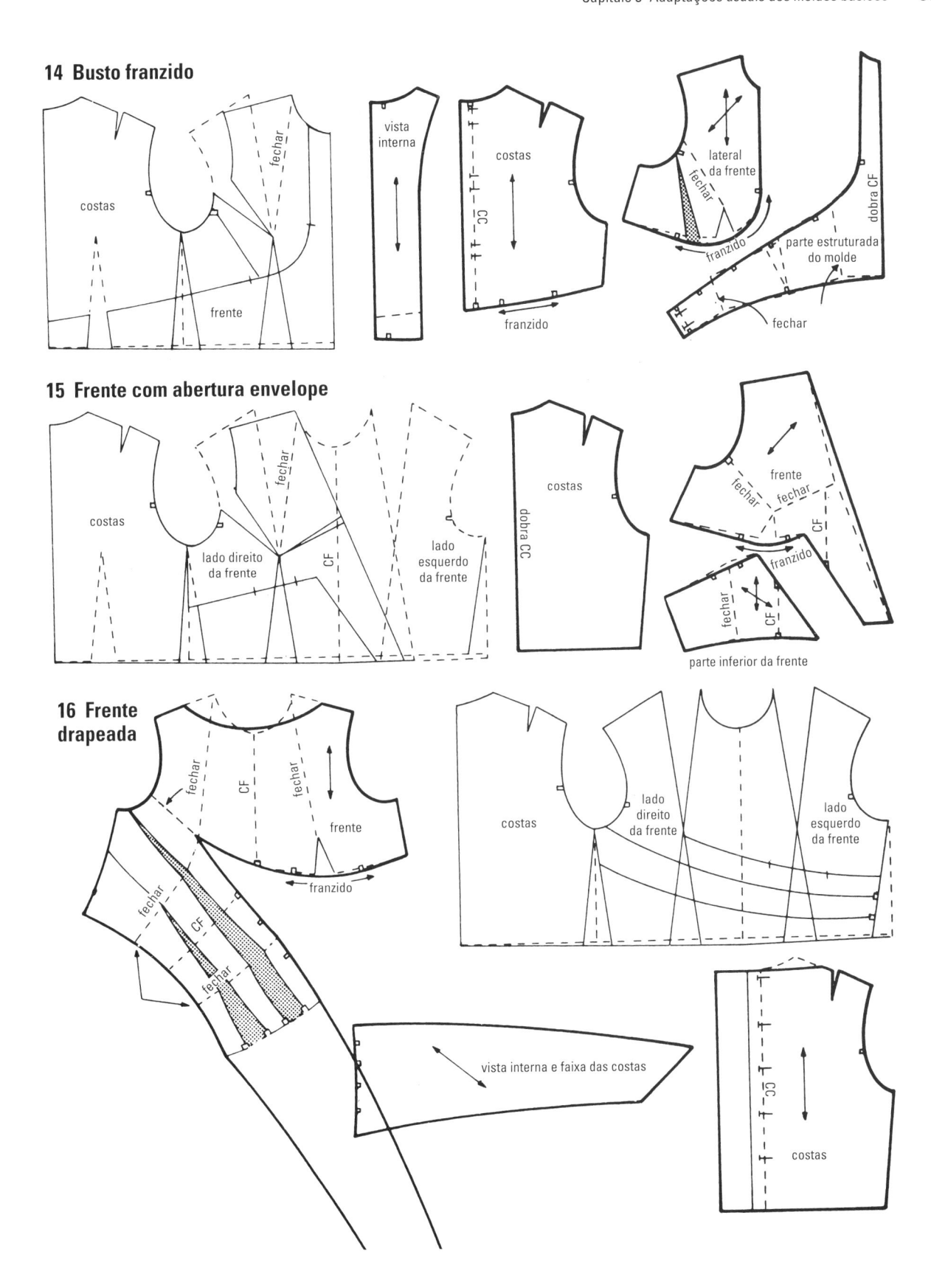

Capítulo 3 Adaptações usuais dos moldes básicos 51

14 Busto franzido

15 Frente com abertura envelope

16 Frente drapeada

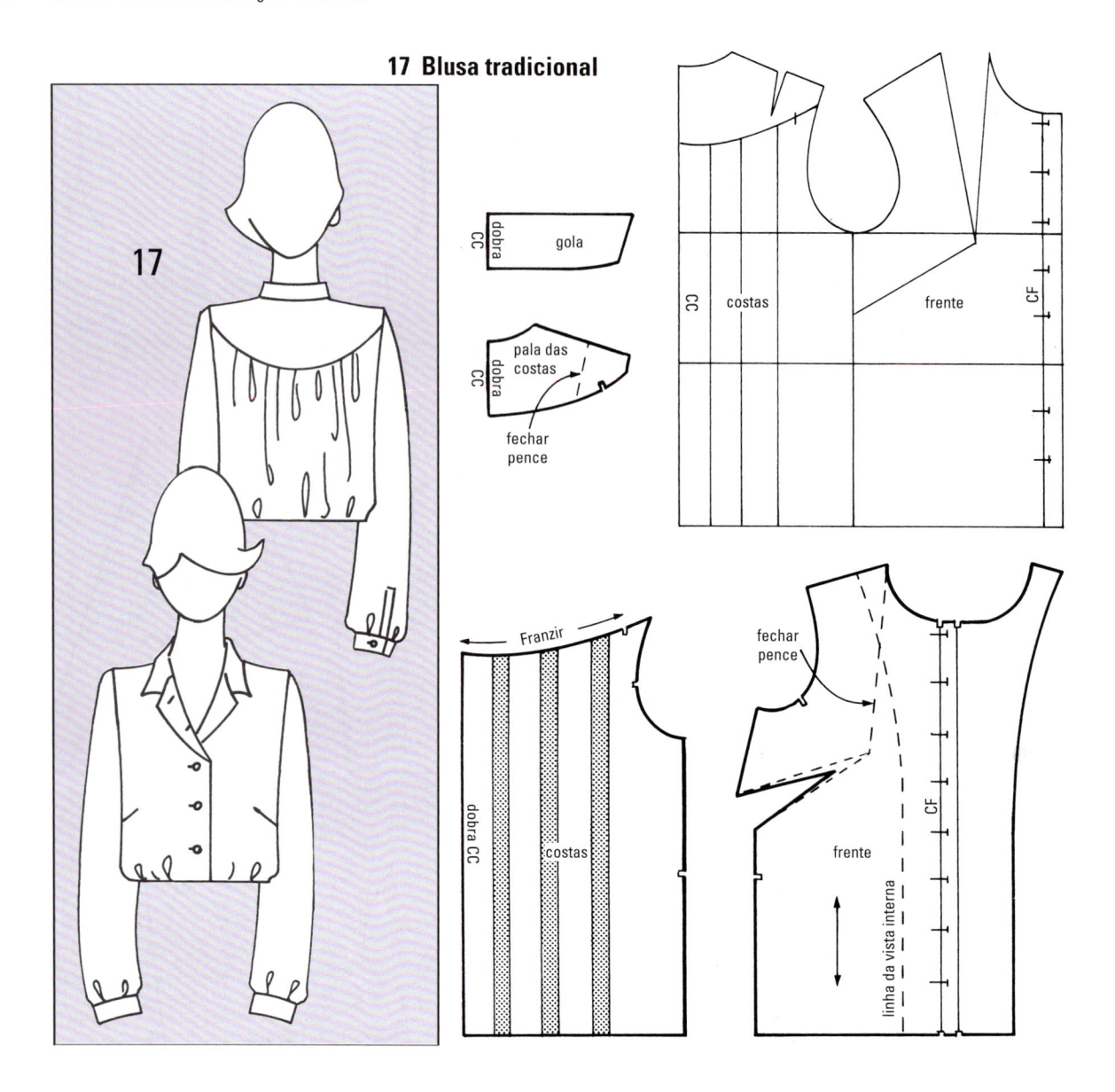

Formas da blusa tradicional

O desenho ilustra o procedimento e a adaptação simples de um modelo de blusa com manga.

A forma básica serve para estilos que exigem o formato do busto e, portanto, requer um molde básico com pence no busto. Selecione o molde ajustado para deixar o busto em evidencia e um molde com folga para um modelo mais solto.

Nota: Se desejar um modelo de blusa tradicional sem pence no busto, use o molde de camisa tradicional na página 144.

17 Blusa tradicional

Trace o molde do corpo desejado para o quadril. Desenhe as casas; adicione a carcela. Coloque folga no ombro com uma pence de 0,5 cm. Nas costas, desenhe a linha da pala; divida a linha em quatro partes do molde; esquadre. Corte a costura lateral.

Costas Corte a pala, estenda a pence até a linha da pala; feche a pence. Corte as partes do molde das costas, abra espaço de aproximadamente 2 cm entre cada parte. Redesenhe a curva da linha da pala.

Frente Transfira a pence para debaixo do braço; encurte a pence. Desenhe a linha e construa a vista interna (ref. 2 página 44).

Manga Manga de camisa (ref. 2 página 50 ou ref. 24 página 60).

Gola Gola esporte (ref. 8 página 76).

Parte 1: Processo de modelagem tradicional
4 Adaptações de mangas

1 Manga longa reta	54	
2 Manga de camisa	54	
3 Manga longa semiajustada	54	
4 Manga longa com recorte	54	
5 Manga longa ajustada	54	
6 Manga curta	54	
7 Manga curta ajustada	54	
8 Adição de ombreiras	54	
9 Manga curta evasê	56	
10 Manga plissé soleil	56	
11 Manga franzida com punho de camisa	56	
12 Manga com recorte evasê	56	
13 Manga franzida com punho falso	56	
14 Manga bispo	56	
15 Manga lanterna	56	
Adaptação do molde e da manga	58	
16 Manga bufante	58	
17 Manga franzida no ombro	58	
18 Manga com pences no ombro	58	
19 Manga com aplicação no ombro	58	
20 Manga japonesa aplicada	58	
21 Manga com prega superior	58	
22 Manga com recorte e vivo	58	
23 Cava profunda	60	
24 Cava de camisa com folga	60	
25 Ombro caído com cava profunda	60	
26 Ombro caído	62	
27 Ombro caído com manga bufante	62	
28 Manga estendida	62	
29 Manga estendida evasê	62	
30 Manga estendida com pala	62	
31 Manga raglan	64	
32 Manga raglan evasê	64	
33 Manga raglan profunda	64	
34 Manga raglan com ombros moldados	64	
Moldes de manga quimono	66	
Mangas quimono	66	
35 Traçado básico da manga quimono	66	
36 Molde ajustado da manga quimono	66	
37 Molde da manga quimono com folga	66	
38 Manga dólmã	68	
39 Manga quimono estruturada	68	
40 Cava quadrada	68	
41 Manga morcego	68	
42 Manga quimono com pala	68	
43 Manga japonesa	70	
44 Manga japonesa com nesga	70	
45 Manga japonesa com recorte	70	
46 Capa evasê	70	
47 Capa ajustada	70	
Punhos	72	

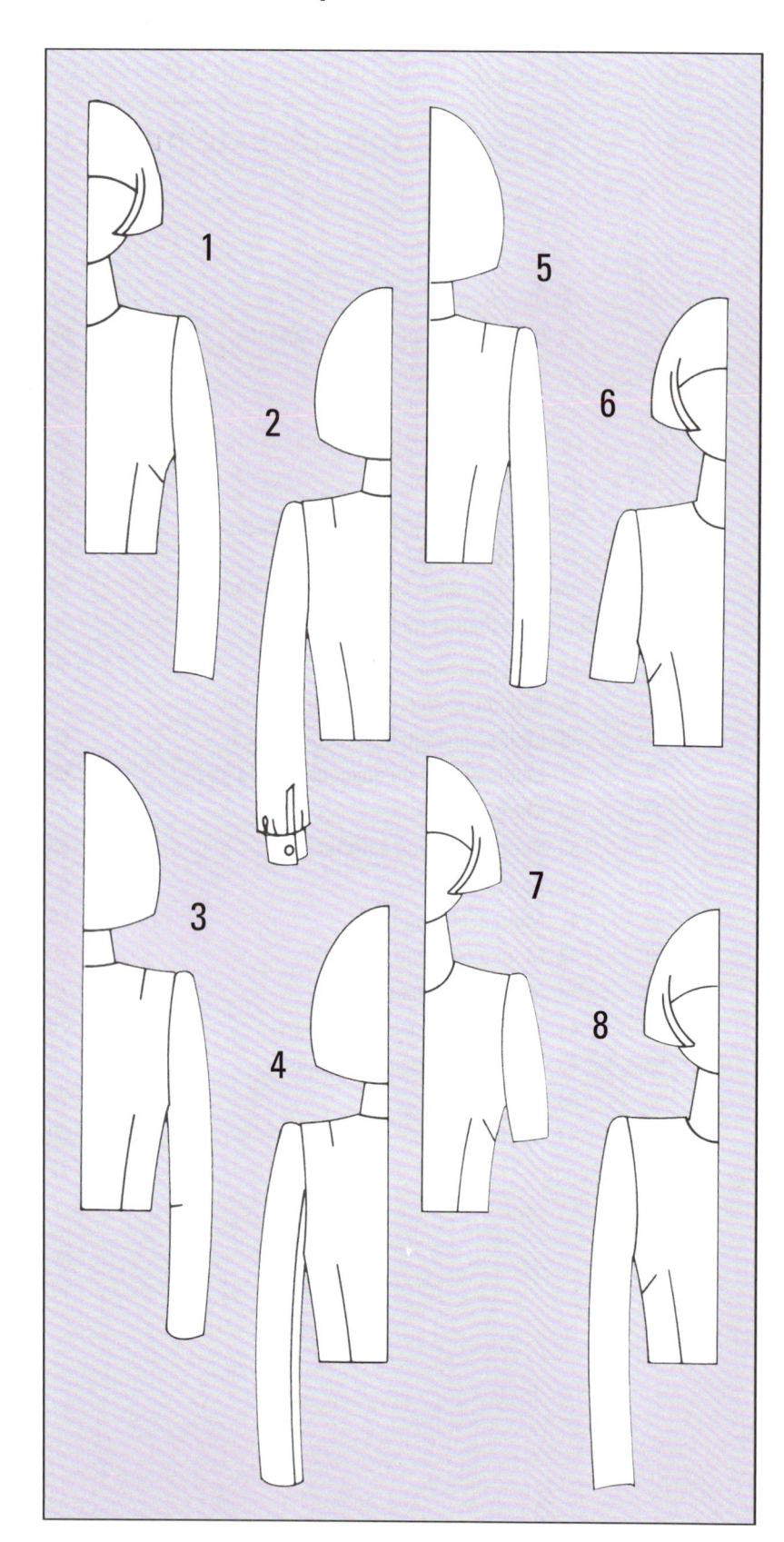

1 Manga longa reta

Trace o molde da manga, cave 0,5 cm nas costuras laterais. A manga curta fica na linha do meio entre a cava e a linha do cotovelo. A manga três quartos fica na linha do meio entre a linha do cotovelo e o punho.

2 Manga de camisa

Encurte a manga longa reta pela altura do punho. Marque a abertura do punho no ponto médio entre a linha do centro da manga e a costura lateral. Estreite 2,5 cm em cada lado do punho.

3 Manga longa semiajustada

Trace a manga longa reta. Estreite 3 cm em cada lado do punho. Retrace a linha da costura. Corte a linha das costas do cotovelo até o ponto 1 e do ponto 1 até a linha do punho. Sobreponha essa parte 4 cm em direção à frente da manga para criar uma pence na linha do cotovelo. Reduza à metade o comprimento da pence, menos 1 cm. Marque a nova linha do centro do ponto 1 ao centro do punho.

4 Manga longa com recorte

Trace a manga longa semiajustada. Desenhe a linha do pique das costas pelo ponto da pence até o punho (1/4 da medida do punho). Feche a pence. Una os piques da costura lateral e do punho.

5 Manga longa ajustada

Trace a manga longa semiajustada. Retire 1,25 cm de cada uma das costuras laterais. Corte a linha central, sobreponha 1 cm. Trace uma linha do ponto da pence ao punho. Corte a linha, feche a pence do cotovelo. Encurte a pence. Faça a abertura do punho. Levante 1,5 cm na cava. Com tecidos planos, corte a manga no viés.

6 Manga curta

Trace o molde da manga longa reta até a linha da manga curta. Reduza em cada lado 1,5 cm nas costuras laterais da barra.

7 Manga curta ajustada

Desenhe uma pence de 1 cm na linha do centro. Feche a pence. Trace o molde.

8 Adição de ombreiras

Trace os moldes do corpo e da manga. Corte desde a cava até o decote. Abra o tamanho da ombreira. Corte através da cabeça da manga e para cima na linha do centro. Faça uma abertura equivalente àquela feita na cava.

Capítulo 4 Adaptações de mangas

1 Manga longa reta
- manga
- manga curta
- linha do cotovelo (½ manga)
- manga três quartos

2 Manga de camisa
- manga
- 2,5cm / 2,5cm

3 Manga longa semiajustada
- cortar 1
- cortar
- 3cm / 4cm / 3cm
- manga

4 Manga longa com recorte
- manga
- fechar

5 Manga longa ajustada
- 1,25cm / 1,25cm
- subir a cava
- manga
- fechar

6 Manga curta
- manga
- 1,5cm / 1,5cm

7 Manga curta ajustada
- fechar
- manga
- 1cm

8 Adição de ombreiras
- manga
- CC — costas
- CF — frente

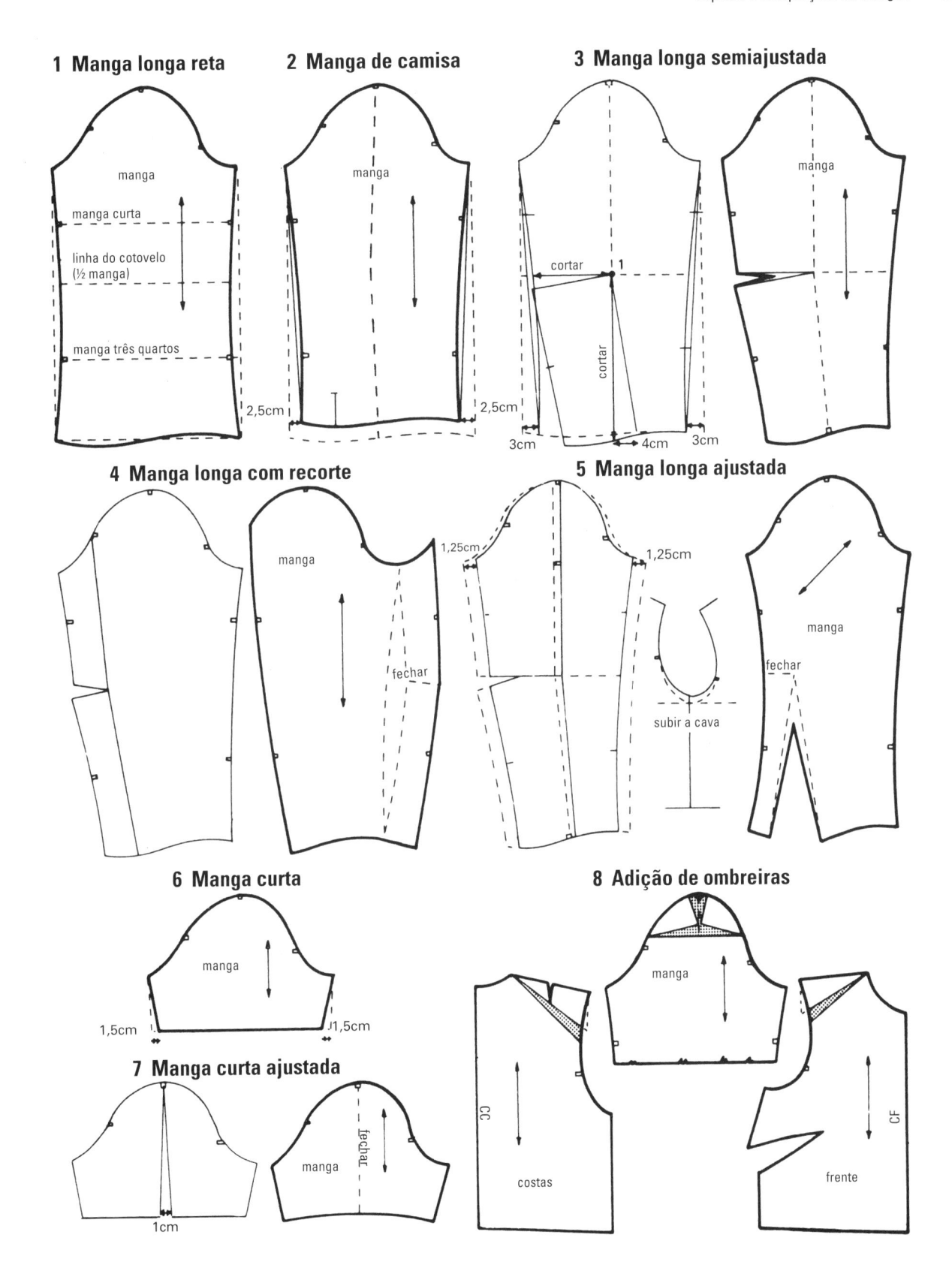

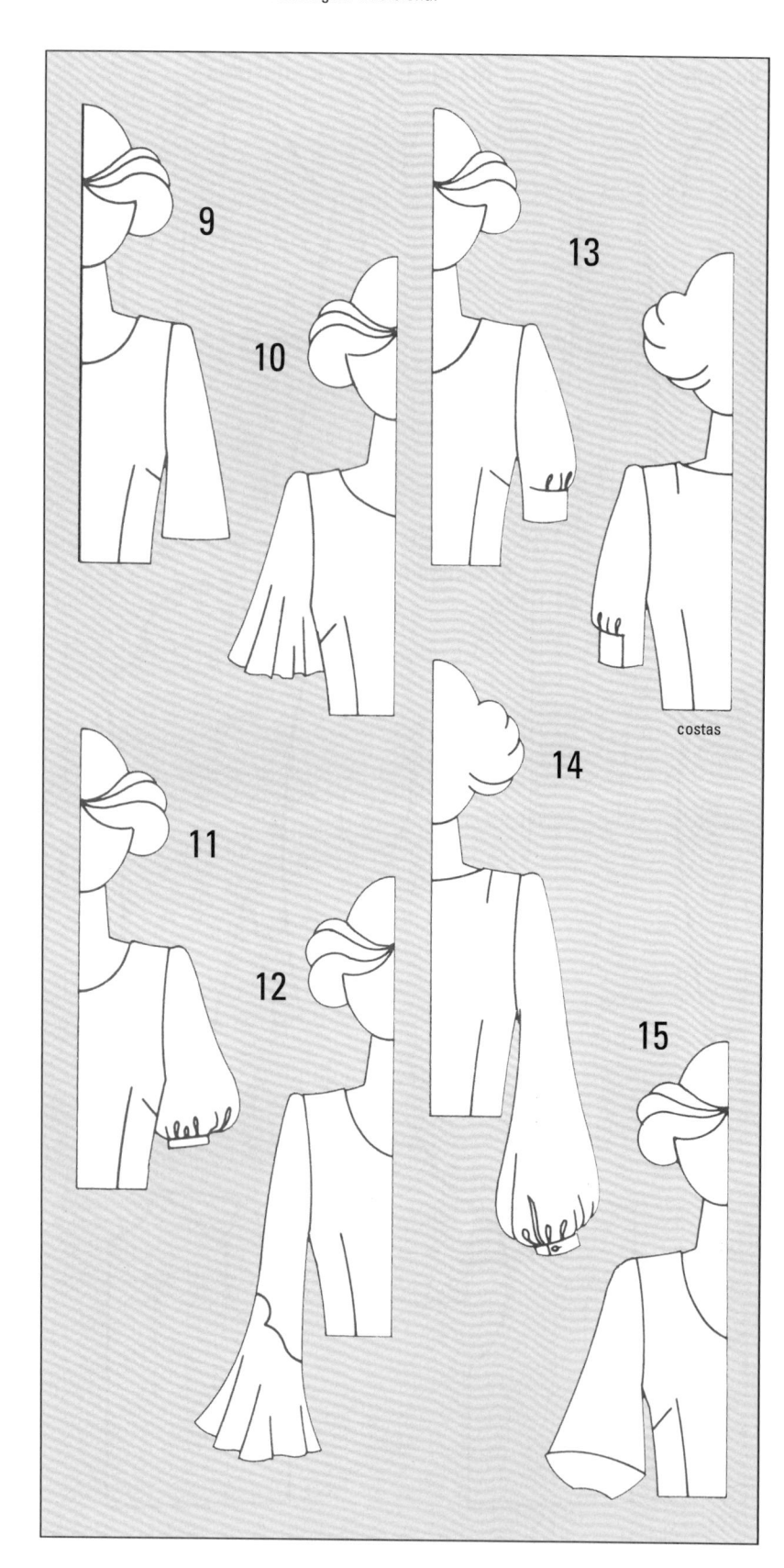

9 Manga curta evasê

Trace a manga longa reta no comprimento desejado. Divida em seis partes. Corte as linhas, abra aproximadamente 1 cm entre cada uma delas. O fio do tecido está no centro da abertura central.

10 Manga plissé soleil

Nesta manga, triângulos são inseridos entre as partes para gerar o plissé.

11 Manga franzida com punho de camisa

A manga plissé soleil pode ser franzida em um punho modelado para se ajustar à medida da largura do braço.

12 Manga com recorte evasê

Trace a manga longa reta no comprimento desejado. Molde 1 cm de cada lado. Desenhe a forma do recorte. Divida a parte inferior da manga em seis partes. Corte a parte inferior da manga. Corte as linhas, abra a quantidade necessária para o efeito evasê. Trace o molde.

13 Manga franzida com punho falso

Trace uma manga curta e acrescente 4 cm. Desenhe o formato do "punho". Trace cinco linhas verticais a partir da cabeça da manga, como mostra a figura. Corte ao longo da linha do "punho" e para cima ao longo dessas linhas. Abra para produzir o efeito evasê desejado. Trace o molde. Dobre a folha de papel na linha do "punho", passe a carretilha para traçar a vista interna do punho. Recorte o molde.

14 Manga bispo

Trace a manga longa reta no comprimento necessário. Divida em seis partes. Recorte ao longo das linhas. Desenhe uma linha vertical para indicar o sentido do fio em um novo pedaço de papel. Abra uniformemente a linha do centro da manga de cada lado dessa linha (ex.: 8 cm). Abra 8 cm nas duas linhas das costas e 4 cm nas linhas da frente. Diminua no comprimento a altura do punho e adicione um comprimento extra à manga, considerando o dobro para o centro das costas. Para o punho, utilize o molde da Figura 11.

15 Manga lanterna

Trace a manga longa reta no comprimento necessário, desenhe a linha de costura. Divida em seis partes. Separe a parte superior e inferior da manga. Corte as linhas da parte superior, abra a quantidade necessária de tecido para o efeito evasê. Abra as partes inferiores da manga pela borda superior com mesma quantidade, sobreponha levemente na borda inferior.

Capítulo 4 Adaptações de mangas 57

9 Manga curta evasê

10 Manga plissé soleil

5–10cm

11 Manga franzida com punho de camisa

manga

franzir

punho linha da dobra

12 Manga com recorte evasê

parte superior da manga

parte inferior da manga

13 Manga franzida com punho falso

manga

barra
vista interna

14 Manga bispo

manga

8cm 8cm 4cm 4cm 4cm 4cm

15 Manga lanterna

parte superior da manga

parte inferior da manga

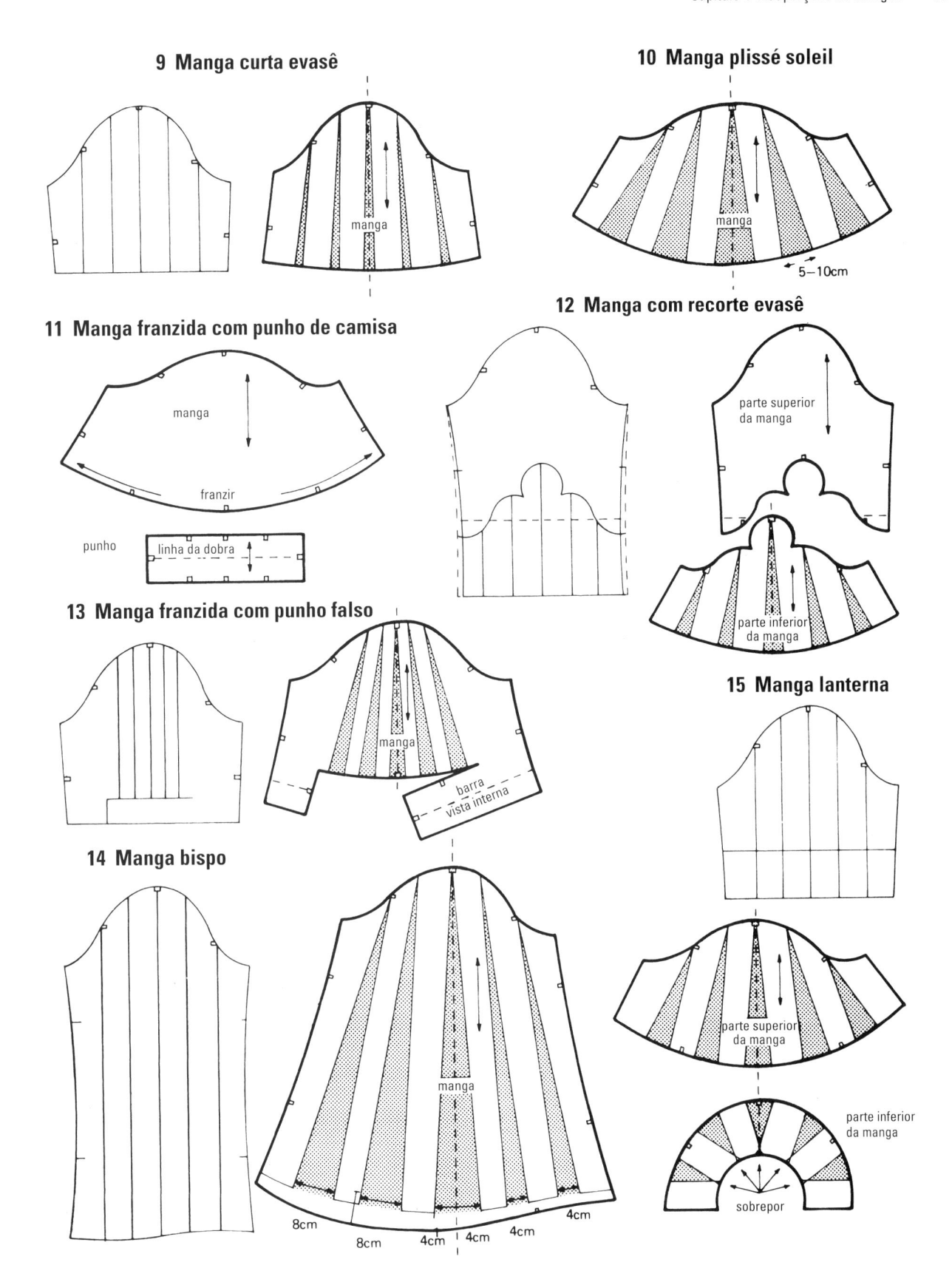

sobrepor

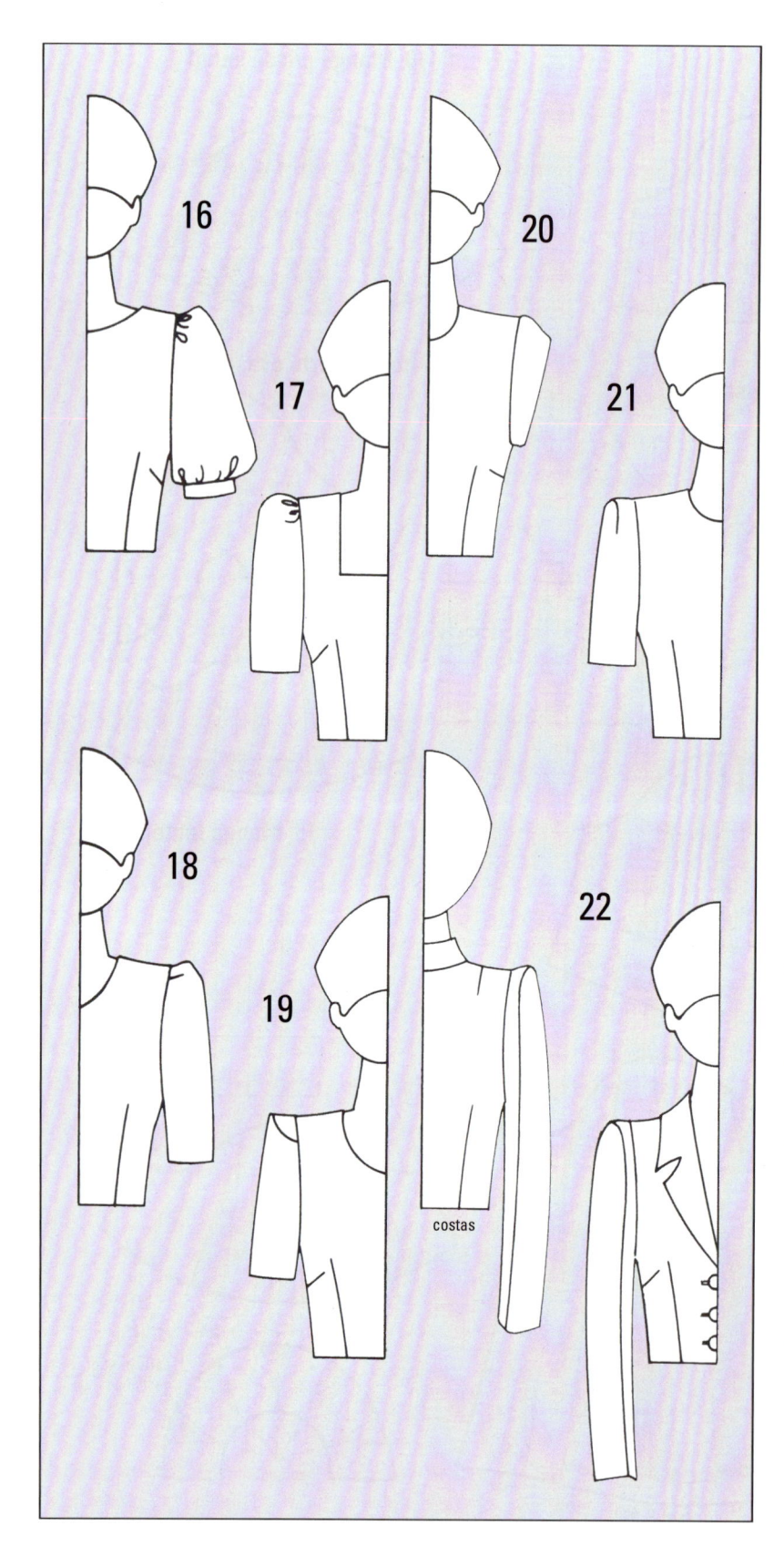

Adaptação do molde e da manga

Ombros marcados produzem um visual de ombros largos. Se você não quiser esse visual, retire 1 cm nas bordas do ombro como ilustrado e adicione 1 cm na cabeça da manga.

16   Manga bufante

Trace a manga curta. Divida em seis partes. Recorte e abra as partes tanto quanto desejado. Amplie a cabeça da manga e adicione profundidade extra na barra. Para o punho, utilize o molde da Figura 11.

17   Manga franzida no ombro

Trace a manga curta. Acima do pique das costas, divida a cabeça da manga em cinco partes. Marque os piques para os franzidos na cabeça da manga, nos pontos 1 e 5. Corte e abra as partes, adicionando a medida desejada.

18   Manga com pences no ombro

Trace a manga franzida no ombro, mas usando quatro partes. Desenhe as pences. Contorne o molde formando as bordas das pences.

19   Manga com aplicação no ombro

Trace a manga curta com três linhas verticais a partir da cabeça da manga. Desenhe a linha de costura 4 cm para baixo do pique central. Passe a carretilha pela peça superior, recorte, abra 1,5 cm em cada parte e contorne. Recorte a manga *completa* e abra 0,75 cm para encaixar a aplicação embutida.

20   Manga japonesa aplicada

Trace a manga curta. Reduza a cabeça da manga em 2 cm. Desenhe o comprimento da manga. Divida em partes, recorte e abra até que a linha inferior esteja reta.

21   Manga com prega superior

Trace a manga curta. Desenhe uma linha curva de 3 cm paralela à cabeça da manga, divida em quatro partes. Tire 2 cm de folga da cabeça da manga. Corte as linhas da prega e do centro, abra como ilustrado. Aumente 4 cm na cabeça da manga.

22   Manga com recorte e vivo

Trace a manga longa semiajustada com uma prega superior. A partir da prega, desenhe linhas até um quarto da linha do cotovelo e, então, até um quarto da linha do punho. Corte o recorte. Feche a pence do cotovelo. Una os pontos externos da cava e do punho. Trace a parte central. Molde em 1 cm a linha da costura na frente da manga.

Capítulo 4 Adaptações de mangas

Adaptação do molde e da manga

16 Manga bufante

17 Manga franzida no ombro

18 Manga com pences no ombro

19 Manga com aplicação no ombro

20 Manga japonesa aplicada

21 Manga com prega superior

22 Manga com recorte e vivo

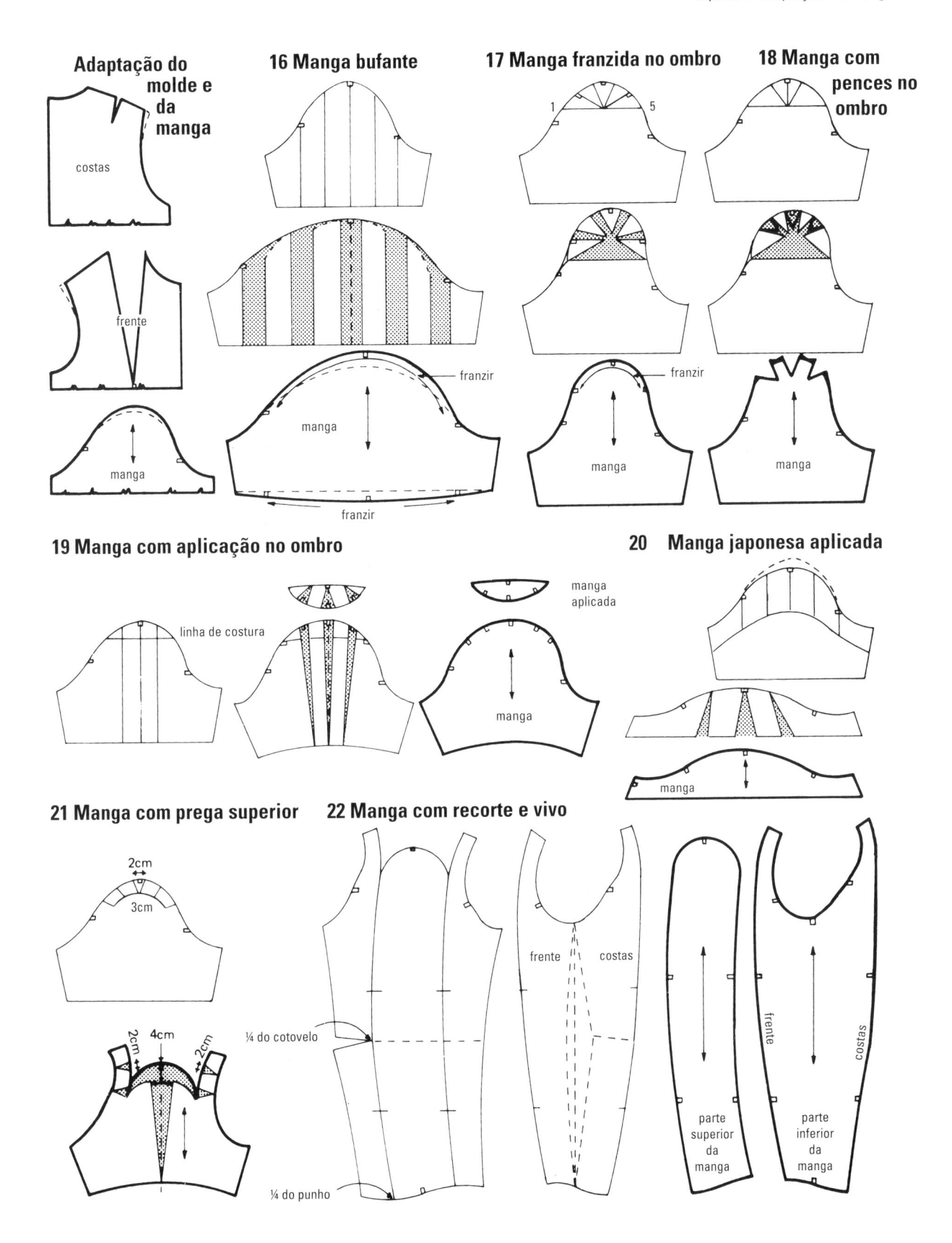

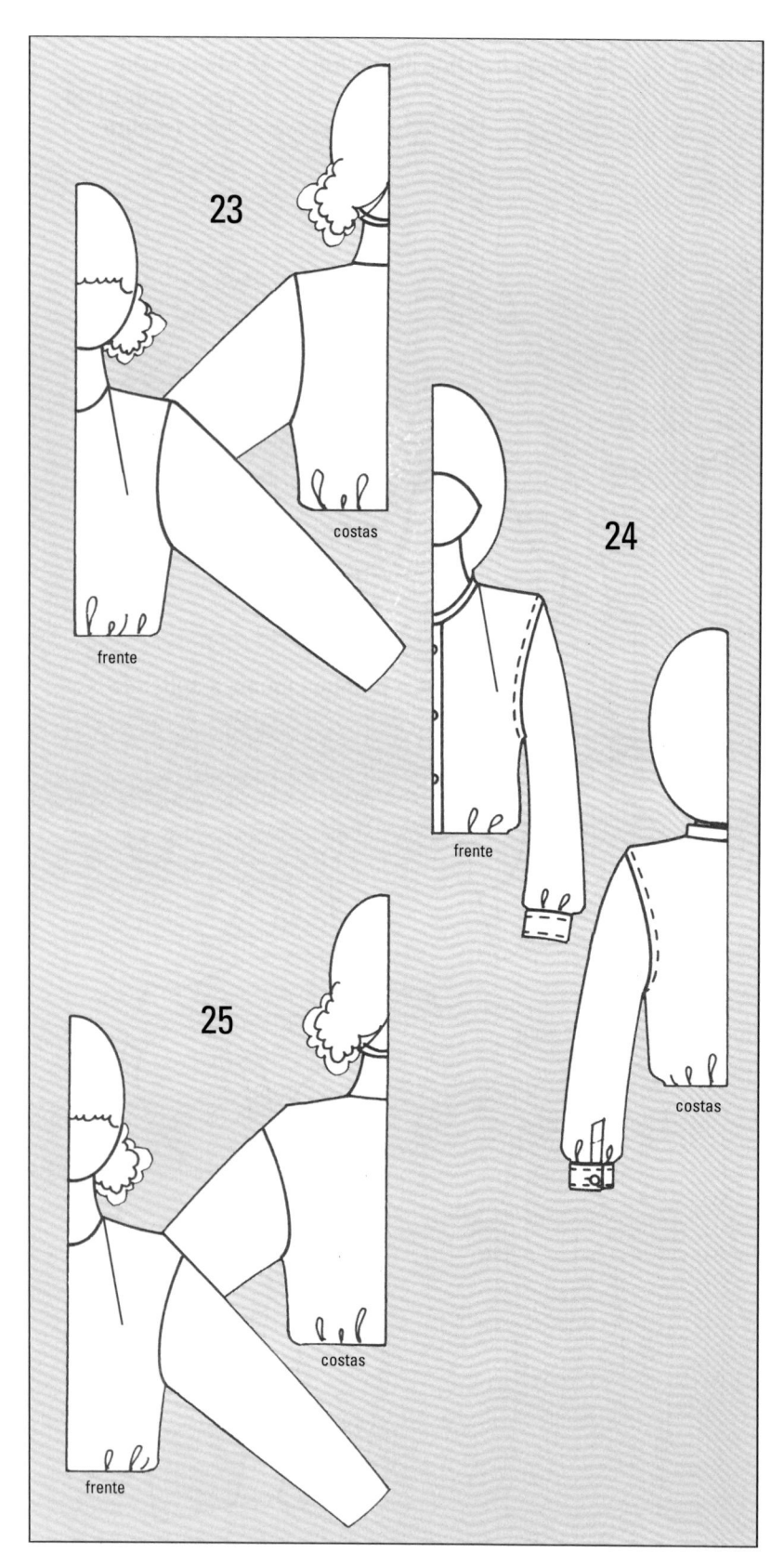

23 Cava profunda

Para produzir um corpo e cava com folga, o primeiro passo é fazer uma adaptação para a cava profunda.

Parte do corpo Trace a parte do molde do corpo desejado; corte as costuras laterais, abra 4 cm; desenhe a nova costura lateral no centro da borda inferior. Rebaixe em 2,5 cm a altura da cabeça da manga. Marque 1 e 2 em cada lado da linha da altura da cabeça da manga e 3 e 4 no pique da manga. Desenhe o novo formato da cava.

Manga Trace o molde da manga inteira. Desenhe uma linha paralela abaixo da altura da cava, a distância é a metade da medida de 1-2. Marque os pontos 5 e 6 nos piques da frente e das costas. Desenhe a curva 5-7 para a nova altura da cava, a medida deve ser igual à curva 3-2. Desenhe a curva de 6-8 de forma idêntica à curva 4-2. Desenhe a costura inferior do braço, estreite o punho se necessário.

Nota O molde e a cava podem ser ampliados e aprofundados, respectivamente, diversas vezes, porém as proporções devem permanecer constantes.

24 Cava de camisa com folga

Faça a adaptação para cava profunda. Marque os pontos 2, 3, 4, 5, 6.

Parte do corpo Estenda o ombro por aproximadamente 2,5 cm, levante o ombro 0,5 cm. A metade de 3-9 e 4-10 representa a metade da medida adicionada ao ombro. Desenhe o novo formato do ombro e da cava.

Manga Marque o ponto 11 na cabeça da manga. 11-12 é a extensão do ombro. 5-13 é a metade da medida de 3-9. 6-14 é a metade da medida de 4-10. Desenhe a nova cabeça da manga em 13-14.

25 Ombro caído com cava profunda

Trace uma cava de camisa. Se o ombro for estendido por mais de 2,5 cm, é preciso ampliar a largura da manga conforme apresentado. Marque os pontos 15 e 16 nos ombros. 13-12 deve ter medida igual a 9-15 mais 0,5 cm. 14-12 deve ter medida igual a 10-16 mais 0,5 cm. Se precisar alargar a manga, corte a linha do centro e abra a quantidade necessária. A manga só pode ser aberta pela linha do centro da manga.

Capítulo 4 Adaptações de mangas

23 Cava profunda

2,5 cm

1,25 cm

24 Cava de camisa com folga

cava profunda

manga adaptada para cava profunda

25 Ombro caído com cava profunda

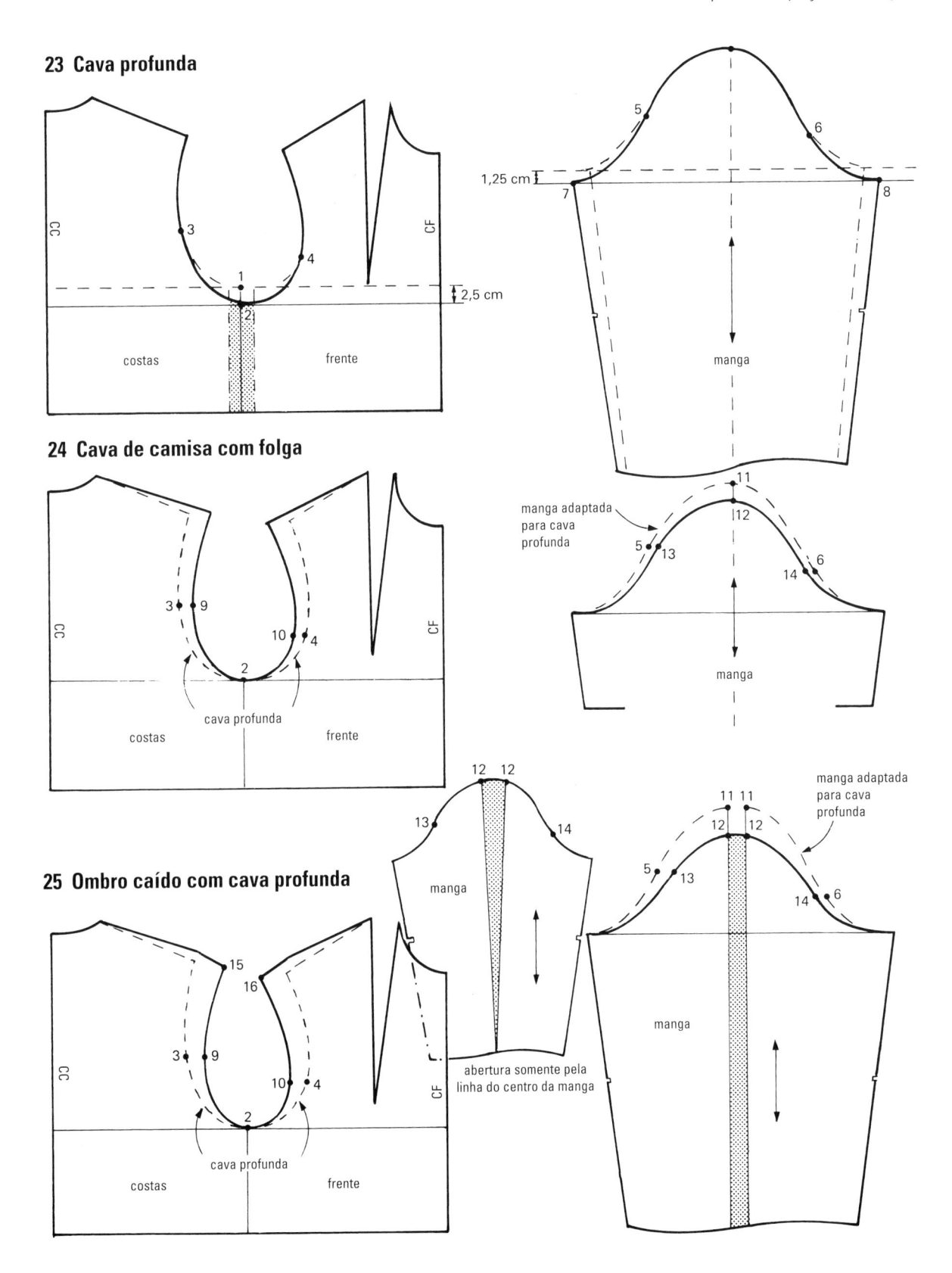

cava profunda

abertura somente pela linha do centro da manga

manga adaptada para cava profunda

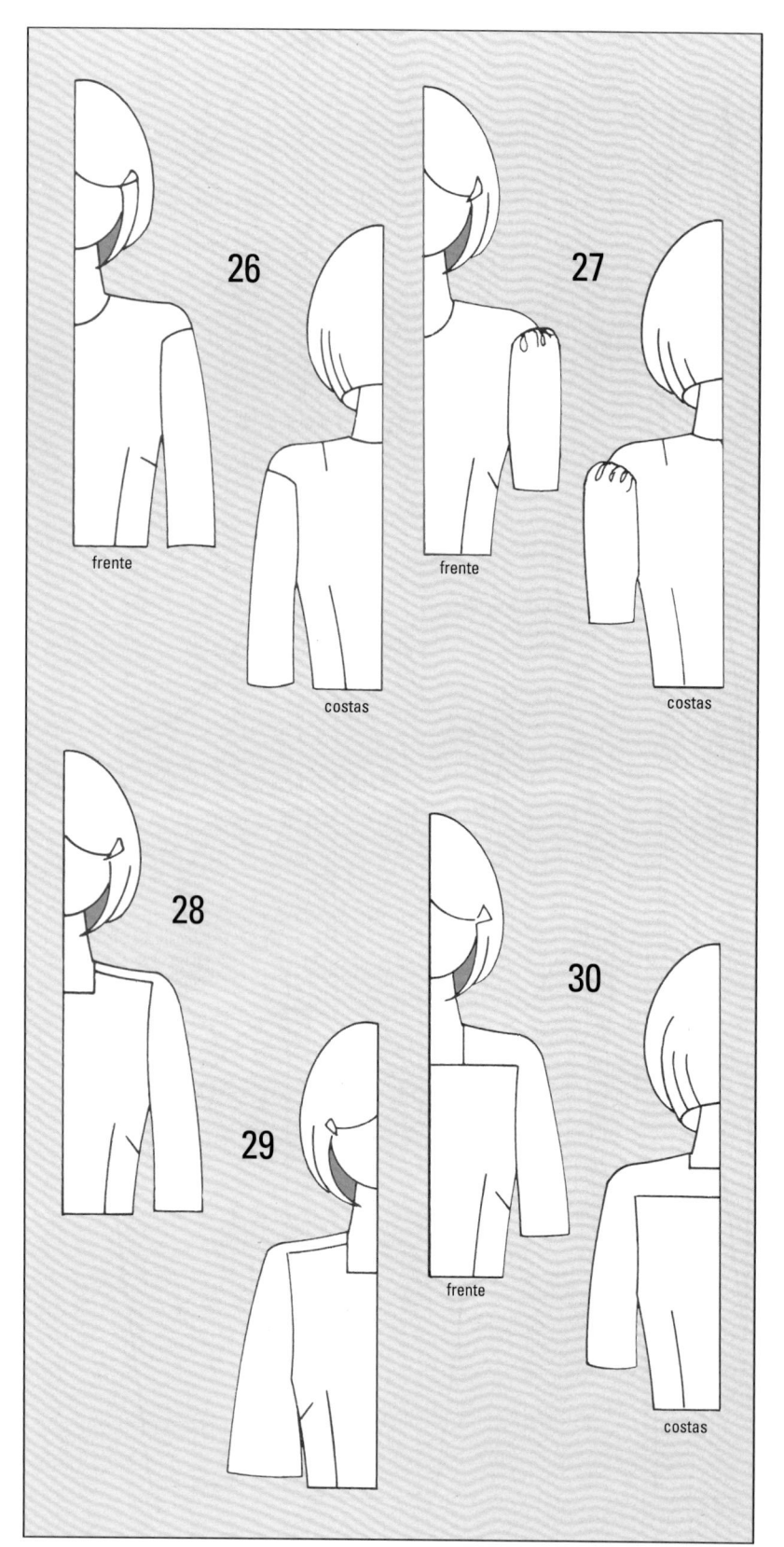

26 Ombro caído

Trace os moldes do corpo e da manga. Marque os piques 1, 2, 3, 4. Estenda o ombro para o formato desejado. Marque os piques 5 e 6. Trace 7-3 com a mesma distância de 1-5. Trace 8-4 com a mesma distância de 2-6. 9 fica abaixo da cabeça da manga na altura da extensão do ombro. Desenhe a cabeça da manga 7, 9, 8.
Ampliação Levante 1 cm os ombros externos. Amplie em 2 cm a largura no centro da manga. Confira o ajuste da cabeça da manga.

27 Ombro caído com manga bufante

Trace o molde do corpo e da manga curta. Adapte para um ombro caído. Divida a manga em quatro partes e abra a quantidade desejada. Na barra, sobreponha 0,5 cm em cada parte. Aumente a cabeça da manga se quiser volume adicional.

28 Manga estendida

Trace o molde do corpo e da manga longa reta no comprimento desejado. Elimine a pence das costas do ombro e remova 1 cm no ombro das costas na borda da cava. Desenhe o decote na frente. Desenhe uma linha paralela à linha do ombro com 2,5 cm de largura no corpo da frente e das costas. Marque a linha do centro da manga, estenda até a parte superior. Coloque as tiras da frente e das costas nessa linha. Contorne e recorte.

29 Manga estendida evasê

A ilustração mostra a manga evasê.

30 Manga estendida com pala

Trace o molde do corpo e da manga curta. Corte a linha do centro da manga. Desenhe o decote. Desenhe as linhas da pala (máximo de 12 cm a partir da parte superior do molde básico), rebaixe 1 cm a linha da pala das costas a partir da pence do ombro até a cava. Nas bordas da cava, aumente 1,5 cm no ombro. Encaixe as mangas no corpo, unindo os piques; as cabeças da manga devem tocar a linha da pala e 1 cm dos novos pontos do ombro. Contorne a pala e a manga. Recorte e feche a pence das costas. Contorne as peças inferiores do corpo.
Manga inteira Desenhe uma linha vertical, una as mangas na linha vertical para criar uma pence no ombro.

26 Ombro caído

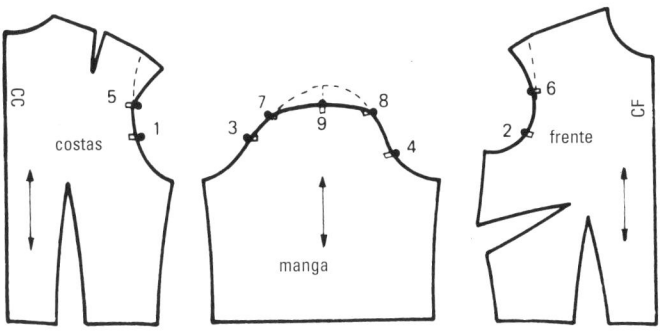

Ampliação

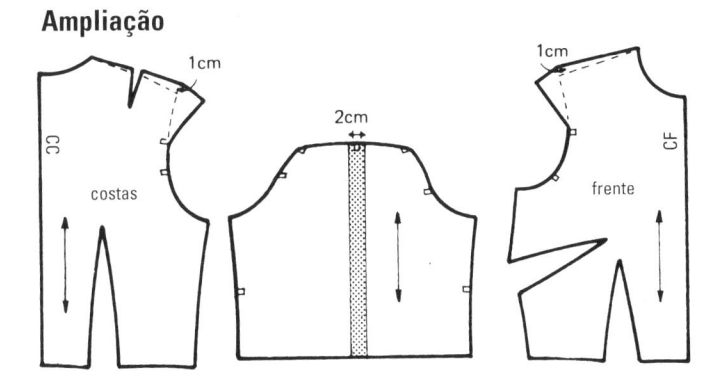

28 Manga estendida

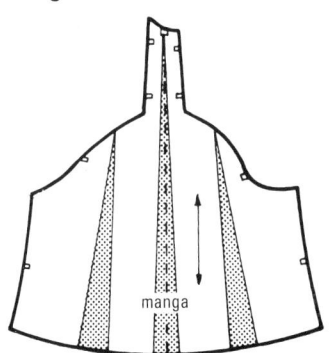

30 Manga estendida com pala

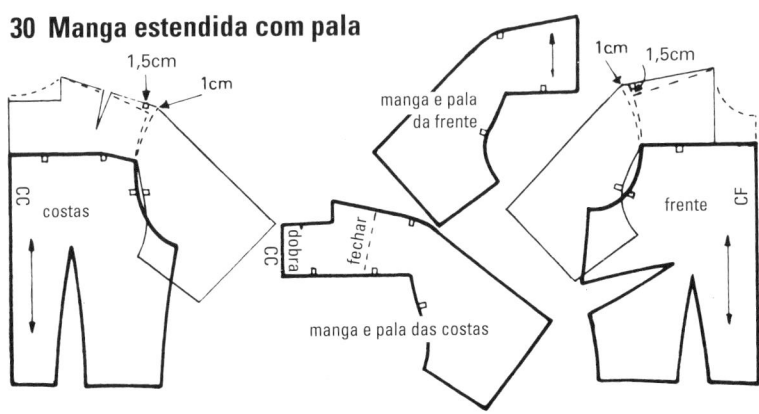

27 Ombro caído com manga bufante

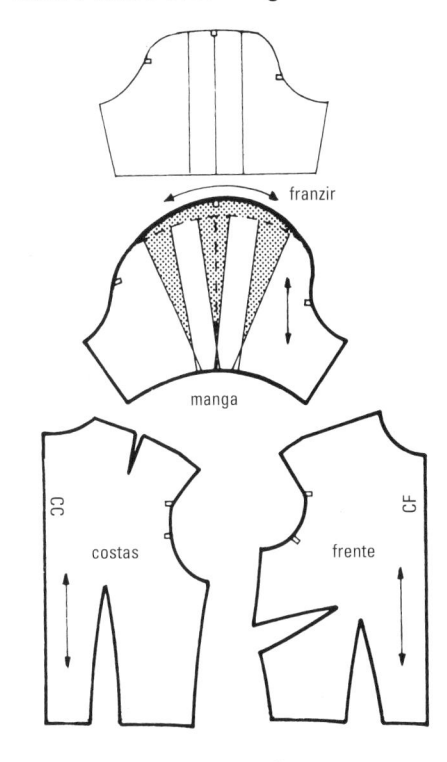

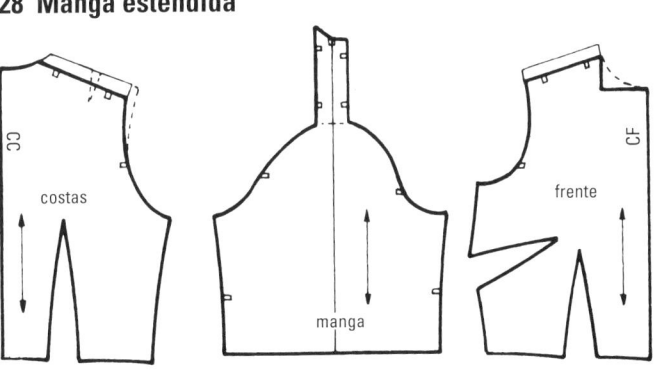

29 Manga estendida evasê

Manga inteira

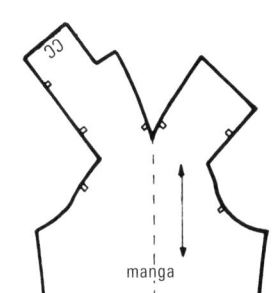

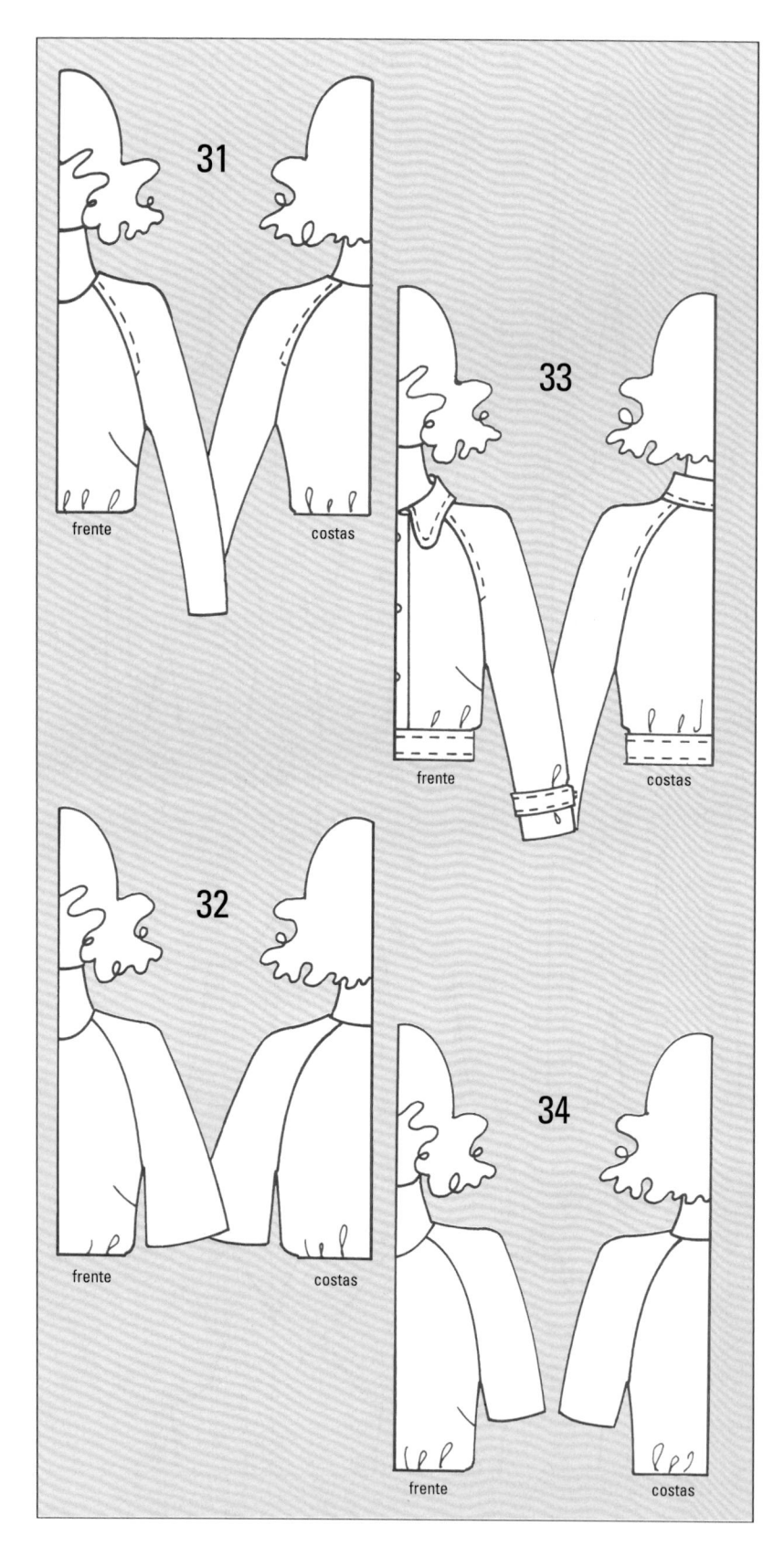

31 Manga raglan

Trace o molde do corpo e o molde da manga inteira. Rebaixe em 1 cm a linha do ombro da frente; adicione 1 cm à linha do ombro das costas. Marque os pontos 1 e 2 a 3 cm dos novos pontos do ombro. Toda e qualquer folga no ombro das costas dever ser transferida para a pence. Avance os piques em 3 cm. Marque os piques 3 e 4. Una 1-3 e 2-4 com uma linha curva. Corte as partes do molde.

Manga inteira Avance a linha do centro da manga 1 cm para esquerda. Marque o ponto 5 a 2 cm da cabeça da manga. Coloque as partes do molde nos piques da manga, coloque os piques do ombro na cabeça da manga. Feche a pence das costas. Trace uma curva suave no ombro até o ponto 5.

Manga de duas folhas Divida a manga na linha do centro, adicione 1 cm a cada linha do centro; curve até o ponto 5.

32 Manga raglan evasê

Divida a manga inteira em quatro partes. Corte e abra tanto quanto desejado.

33 Manga raglan profunda

Trace o molde do corpo e o molde da manga inteira. Toda e qualquer folga no ombro das costas dever ser transferida para a pence. Adicione 2 cm a cada costura lateral do molde do corpo. Marque 4 no pique original na frente. Use as instruções da manga raglan, mas curve as linhas raglan abaixo da linha da cava. Marque os pontos 6, 7, 8, 9.

Manga Encaixe as partes na manga como instruído acima; observe o modo como as peças debaixo do braço ficam na manga, una os piques.

Desenhe uma linha abaixo da linha da cava com a metade da distância da cava aprofundada. **6-10** = 6-8, **7-11** = 7-9. Una com linhas curvas. Recorte. Desenhe as linhas retas do meio de 6-10 e 7-11, 4 cm abaixo do ponto inferior do braço. Corte as linhas e abra 4 cm. Contorne. Para a manga de duas folhas, siga as instruções para manga raglan com recorte.

34 Manga raglan com ombros moldados

Desenhe as linhas a partir do pique do ombro até as linhas raglan; abra aproximadamente 1,5 cm. Levante o ombro aproximadamente 1 cm.

Capítulo 4 Adaptações de mangas

31 Manga raglan

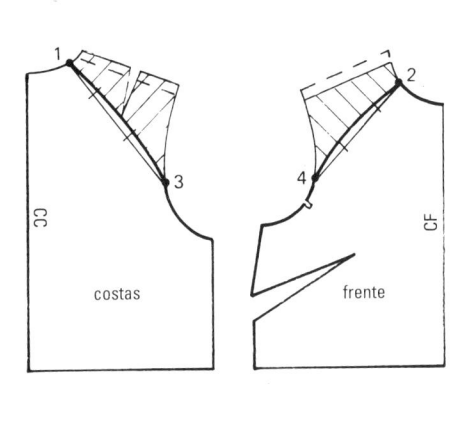

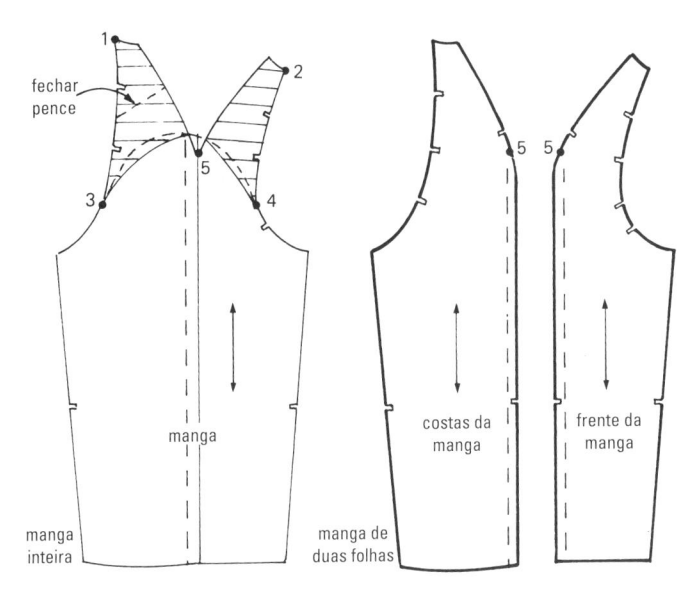

33 Manga raglan profunda

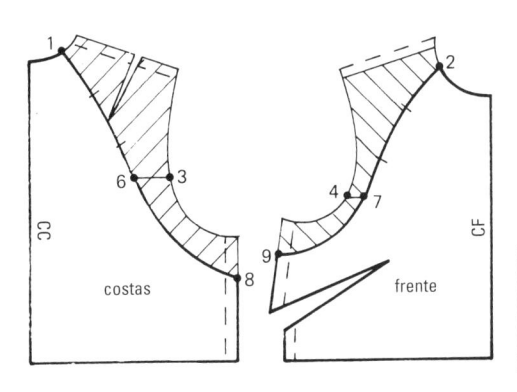

32 Manga raglan evasê

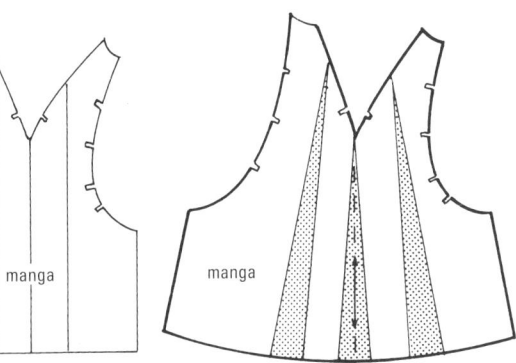

34 Manga raglan com ombros moldados

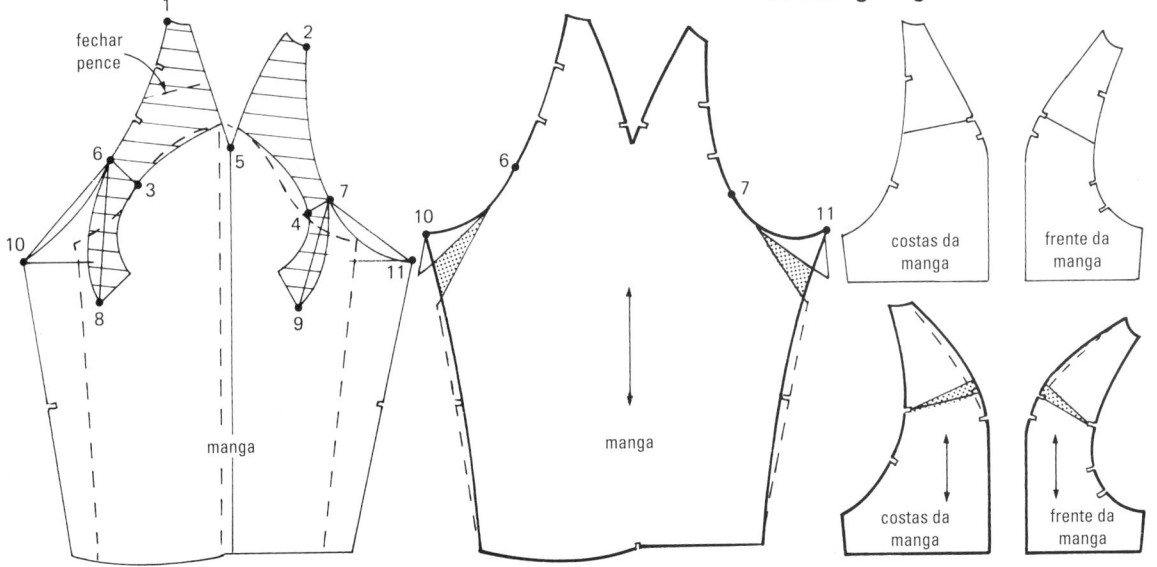

Moldes de manga quimono

Mangas quimono

Os moldes de manga quimono podem ser usados para modelos ajustados ou com folgas. As adaptações da manga quimono deste capítulo apresentam modelos que ainda mantêm a pence do busto, usando o molde ajustado do corpo, o molde do corpo com folga ou os moldes de casacos.

Para modelos de manga quimono baseados em formas simples sem pences, ver na página 146 as instruções para modelos criados por modelagem plana sem pence no busto.

35 Traçado básico da manga quimono

Trace as partes da frente e das costas do molde do corpo com folga ou molde de casaco, conforme desejado. Trace o molde da manga. Se necessário, estreite a linha de costura abaixo do braço na altura do punho.

Costas Marque os pontos 0 e 1 na costura lateral, esquadre.

1-2 3,5 cm; esquadre até 3. Marque 4 no ponto externo do ombro, 5 no ponto do decote. Divida o molde básico da manga pela linha do centro.

Posicione a cabeça das costas da manga de forma que ela encoste no ponto 4 do ombro. Posicione a parte inferior da manga de forma que ela encoste na linha 2-3. Marque o ponto 6.

0-7 um terço da medida de 0-1 menos 0,5 cm.

Una o ponto 7 ao ponto 8 do punho.

7-9 6 cm.

7-10 6 cm; una 9-10 com uma curva.

4-11 1,5 cm; una 5-11 e 11-12 no ponto do punho.

Frente Transfira a pence do ombro para a cintura.

Marque os pontos 13 e 14 na costura lateral.

13-15 3,5 cm.

14-16 3,5 cm; una 15-16.

Marque o ponto 17 no ponto externo do ombro, ponto 18 no ponto do decote.

16-19 medida de 3-6 na parte das costas. Coloque a parte inferior do braço da frente da manga no ponto 19 e a cabeça da manga no ombro (irá subir acima do ponto externo do ombro).

14-20 medida de 0-7; una o ponto 20 ao ponto 21 do punho.

20-22 6 cm.

20-23 6 cm; una 22-23 com uma curva.

17-24 1,5 cm; una 18-24 e 24-25 no ponto do punho.

Transfira a pence do busto para a posição desejada.

36 Molde ajustado da manga quimono

Trace o molde ajustado do corpo e o molde da manga inteira. Divida a manga ao longo da linha do centro. Trace o molde da manga quimono com as seguintes alterações: 0-7 e 14-20 têm um quarto da medida de 0-1 menos 0,5 cm. Desenhe uma linha com 8 cm a partir do centro da parte inferior do braço (direcionada até o decote).

Nesga Desenhe uma linha horizontal; marque os pontos 1 e 2 com 13 cm de distância entre si. Desenhe uma linha vertical no meio de 1 e 2, desenhe as linhas a partir de 1 e 2 com 8 cm de comprimento, para encontrar a linha vertical de cima e debaixo. Quando o molde básico estiver finalizado, transfira a pence do busto para a posição necessária.

Para a forma da cintura, ver página 33.

37 Molde da manga quimono com folga

Use o molde do corpo com folga ou o molde de casaco.

Trace o molde da manga quimono, mas com as seguintes alterações: adicione 2,5 cm na costura lateral e marque os pontos 0 e 1 e 13 e 14 nas novas costuras laterais.

Trace 0-7 com um terço da medida de 0-1 mais 1,5 cm.

Adaptação do ombro

A linha do ombro pode ser estendida para dar melhor caimento ao ombro. Nesse caso, o molde básico deve ser adaptado antes de traçar o molde da manga quimono.

Parte do corpo Retire 1 cm da linha do ombro da frente; adicione 1 cm na linha do ombro das costas.

Manga Desloque a linha do centro da manga 1 cm para frente.

Capítulo 4 Adaptações de mangas 67

35 Traçado básico da manga quimono

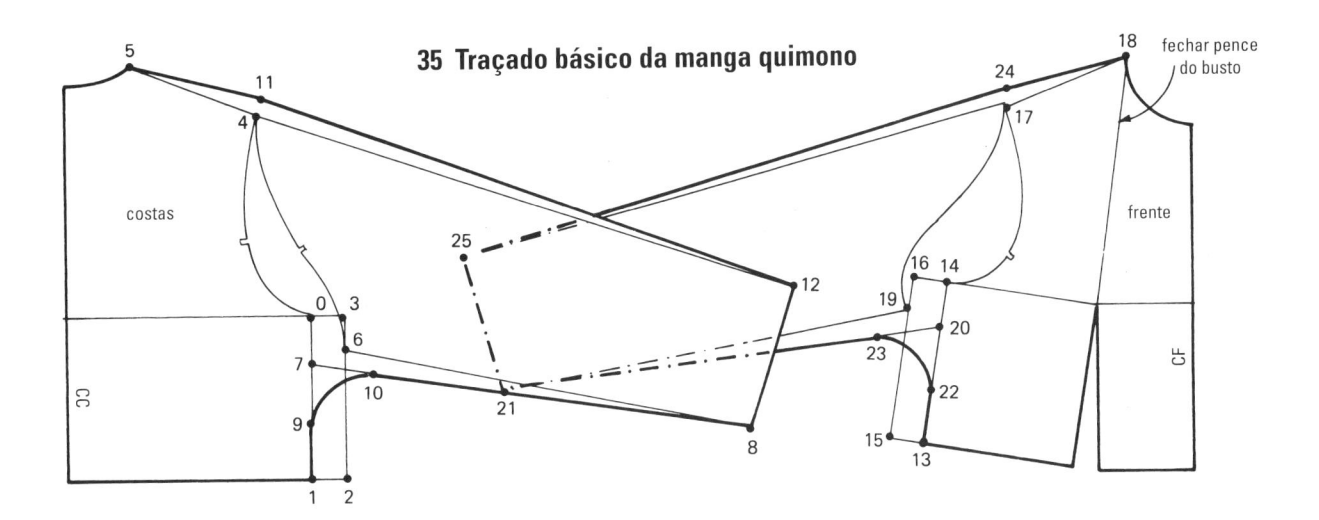

36 Molde ajustado da manga quimono

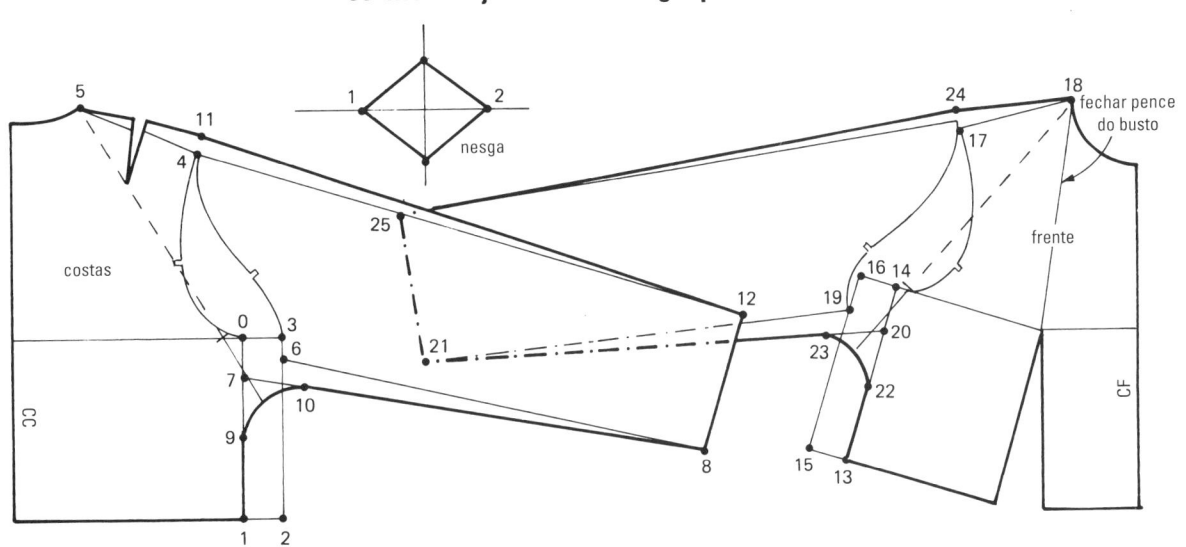

nesga

Adaptação do ombro

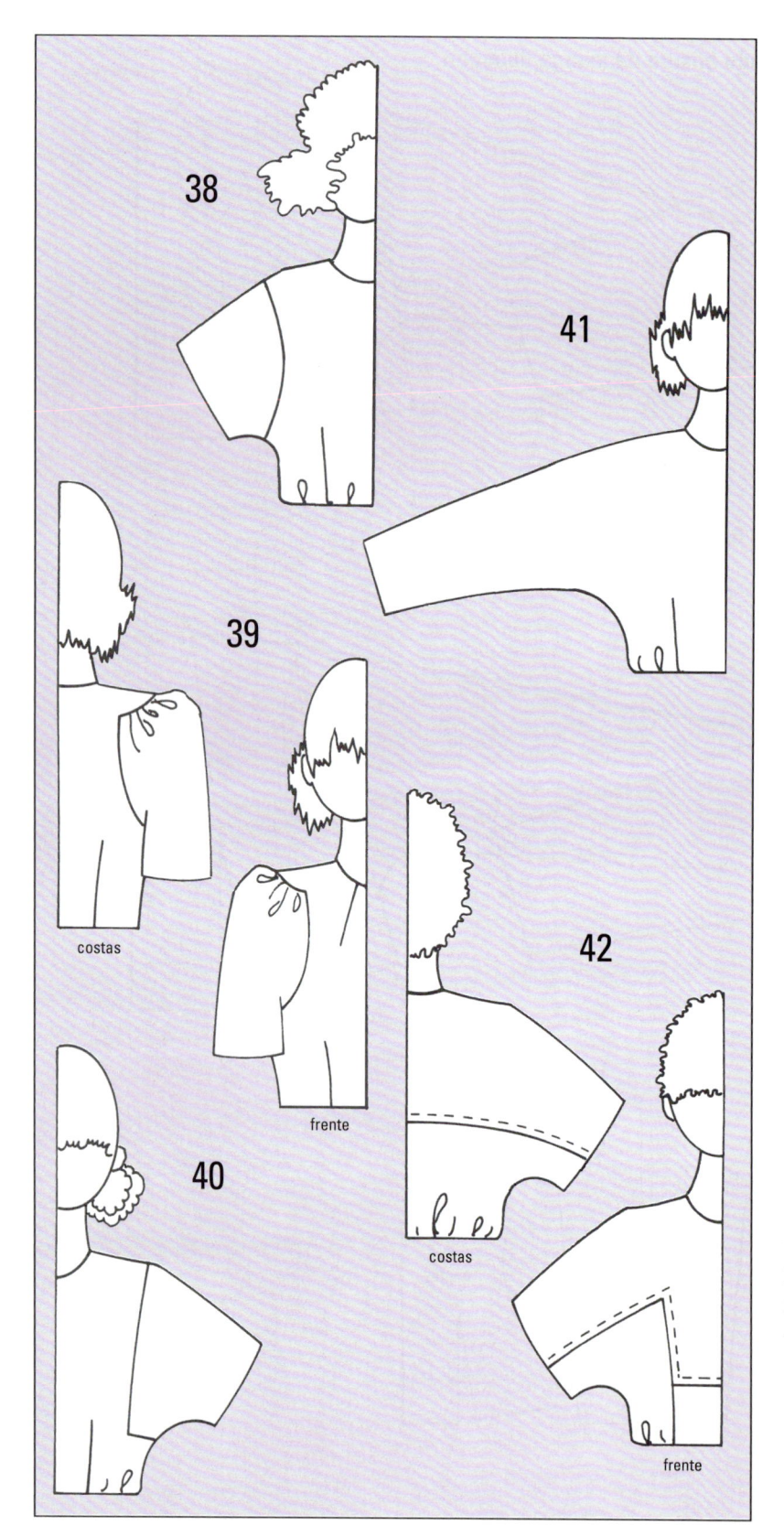

38 Manga dólmã

Trace o molde da manga quimono; marque os pontos 10 e 23.

Desenhe a forma da cava até o centro da curva inferior do braço (a distância do pique do ombro deve ser a mesma nas partes da frente e das costas do molde). Remova dois terços do comprimento da cava da frente e três quartos do comprimento da cava das costas das partes do molde (1,5 cm de largura). Marque os piques no centro das partes. Desenhe linhas partindo dos piques até os pontos 10 e 23. Recorte as partes da manga, uma ao centro. Corte as linhas das nesgas e abra 4 cm. Trace as mangas e levante a cabeça da manga em 0,5 cm.

39 Manga quimono estruturada

O exemplo ilustra a manga dólmã adaptada, baseada no molde ajustado do quimono. Trace a manga dólmã com a cava desejada. Divida a parte superior da manga em quatro partes e abra a quantidade necessária. Aumente aproximadamente 1,5 cm na cabeça da manga. Direcione a pence das costas do ombro para a cava, feche a pence.

40 Cava quadrada

Trace o molde da manga quimono. Desenhe a cava quadrada até o centro da curva inferior do braço. Remova as partes da cava, como se fosse uma manga dólmã. Desenhe as linhas dos piques até o centro da curva inferior do braço. Finalize como se fosse a manga dólmã.

41 Manga morcego

Trace o molde da manga quimono. Desenhe a linha do centro da curva inferior do braço até o pescoço. Corte essa linha e abra a quantidade necessária. Redesenhe a curva inferior do braço.

42 Manga quimono com pala

Trace o molde da manga quimono. Desenhe as linhas da pala, estenda as mangas. Desenhe as linhas da parte inferior do braço até as palas (direcione para o ponto do pescoço). Contorne cada peça do molde. Insira uma nesga de 4 cm debaixo do braço.

Nota Não é preciso inserir uma nesga quando utilizar como base o molde da manga quimono com folga ou criar um modelo com muito volume no corpo.

38 Manga dólmã

39 Manga quimono estruturada

40 Cava quadrada

41 Manga morcego

42 Manga quimono com pala

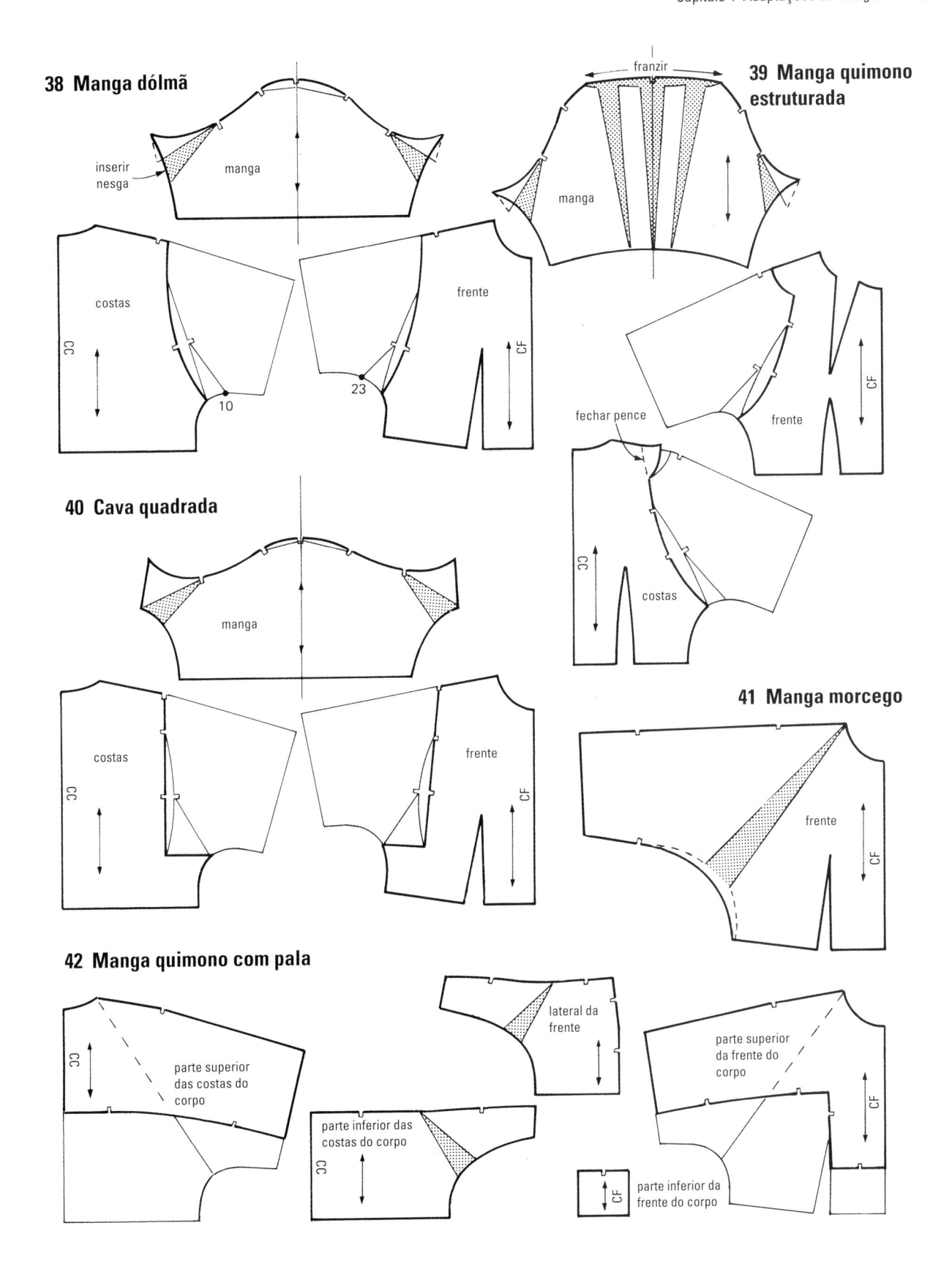

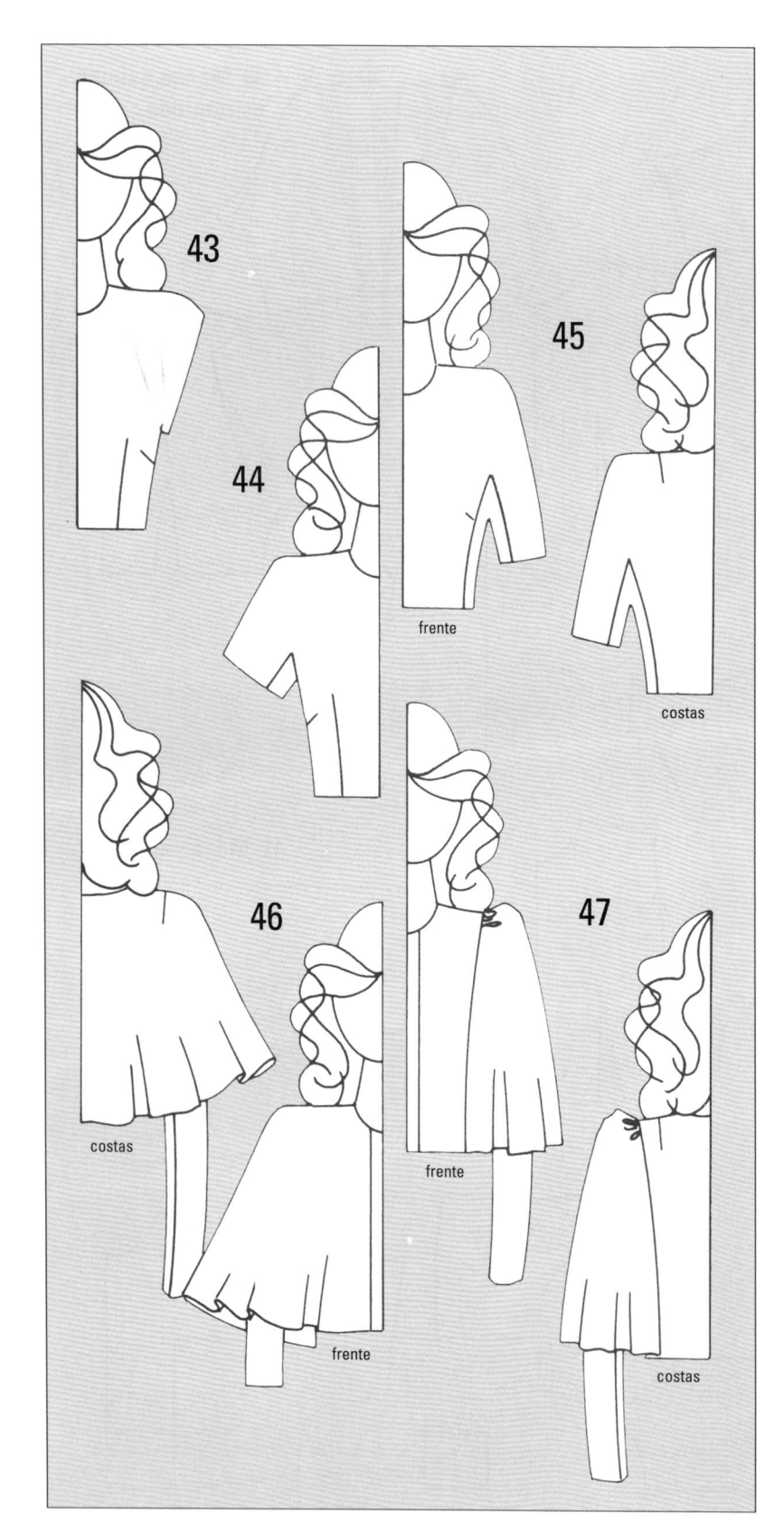

43 Manga japonesa

Trace o molde desejado, levante o ombro 1 cm. Marque os piques 3 cm abaixo da cava. Estenda o ombro na largura desejada. Desenhe a borda externa da manga com uma linha suave.

44 Manga japonesa com nesga

Trace o molde do quimono com manga curta (comprimento do ombro aproximadamente 32 cm), sem curva abaixo do braço. Amplie 1 cm a largura das mangas. Desenhe uma linha debaixo do braço (direcionada ao centro dos ombros), marque os pontos 1 e 2 com 7 cm na linha. Marque os pontos 3 e 4 subindo 4,5 cm a partir da costura inferior da manga. Recorte as partes do molde.
Nesga Desenhe a linha vertical, coloque as costuras inferiores do braço nessa linha. Una 1 ao 2. Construa um triângulo igual ao formado acima da linha. Recorte.

45 Manga japonesa com recorte

Trace o molde da "manga japonesa com nesga" (sem pences na cintura). Transfira a pence do busto para o decote das costas. Desenhe as linhas do recorte princesa. Desenhe as pences da cintura no recorte. Corte as quatro partes. Feche a pence do decote, recorte o molde do corpo.
Recorte com nesga Desenhe uma nesga. Disponha as partes 1, 2, 3, 4 ao redor da nesga. Contorne.

46 Capa evasê

Trace o molde da manga quimono. Transfira a pence do busto para o decote das costas. Desenhe a capa. Marque a linha da prega da frente e corte. Desenhe as linhas verticais a partir do decote e ombro das costas; do ombro da frente e do ponto do busto. Recorte. Corte as linhas. Feche a pence do busto, abra outras linhas para produzir a mesma quantidade de evasê. Contorne.

47 Capa ajustada

Trace o molde da manga quimono a partir do molde básico desejado, faça a manga se sobrepor à costura lateral por 2,5 cm. Desenhe as linhas do recorte. Desenhe a capa. Divida em partes a cabeça da manga da capa. Recorte as partes do molde. Corte as partes da cabeça da manga. Desenhe o sentido do fio no urdume. Coloque as linhas centrais da manga nesta linha, levante as partes da cabeça da manga. Contorne.

43 Manga japonesa

44 Manga japonesa com nesga

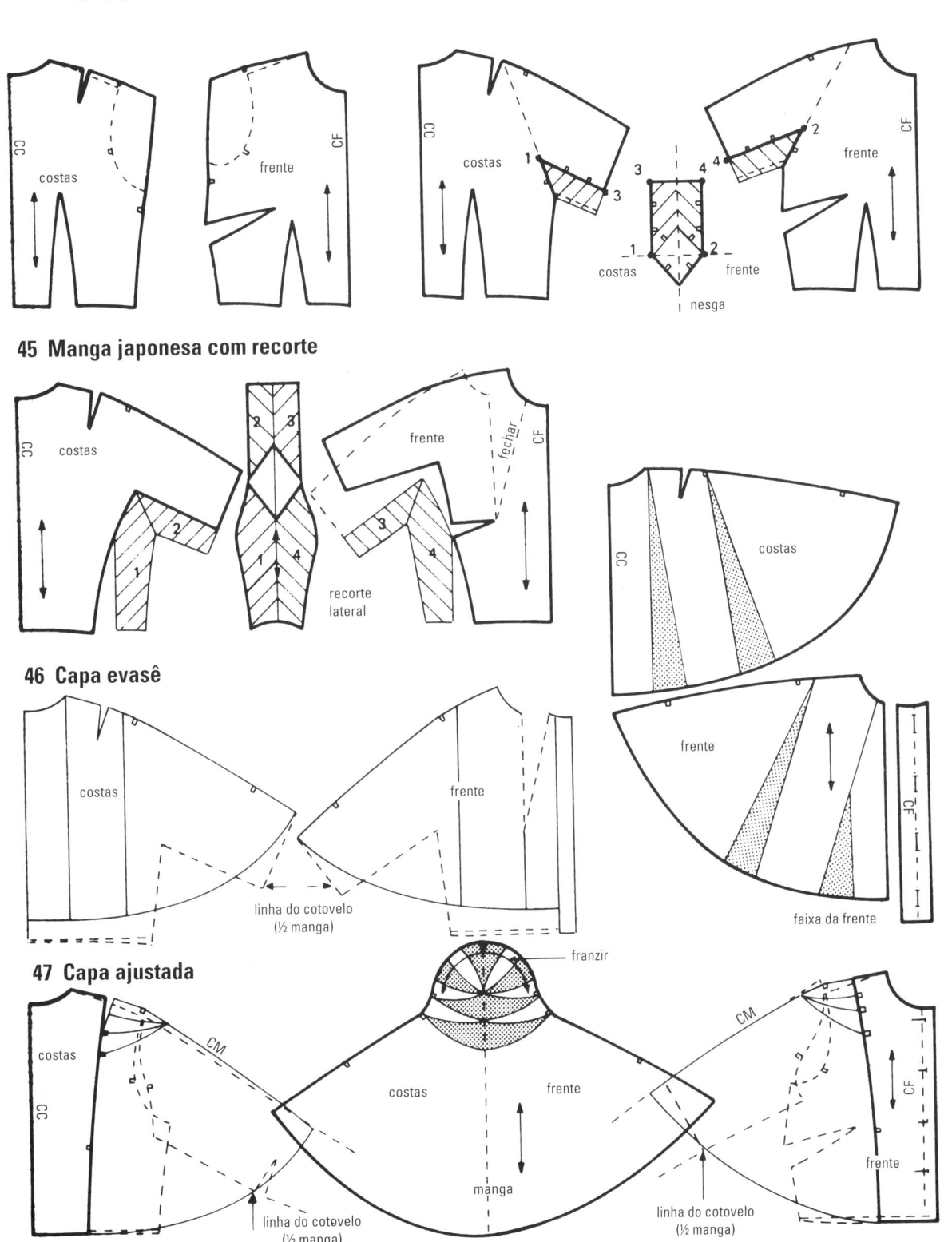

45 Manga japonesa com recorte

46 Capa evasê

47 Capa ajustada

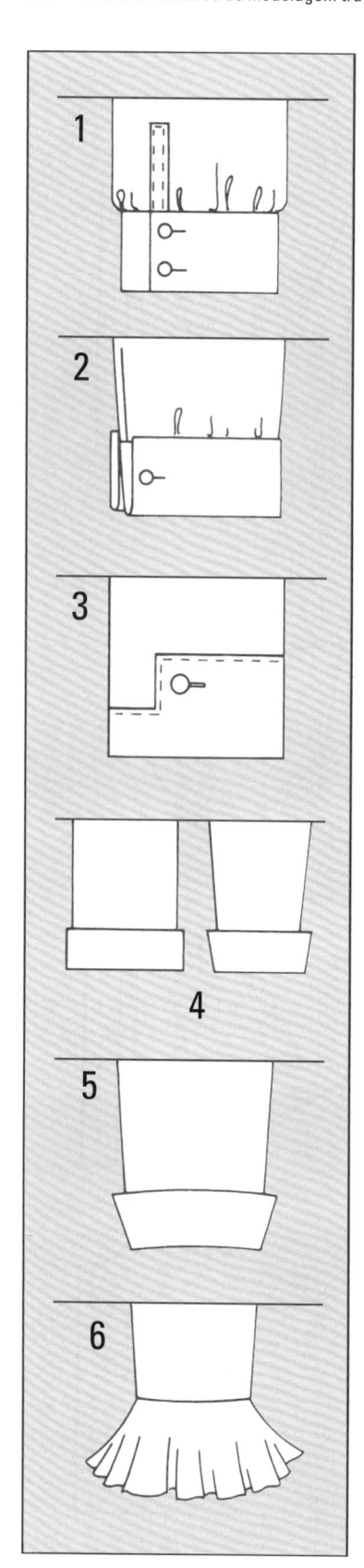

Punhos

Punho da camisa
Desenhe um retângulo com o dobro da altura do punho pronto; largura = medida do punho mais 5 cm, mais 1,5 cm de fechamento interno para botões. Marque as casas e os pontos de botão.

Punho de camisa com abotoadura
Desenhe o punho com carcela nas duas extremidades. Marque as casas. Esse punho deve ser traçado com quatro vezes a largura do punho pronto. Marque as linhas de dobra.

Manga com vista interna
Trace a borda inferior da manga. A borda inferior da manga deve estar uniforme. Desenhe a linha da vista interna na manga. Passe a carretilha sobre a linha em um novo papel. Recorte e marque a casa.

Punho reto com vista externa
Desenhe um retângulo com a largura da barra da manga e o dobro da altura do punho pronto. Adicione uma vista externa na borda inferior (comprimento de aproximadamente 3 cm).

Punho aplicado
Desenhe um retângulo, **1-2** = altura do punho pronto, **2-3** = largura da barra da manga. Divida em seis partes. Recorte e abra a borda superior com a largura necessária na borda do punho. Contorne e recorte.

Punho com babados
Desenhe um retângulo, **1-2** = altura do punho pronto, **2-3** = largura da barra da manga. Divida em oito partes. Abra as partes até que formem um círculo completo. Contorne e recorte.

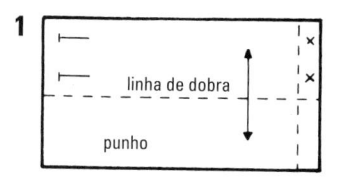

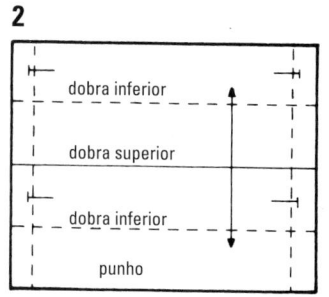

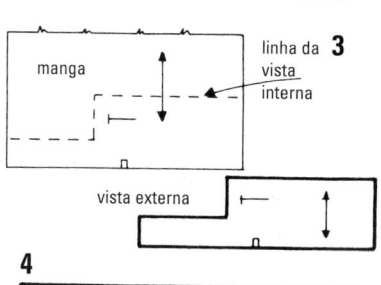

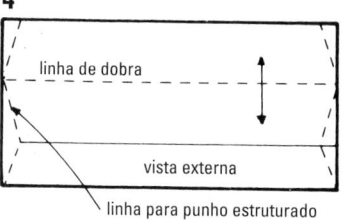

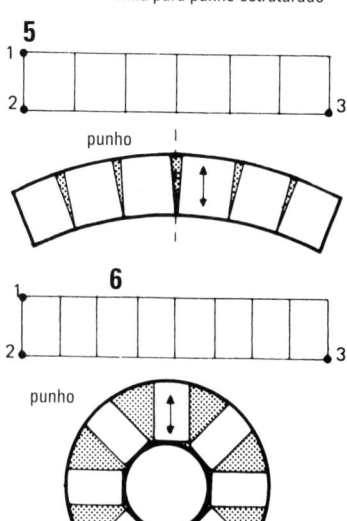

N. de R.T.: Para melhor acabamento do punho aplicado e punho com babados, sugere-se que sejam modeladas vistas internas, replicando o próprio molde dos punhos.

Parte 1: Processo de modelagem tradicional

5 Construção de golas

Golas – Princípios gerais	74
Golas flat	74
1 Gola Peter Pan	74
2 Colarinho inglês	74
3 Gola flat semiestruturada	74
4 Gola marinheiro	74
Golas levantadas	76
5 Gola mandarim	76
6 Gola escafandro	76
7 Gola tubular	76
8 Gola esporte	76
9 Colarinho de camisa	76
10 Gola-asa	76
Golas inteiras	78
Lapelas baixas	78
11 Lapela triangular	78
12 Gola smoking	78
13 Mudando o formato da gola	78
14 Gola xale	78
15 Gola simples estruturada	78
16 Decote profundo	78
Golas com lapelas	80
17 Gola tradicional de alfaiataria masculina	80
18 Gola tradicional de blazer transpassado	80
19 Lapela feminina tradicional	80
20 Lapela feminina tradicional com pé de gola embutido	80
21 Gola e lapela com pé de gola	80
22 Gola distante do pescoço	80
23 Gola jabô	82
24 Lapela com babados	82
25 Gola drapeada	82

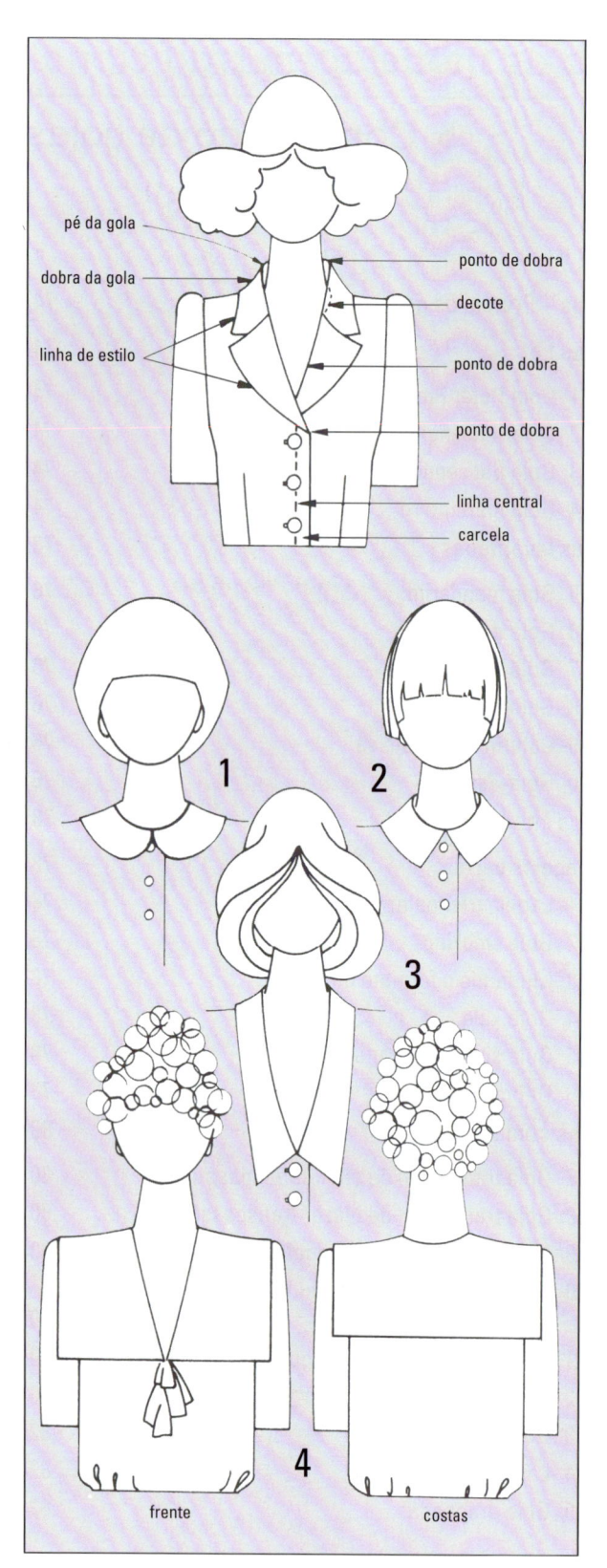

Golas – Princípios gerais

Termos usados na construção de golas.
Decote   A linha na qual a gola contorna o pescoço.
Linha de estilo   Borda externa da gola ou da lapela.
Pontos de dobra   As linhas nas quais a gola dobra, formando a lapela da frente ou das costas.
Pé da gola   Altura do decote na dobra da linha da gola.
Dobra da gola   Profundidade da gola do ponto de dobra até a linha de estilo.
Antes de traçar uma gola   Se necessário, aprofunde o decote, marque a linha de botão, as casas e a carcela.
Depois de traçar uma gola   Adicione 0,25 cm na borda externa da parte superior da gola e do ponto 1-2, como apresentado no diagrama. Isso garante que a linha da costura da borda externa da gola não fique aparente e que a parte da gola das costas fique adequada. Adicione 0,5 cm em tecidos encorpados.
Nota especial   O diagrama da próxima página ilustra o princípio que se aplica ao traçado de todas as golas. Ao desenhar a linha de estilo, deixe uma altura para o pé da gola. Experimente a gola em um manequim ou corpo para ajustar os últimos detalhes.
Tipos de golas   As golas pertencem a quatro grupos básicos:
   golas flat permanecem planas (ou quase) ao redor dos ombros;
   golas levantadas permanecem em pé ao redor do pescoço e possuem uma dobra de gola;
   golas inteiras são modeladas junto às partes do corpo da frente e das costas;
   golas com lapelas separam gola e lapela.

Golas flat

1   Gola Peter Pan

Posicione o molde do ombro das costas com o do ombro da frente, una os pontos do decote, sobreponha os ombros por 2 cm. Desenhe o formato da gola. Passe a carretilha sobre a gola.

2   Colarinho inglês

Trace a gola Peter Pan. Divida a gola em seis partes. Recorte a gola, corte as linhas e sobreponha 0,75 cm na borda externa. Trace a gola com uma curva suave.

3   Gola flat semiestruturada

Trace o molde do corpo da frente, desenhe o decote. Retire 0,6 cm da pence do decote (ref. Lapelas baixas, página 78). Posicione o ombro das costas com o da frente, una os pontos do decote. Desenhe a gola. Passe a carretilha sobre a gola. Divida a gola em 5 partes, corte as linhas e sobreponha 1 cm na borda externa da gola. Contorne a gola.

4   Gola marinheiro

Posicione o molde do corpo das costas e da frente como se fosse a gola Peter Pan. Desenhe o decote "V". Desenhe a gola como ilustrado. Passe a carretilha sobre o molde e recorte.

Se a dobra da gola flat for reduzida, ela ficará mais alta no pescoço, aumentando o pé da gola.

Se a dobra da gola levantada for ampliada, ela ficará mais rente ao pescoço, diminuindo o pé da gola.

Parte superior da gola

1 Gola Peter Pan

2 Colarinho inglês

3 Gola flat semiestruturada

4 Gola marinheiro

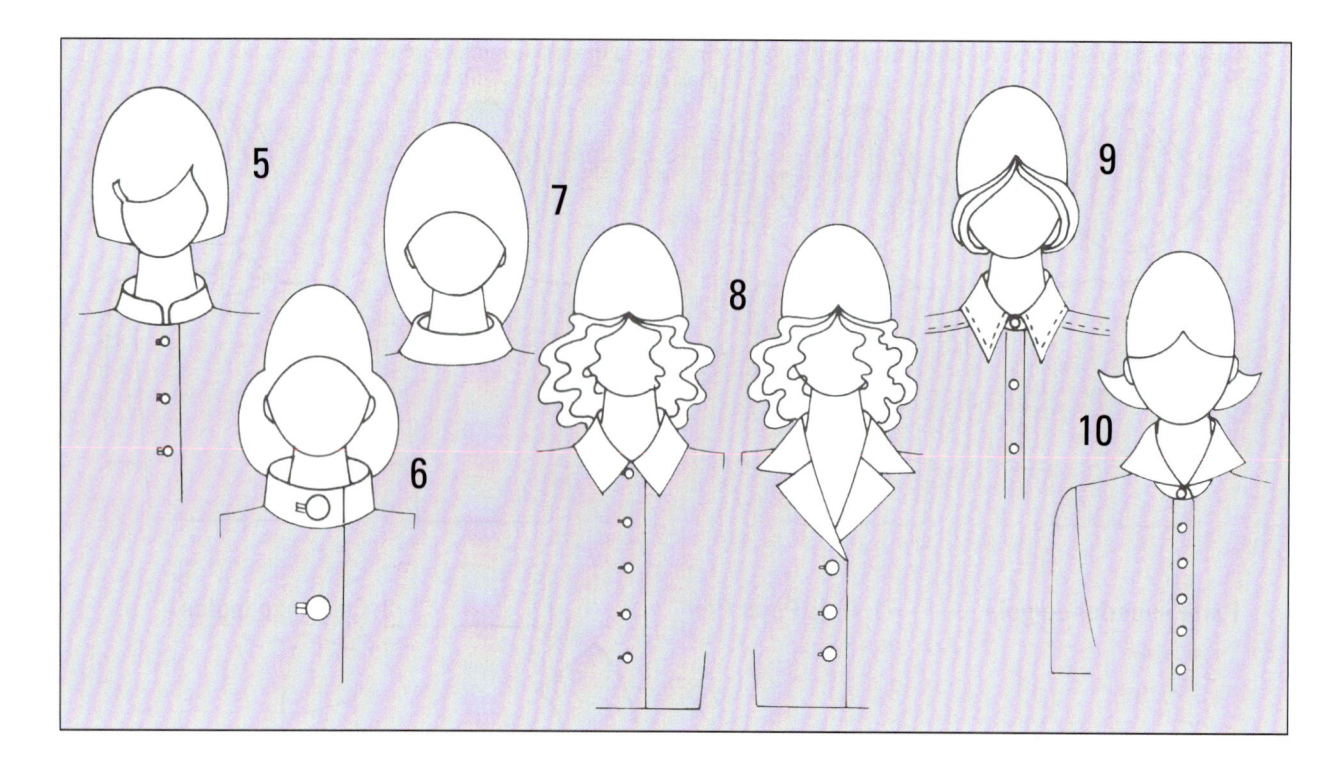

Golas levantadas

Medida do decote Se o decote exige maior profundidade, complete e meça o decote. As golas levantadas devem ser medidas precisamente com a fita na vertical (ver diagrama). Posicione a frente com as costas nos ombros; meça do centro das costas e da frente até a metade da medida do decote.

5 Gola mandarim

1-2 medida total do decote, **2-3** aproximadamente 4 cm. Desenhe um retângulo. Curve as bordas externas. Marque o centro das costas. Divida em seis partes. Recorte as partes, sobrepondo 0,5 cm as linhas externas. Contorne.

6 Gola escafandro

Diminua aproximadamente 1 cm do decote no centro das costas e nos ombros e 2,5 cm no centro da frente. Meça o novo decote. Esquadre para os dois lados a partir de 1. **1-2** é a metade da medida do decote. **2-3** carcela; esquadre. **1-4** profundidade do decote; esquadre até 5. **3-6** = 1 cm; **5-7** = 1,5 cm; una **6-7**. **7-8** = medida de 2-3; una **2-8**. **1-9** = metade da medida de **1-3**; una **6-9** com uma curva.

7 Gola tubular

1-2 é medida total do decote. 2-3 é quatro vezes a medida final da abertura. Desenhe um retângulo. Marque centro da frente e as linhas de dobra. Corte a gola no viés em tecidos planos.

8 Gola esporte

Trace um retângulo em 1-2 com metade da medida do decote. **1-4** = altura da gola, aproximadamente 9 cm. 3 é três quartos da distância de 1-2. Suba 0,5 cm no decote a partir do ponto 2 até 5. Trace até a borda externa.

Alteração na linha de estilo Esquadre para cima do ponto 3 ao 6. A linha de estilo pode ser alterada a partir de 6, como ilustrado no diagrama.
Gola estruturada – pé da gola embutido Trace a gola esporte. **1-7** = 3,5 cm; desenhe uma linha curva de 7 a 3. Divida 1-3 em quatro partes. Recorte a gola e o pé da gola. Corte as linhas. Sobreponha por 0,2 cm o pé da gola na borda externa em cada linha. Abra 0,4 cm na borda externa da gola. Corte 0,6 cm do centro das costas da gola. Trace a gola e o pé da gola.

9 Colarinho de camisa

Reduza 0,5 cm no decote da frente (não use o molde de camisa).
- **1-2** = metade da medida do decote, esquadre.
- **1-3** = medida do pé e altura da gola; esquadre para cima.
- **1-4** = três quartos da medida de 1-2; **2-5** = 0,5 cm.
- **1-6** = metade da medida de 1-3 menos 1 cm; esquadre até 7.
- **7-8** = 0,75 cm; desenhe o formato da gola em 3-8.
- **5-9** = carcela; una 8-9 e 4-9 com curvas.

Marque as casas.
Pé da gola separado Trace o colarinho de camisa. **6-10** = 0,75 cm.
Molde a linha de 10 até o pique da linha 6 com a linha de 4. Trace a gola e o pé da gola.
Colarinho de camisa estruturado Trace o colarinho de camisa e o pé da gola.
Divida o molde em partes e trace como a gola esporte estruturada e pé da gola embutido.

10 Gola-asa

Trace um retângulo e o pé da gola como se fosse um colarinho básico de camisa. Marque os pontos 1, 2, 3, 4. O ponto **5** é a metade de **1-4**. Esquadre para cima do ponto 3 ao 6. Desenhe a gola como ilustrado.

Capítulo 5 Construção de golas

Medida do decote

costas
pique do ombro
CF
frente
carcela

5 Gola mandarim

pique do ombro
gola

6 Gola escafandro

dobra CC
gola

7 Gola tubular

pé da gola
linha de dobra
dobra da gola
linha de dobra
gola
dobra da gola
linha de dobra
pé da gola

8 Gola esporte

1,5cm
dobra CC
gola

gola esporte estruturada com pé da gola embutido

dobra CC
gola
borda do decote
pé da gola

9 Colarinho de camisa

gola
dobra CC

decote da frente aprofundado
frente
CF

gola de camisa com pé da gola separado

dobra CC
gola
dobra CC
pé da gola

colarinho de camisa estruturado

dobra CC
gola
pé da gola
dobra CC
borda do decote

10 Gola-asa

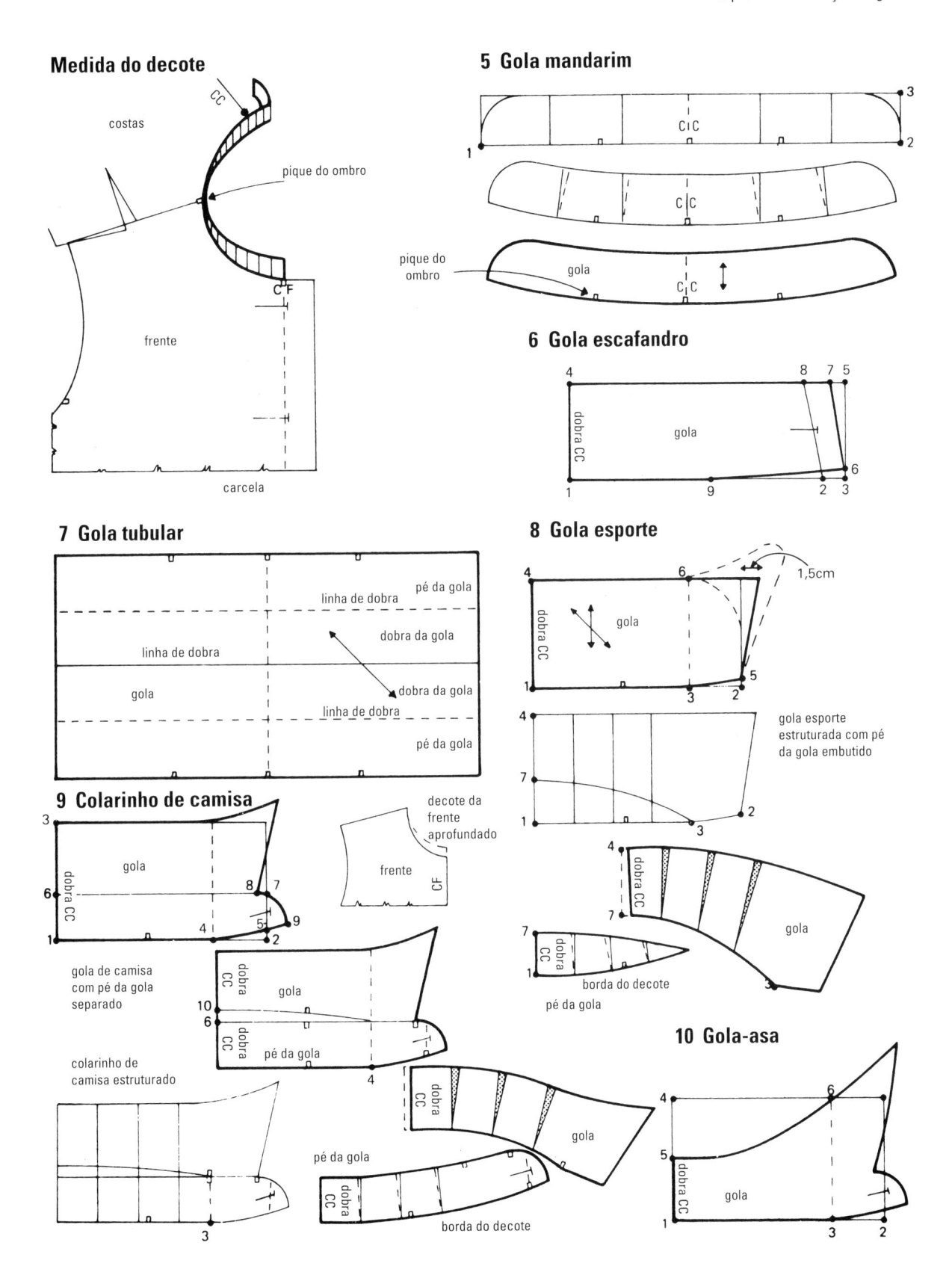

dobra CC
gola

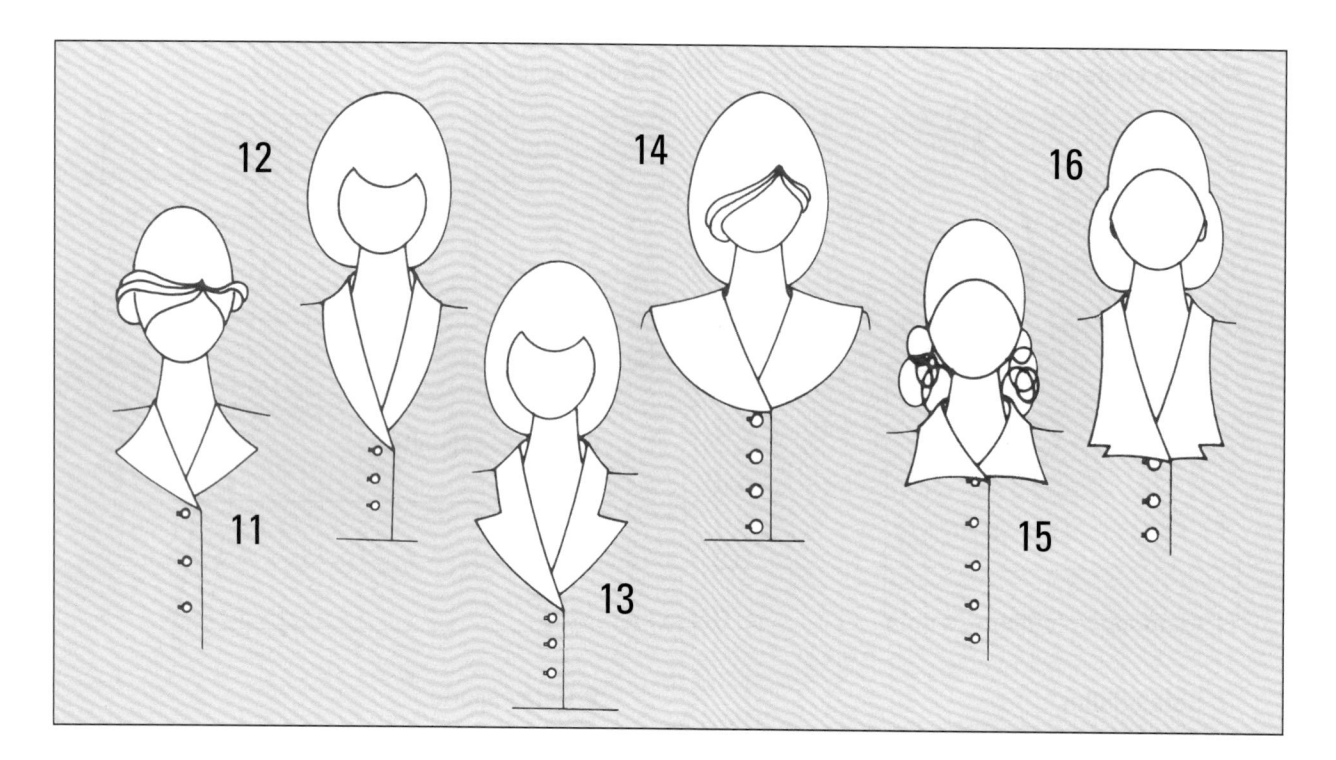

Golas inteiras

Lapelas baixas

Antes de traçar golas ajustadas com lapelas baixas, trace uma pence no decote de 0,6 cm e transfira-a para a pence do busto.

11 Lapela triangular

Trace o molde do corpo da frente, marque as casas e adicione a carcela. Marque o ponto de dobra na altura da casa superior. Desenhe uma linha a partir do decote até o ponto de dobra. Desenhe o formato da lapela no molde. Dobre ao longo da linha de dobra. Passe a carretilha sobre o formato da lapela. Desdobre, contorne o molde e recorte. Trace as vistas internas. Adicione 0,25-0,5 cm na borda externa da vista interna da lapela.

12 Gola smoking

Trace o molde do corpo da frente (lapelas baixas – pence no decote). Marque as casas e adicione a carcela. Marque o ponto 1 no ponto de dobra e o ponto 2 no decote. Estenda a linha do ombro da frente. Posicione o molde das costas com o da frente no ponto do decote. Dobre para trás para que a borda externa do ombro se sobreponha 8,5 cm na linha estendida.

Marque o ponto 3 no decote das costas.

2-4 = 2 cm, **3-5** = 3 cm, **5-6** = 6 cm, **6-7** = 0,5 cm.

Desenhe 5-4 e 4-1 no ponto de dobra. Desenhe a linha de estilo em 7-1.

Vista interna Trace a vista interna. Deixe 0,25-0,5 cm na borda externa da gola. Divida a vista interna abaixo da lapela, como ilustrado. Posicione a metade inferior da vista interna no sentido do urdume, a linha do centro das costas da gola, localizada na parte superior do molde, pode ser posicionada na dobra do tecido.

13 Mudando o formato da gola

A linha de estilo da dobra da gola e da lapela pode ser alterada de diversas maneiras para criar novos modelos, conforme ilustrado.

14 Gola xale

Para ampliar a borda externa de golas amplas ao redor dos ombros e das costas, adicione um pequeno balanço como ilustrado (ex.: 3 cm). Continue o traçado do molde como se fosse uma gola inteira.

Gola xale com costura Desenhe uma linha do decote até o centro da sobreposição na borda da gola.

Separe a gola das costas.

Trace a costura do ombro da gola da frente e das costas.

15 Gola simples estruturada

Trace o molde do corpo da frente, marque as casas e a carcela. Marque o ponto de dobra 1 na altura do botão superior. Marque 2 no decote, **2-3** = 1,5 cm. Desenhe uma pence paralela ao ponto de dobra. Trace a gola inteira, use o ponto 3 para o decote. Desenhe a gola das costas e a linha de estilo. Trace a vista interna e complete como se fosse uma gola inteira.

16 Decote profundo

Trace como base a gola inteira tradicional. Desenhe uma linha de estilo, o exemplo mostra um modelo com pique. Desenhe uma linha do ponto 2 no decote até a linha central, 5 cm acima da casa superior. Nessa linha, desenhe uma pence de 1,5 cm no total. Trace a vista interna com pence e complete como se fosse uma gola inteira.

Capítulo 5 Construção de golas

Lapelas baixas

11 Lapela triangular

12 Gola smoking

13 Mudando o formato da gola

14 Gola xale

15 Gola simples estruturada

16 Decote profundo

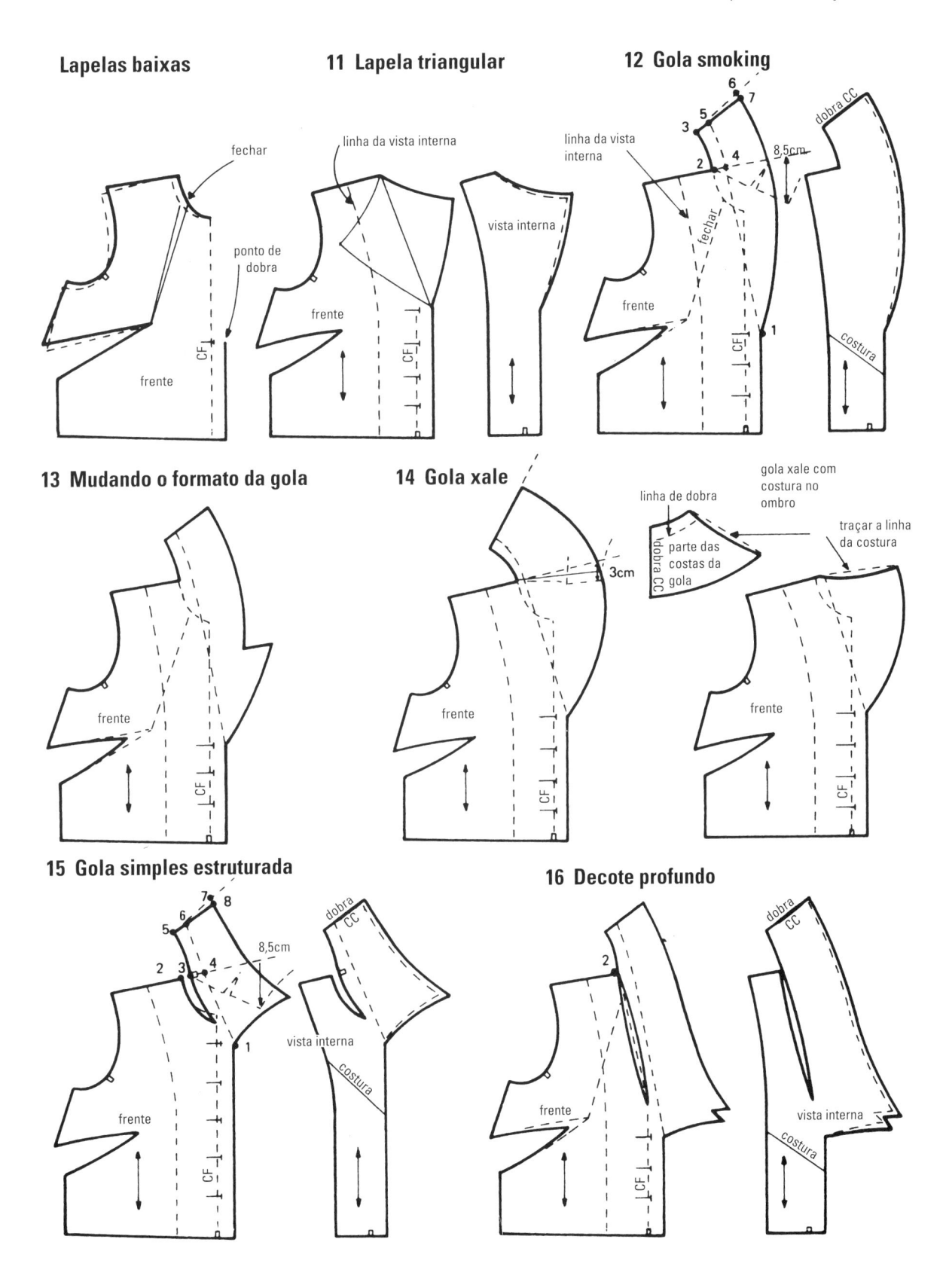

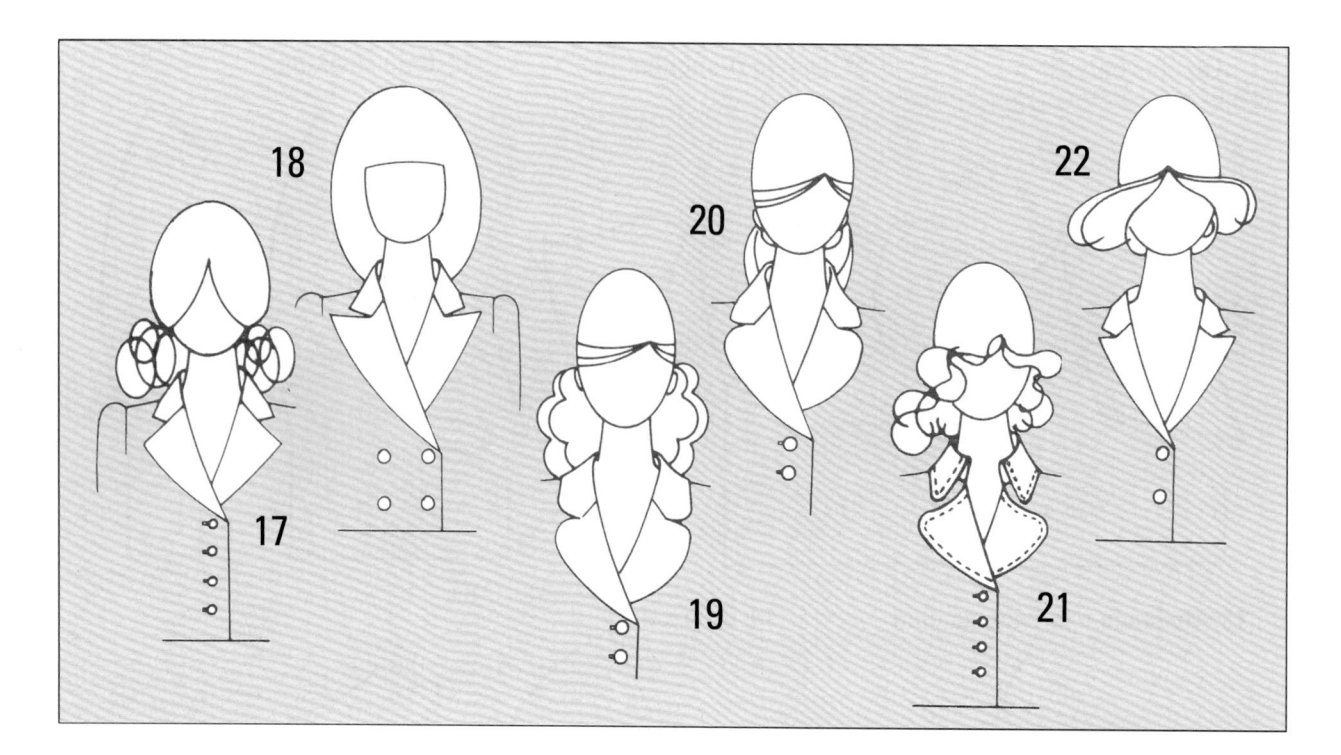

Golas com lapelas

Em lapelas baixas, crie uma pence no decote de 0,6 cm (página 78).

17 Gola tradicional de alfaiataria masculina

Trace o molde do corpo da frente. Aumente 0,5 cm no decote da frente. Marque o ponto 1, esquadre, elimine o decote. Marque a casa e adicione a carcela. Estenda a linha do ombro. **2-3** = 2 cm sobre a linha. Marque 4 no ponto de dobra. Una 4 ao 3 com uma linha pontilhada, estenda a linha. **3-5** = medida do decote das costas mais 1 cm.

5-6 = 2 cm (6-3 tem a mesma medida de 5-3). Esquadre uma linha transversal nos ângulos retos à linha 6-3.

6-7 = 3 cm. **6-8** = 5 cm. Do ponto 7, desenhe uma linha paralela à linha 6-3. **9** = 1,5 cm acima da linha do ponto 1.

Nos pontos 2, 9, 1, desenhe o decote e o formato da lapela (confira esse formato dobrando sobre o ponto de dobra).

Nos pontos 1, 9, 7, 8, desenhe a gola e linha externa de estilo. Trace o ponto de dobra de 6 para criar a dobra da gola.

Marque os piques no decote e na gola.

Golas com vistas internas As golas internas em roupas de alfaiataria são cortadas no viés e estruturadas com entretela colante. Separe a parte externa da gola da parte interna, adicione medidas extras nas bordas externas (página 74). Adicione 0,5 cm à lapela da gola interna – do ponto de dobra ao pique do decote como ilustrado.

18 Gola tradicional de blazer transpassado

O traçado é o mesmo da gola tradicional de alfaiataria masculina. Note o formato diferente na parte superior das lapelas.

19 Lapela feminina tradicional

Trace a gola tradicional de alfaiataria masculina, mas utilize o molde do decote e uma 7 ao 1 na curva.

Gola com pé da gola incorporado Marque o ponto 1 no ponto de dobra. Divida a gola em quatro partes entre o centro das costas e o ponto 1. Recorte o molde, corte as linhas e abra 0,5 cm (ou mais para golas mais amplas). Trace o molde.

20 Lapela feminina tradicional com pé de gola embutido

Trace o molde da lapela feminina tradicional com gola. Desenhe o pé de gola embutido entre o pique do ombro e o ponto de dobra. Continue o traçado do molde como se fosse uma gola esporte (ref. 8 página 76).

21 Gola e lapela com pé de gola

Trace o molde da lapela feminina tradicional com gola, mas com medida **2-3** = 3 cm (ou altura desejada para o pé de gola).

A gola deve encontrar a lapela no ponto 1 do ponto de dobra.

Gola e pé da gola Trace a gola, una 6 ao 1 com uma linha reta, trace a borda do decote ao ponto 9 e 2,5 cm para baixo de 1.

Continue o traçado do molde como se fosse o colarinho de camisa estruturado (ref. 9 página 76).

22 Gola distante do pescoço

Trace o molde do corpo da frente. No molde da frente e das costas, aprofunde o decote na quantidade desejada. Trace a lapela feminina tradicional no novo decote, com a nova medida do decote das costas.

17 Gola tradicional de alfaiataria masculina

linha da vista interna
parte inferior da gola
Vista interna
frente
vista interna

18 Gola tradicional de blazer transpassado

pence do decote
frente
parte inferior da gola

19 Lapela feminina tradicional

gola

Gola com pé da gola incorporado

gola
frente

20 Lapela feminina tradicional com pé de gola embutido

gola
pé da gola

21 Gola e lapela com pé de gola

2,5cm
frente
gola
pé da gola

22 Gola distante do pescoço

costas
parte inferior do decote
pence do decote
frente
gola

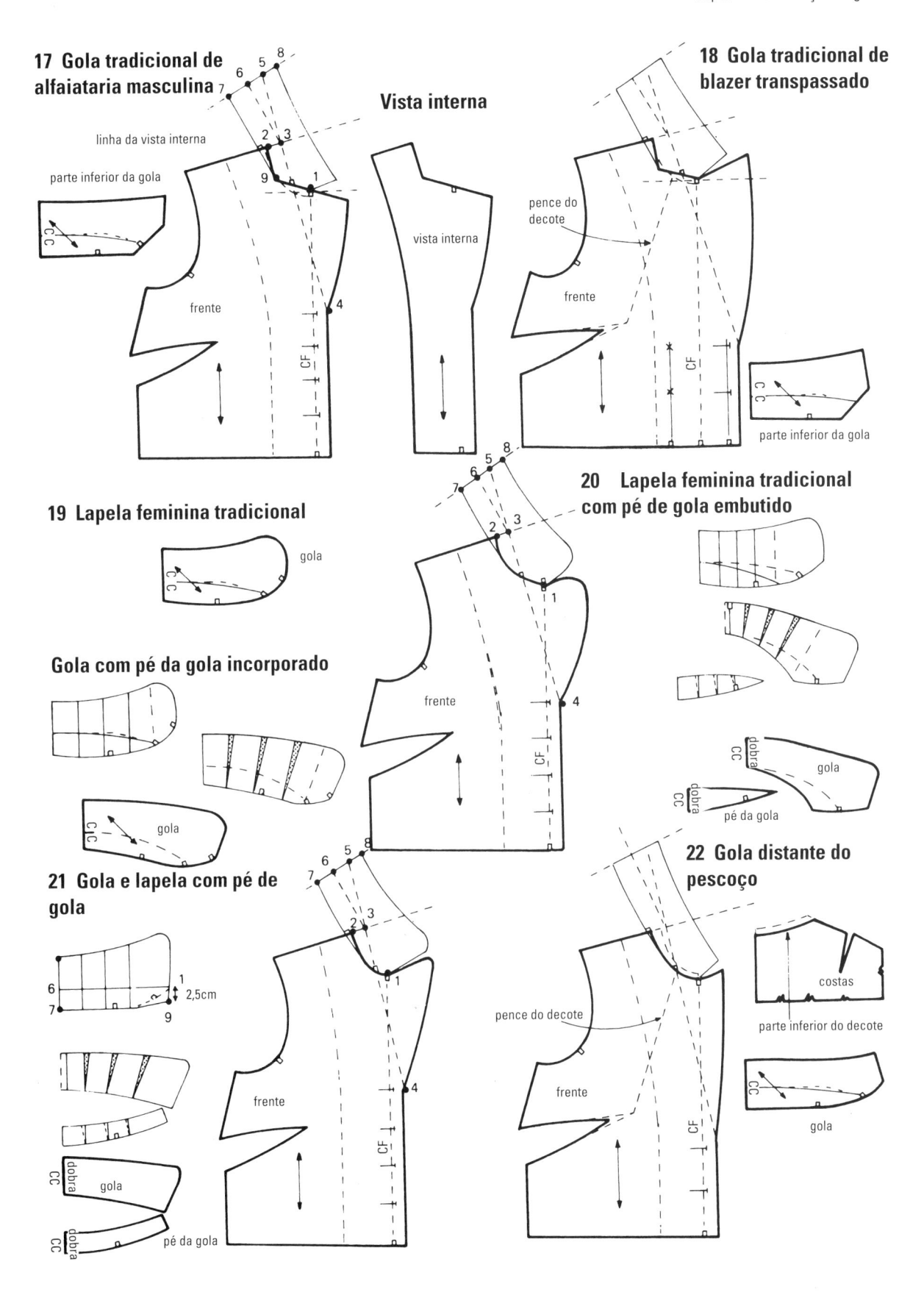

Capítulo 5 Construção de golas 81

23 Gola jabô

Trace a gola flat no formato desejado (ref. 1 página 74). Divida em sete partes. Recorte o molde. Corte e abra as linhas até a borda interna do decote, quase formando um círculo. Redesenhe a gola com uma curva suave. Isso só forma metade de uma gola, exigindo, assim, uma costura nas costas.

24 Lapela com babados

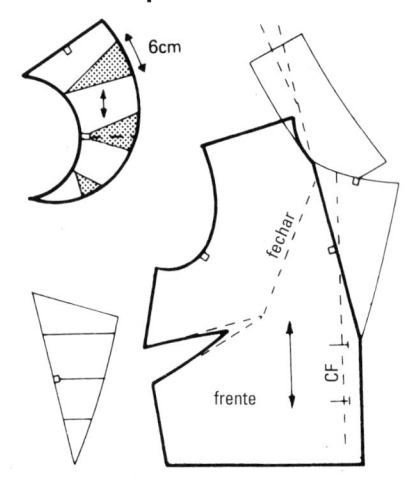

Trace o molde, construa a gola e a lapela com base nas instruções para o traçado de gola tradicional de alfaiataria masculina (ref. 17 página 80). Recorte a lapela, divida em partes, corte as linhas e abra 6 cm cada. Trace o molde.

25 Gola drapeada

Diminua os ombros em aproximadamente 3 cm, desça 1,5 cm no centro das costas e 3,5 cm no centro da frente.

Marque os novos pontos do decote 1, 2, 3, 4.
Esquadre a partir de 5.
5-6 = 3 cm.
6-7 = medida de 1-2 (medida em curva) menos 1 cm; esquadre. Desenhe uma linha paralela 2 cm abaixo da linha de 5.
7-8 = medida de 3-4 (medida em curva) menos 0,6 cm; esquadre.
7-9 = um terço da medida de 6-7.
7-10 = um terço da medida de 7-8.
Curve 0,5 cm no decote em cada parte. **5-11** é a altura da gola (o exemplo tem 17 cm); esquadre até 12.
Dobre sobre a linha 11-12, corte o molde com papel dobrado para repetir o formato.

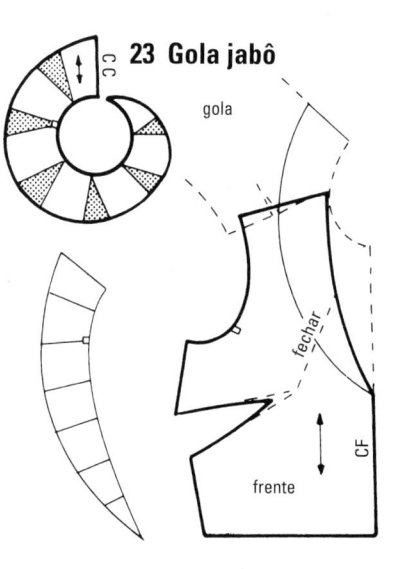

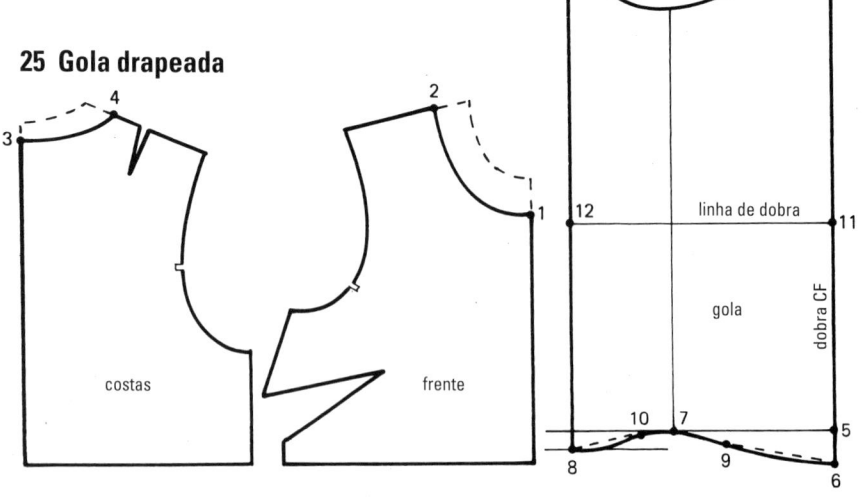

Parte 1: Processo de modelagem tradicional

6 Molde e adaptações de saia

Molde da saia de alfaiataria	84
Moldes de saias – exemplos	86
1 Saia reta	86
2 Saia com recortes	86
3 Saia reta com fenda e prega macho	86
4 Saia reta com pregas fêmeas	88
5 Saia plissada (trabalhar diretamente no tecido)	88
6 Saia kilt (trabalhar diretamente no tecido)	88
7 Saia franzida	90
8 Saia franzida com recortes	90
9 Saia godê	90
10 Saia evasê	92
11 Saia de quatro gomos	92
12 Saia com mais evasê	92
13 Saia evasê com gomos	94
14 Saia evasê com gomos e pregas	94
15 Saia evasê com recorte e franzido	94
16 Saia de gomos	96
17 Saia de gomos com pala e evasê na barra	96
18 Saia evasê com pregas	96
19 Saia com bolso no quadril	98
20 Saia drapeada	98
21 Saia com pala e franzido frontal	98
22 Saia franzida com nesgas e recorte frontal	100
23 Saia com recorte assimétrico	100
24 Saia com babado na barra	100
25 Cós	102

Nota As adaptações deste capítulo são baseadas em saias acinturadas e necessitam de um ajuste ao redor da cintura e do quadril. Entretanto, muitos modelos têm cinturas e palas mais baixas ou elásticas. Muitas saias estão sendo produzidas em tecidos com stretch ou cortadas no viés. Portanto, pode ser feita uma abordagem mais simples das adaptações acima – ver moldes da saia básica sem pences e saia básica sem pences simplificada no Capítulo 9 da Parte 2 (página 138).

Molde da saia de alfaiataria

O molde da saia de alfaiataria é usado quando a saia não precisa ser unida a um molde do corpo. Uma quantidade menor de folga foi adicionada ao quadril da saia, proporcionando um caimento mais justo. A costura lateral é movida para frente.

Nota A cintura da saia tem 1 cm de folga e deve sempre ter folga no cós ou na vista interna da saia.

Medidas necessárias para traçar o molde básico

Este molde básico comporta medidas de qualquer tabela deste livro (páginas 16-18), bem como medidas personalizadas (ver página 182).

O exemplo ilustrado utiliza o tamanho 12 da tabela apresentada na página 16 (para moda *high-street*).

cintura	68 cm
quadril	94 cm
cintura até quadril	20,6 cm
comprimento da saia (depende do modelo)	

Esquadre a partir de 1.

1-2 metade da medida do quadril mais 1,5 cm, esquadre para baixo; esta linha é a linha do centro da frente.
1-3 comprimento da saia, esquadre para baixo e para direita até 4 na linha do centro da frente.
1-5 medida da cintura até o quadril; esquadre até 6 na linha do centro da frente.

Costas

5-7 um quarto da medida do quadril mais 1,5 cm de folga, esquadre para baixo até 8 na linha da barra.
1-9 um quarto da medida da cintura mais 4,25 cm.
9-10 1,25 cm; una o ponto 10 aos pontos 1 e 7 com linhas pontilhadas. Divida a linha 1-10 em três partes, marque os pontos 11 e 12. Na linha 1-10, esquadre dos pontos 11 e 12 com linhas pontilhadas.
11-13 14 cm.
12-14 12,5 cm.

Construa duas pences (com 2 cm de largura cada uma) nessas linhas. Desenhe a cintura com uma curva suave; desenhe a costura lateral curvando 0,5 cm para fora.

Frente

2-15 um quarto da medida da cintura mais 2,25 cm.
15-16 1,25 cm, una o ponto 16 aos pontos 2 e 7 com linhas pontilhadas.
16-17 um terço da distância de 2-16; na linha 2-16, esquadre a partir de 17 com uma linha pontilhada.
17-18 10 cm.

Construa uma pence com 2 cm de largura nesta linha.

Desenhe a cintura com uma curva suave; desenhe a costura lateral curvando 0,5 cm para fora.

Nota especial para medidas personalizadas

Se a cintura for menor em comparação ao tamanho do quadril do molde básico, aumente 2,5 cm na largura das pences. Isso exigirá traçar:
1-9 um quarto da cintura mais 5,25 cm.
2-15 um quarto da cintura mais 2,75 cm.

Isso garante um ajuste mais uniforme ao redor da cintura.

Capítulo 6 Molde e adaptações de saia **85**

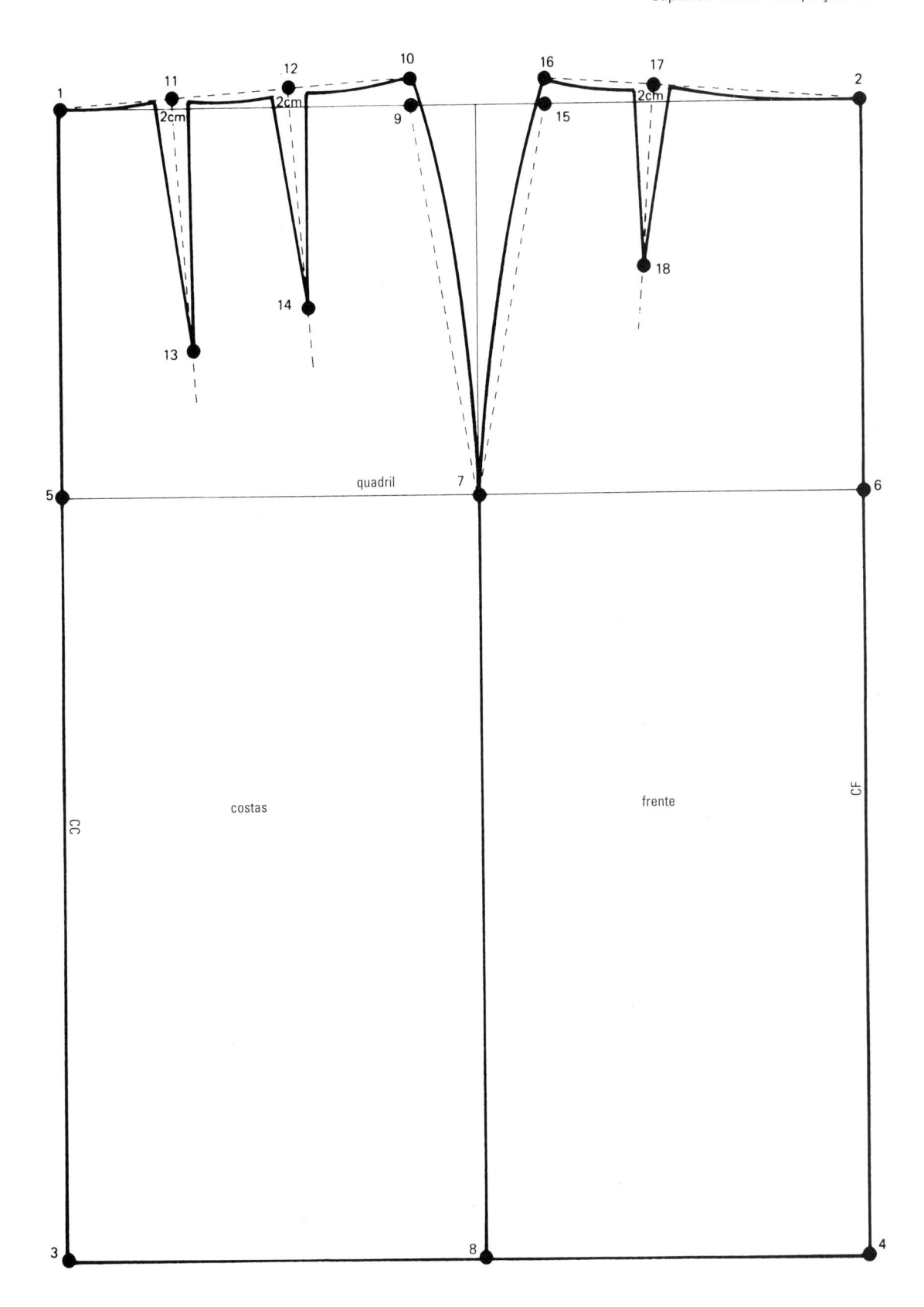

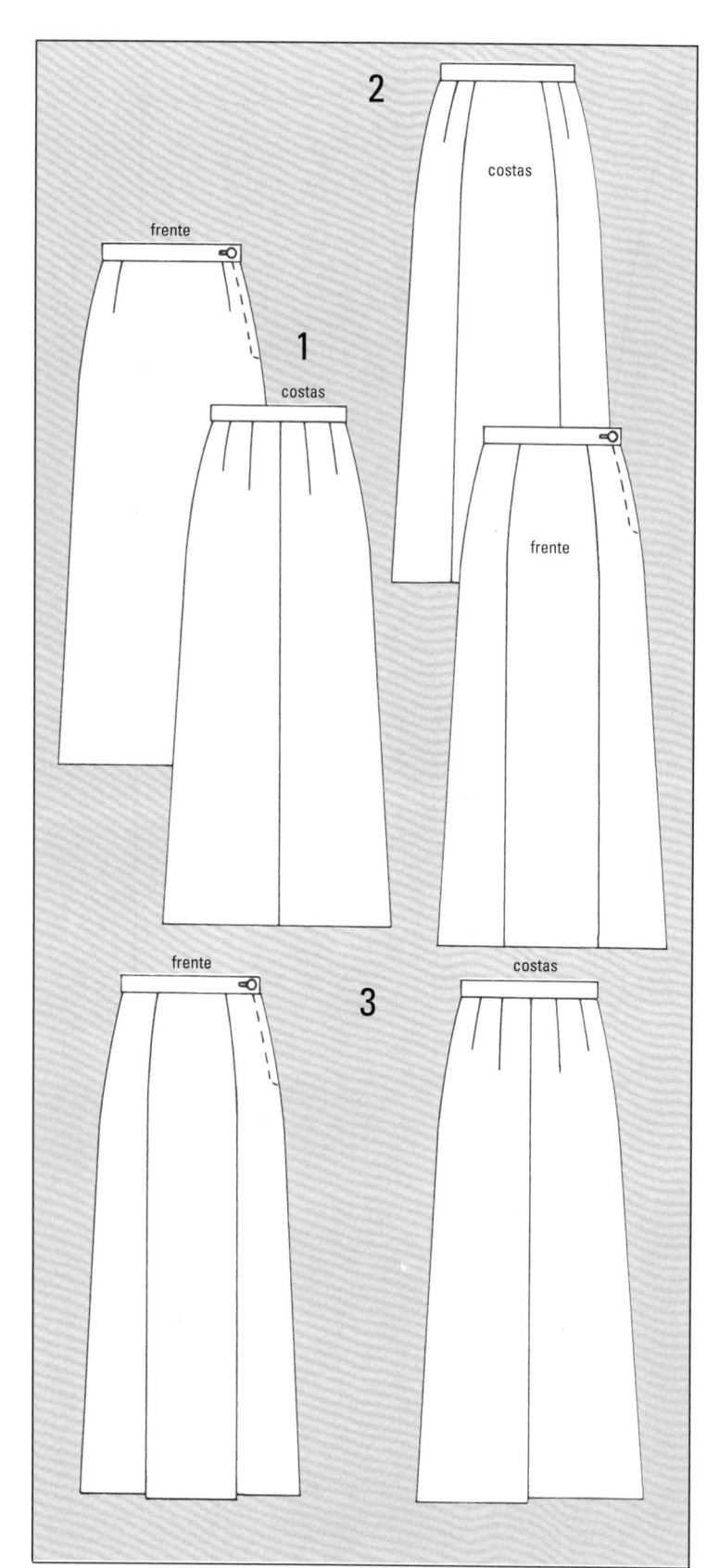

Moldes de saias – exemplos

Escolha o molde básico da saia, de forma correta. Se a saia for uma peça de roupa separada do corpo, use o molde básico da saia de alfaiataria. Se a saia for unida ao molde do corpo, use a saia do molde do vestido com recorte.

Pences da cintura As posições das pences da cintura podem ser alteradas, mas devem ser distribuídas uniformemente.

1 Saia reta*

Trace o molde básico da saia.

Marque os pontos 1 e 2 na linha do centro das costas. **2-3** = 1 cm. Una o ponto 1 ao 3, criando uma nova linha no centro das costas. Isso proporciona uma curva suave nas costas da saia para que a cintura fique bem ajustada. Use essa curva somente em saias retas. Adicione 2,5 cm de evasê nas costuras laterais da barra. Marque o ponto 4. Una o ponto 4 ao ponto do quadril.

Nota A saia totalmente reta pode ser cortada sem curva ou evasê.

2 Saia com recortes

Trace o molde da saia reta. Desenhe as linhas dos recortes da frente e das costas. Transfira as pences da frente e das costas para essas linhas. Corte as linhas dos recortes e o formato da pence para separar as peças. Contorne as novas partes do molde.

3 Saia reta com fenda e prega macho

Trace o molde da saia reta.

Costas Marque a linha do centro das costas.

Linha da prega Adicione uma prega com 8 cm de largura nesta linha.

Dobre o molde na linha da prega e recorte.

Frente Marque a linha da prega e transfira a pence para essa linha. Separe as partes do molde.

Em um novo pedaço de papel, desenhe três linhas paralelas com 8 cm entre elas. Posicione as partes nas linhas externas, como ilustrado no diagrama. Contorne as partes do molde.

Dobre o molde sobre as linhas da prega para que ela dobre em direção ao centro da frente.

Recorte o molde.

---

* N. de R.T.: De modo geral, os moldes apresentados nas páginas 86 a 101 não ilustram o cós e detalhes de fechamento. Para mais informações sobre cós, consulte a página 102.

Capítulo 6 Molde e adaptações de saia

1 Saia reta

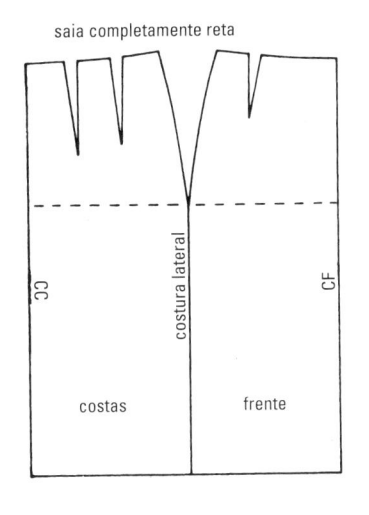

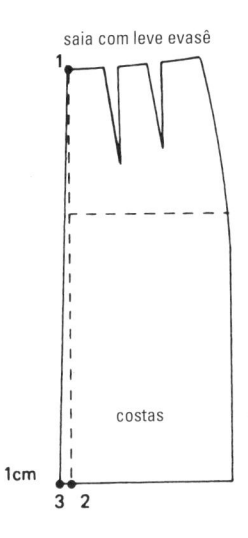

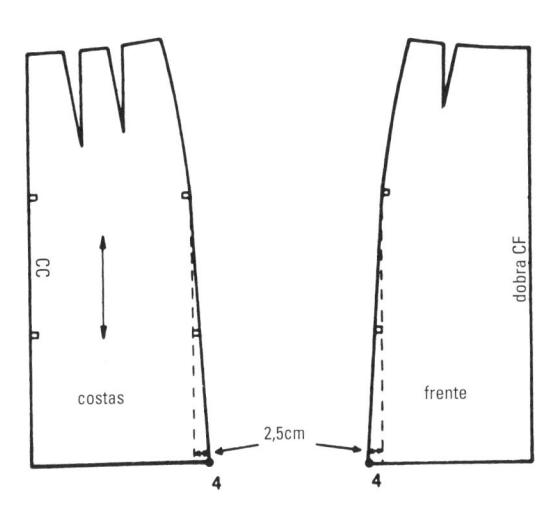

2 Saia com recortes

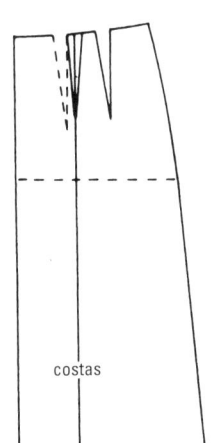

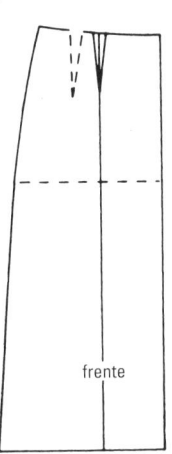

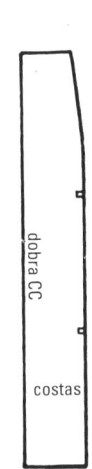

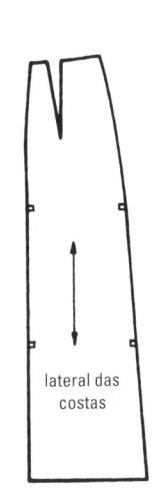

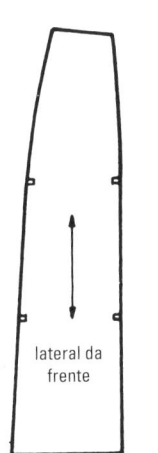

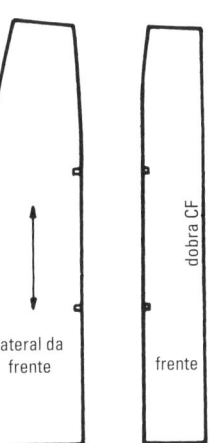

3 Saia reta com fenda e prega macho

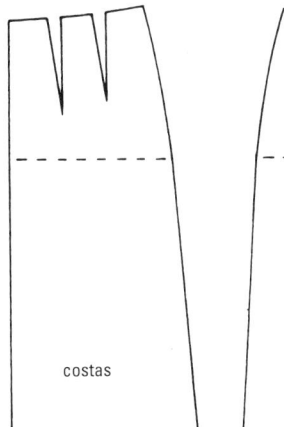

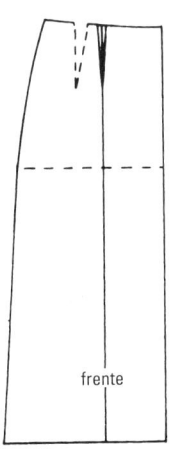

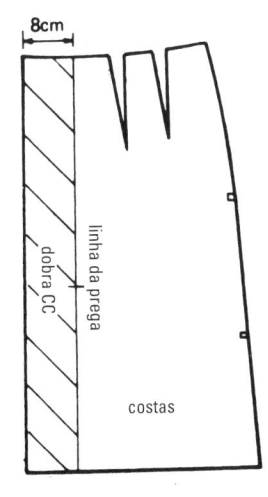

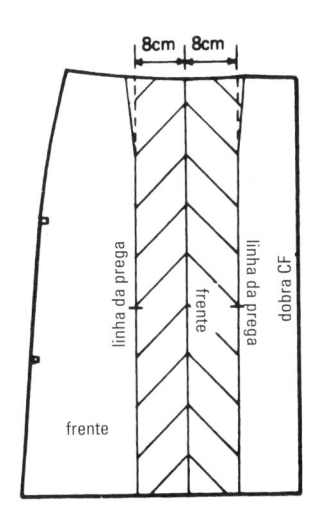

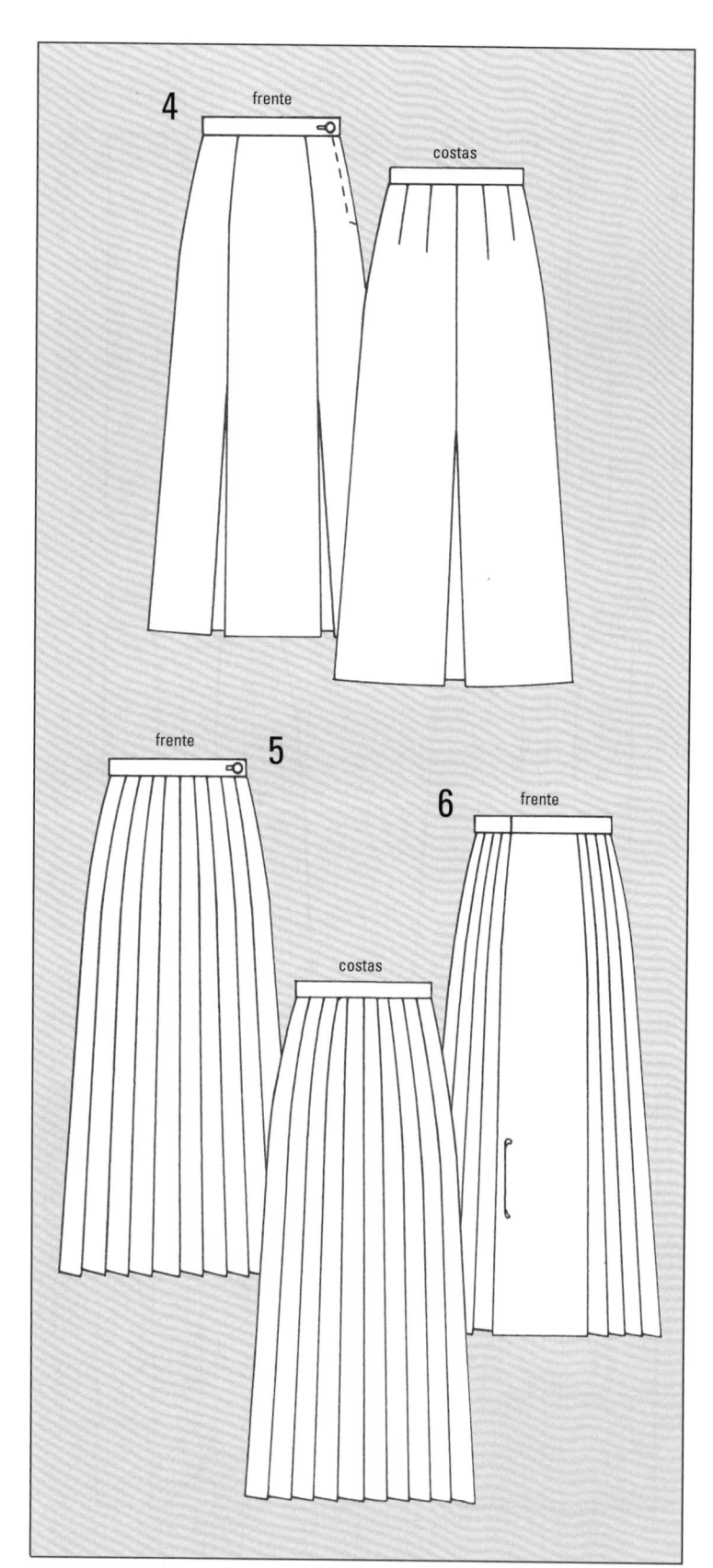

4 Saia reta com pregas fêmeas

Trace o molde da saia reta.

Costas Em um novo pedaço de papel, desenhe três linhas paralelas com 8 cm entre elas. Posicione pelo centro das costas o molde da saia nas pregas e contorne.

Dobre o molde sobre as linhas da prega para que ela se incline em direção à costura lateral.

Recorte o molde.

Frente Marque a linha da prega, transfira a pence para essa linha e separe as partes do molde.

Em um novo pedaço de papel, desenhe cinco linhas paralelas com 8 cm entre elas. Posicione as partes do molde nas linhas externas, conforme ilustrado no diagrama. Contorne as partes do molde.

Dobre o molde para que a prega 1 dobre em direção à costura lateral e a prega 2, em direção ao centro da frente.

Recorte o molde.

Nota Se um ajuste for necessário para assentar a saia na cintura, os recortes das pregas centrais podem ser cortados como partes separadas ou a prega pode ser finalizada na linha 1-2.

5 Saia plissada (trabalhar diretamente no tecido)

Escolha a largura da prega; calcule o número de pregas necessárias para a medida do quadril com mais aproximadamente 2 cm de folga.

Trabalhe diretamente no tecido. Corte um pedaço do tecido; altura = comprimento da saia + barra + margem de costura; largura = três vezes (quadril + folga) mais margem de costura. O tecido terá que ser costurado para obter essa largura.

Marque as pregas com alfinetes, conforme ilustrado no diagrama.

Dobre as pregas e alinhave a linha do quadril.

Para moldar a cintura, pegue a borda de cada prega e dobre a quantidade necessária para obter a medida certa para a cintura.

6 Saia kilt (trabalhar diretamente no tecido)

As pregas devem ser construídas como instruído acima.

Ao menos oito pregas são necessárias para uma saia kilt.

Deixe 10 cm em cada lado do centro da frente para o transpasse; deixe a mesma quantidade para o fechamento.

4 Saia reta com pregas fêmeas

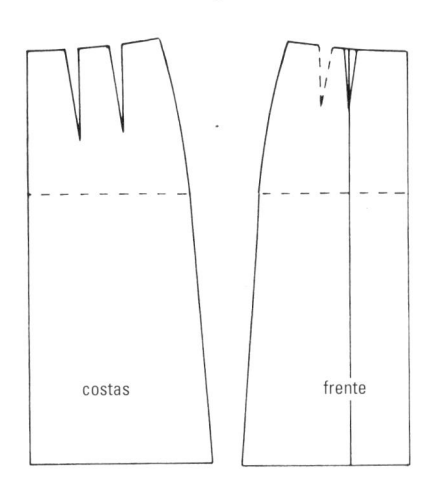

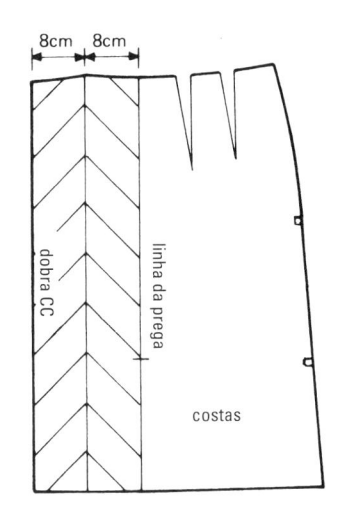

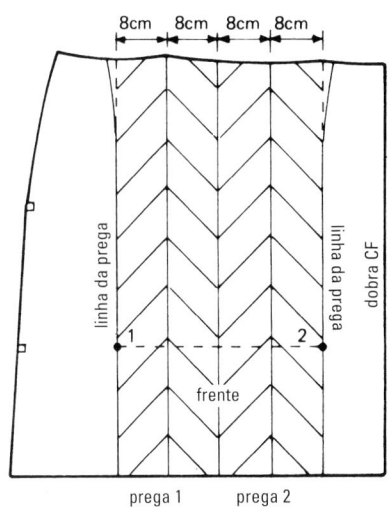

5 Saia plissada (trabalhar diretamente no tecido)

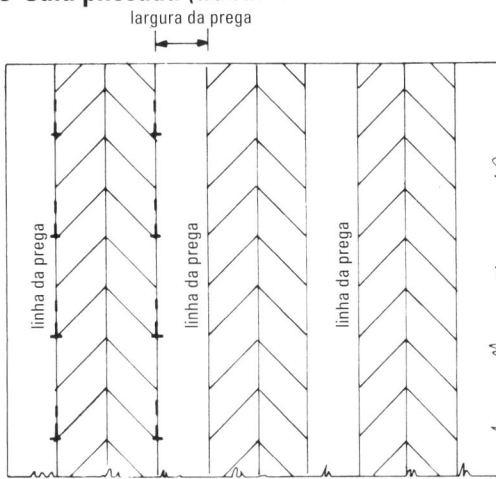

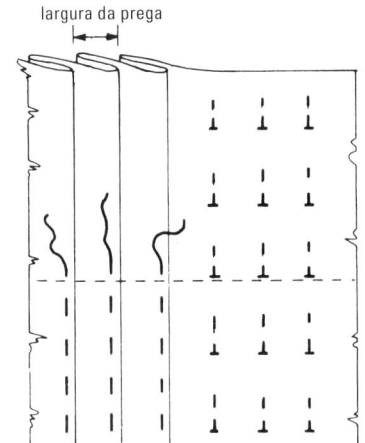

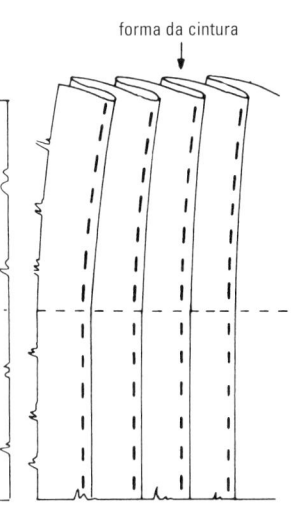

6 Saia kilt (trabalhar diretamente no tecido)

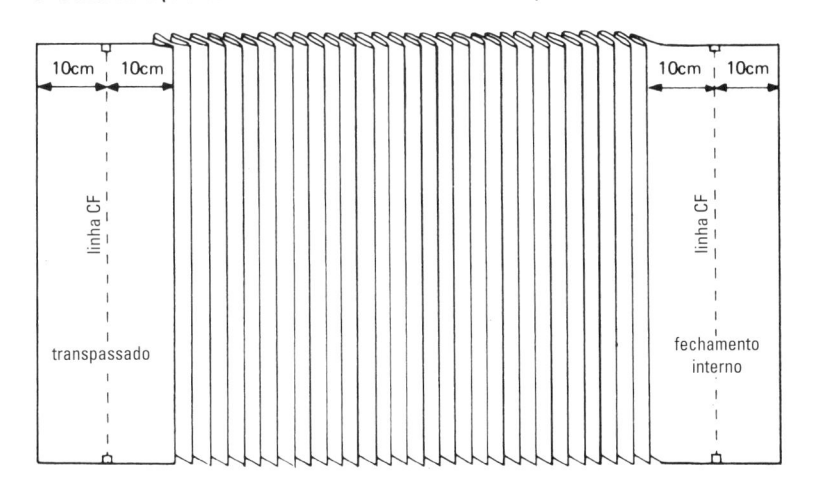

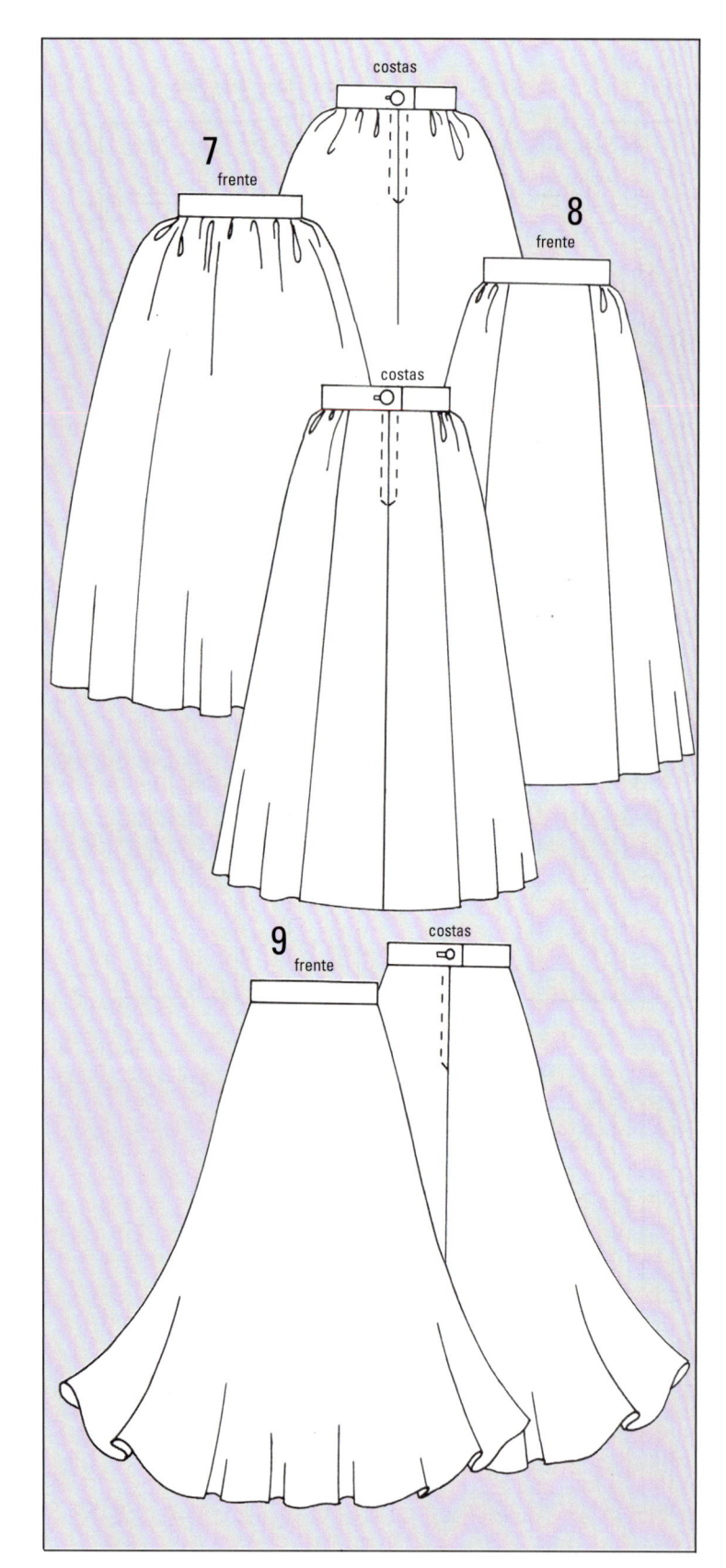

7 Saia franzida

Levemente franzida Corte dois retângulos; altura = comprimento da saia; largura = um quarto do quadril + 15 cm. Faça uma curva subindo 1,5 cm na cintura na costura lateral.

Muito franzida Corte diretamente no tecido. Corte um pedaço do tecido; altura = comprimento da saia + barra + margem de costura; largura = aproximadamente o triplo da medida do quadril. O tecido terá que ser costurado para obter a largura. (Dependendo do tecido, a cintura pode ser posicionada na ourela.) Dobre o tecido. Posicione o centro da frente na dobra. Marque as costuras laterais na metade da distância.

8 Saia franzida com recortes

Trace o molde básico. Desenhe as linhas do recorte. Transfira uma pence da frente e uma das costas para essas linhas, elimine a outra pence das costas. Com uma linha pontilhada, divida pela metade as partes laterais da frente e das costas; marque C1 e C2, F1 e F2. Recorte.

Partes centrais do molde da frente e das costas Contorne as partes, adicione aproximadamente 5 cm de evasê na barra da costura do recorte.

Partes laterais do molde Contorne o recorte 1, adicione aproximadamente 5 cm de evasê na barra da costura do recorte.

Desenhe uma linha, com 12 cm de largura, paralela à linha pontilhada. Posicione o recorte 2 nessa linha e contorne.

Adicione aproximadamente 5 cm de evasê na barra da costura lateral.

Nota Ao adicionar o evasê, retrace a linha lateral, do evasê até o quadril.

9 Saia godê

O traçado de uma saia godê é baseado em um círculo. A circunferência menor deve ter a medida da cintura. Calcule o raio (veja Apêndice, página 216).

Esquadre para os dois lados a partir de 1.

1-2 = o raio.
1-3 = o raio.

Desenhe um quarto do círculo de 2-3.

2-4 = comprimento da saia.

Com uma régua de 1 m, marque a borda do círculo como ilustrado.

Metade da saia godê Trace o molde como se fosse uma saia godê, mas faça as seguintes alterações:

1-2 = dobro do raio.
1-3 = dobro do raio.

7 Saia franzida

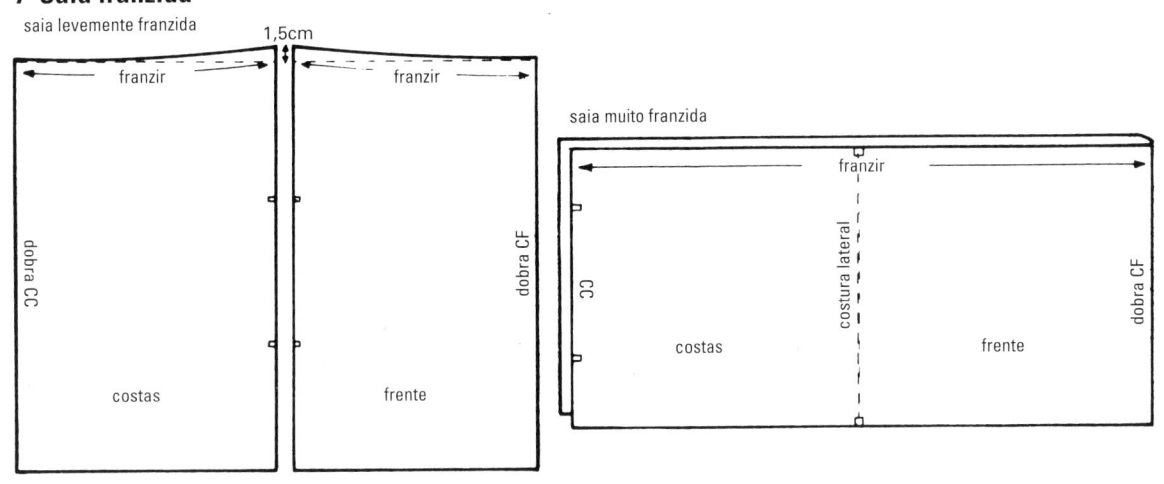

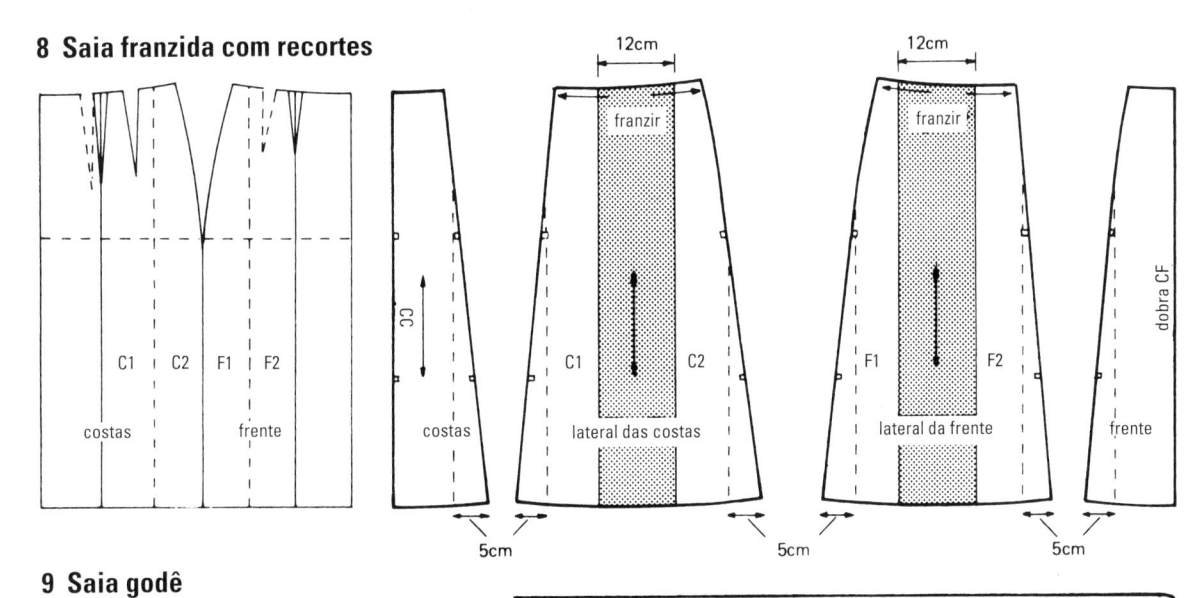

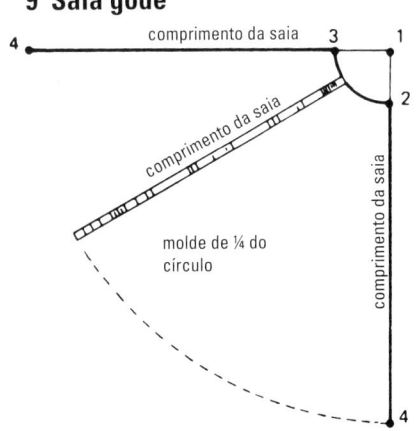

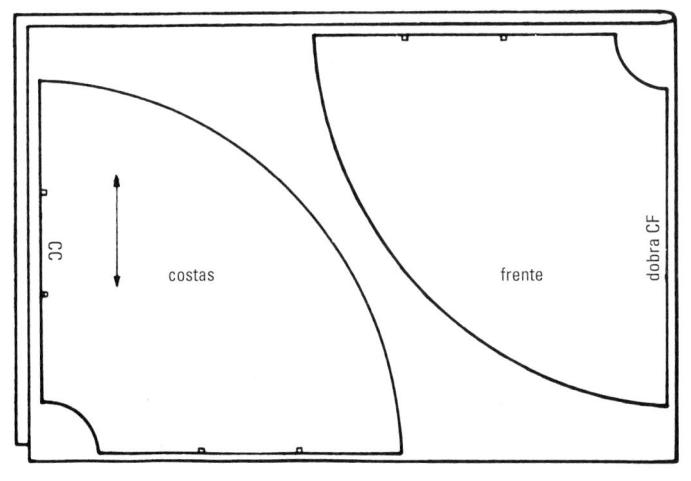

8 Saia franzida com recortes

9 Saia godê

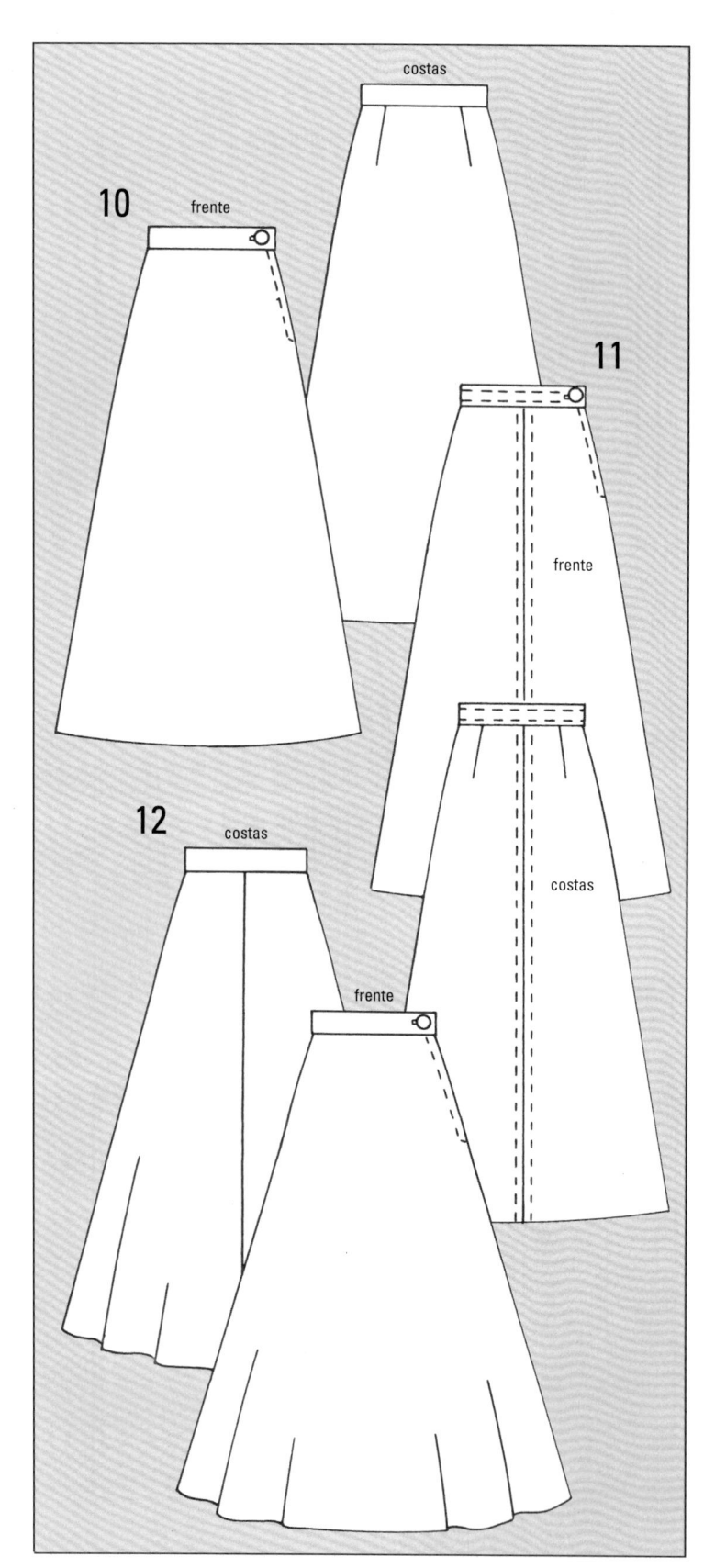

10 Saia evasê

Trace o molde básico.

Frente Transforme a pence de 2 cm da frente em duas pences de 1 cm. Divida a cintura em três partes e posicione as pences nos pontos ilustrados. Da base das pences, desenhe linhas verticais até a barra.

Recorte os moldes e corte as linhas verticais. Feche as pences.

Coloque em um novo pedaço de papel, contorne o novo formato. Confira se as aberturas do evasê estão iguais na barra. Adicione 2,5 cm de evasê à barra na costura lateral.

Costas Reduza para 1 cm as duas pences da cintura, desenhando uma nova pence de 2 cm entre elas.

Das pences originais, desenhe linhas verticais até a barra. Feche as duas pences externas de 1 cm e continue como se fosse o molde da frente. Se desejado, a abertura do evasê na barra pode ser igual ao molde da frente.

Adicione 2,5 cm de evasê à barra na costura lateral.

11 Saia de quatro gomos

Uma saia evasê de quatro gomos, com o sentido do fio no centro do recorte, terá um melhor caimento.

Costas Marque a linha do quadril; marque os pontos 1 e 2, 3 está no meio de 1 e 2. Marque a costura lateral original do molde básico; marque os pontos 4 e 5 na barra, 6 está no meio de 4 e 5.

Una 3 ao 6. Esta linha é a linha do sentido do fio.

Frente Trace como se fosse o molde das costas.

Nota Essa saia pode ser cortada no sentido do urdume ou no viés do tecido.

12 Saia com mais evasê

Trace o molde básico.

Desenhe linhas verticais a partir da base das pences até a barra. Trace uma linha no centro da medida entre a pence e o centro da frente.

Recorte o molde básico e corte as linhas verticais.

Feche as pences para produzir o efeito evasê na barra, abra a linha vertical do molde da frente para produzir a mesma quantidade de evasê.

Trace novos formatos em um novo pedaço de papel.

Adicione 2,5 cm de evasê à barra nas costuras laterais.

Capítulo 6 Molde e adaptações de saia

10 Saia evasê

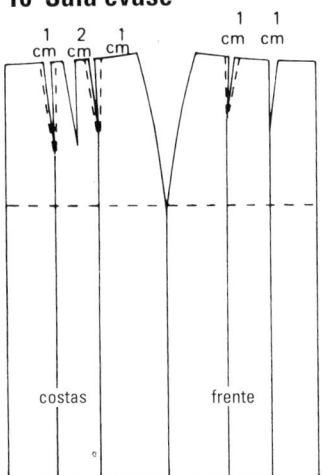

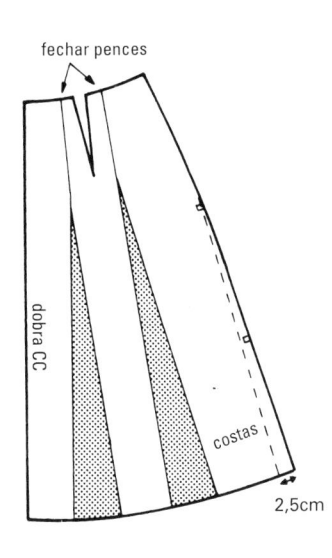

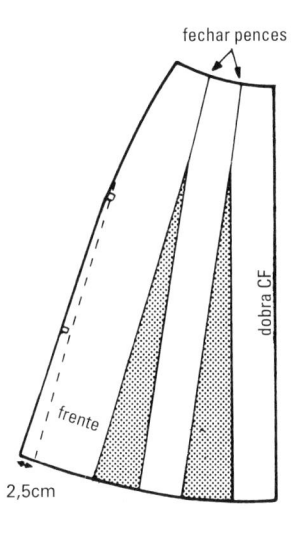

11 Saia de quatro gomos

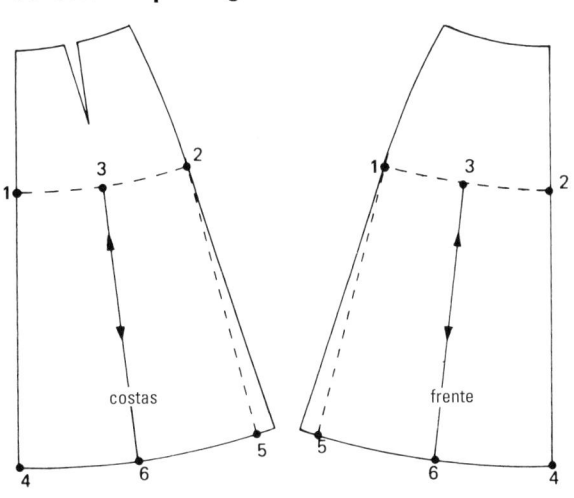

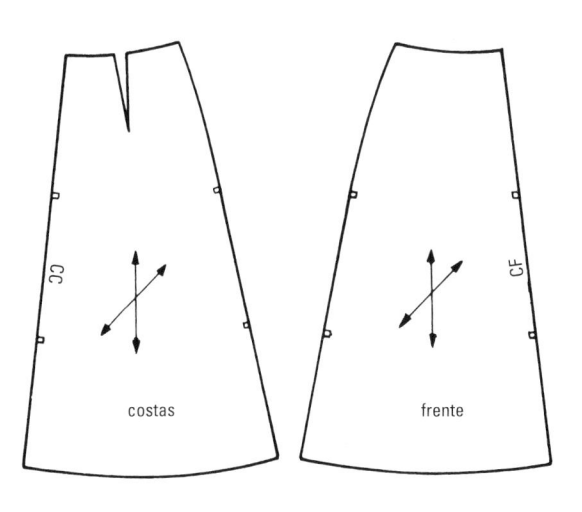

12 Saia com mais evasê

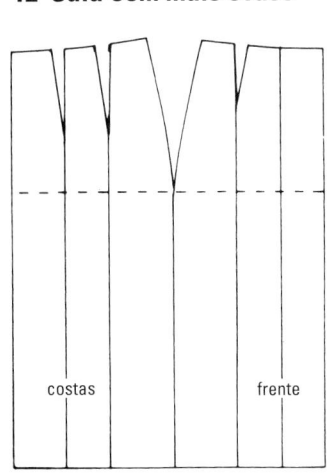

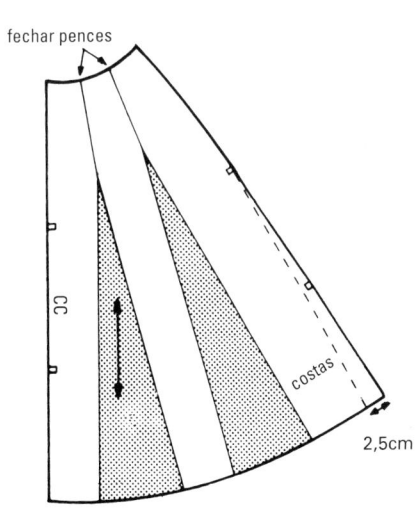

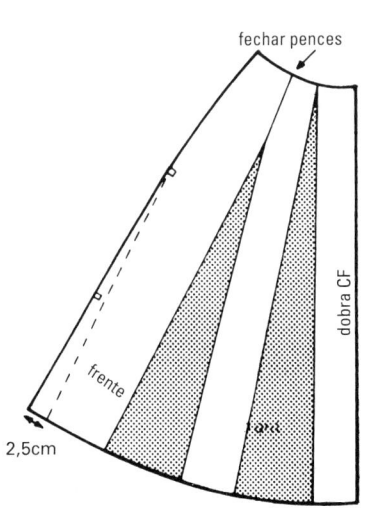

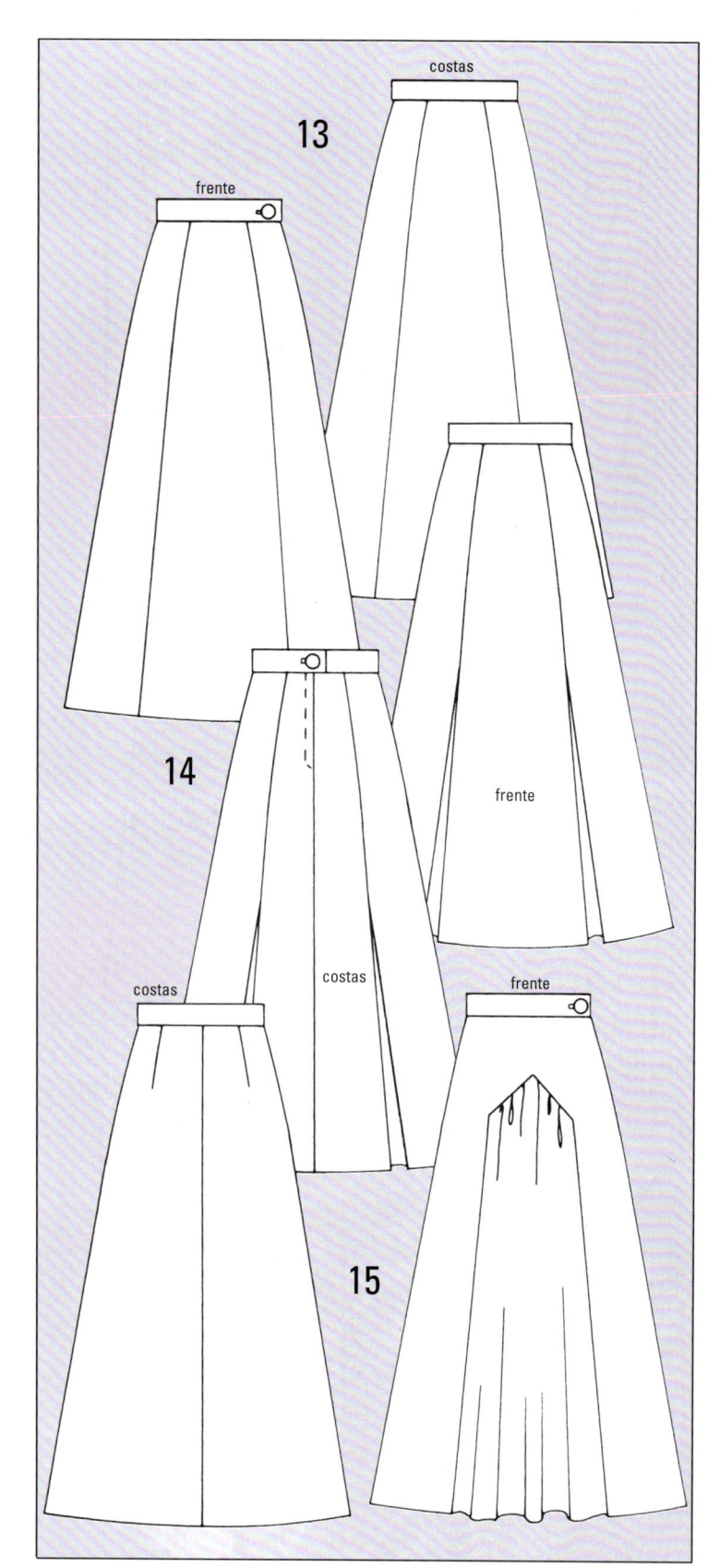

13 Saia evasê com gomos

Trace o molde da saia evasê.

Costas Desenhe a linha do quadril e a costura lateral original. Marque os pontos 1, 2, 3 e 4 no quadril e na barra.

1-5 é um terço de 1-2.

3-6 é um terço de 3-4.

Desenhe a linha do recorte e transfira as pences das costas para essa linha.

7 está no meio de 5-2. 8 está no meio de 6-4.

Esse é o fio do tecido para o recorte lateral.

Corte a linha do recorte e molde a pence.

Contorne as novas peças do molde.

Frente Trace como se fosse o molde das costas; não há pence no molde da frente.

Nota Se a saia não está uniformemente dividida pela linha do recorte, esquadre do quadril até a linha do recorte para achar o fio.

14 Saia evasê com gomos e pregas

Trace o molde da saia em gomos.

Costas Estenda a linha da costura da prega até a cintura ao traçar uma linha reta (deixe o formato da cintura marcado). Marque os pontos 1 na cintura e 2 na barra.

1-3 = 6 cm; **2-4** = 9 cm. Una 3 ao 4.

Dobre sobre a linha da prega e recorte o molde.

Lateral das costas Estenda a linha da costura da prega até a cintura e construa uma prega na lateral das costas, como descrito acima.

Prega das costas Desenhe uma linha vertical.

Marque os pontos 5 e 6.

5-6 = comprimento da linha da costura da prega.

5-7 e **5-8** = 6 cm.

6-9 e **6-10** = 9 cm.

Una 7 ao 9 e 8 ao 10.

Recorte a peça das costas.

Moldes da frente Trace como se fosse o molde das costas; não há formato da cintura na frente.

15 Saia evasê com recorte e franzido

Trace o molde da saia evasê.

Costas Molde da saia evasê.

Frente Desenhe a forma do recorte para embutir os franzidos na parte da frente do molde. Divida a peça a ser embutida em três partes iguais e recorte-a do molde da frente. Corte as linhas verticais.

Coloque em um novo papel; abra as partes, insira 4 cm na parte superior dos franzidos e 7 cm na borda inferior para evasê. (Se necessário, mais centímetros podem ser inseridos.) Contorne o molde.

13 Saia evasê com gomos

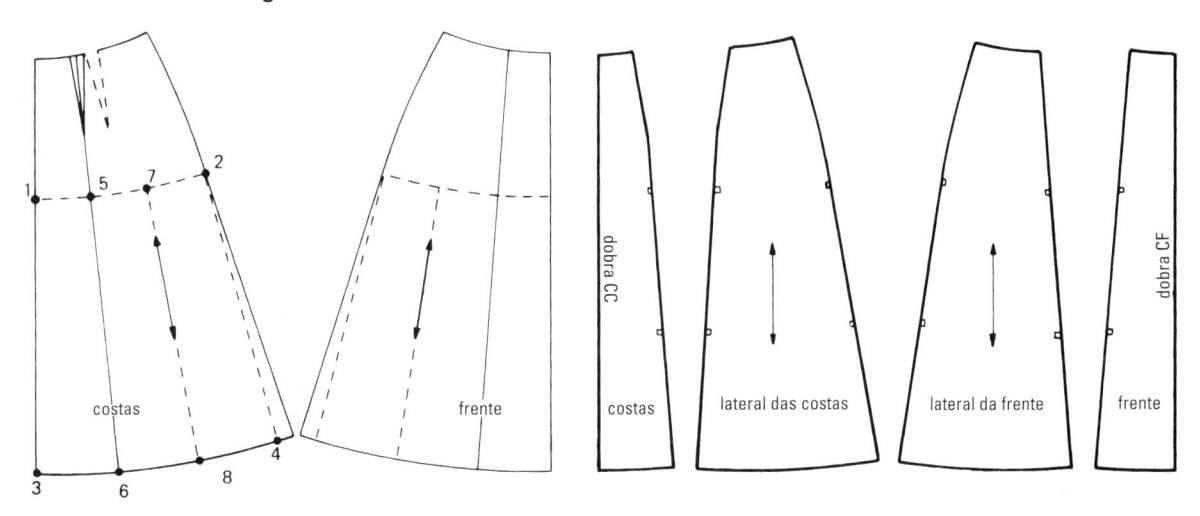

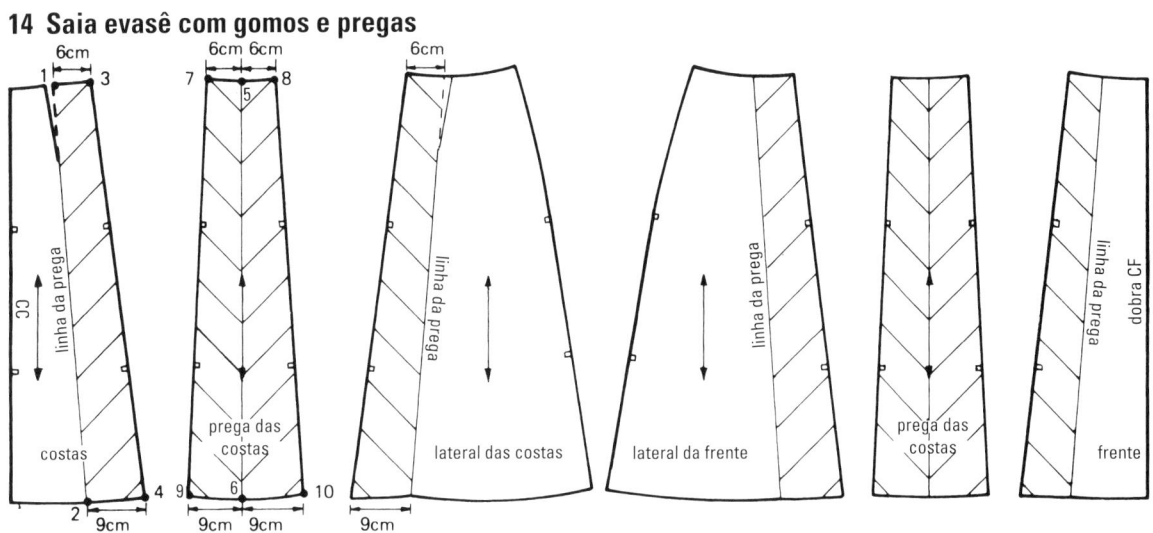

14 Saia evasê com gomos e pregas

15 Saia evasê com recorte e franzido

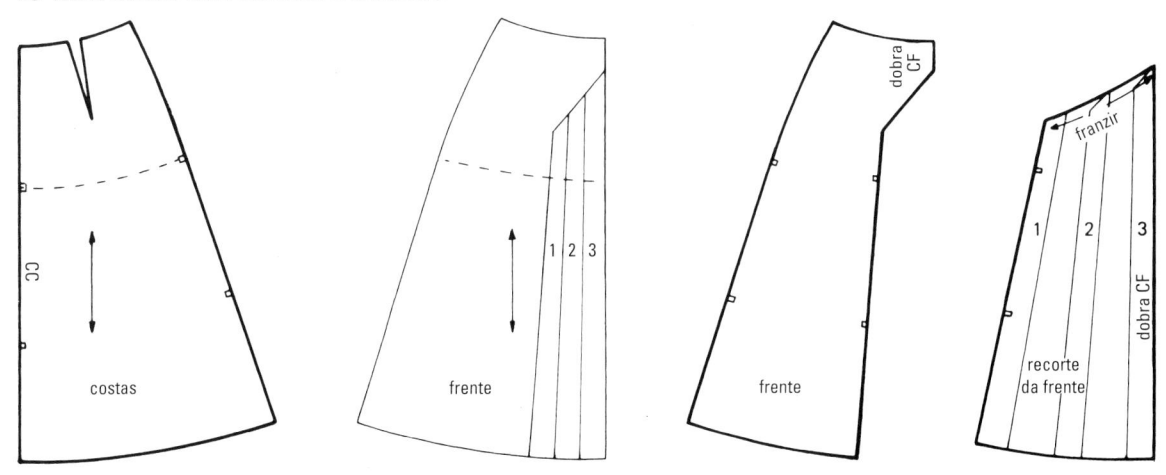

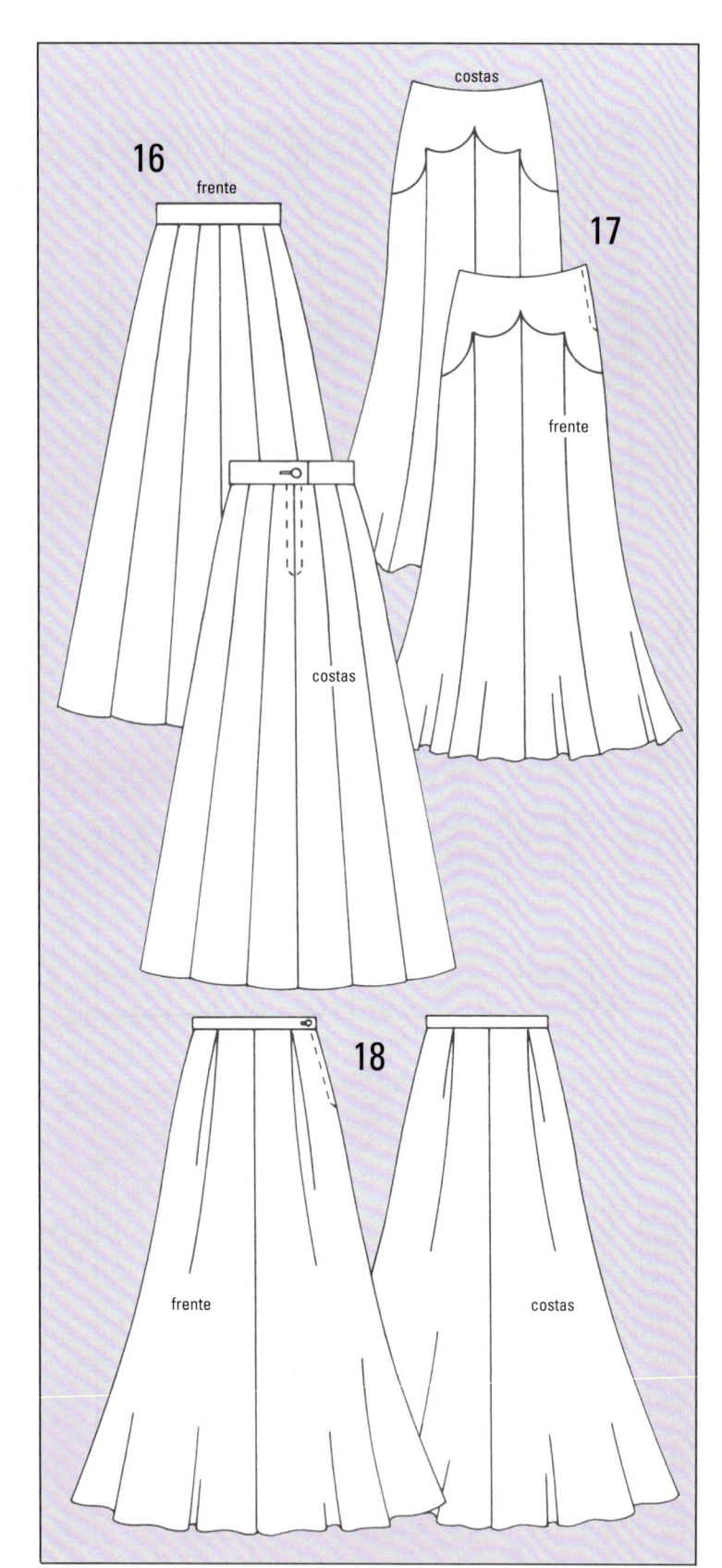

16 Saia de gomos

(Se você for usar o molde da saia de alfaiataria, una a parte da frente com a parte das costas, fazendo da costura lateral o centro do molde.) Elimine as pences da cintura.

Na linha do quadril, divida a frente e as costas da saia em seis partes idênticas. Esquadre.

Nova pence As pences devem tocar uma linha pontilhada a 14 cm abaixo da cintura.

Adicione 1 cm à cintura na costura lateral da frente e das costas. Trace duas pences de 2,5 cm nas linhas dos recortes das costas e duas pences de 1,5 cm nas linhas dos recortes da frente.

Adicione 3 cm de evasê na barra de todas as costuras do recorte.

17 Saia de gomos com pala e evasê na barra

Trace o molde básico da saia, unindo a parte da frente com a das costas.

Trace a forma da pala e as linhas verticais a partir dos pontos desenhados.

Na metade do comprimento da saia, marque os piques. Estenda as pences da cintura até a linha da pala.

Pala Corte as palas do molde, feche as pences e contorne o novo formato em um novo pedaço de papel.

Gomos Recorte a saia e corte as linhas verticais. Trace a lateral dos quatro gomos com curvas suaves.

Adicione 7 cm de evasê na barra, una os piques inferiores.

Nota A saia pode ser cortada no viés.

18 Saia evasê com pregas

Trace o molde básico.

Costas Desenhe a linha da prega, leve a pence até essa linha como ilustrado. Recorte o molde e corte a linha da prega.

Em um novo pedaço de papel, desenhe linhas verticais nos pontos 1-2.

1-3 e **3-4** = 6 cm.
2-5 e **5-6** = 9 cm.

Una as linhas 3-5 e 4-6.

Posicione as peças das costas nos lados da linha 4-6 e contorne.

Adicione 5 cm de evasê à barra no centro das costas e 7,5 cm à barra na costura lateral.

Dobre o molde sobre as linhas da prega, uma prega deve ser dobrada em direção ao centro das costas e a outra, às costuras laterais. Recorte o molde.

Frente Desenhe a linha da prega. Transfira para essa linha a pence da frente, trace como se fosse o molde das costas.

Nota A saia pode ser cortada no viés.

Capítulo 6 Molde e adaptações de saia 97

16 Saia de gomos

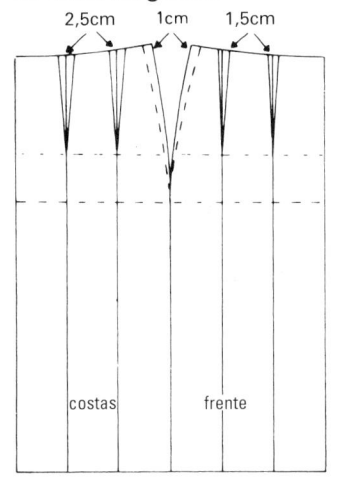

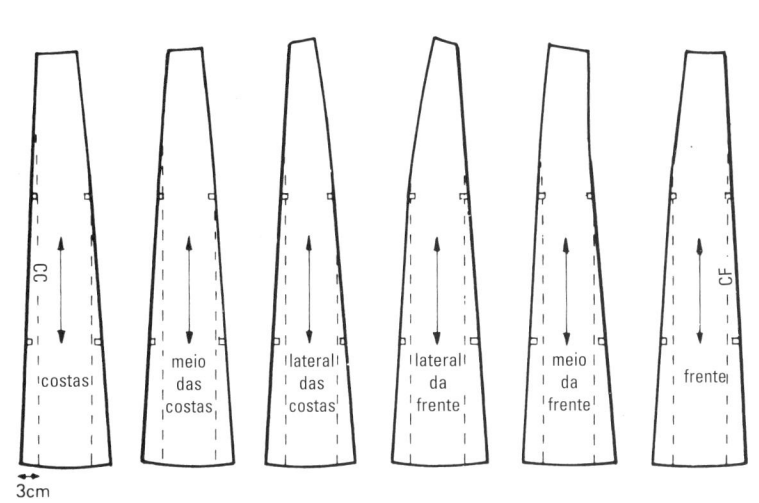

2,5cm 1cm 1,5cm

costas frente

3cm

costas | meio das costas | lateral das costas | lateral da frente | meio da frente | frente

CC CF

17 Saia de gomos com pala e evasê na barra

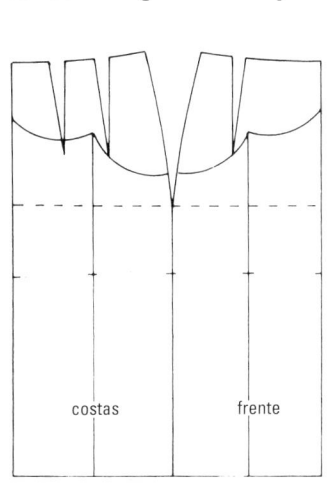

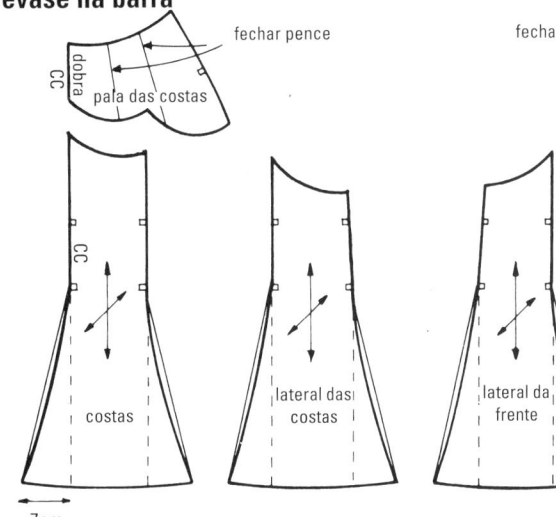

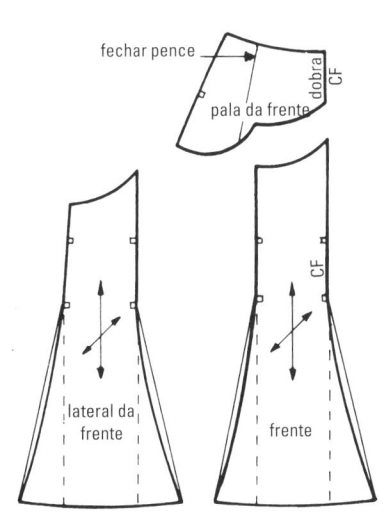

fechar pence fechar pence

dobra dobra

pala das costas pala da frente

CC CF

costas frente

costas | lateral das costas | lateral da frente | frente

7cm

18 Saia evasê com pregas

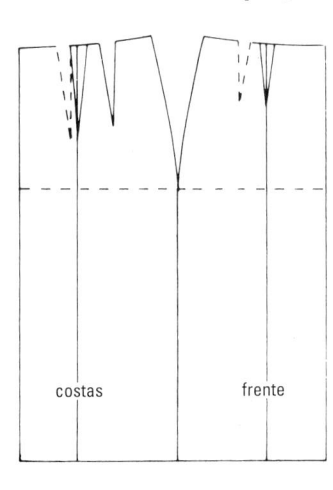

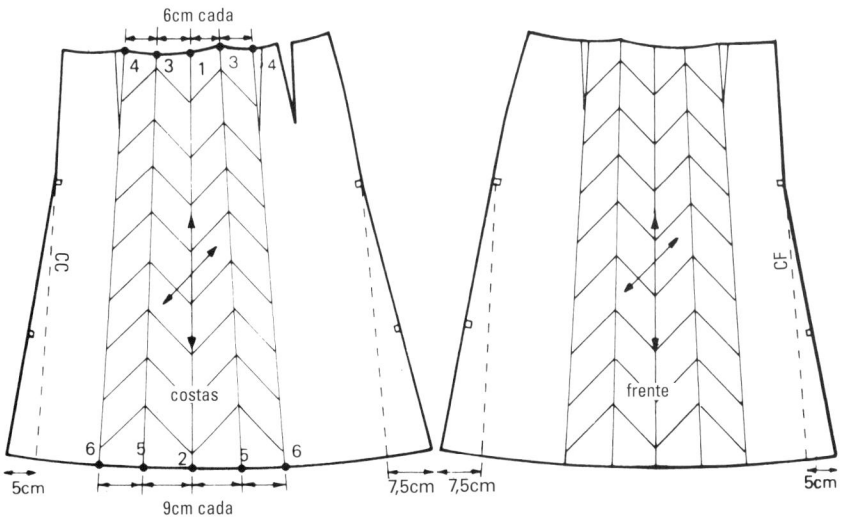

costas frente

6cm cada

4 3 1 3 4

CC costas CF frente

6 5 2 5 6

5cm 9cm cada 7,5cm 7,5cm 5cm

19 Saia com bolso no quadril

Trace o molde básico da saia, unindo a parte da frente com a das costas.

Desenhe a linha do recorte na frente e nas costas. Transfira a pence da frente e das costas para essas linhas. Desenhe a linha do bolso. Marque a altura do forro do bolso. Corte as linhas do recorte.

Frente e costas Contorne as partes da frente e das costas, adicione 5 cm de evasê na borda externa do recorte na barra.
Recorte lateral inferior Contorne o recorte lateral; corte ao longo da linha do bolso. Adicione 5 cm de evasê na costura lateral da barra.
Recorte lateral superior Contorne o recorte lateral até a altura da linha do forro do bolso. Adicione evasê.
Vista interna do bolso Contorne o recorte lateral superior; corte ao longo da linha do bolso.

20 Saia drapeada

Trace o molde básico da saia, unindo a parte da frente com a das costas.

Marque o ponto 1 na metade da medida entre a pence e o centro da frente. Escolha a altura das linhas do drapeado e desenhe-as partindo do ponto da pence na cintura e do ponto 1. Corte as costuras laterais e as linhas do drapeado.

Em um novo pedaço de papel, desenhe uma linha horizontal. Coloque as costuras laterais da saia nessa linha e faça com que a barra das costuras laterais se encontre. Isso abre as linhas do drapeado.

Contorne o molde e suavize a barra com uma curva.

21 Saia com pala e franzido frontal

Trace o molde da saia reta.

Divida a linha da pala e enumere as partes em 1, 2, 3, 4. Divida a saia da frente em três partes: 5, 6, 7.
Pala Corte a pala do molde básico, feche as pences; contorne o molde com curvas acentuadas.
Costas Recorte e trace a parte das costas.
Frente Recorte a frente; corte as linhas verticais. Abra as partes (em aproximadamente 4 cm) somente na cintura, contorne o molde.

Capítulo 6 Molde e adaptações de saia **99**

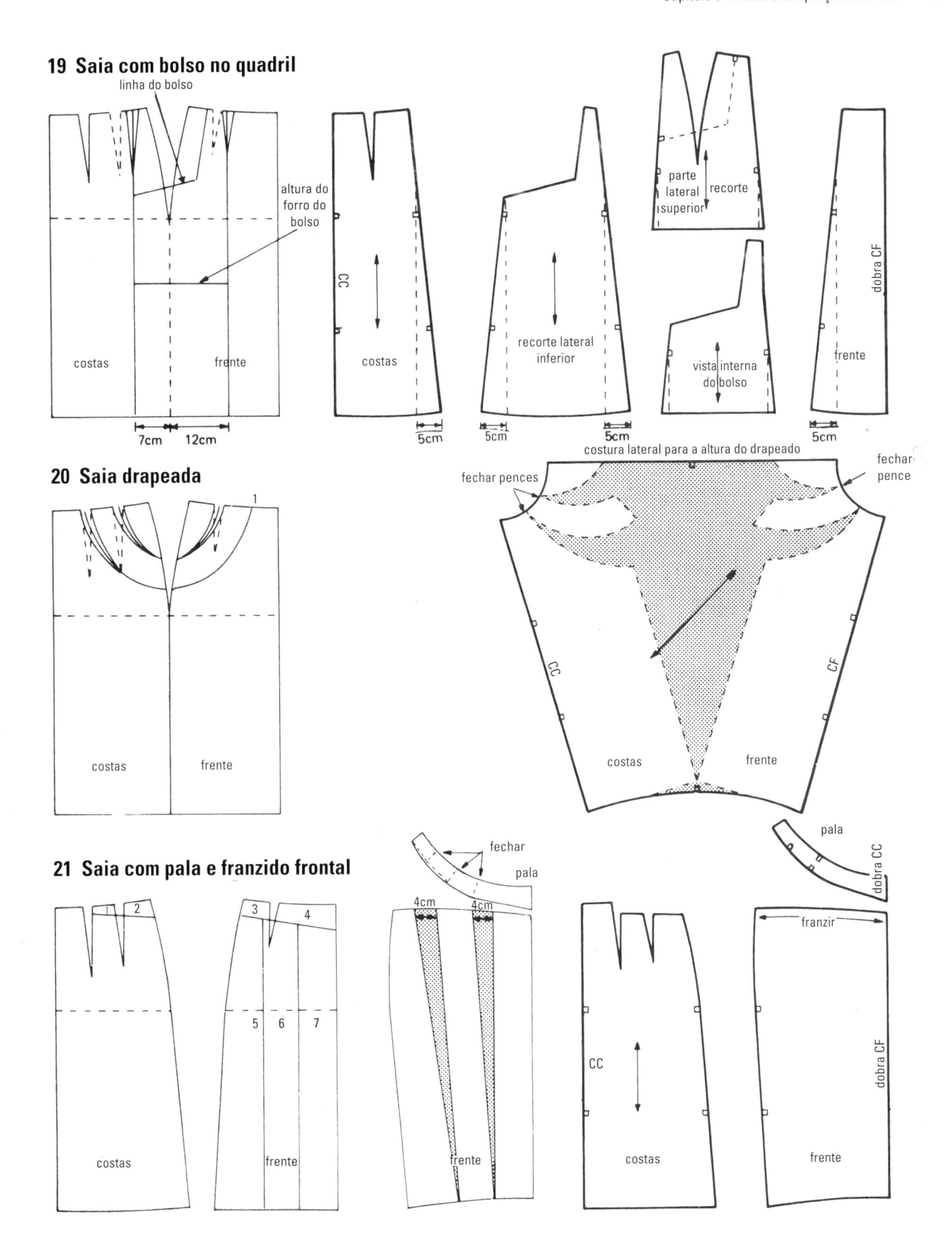

19 Saia com bolso no quadril

20 Saia drapeada

21 Saia com pala e franzido frontal

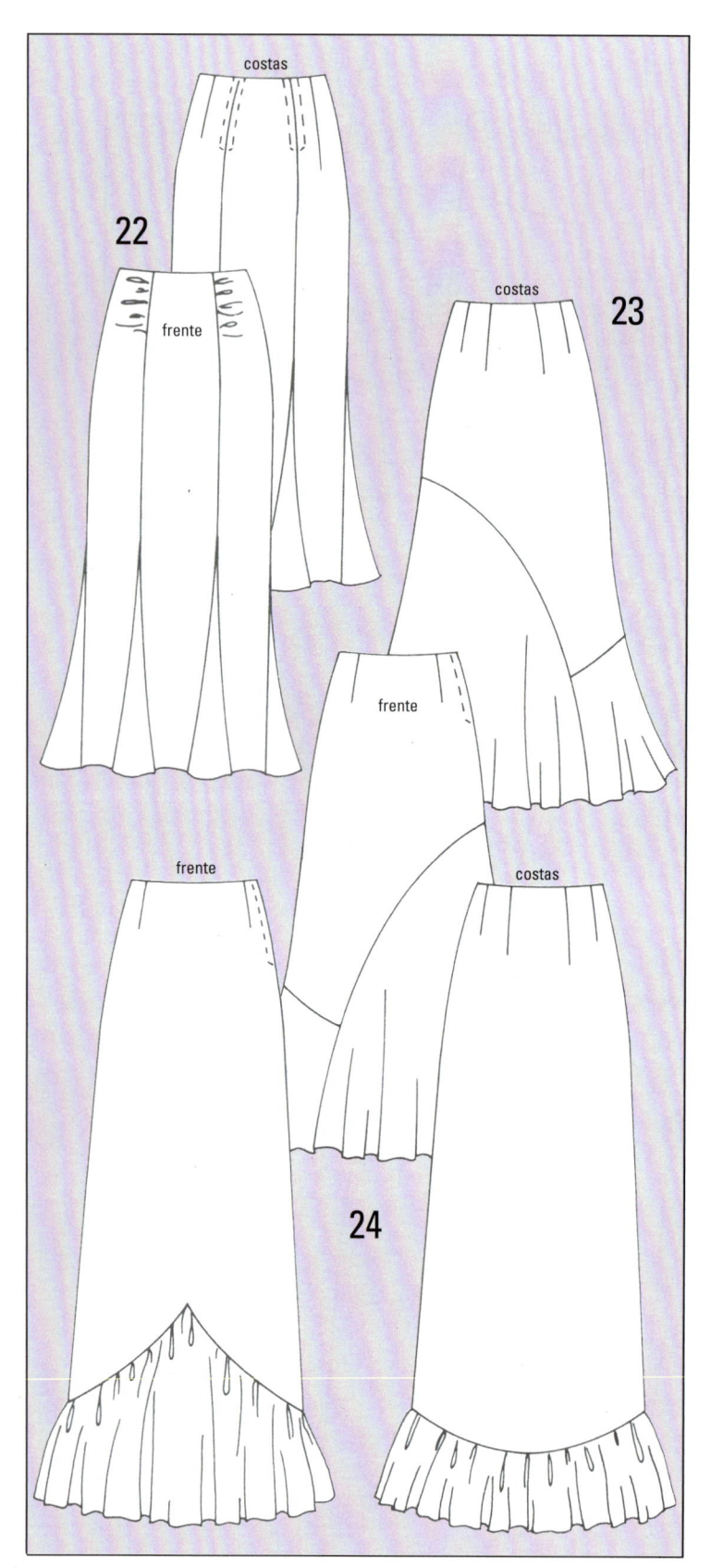

22 Saia franzida com nesgas e recorte frontal

Trace o molde básico da saia, unindo a parte da frente com a das costas.

Desenhe as linhas do recorte, transfira a pence da frente para a linha do recorte da frente; marque os pontos das nesgas. Recorte o molde básico e corte as linhas do recorte.

Partes do molde das costas Contorne as costas e as partes laterais das costas.

Frente Contorne o recorte da frente.

Lateral da frente Divida o recorte lateral em cinco partes até o quadril. Corte essas linhas, abra aproximadamente 2 cm em cada parte na borda interna. Contorne o molde.

Nesga Desenhe uma linha vertical; marque os pontos **1-2** (comprimento da nesga). Escolha a largura da nesga, divida igualmente a largura em cada lado da linha, marque os pontos 3 e 4. Esquadre de 3-6. Marque os pontos 5 e 6 nestas linhas. **1-5** e **1-6** têm o comprimento da nesga; una os pontos 5, 2, 6 com uma curva.

23 Saia com recorte assimétrico

Trace o molde básico completo da frente e das costas da saia, como ilustrado.

Desenhe a forma do recorte e divida em partes. Corte os moldes da frente e das costas, separando o recorte do restante do molde. Corte as partes inferiores do recorte.

Babado lateral grande Em um novo pedaço de papel, desenhe uma linha horizontal. Nessa linha, posicione as costuras laterais do recorte. Em cada parte, abra uniformemente a quantidade necessária para o evasê na barra. Contorne o molde.

Babado lateral pequeno Repita as instruções para criar babados pequenos.

24 Saia com babado na barra

Trace o molde da saia reta.

Desenhe a forma do recorte; divida o recorte em partes iguais. Corte o recorte; corte as partes.

Em um novo pedaço de papel, abra aproximadamente 4 cm nas bordas superiores e 7 cm nas inferiores de cada parte.

Contorne o novo molde com curvas acentuadas.

Nota Ao abrir as partes do recorte pelo cós, encaixe cada parte com apoio de um esquadro posicionado na linha da parte anterior (ex.: linha 1-2).

22 Saia franzida com nesgas e recorte frontal

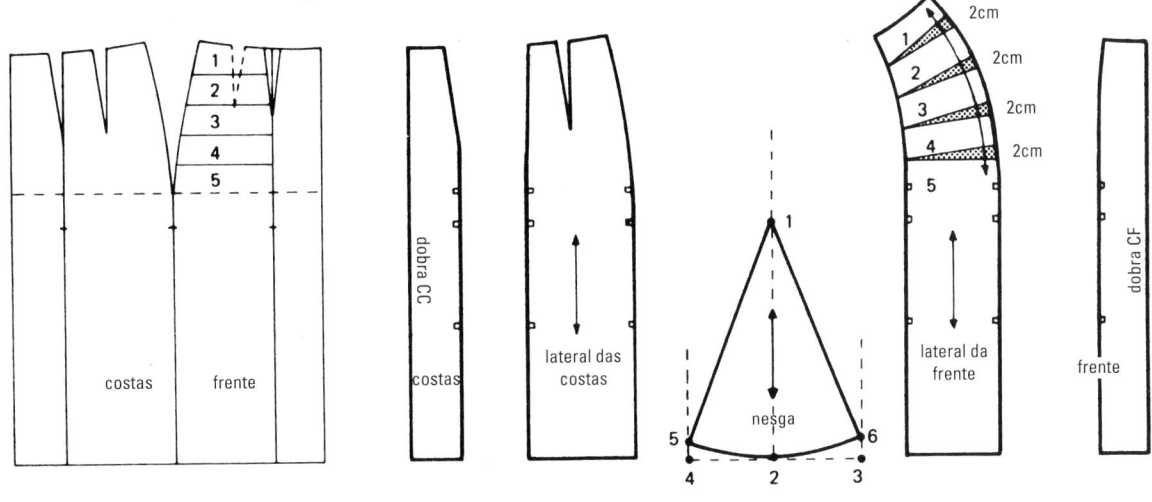

23 Saia com recorte assimétrico

24 Saia com babado na barra

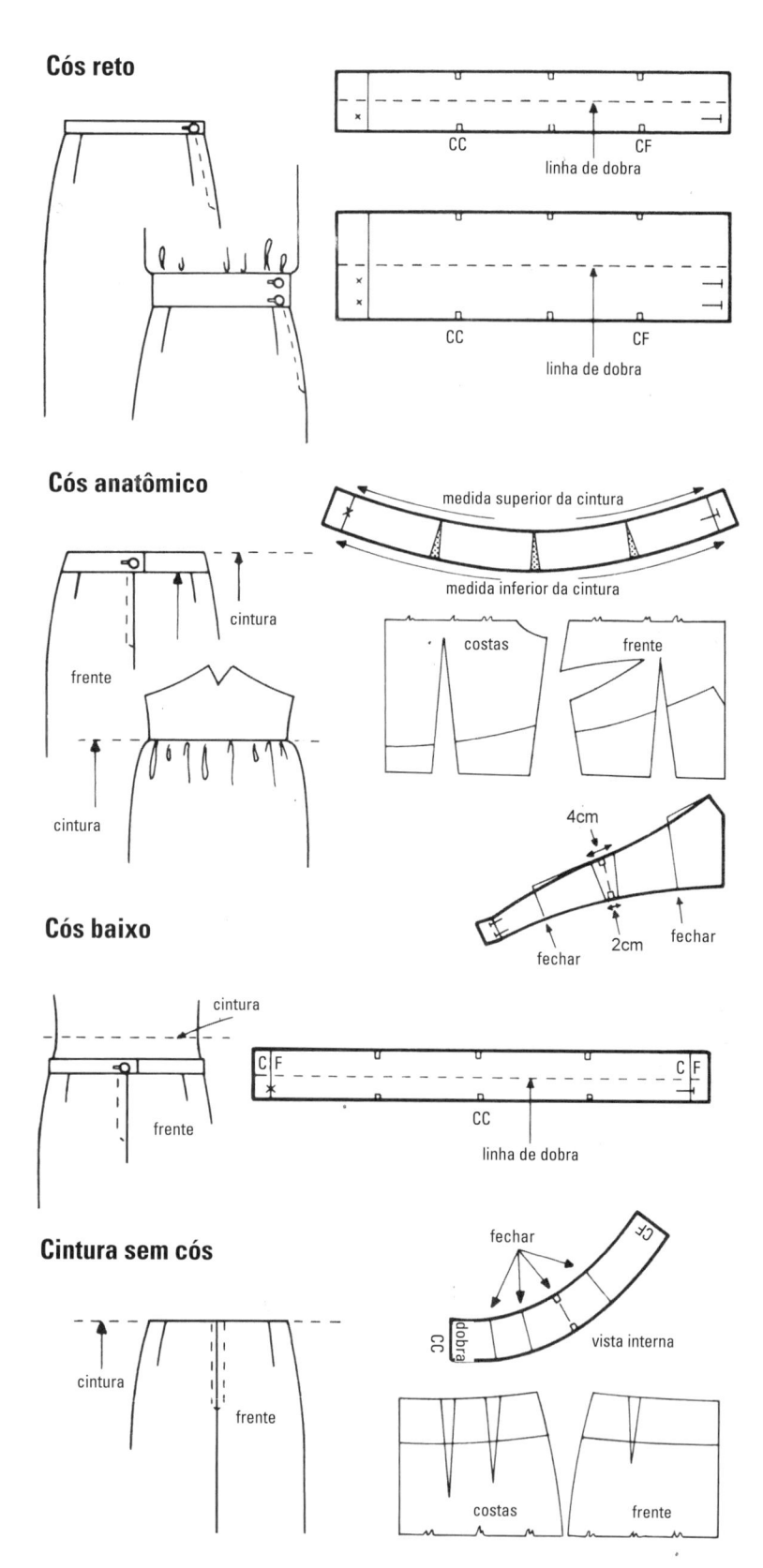

25 Cós

Cós reto

O cós reto é ideal se posicionado na cintura, com larguras que variam entre 2,5-6 cm.

Desenhe o cós com o comprimento exato e duplique a largura. Marque o centro das costas, da frente e a costura lateral; marque a linha de dobra.

Adicione um fechamento interno de 4 cm.

Marque as casas desejadas.

A cintura e o cós da saia podem ser traçados para incluir uma folga considerável (ex.: 10 cm) e, assim, permitir a elasticidade do cós.

Cós anatômico

É o cós abaixo ou acima da cintura feito para se adequar à anatomia do corpo.

Cintura baixa Remova a altura do cós da parte superior do molde da saia. Meça a nova cintura baixa. Trace um cós reto com a medida e a largura da cintura regular. Corte o cós no centro das costas e nas costuras laterais, abra a borda inferior até que tenha a medida da cintura baixa. Adicione um fechamento interno e externo, marque as casas.

Cintura alta Trace o molde. Desenhe o cós no molde básico. Recorte o cós, feche as pences e sobreponha 4 cm nas bordas superiores e 2 cm nas inferiores. Contorne o molde.

Adicione o fechamento interno e externo, marque as casas.

Nota Todos os cós anatômicos devem ser cortados individualmente e com vistas internas.

Cós baixo

No molde da saia, marque a linha da cintura aproximadamente 6 cm abaixo da cintura e use a medida da cintura baixa para o cós.

Somente cós retos e bastante estreitos podem ser usados (máximo de 2,5 cm). Para um cós mais largo, use o modelo anatômico descrito acima.

Cintura sem cós

Trace o molde da saia até a linha do quadril.

Marque a borda inferior da vista interna.

Recorte as vistas internas; feche as pences e una as costuras laterais.

Contorne o molde (a vista pode ser cortada em duas partes separadas).

Parte 1: Processo de modelagem tradicional
7 Molde básico e adaptações de calça

Molde básico da calça de alfaiataria tradicional	104
1 Saia calça	106
2 Saia calça com pregas	106
3 Saia calça com evasê	106
4 Calça com prega	108
5 Calça boca de sino com pala e franzido	108
Molde básico da calça/jeans bem ajustada	110
6 Adaptação do jeans básico	110
7 Adaptação do jeans de cintura baixa	112

Molde básico da calça de alfaiataria tradicional

Medidas necessárias para traçar o molde básico

Este molde básico comporta medidas de qualquer tabela deste livro (páginas 16-18), bem como medidas personalizadas (ver página 182).

Este exemplo ilustrado utiliza o tamanho 12 da tabela apresentada na página 12 (para moda *high-street*).

Nota A cintura da calça tem 1 cm de folga e deve sempre ter folga no cós.

cintura	68 cm	altura do gancho	28 cm
quadril	94 cm	comprimento da calça	104 cm
cintura até quadril	20,6 cm	largura da barra da calça (página 17)	22 cm

Frente

Esquadre para os dois lados a partir de 0.

- **0-1** altura do gancho; esquadre para baixo.
- **0-2** cintura até quadril; esquadre para baixo.
- **0-3** medida do comprimento da calça; esquadre para baixo.
- **1-4** metade da medida 1-3 menos 5 cm; esquadre.
- **1-5** doze avos da medida do quadril mais 1,5 cm; esquadre até 6 e 7.
- **6-8** um quarto da medida do quadril mais 0,5 cm.
- **5-9** dezesseis avos da medida do quadril mais 0,5 cm.
- **7-10** 1 cm; una 10-6, una 6-9 com uma curva sobre os pontos:

tamanhos	6-8	2,75 cm	do 5
tamanhos	10-14	3 cm	do 5
tamanhos	16-20	3,25 cm	do 5
tamanhos	22-26	3,5 cm	do 5

- **10-11** um quarto da cintura mais 2,25 cm.

Trace uma pence com 10 cm de comprimento e 2 cm de largura na linha do ponto 0.

- **3-12** metade da largura da barra da calça menos 0,5 cm.
- **4-13** medida de 3-12 mais 1,3 cm (1,5 cm para os tamanhos 16-20; 1,7 cm para os tamanhos 22-24).

Nos pontos 11, 8, 13, 12, desenhe a costura lateral; curve 0,5 cm no quadril.

- **3-14** metade da largura da barra da calça menos 0,5 cm.
- **4-15** medida de 4-13.

Nos pontos 9, 15, 14, desenhe a costura do entrepernas; na linha 9-15, curve 0,75 cm para dentro.

Costas

- **5-16** um quarto da medida de 1-5; esquadre até o ponto 17 no quadril e 18 na cintura.
- **16-19** metade da medida de 16-18.
- **18-20** 2 cm.
- **20-21** 2 cm.
- **21-22** um quarto da cintura mais 4,25 cm; una 21-22 com uma linha. O ponto 22 encontra-se na linha do ponto 0.
- **9-23** metade da medida de 5-9.
- **23-24** 0,5 cm.

Una 21-19 e 19-24 com uma linha curva sobre os pontos:

tamanhos	6-8	4 cm	do 16
tamanhos	10-14	4,25 cm	do 16
tamanhos	16-20	4,5 cm	do 16
tamanhos	22-26	4,75 cm	do 16

- **17-25** um quarto do quadril mais 1,5 cm.
- **12-26** 1 cm.
- **13-27** 1 cm.

Nos pontos 22, 25, 27, 26, desenhe a costura lateral; curve 0,5 cm no quadril, curve 0,5 cm para dentro na linha 25-27.

- **14-28** 1 cm.
- **15-29** 1 cm.

Nos pontos 24, 29, 28, desenhe a costura do entrepernas; curve 1,25 cm para dentro na linha 24-29.

Divida a linha 21-22 em três partes. Marque os pontos 30 e 31. Com a linha 21-22, esquadre a partir de 30 e 31.

Nessas linhas, construa pences com 2 cm de largura cada; no ponto 30, há 12 cm de profundidade; no ponto 31, há 10 cm.

No ponto 3, curve a barra para baixo por 1 cm.

Nota Para obter mais folga no gancho, ver a adaptação na página 108, ref. 4.

Trace as partes da frente e das costas. É normal o molde das costas ficar virado para a esquerda e o molde da frente, para a direita – principalmente se o modelo exige difíceis adaptações.

Shorts de alfaiataria

Dependendo do modelo, os shorts podem ser confeccionados a partir de qualquer molde básico de calça.

Trace o molde básico da calça desejada.

Desenhe uma linha paralela à linha da profundidade do gancho no comprimento desejado.

Curve a barra das costas 1 cm para baixo.

Finalize o molde.

Variações de barra da calça

A forma da barra das calças se altera constantemente no mundo da moda. O diagrama ilustra uma variação de barra da calça. Se for necessário usar o formato tradicional (reto), adicione ou remova valores iguais em cada lado da perna, conforme ilustrado no diagrama.

Molde básico da calça de alfaiataria tradicional

Shorts de alfaiataria

Variações de barra da calça

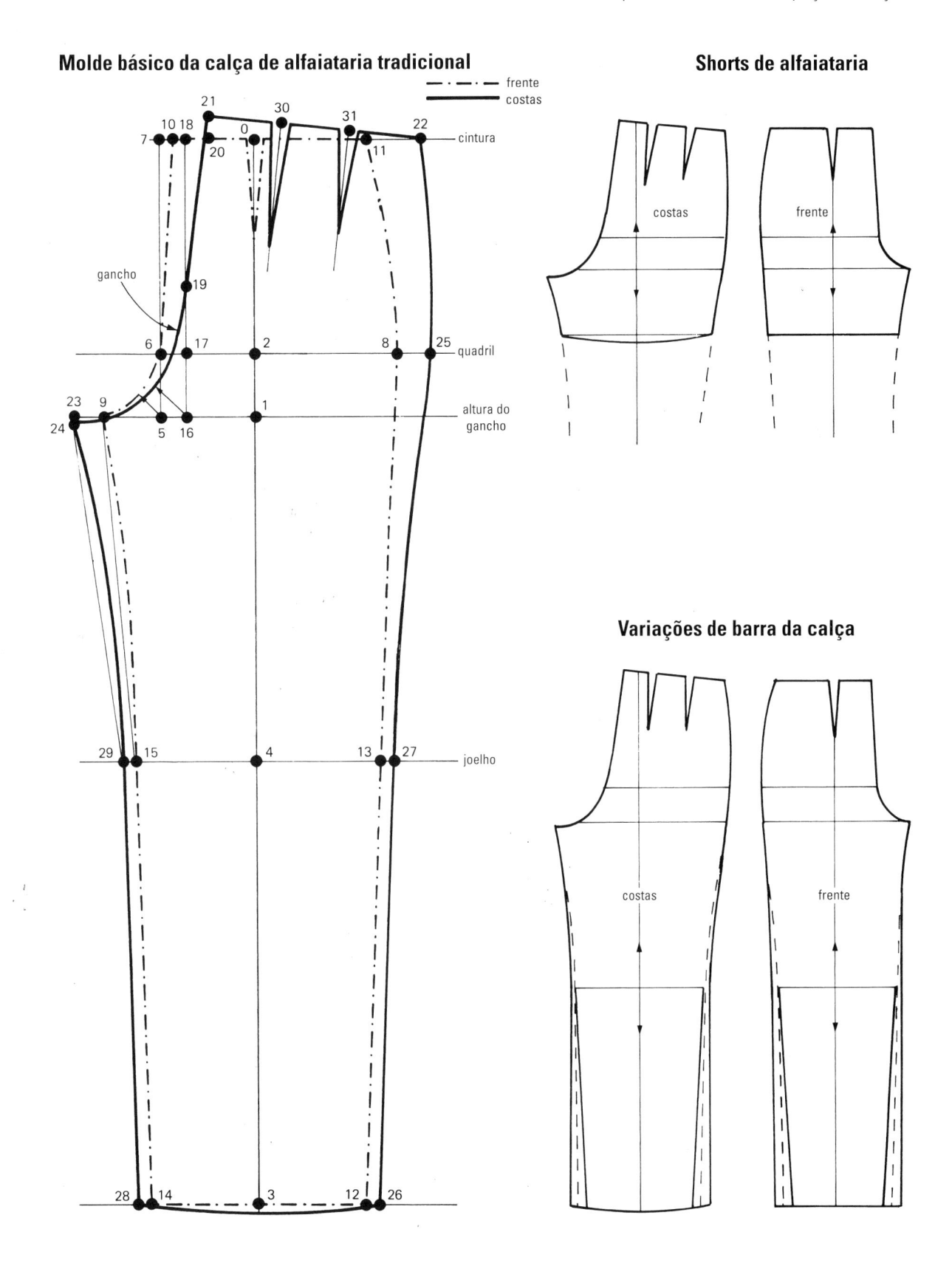

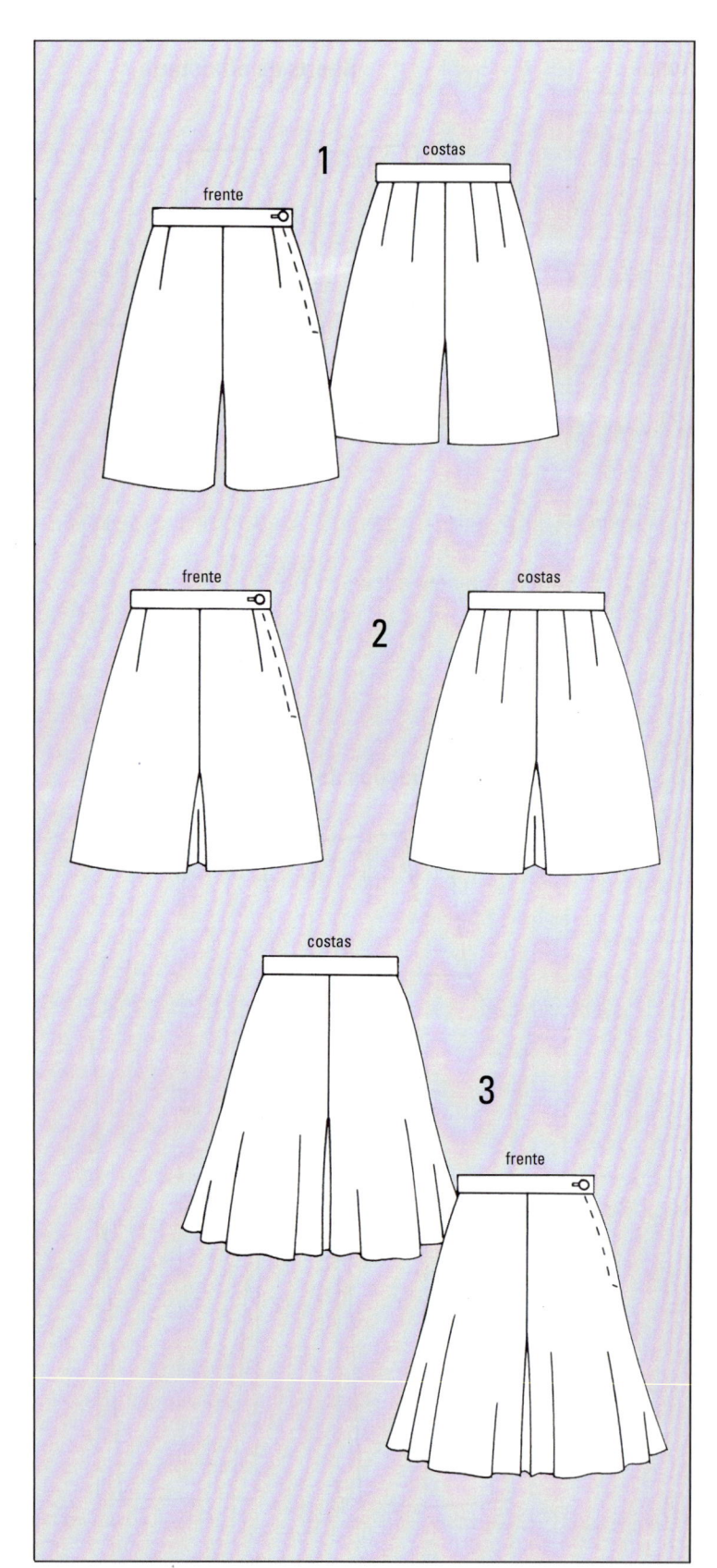

1 Saia calça*

Desenhe o molde da saia reta, marque o quadril. Marque a altura da barra.

Recorte.

Costas   Marque 0 no centro das costas, na altura da cintura.

0-1   altura do gancho mais 1,5 cm.
0-2   = comprimento final.
1-3   metade de 0-1 mais 1 cm.
1-4   oito avos da metade do quadril mais 2 cm; esquadre até a barra.

Una 3-4 com uma linha curva sobre um ponto a 3 cm de 1.

Frente   Marque 5 no centro da cintura das costas.

5-6   altura do gancho mais 1,5 cm.
5-7   comprimento final; esquadre.
8   está no centro da medida de 5-6.
6-9   oito avos da medida do quadril menos 2 cm; esquadre até a barra.

Una 8 ao 9 com uma linha curva sobre um ponto a 4 cm de 6.

2 Saia calça com pregas

Trace o molde da saia calça.

Separe o gancho da frente e das costas.

Em um novo pedaço de papel, contorne as partes da frente e das costas (sem o gancho).

Adicione uma fenda de 8 cm (16 cm no total) no centro da frente e das costas.

Adicione o gancho da frente e das costas na borda da prega; contorne.

Dobre as pregas em direção à costura lateral e recorte os moldes.

3 Saia calça com evasê

Trace o molde da saia calça.

Costas   Desenhe as linhas verticais da base das pences até a barra.

Recorte os moldes e corte as linhas.

Feche as pences para produzir o efeito evasê na barra.

Trace o molde em um novo pedaço de papel. Recorte.

Frente   Desenhe as linhas verticais a partir da pence da frente e de um ponto entre a pence e o centro da frente.

Feche a pence para produzir o efeito evasê na barra; abra a outra linha vertical para produzir a mesma quantidade de evasê.

Trace o molde em um novo pedaço de papel. Recorte.

---

* N. de R.T.: Os moldes apresentados, de modo geral, não ilustram o molde do cós e detalhes de fechamentos. Para obter mais informações sobre cós, consulte a página 102, Capítulo 6.

Capítulo 7 Molde básico e adaptações de calça   **107**

1 Saia calça

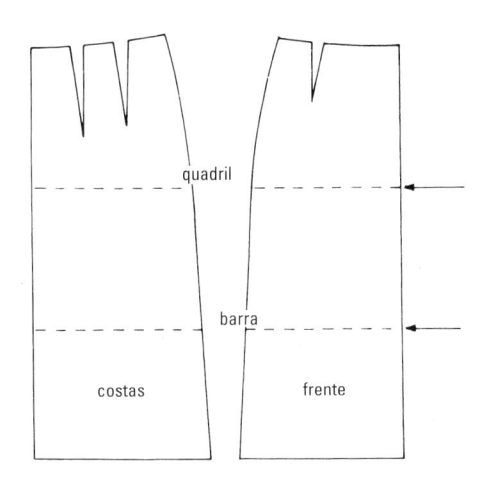

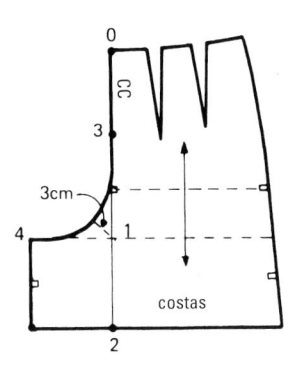

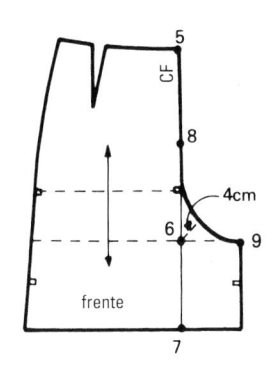

2 Saia calça com pregas

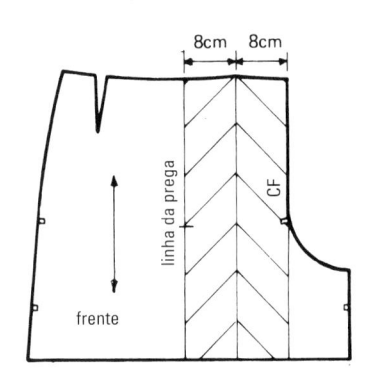

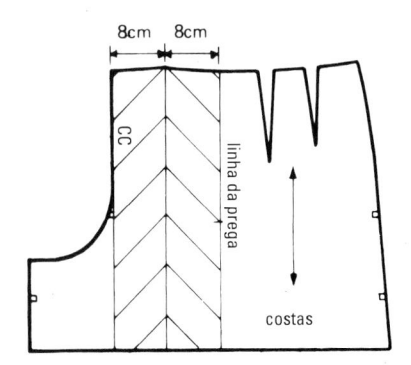

3 Saia calça com evasê

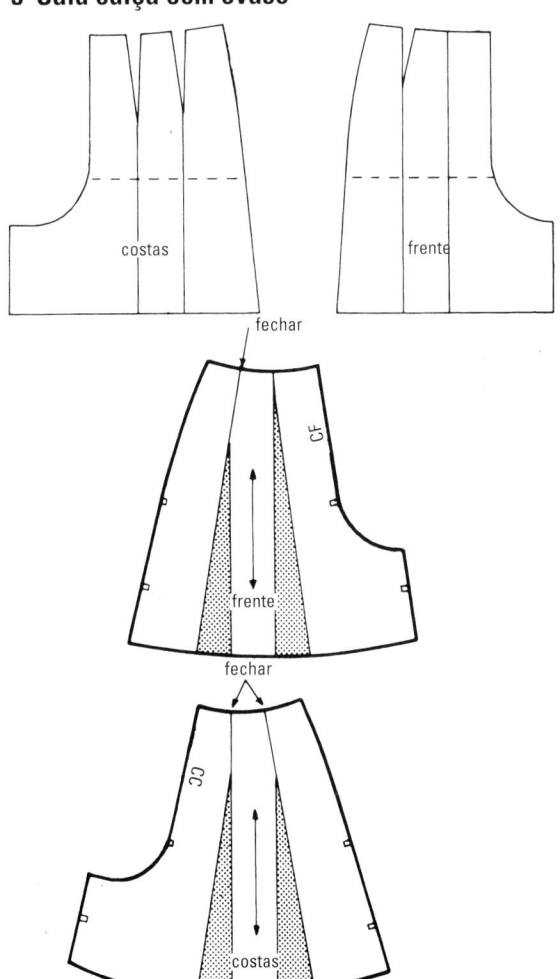

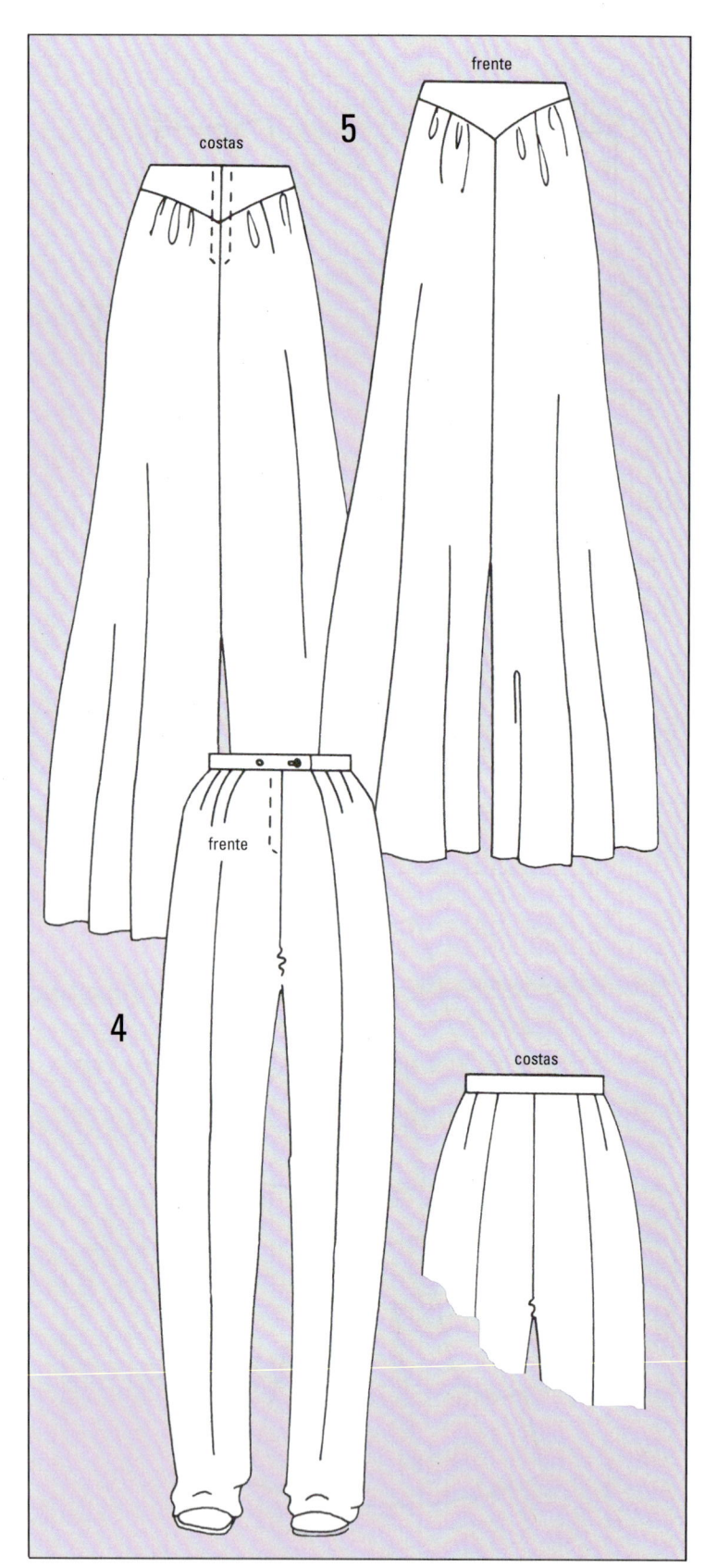

4 Calça com prega

As calças deste modelo são folgadas na cintura e ajustadas na barra. Trace o molde da calça básica.

Costas Corte sobre o quadril e abra uma nesga de aproximadamente 3 cm de largura no gancho das costas.

Marque os pontos 1 e 2 na barra a 1,5 cm da costura da perna.

A partir dos pontos 1 e 2, desenhe linhas até o joelho.

Frente Trace o molde da frente da calça. Corte o joelho, divida a parte superior na linha do fio do tecido.

Abra 5 cm na cintura e estenda 3,5 cm na costura lateral. Com a margem da pence, isso resulta em 10,5 cm de volume.

Divida em três pregas de 3,5 cm cada.

Marque os pontos 3 e 4 na barra a 1,5 cm da costura da perna.

A partir dos pontos 3 e 4, desenhe linhas até o joelho.

Nota Para mais volume na cintura, amplie a largura da prega na linha do fio do tecido e crie pregas mais profundas.

Cós Trace o cós necessário (página 102).

5 Calça boca de sino com pala e franzido

Trace o molde da calça básica.

No joelho, esquadre dos pontos 1, 2, 3, 4 até a barra.

Desenhe as linhas da pala na parte da frente e das costas da calça. Corte as palas. Feche as pences.

Contorne os moldes das palas.

No joelho, divida o molde da frente e das costas da calça em quatro partes. Esquadre. Elimine a pence.

Corte linhas verticais; abra as partes para que a abertura da barra tenha o dobro da abertura da cintura (o exemplo mostra 6 cm na cintura e 12 cm na barra).

A linha vertical que parte do gancho das costas abre somente na barra.

Adicione 5 cm de evasê na barra da costura do entrepernas e da costura lateral.

Contorne os moldes da frente e das costas.

4 Calça com prega

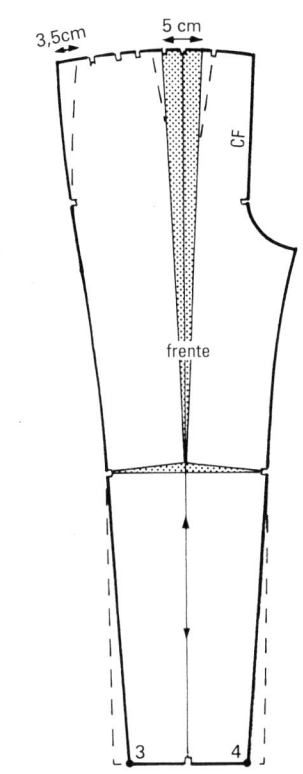

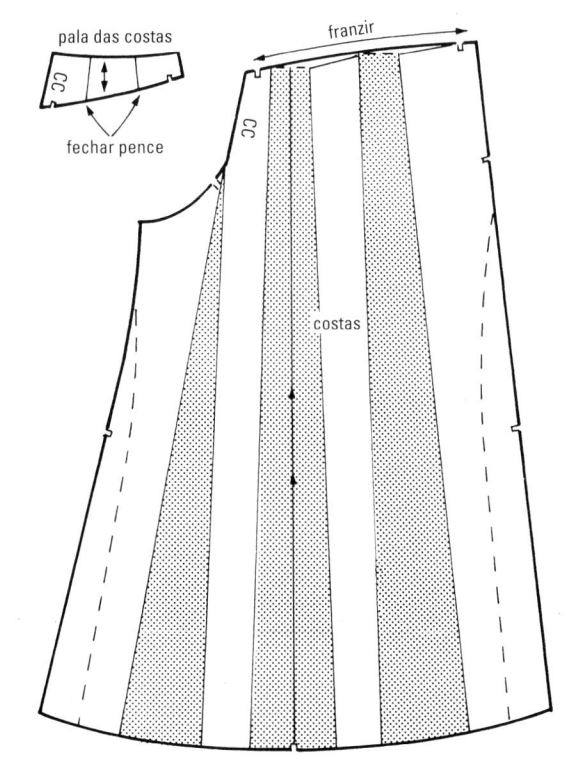

5 Calça boca de sino com pala e franzido

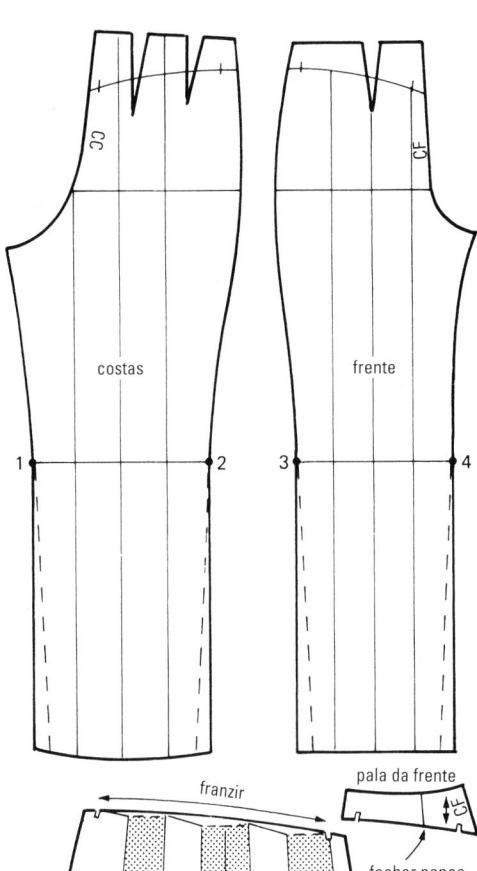

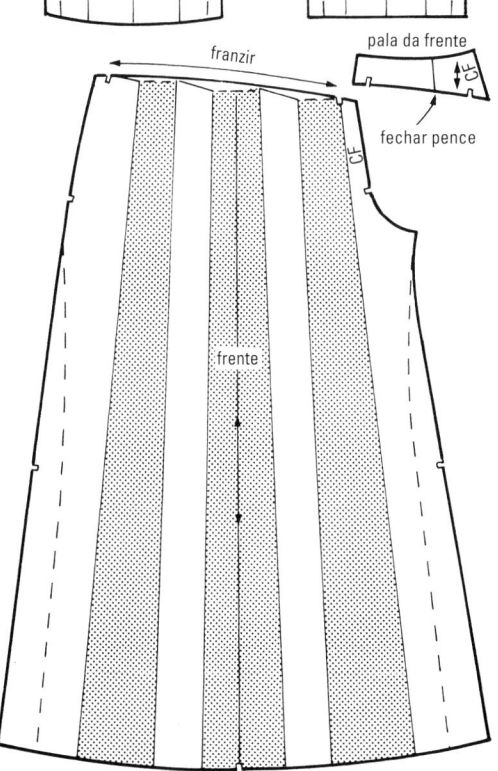

Molde básico da calça/jeans bem ajustada

Calças ou jeans confeccionados a partir de moldes ajustados são, geralmente, produzidos em tecidos com stretch para fornecer um corte justo e confortável. O molde básico é traçado de modo que a parte superior do cós fique na cintura. Entretanto, muitos jeans são modelados para ficar abaixo da cintura. Ver as instruções nos parênteses (2 cm abaixo da cintura) ou usar o molde da calça de cintura baixa na página 112.

A nesga no gancho das costas deve ser usada para a confecção de calças justas (ver a adaptação do jeans, pontos 17-34).

Medidas necessárias para traçar o molde básico

Este molde básico comporta medidas de qualquer tabela deste livro (páginas 16-18), bem como medidas personalizadas (ver página 182).

O exemplo ilustrado utiliza o tamanho 12 da tabela apresentada na página 16 (para moda *high-street*).

cintura	68 cm	altura do gancho	28 cm
quadril	94 cm	comprimento da calça	104 cm
cintura até quadril	20,6 cm	largura da barra do jeans (página 17)	19 cm
altura do cós	4 cm		

Frente

Esquadre para os dois lados a partir de 0.

0-1 altura do gancho menos 4 cm (6 cm); esquadre.
0-2 cintura até quadril menos 4 cm (6 cm); esquadre.
0-3 medida do comprimento da calça; esquadre.
1-4 metade da medida de 1-3 menos 5 cm; esquadre.
1-5 doze avos da medida do quadril; esquadre até 6 e 7.
6-8 um quarto da medida do quadril menos 1,5 cm.
5-9 dezesseis avos da circunferência do quadril menos 1 cm.
7-10 2 cm.

Una 10-6 e 6-9 com uma linha curva sobre os pontos:
tamanhos 6-14   3,25 cm   do 5
tamanhos 16-24   3,5 cm   do 5

10-11 um quarto da cintura mais 1,5 cm (2 cm).
3-12 metade da largura da barra do jeans menos 1 cm.
4-13 medida de 3-12 mais 2 cm.

Nos pontos 11, 8, 13, 12, desenhe a costura lateral; curve 0,25 cm na linha 11-8; continue a curva da costura lateral até 13.

3-14 metade da largura da barra do jeans menos 1 cm.
4-15 medida de 3-14 mais 2 cm.

Nos pontos 9, 15, 14, desenhe a costura do entrepernas. Curve 0,75 cm na linha 9-15.

Costas

5-16 um quarto da medida de 1-5; esquadre até o ponto 17 no quadril e 18 na cintura.
16-19 metade da medida de 16-18 mais 1 cm (2 cm).
18-20 2 cm.
20-21 2 cm.
21-22 um quarto da cintura mais 4 cm (4,5 cm). Una 21-22 para tocar a linha esquadrada a partir de 0.
9-23 medida de 5-9 menos 0,5 cm.
23-24 0,5 cm. Una 21-19 e 19-24 com uma curva sobre os pontos:
tamanhos 6-14   4,5 cm   do 16
tamanhos 16-24   4,75 cm   do 16

17-25 um quarto da medida do quadril mais 1,5 cm.
12-26 2 cm.
13-27 2 cm.

Nos pontos 22, 25, 27, 26, desenhe a costura lateral; curve 0,5 cm na linha 22-25, continue a curva da costura lateral até 27.

14-28 2 cm.
15-29 2 cm.

Nos pontos 24, 29, 28, desenhe a costura do entrepernas; curve 1 cm para dentro na linha 24-29.

21-30 metade da medida de 21-22; esquadre a partir da linha 21-22. Nessa linha, trace uma pence com 1,25 cm (1 cm) de largura e 8 cm de comprimento.

6 Adaptação do jeans básico

Frente Trace a parte da frente; marque o ponto 6.

Nos pontos 31-32, desenhe a linha curva do bolso e forro do bolso.

Recorte o espelho do bolso sobre a linha 31-32; adicione 3,5 cm na linha 31-32.

Desenhe um pertingal no ponto 33, 1 cm abaixo de 6.

O pertingal tem entre 3,5 e 4 cm de largura. Trace o molde. Trace o forro do bolso sobre a linha 31-32.

Costas Trace as partes das costas; marque os pontos 17, 21, 22, 24, 25. Corte sobre o quadril nos pontos 17-25, abra uma nesga de aproximadamente 3,5 cm de largura no ponto 17.

17-34 1 cm; desenhe um gancho novo na linha 21-24.

Desenhe o modelo do bolso.

21-35 um quarto da medida de 21-34.
22-36 um quarto da medida de 22-25.

Recorte a pala sobre a linha 35-36; feche a pence. Faça uma curva nas linhas 21-22 e 35-36.

Bolso aplicado Trace o bolso traseiro.

Cós Para ajustar-se às posições mais baixas da cintura, o cós reto deve ser cortado com 8 cm (11 cm) a mais do que a medida da cintura. Esquadre para os dois lados a partir de 37.

37-38 dobro da altura do cós; esquadre.
38-39 medida da cintura mais largura do pertingal, esquadre.
39-40 largura do pertingal; esquadre.
38-41 metade da medida de 38-40; esquadre.

No centro, marque a linha de dobra.

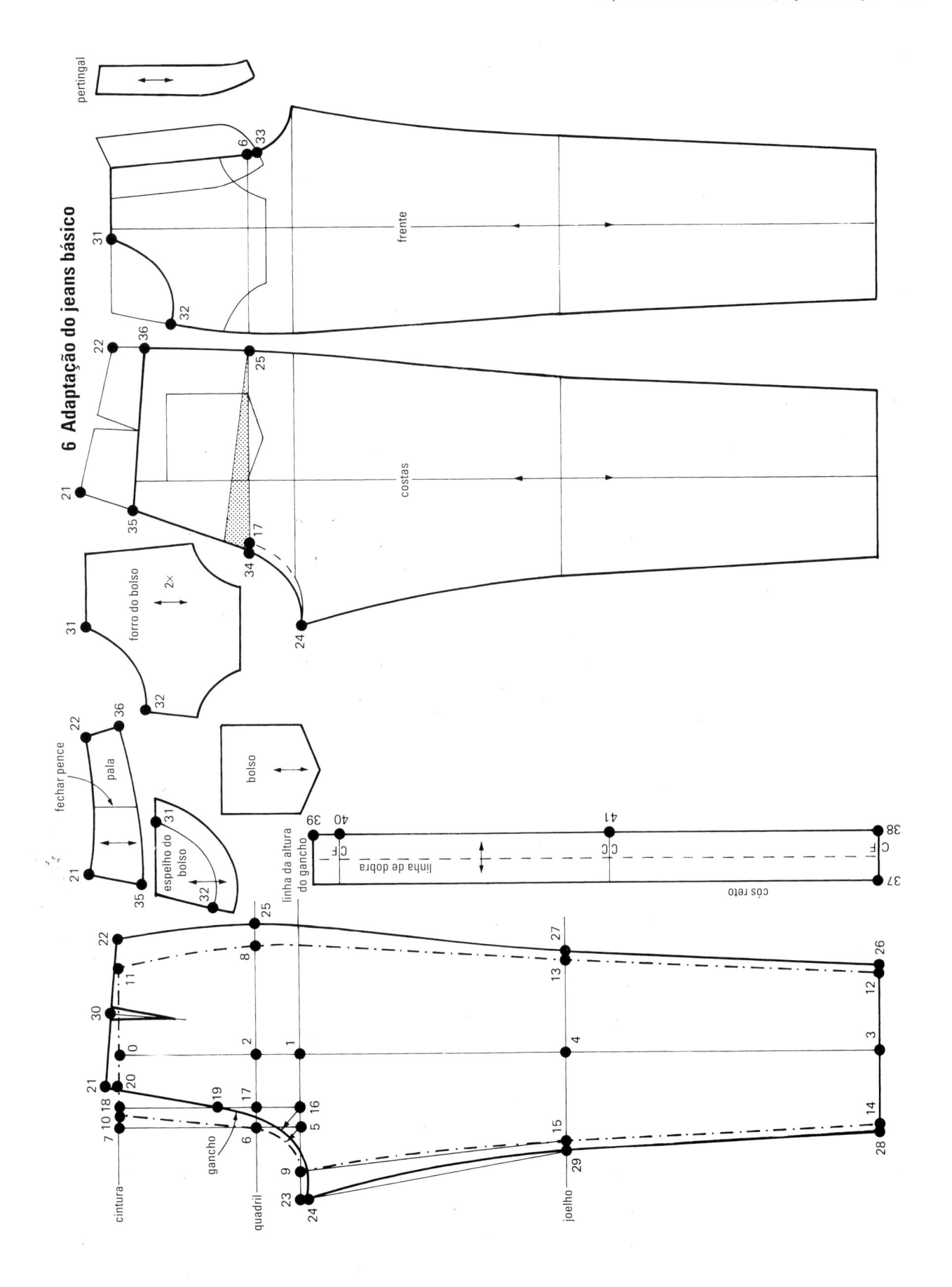

Capítulo 7 Molde básico e adaptações de calça   **111**

6 Adaptação do jeans básico

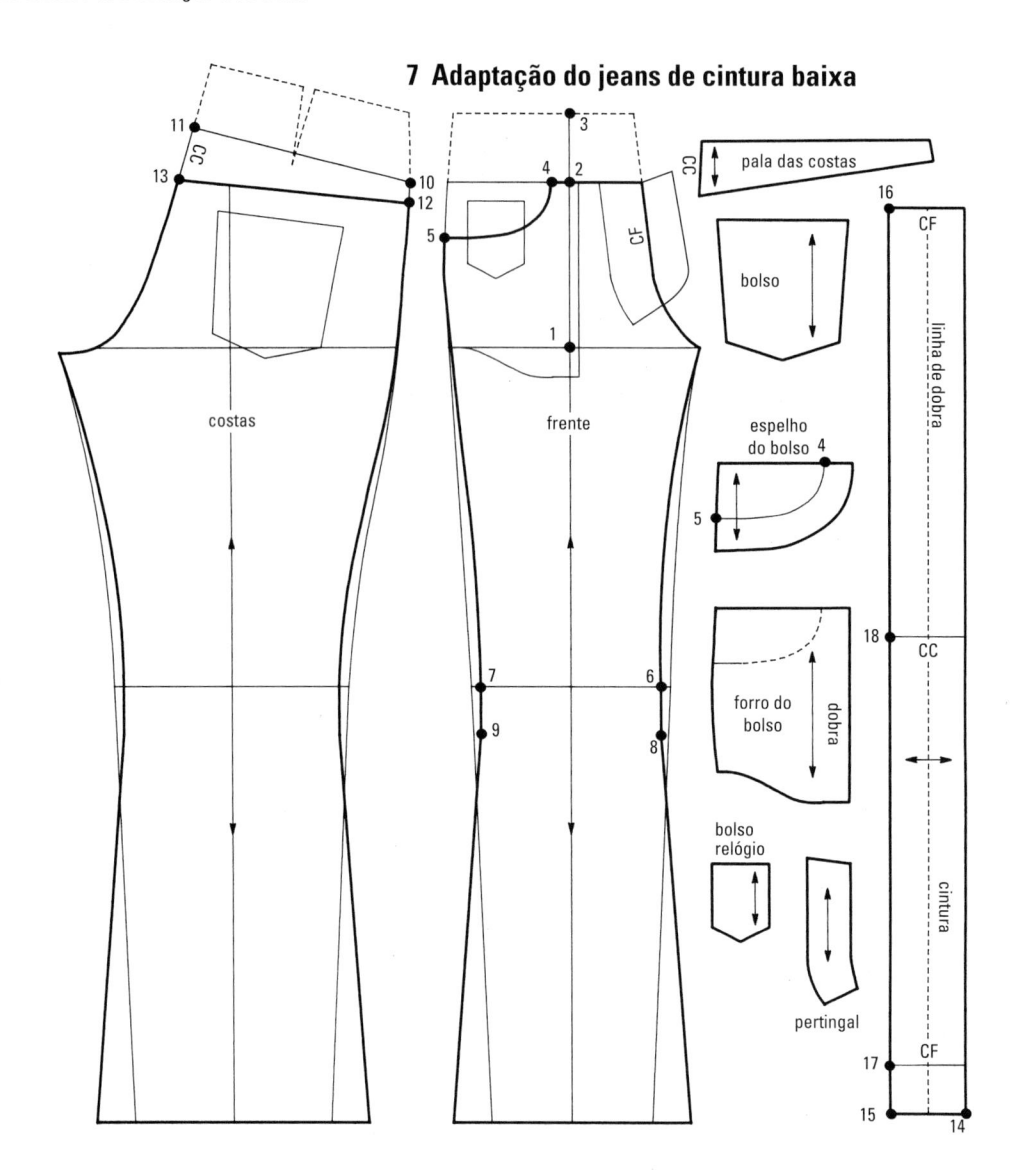

7 Adaptação do jeans de cintura baixa

Trace o molde básico do jeans com nesga no gancho.

Frente Na linha da profundidade do gancho, marque o ponto 1 na linha central.
1-2 altura do gancho menos 11 cm; esquadre a nova cintura baixa. Marque o ponto 3 na cintura antiga.

Nos pontos 4-5, desenhe a linha curva do bolso e o forro do bolso.
Desenhe o bolso relógio.
Recorte o espelho do bolso sobre a linha 4-5; adicione 3,5 cm na linha 4-5.
Trace o forro do bolso. Trace o bolso relógio.
Desenhe a peça do pertingal com 4 cm de largura.
Trace o molde do pertingal.
Molde as novas costuras laterais e internas da perna.
Molde aproximadamente 0,5 cm no joelho na linha 6 e 7.
Esquadre 5 cm de 6 e 7 até 8 e 9.
Adicione aproximadamente 4 cm de evasê em cada lado da barra.
Una 8 e 9 aos novos pontos da barra.

Costas Nos pontos 10-11, desenhe uma linha paralela à cintura antiga; a distância é a medida de 2-3 da parte da frente. Nos pontos 12-13, desenhe uma nova linha da pala a partir de um ponto aproximadamente 2,5 cm abaixo de 10.

Desenhe o bolso das costas.
Trace a pala das costas. Trace o bolso das costas.
Molde a nova costura lateral e do entrepernas assim como feito no molde da frente.

Cós Meça a cintura do novo desenho.
Trace o cós a partir do ponto 14.
14-15 dobro da altura do cós; esquadre.
15-16 nova medida da cintura mais 4 cm de largura do pertingal; esquadre.

Parte 1: Processo de modelagem tradicional

8 Adaptações complexas dos moldes básicos: vestidos, blazers, casacos

Estas adaptações têm como base o *processo de modelagem com pences*; nestes casos, pence no busto. Entretanto, o tecido selecionado influencia na quantidade de pences utilizadas pelo designer.

Como os tecidos com stretch se expandem, para a confecção de peças casuais que possuem elasticidade, muitas vezes se utiliza o *processo de modelagem sem pences*. No entanto, utilizar tecidos com um pouco de elasticidade em todos os tipos de *moldes com pences* pode ser de grande valia. Isso permite modelar a forma do corpo sem deixar de criar uma roupa estruturada.

Embora muitas peças casuais sejam modeladas pelo *processo de modelagem sem pences*, elas podem apresentar pences utilizando os moldes de blazer e casaco com folga (ver adaptação da ref. 5 página 132).

Camisolas e vestidos ajustados		114
1	Vestido com bojo	114
2	Com recortes verticais	114
3	Tomara que caia	114
4	Vestido camisola	116
5	Com decote "V"	116
Vestidos, chemisiers e blazers		118
1	Vestido básico	118
2	Vestido com decote quadrado e pregas	118
3	Vestido com recorte vertical e decote quadrado	120
4	Vestido com recorte princesa semiajustado	120
5	Chemisier tradicional	122
6	Chemisier com folga	122
7	Vestido de cintura alta	124
8	Vestido com recorte império	124
9	Blazer com peplum em pregas	126
10	Blazer ajustado com recorte princesa	126
11	Blazer com peplum drapeado	126
Blazers e casacos		128
1	Blazer transpassado semiajustado	128
2	Sobretudo tradicional	128
3	Blazer ajustado com três botões	130
4	Casaco 7/8 ajustado (cintura levemente alta)	130
5	Blazer safári ajustado	132
Barras e margens de costura para casaco e blazer tradicional		133
Forros para casaco e blazer tradicionais		134

Este livro foi escrito para iniciantes. Embora inclua um molde básico de blazer e alguns modelos de alfaiataria, para aprofundar seus conhecimentos em modelagem de peças de alfaiataria, consulte o livro *Pattern Cutting for Women's Tailored Jackets: Classic and Contemporary* (também de Winifred Aldrich).

Camisolas e vestidos ajustados

Para uma camisola ajustada e vestidos decotados, amplie a pence do molde de vestido ajustado e reduza sua folga.

Trace o molde de vestido ajustado.

Reduza cada costura lateral em 1,5 cm no busto, 0,5 cm na cintura e 0,25 cm no quadril.

Dobre a medida da largura da pence do busto.

Algumas camisolas e a maioria dos vestidos "estilo camisola" produzidos em tecidos com elastano, cortados no viés ou que contornam o corpo e não apenas ajustados, nem sempre precisam da pence mais larga e algumas peças podem até mesmo utilizar uma pence reduzida.

As saias ou os recortes das anáguas podem ser cortados no viés em tecido plano ou de forma reta em malhas. Se o tecido utilizado não conter elastano, talvez seja necessário uma pequena abertura na costura lateral ou das costas.

1   Vestido com bojo

Trace o molde de camisola no comprimento desejado.

Desenhe a parte da frente do corpo e das costas do bojo, como ilustrado. Desenhe uma linha horizontal pelo ponto do busto.

Trace as partes do bojo. Recorte.

Partes do bojo   Feche a pence das costas e contorne. Amplie a pence do busto em 1,5 cm. Corte a linha vertical. Feche as pences de cima e de baixo. Trace as partes superior e inferior.

Saia   Elimine as pences da cintura e retire a medida equivalente nas costuras, dividindo a mesma metade nas costuras laterais e metade nas costuras do centro da frente e das costas.

Adicione 5 cm de evasê à barra, nas costuras do centro da frente e das costas e 8 cm de evasê às costuras laterais.

Alças   Modele a largura e o comprimento das alças conforme o desejado.

2   Com recortes verticais

Trace o molde de camisola no comprimento desejado.

Desenhe a parte superior da anágua. Amplie a pence do busto em 1 cm. Desenhe linhas verticais a partir das pences da cintura até a barra. Recorte as partes do molde e contorne. Molde as costuras das partes. Adicione 2 cm de evasê à barra nas costuras do centro da frente e das costas e 3 cm de evasê à costura lateral. Modele a largura e o comprimento das alças conforme o desejado

3   Tomara que caia

Utilize como base o molde de camisola. Trace uma linha 1 cm abaixo da cintura no centro da frente, acabando em zero no centro das costas. Complete a adaptação da cintura e comprimento da anágua com recorte vertical conforme desejado.

Trace as partes do molde.

No centro das costas, molde a cintura em 1 cm. Reduza as duas costuras laterais em 1 cm apenas na borda superior e trace o novo molde.

No centro da frente, molde a cintura em 1 cm e na parte lateral e marque os pontos 1, 2 e 3.

1–4 = um terço da medida de 1–2; **2–5** = um quinto da medida de 2–3.

Trace o novo molde, conforme diagrama.

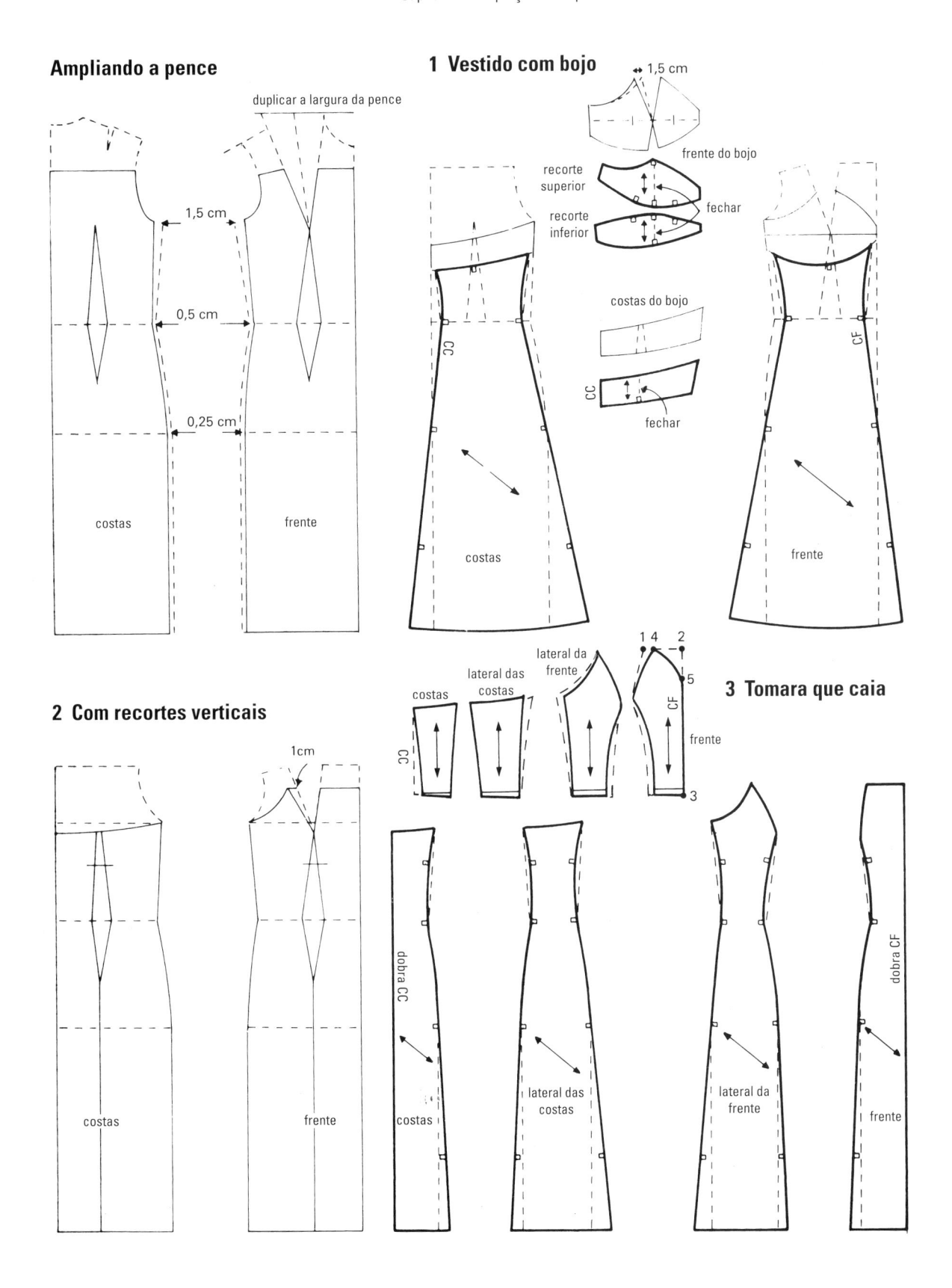

Capítulo 8 Adaptações complexas dos moldes básicos: vestidos, blazers, casacos **115**

Ampliando a pence

duplicar a largura da pence

1,5 cm
0,5 cm
0,25 cm

costas frente

1 Vestido com bojo

1,5 cm

recorte superior
recorte inferior
frente do bojo
fechar

costas do bojo
CC
fechar

CC costas CF frente

2 Com recortes verticais

1cm

costas frente

lateral da frente
lateral das costas
costas
CC
CF
frente

1 4 2
5
3

3 Tomara que caia

dobra CC
costas
lateral das costas
lateral da frente
dobra CF
frente

As saias têm um melhor caimento se o tecido plano for cortado no viés.

4 Vestido camisola

Trace o molde de camisola. Desenhe linhas verticais a partir da base das pences da cintura até a barra. Desenhe o top da camisola. Molde a linha do recorte império com uma curva suave. Recorte o top da camisola. Molde as costuras laterais. Molde a cintura em 2 cm na frente e nas costas.

Top da camisola Feche a pence das costas e contorne o molde. Amplie a pence do busto em 1,5 cm. Feche a pence do busto e trace um molde arredondado.

Saia Molde novamente as pences do recorte império até a base das pences. Recorte a saia. Corte as linhas verticais. Feche as pences e adicione 7 cm de evasê à barra. O fio do tecido percorre o centro da abertura.

Alças Modele a largura e o comprimento das alças conforme o desejado.

Adicione 6 cm à barra da costura lateral e 4 cm de evasê à costura do centro da frente e à costura do centro das costas.

5 Com decote "V"

Trace o molde de camisola completo. Desenhe a linha da cintura a partir do ponto do recorte império nas costas.

Costas Desenhe o decote "V" e a cava. Faça uma pence de 1 cm no decote. Corte a parte e feche a pence do decote e da cintura.

Contorne as linhas com curvas suaves.

Frente Desenhe o decote (verifique se a distância do ponto do decote corresponde à distância das costas). Recorte a parte, feche a pence do busto e contorne as linhas com curvas suaves.

Saia Elimine as pences da cintura e molde as costuras laterais e da frente conforme ilustrado, utilizando a mesma medida eliminada ao fechar as pences nas partes superiores. Recorte a parte da frente e das costas da saia e contorne. Adicione 7 cm de evasê à barra na costura do centro da frente e das costas e 10 cm de evasê à barra da costura lateral.

Capítulo 8 Adaptações complexas dos moldes básicos: vestidos, blazers, casacos **117**

4 Vestido camisola

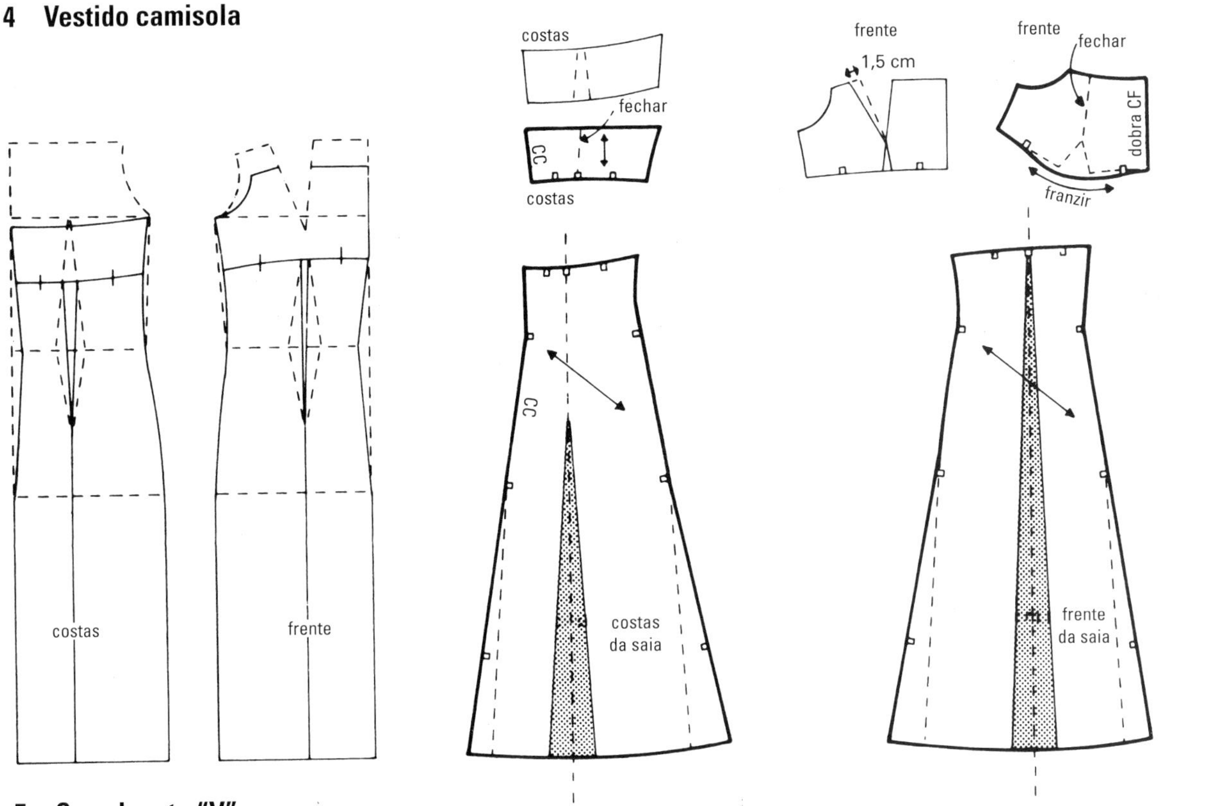

5 Com decote "V"

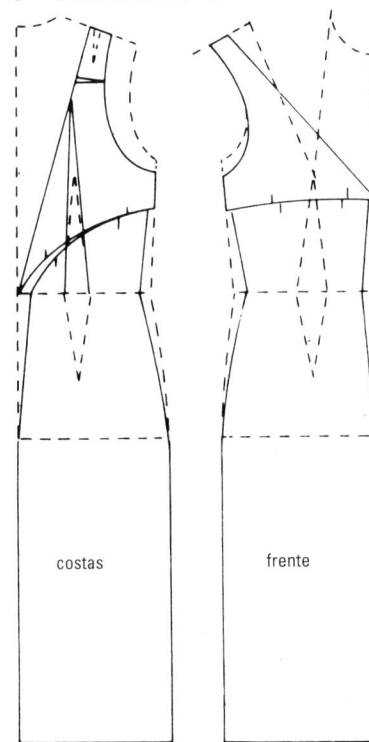

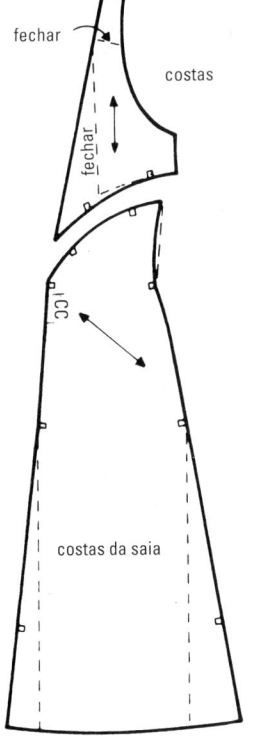

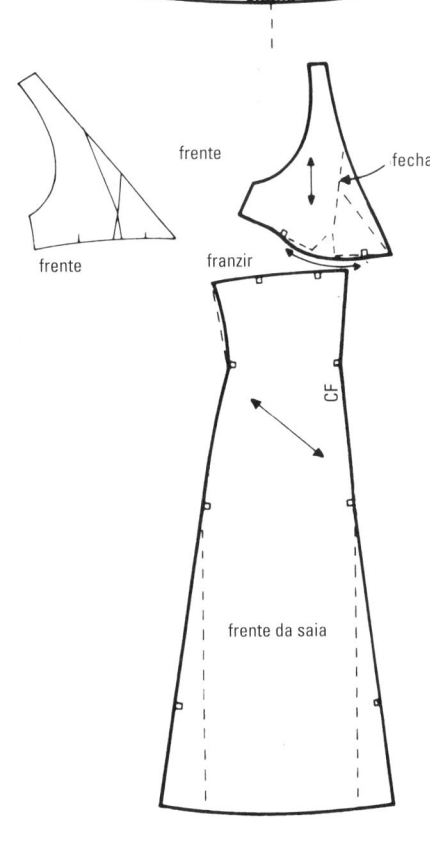

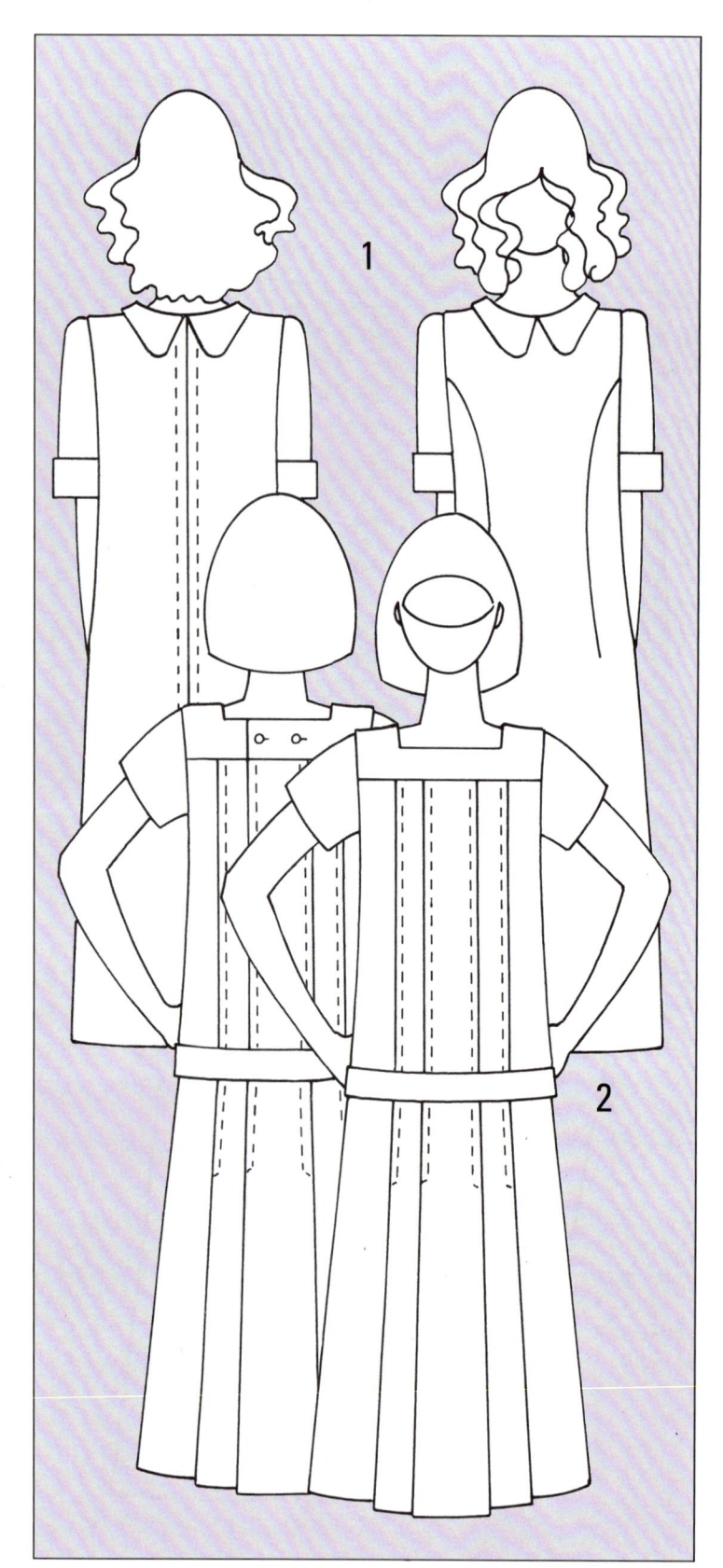

Vestidos, chemisiers e blazers

Muitos modelos são baseados no vestido básico, e a modelagem depende se o molde escolhido para a adaptação for ajustado ou com folga. A forma da linha da cintura pode ser variada.

1 Vestido básico

Trace o molde de vestido sem recorte. Desenhe uma linha curva a partir da cava até a pence da frente. Corte a costura lateral e, depois, recorte o molde.
Frente Corte a linha curva, feche a pence do busto e contorne. Abaixe o decote. Molde a costura lateral e a parte superior da pence. Adicione 3 cm de evasê à barra na costura lateral.
Costas Elimine a pence das costas da cintura. Abaixe o decote. Molde a costura lateral. Adicione 3 cm de evasê à barra na costura lateral.
Gola O diagrama apresenta uma gola Peter Pan (ref. 1 página 74).
Manga O desenho mostra uma manga curta (ref. 6 página 54) e punho reto com vista externa (página 72).

2 Vestido com decote quadrado e pregas

Trace o molde de vestido com folga não acinturado. Corte a costura lateral e transfira a pence do busto para debaixo do braço.
Partes da frente e das costas Desenhe um decote quadrado, linhas da pala e uma cintura baixa. Desenhe linhas de prega paralelas a partir das palas da frente e das costas. Marque os pontos 1 e 2 na linha da pala das costas.
Parte superior das costas do corpo Trace o molde da parte superior das costas, corte as linhas de prega e abra aproximadamente 5 cm; marque a linha de dobra no centro das pregas.
Pala das costas Trace a pala das costas; marque o ponto 3 no centro das costas, 3-4 é a medida 1-2 na linha da pala das costas.

Marque as posições das casas.
Parte superior da frente Trace o molde da parte superior da frente, corte as linhas de prega e abra aproximadamente 5 cm; marque a linha de dobra no centro das pregas. Feche a pence do busto (assim a pence se torna parte da prega externa).
Pala da frente Trace a pala da frente.
Frente e costas das saias Trace as partes das saias; corte as linhas de prega e abra aproximadamente 8 cm. Marque a linha de dobra no centro de cada prega.
Cós baixo Trace os cós da frente e das costas e una-os na costura lateral.
Manga Manga curta (ref. 6 página 54).
Nota As palas são acabadas com vista interna do próprio tecido.

Capítulo 8 Adaptações complexas dos moldes básicos: vestidos, blazers, casacos 119

1 Vestido básico

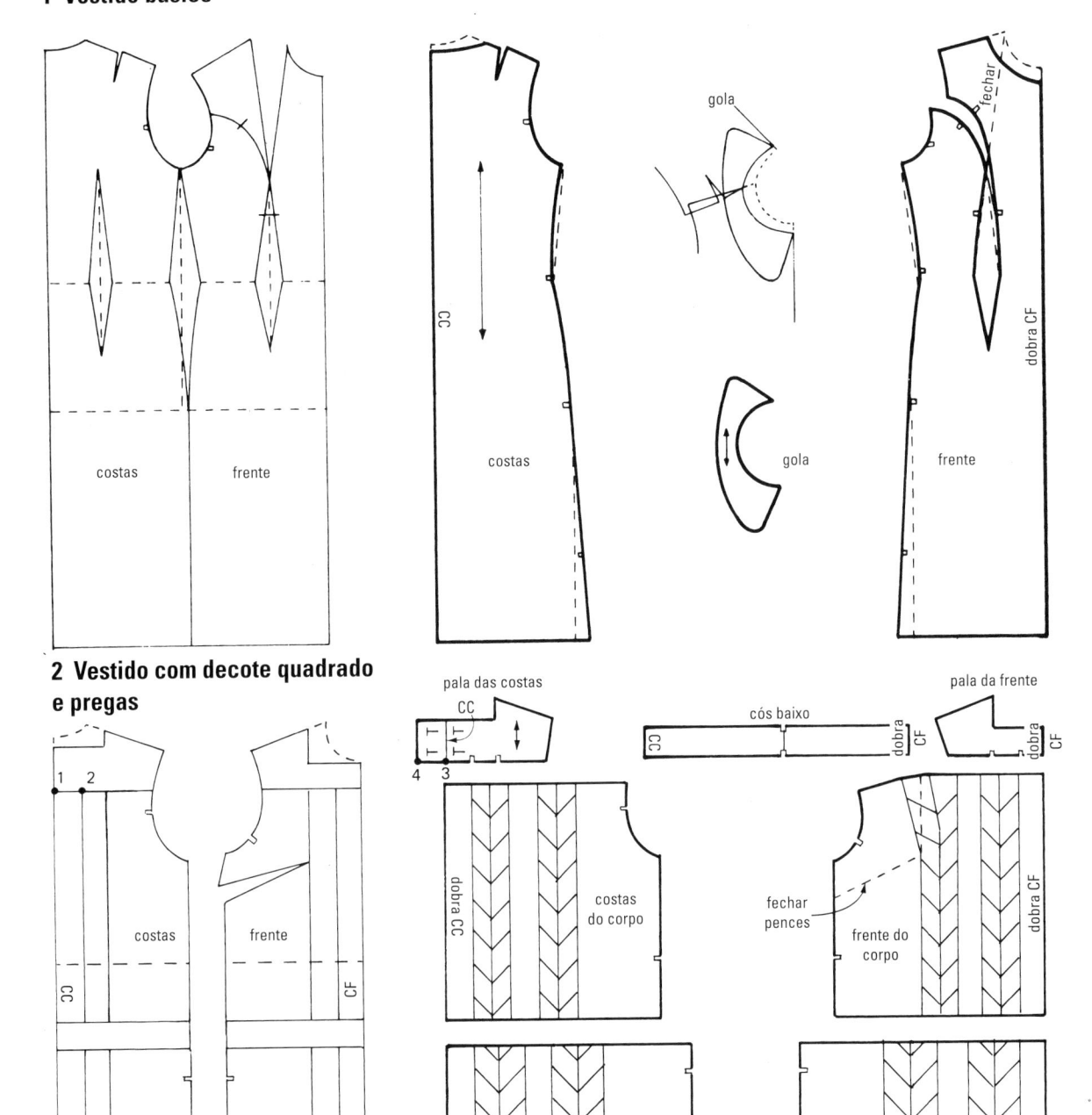

2 Vestido com decote quadrado e pregas

3 Vestido com recorte vertical e decote quadrado

Trace o molde de vestido ajustado sem recorte (peça inteira). No ombro, retire 2 cm na parte das costas (isso inclui a margem da pence) e 1 cm da parte da frente. Transfira a pence do busto para a região do centro do ombro e desenhe o decote da frente e das costas. Abaixe o ponto da cintura nas costas 3 cm e molde em 1,5 cm com uma curva suave. Reduza a pence das costas em 1,5 cm e desenhe linhas do recorte a partir da base das pences da cintura da frente e das costas. Corte o molde básico e as costuras laterais.

Frente e costas   Corte as linhas do recorte, contorne as partes do molde, molde as costuras e adicione 3,5 cm de evasê à barra das costuras do recorte, 5 cm de evasê à barra das costuras laterais e 2 cm de evasê à barra da costura das costas. Adicione vistas internas estendidas na parte superior das costuras das partes da frente e das costas do molde e na borda da gola das costuras das partes laterais do molde.

Manga   O desenho mostra uma manga plissé soleil (ref. 10 página 56).

4 Vestido com recorte princesa semiajustado

Trace o molde de vestido sem recorte. Elimine a costura lateral e as pences da cintura. Marque os piques da cava. Desenhe as partes laterais do molde e ajuste a cintura em 2,5 cm no molde da frente e das costas. Desenhe o decote e faça uma pence de 0,6 cm no decote da frente. Desenhe uma linha a partir do recorte lateral até o ponto do busto. Corte o molde e as costuras do recorte.

Frente   Feche as pences do busto e do decote e contorne a frente do molde. Marque as casas e adicione uma carcela e uma pequena lapela. Adicione 3 cm de evasê à costura do recorte lateral. Molde a costura do recorte.

Recorte lateral   Contorne o recorte lateral, adicione 3 cm de evasê às costuras do recorte e uma fenda (iniciando em 6 cm e finalizando em 9 cm) na costura do recorte das costas. Adicione uma vista de 12 cm de comprimento e 4 cm de largura para o bolso. Molde as costuras.

Costas   Contorne as costas e adicione 3 cm de evasê e uma fenda à costura do recorte conforme feito no recorte lateral. Molde a costura. Desenhe o martingale em cima da linha da cintura.

Martingale e bolso   Trace a forma do martingale. Desenhe a vista interna do bolso com 12 cm de comprimento e 4 cm de largura.

Gola   Gola flat semiestruturada (ref. 3 página 74).

Manga   Manga curta (ref. 6 página 54).

Vista interna   Trace uma vista interna separada.

3 Vestido com recorte vertical e decote quadrado

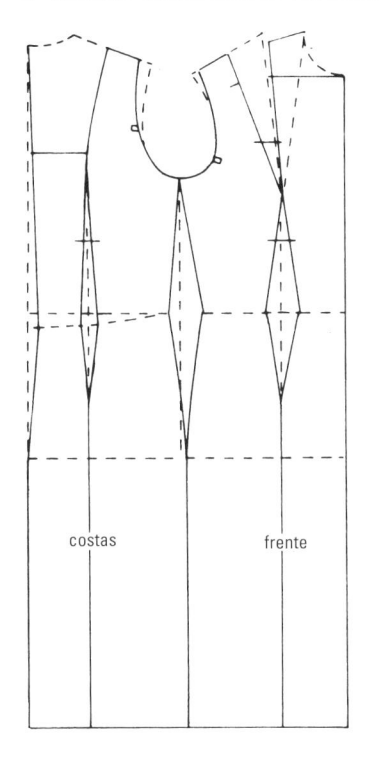

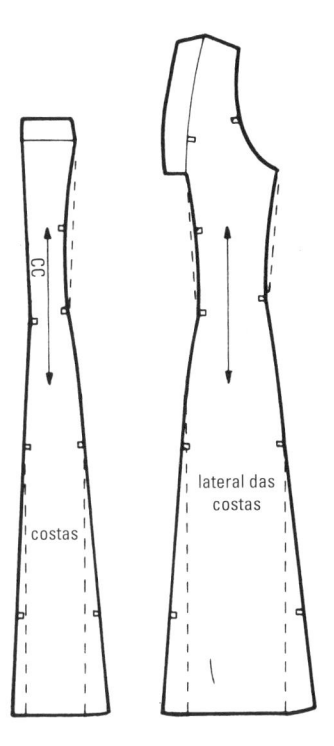

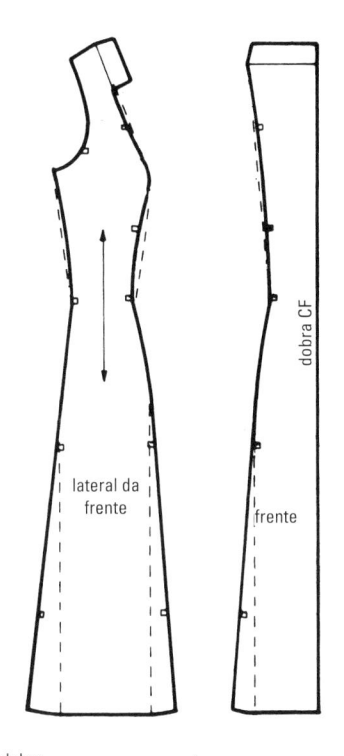

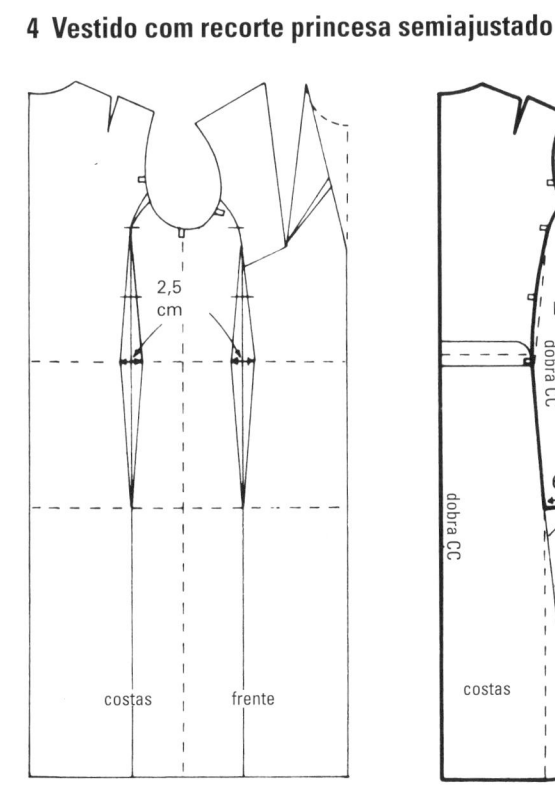

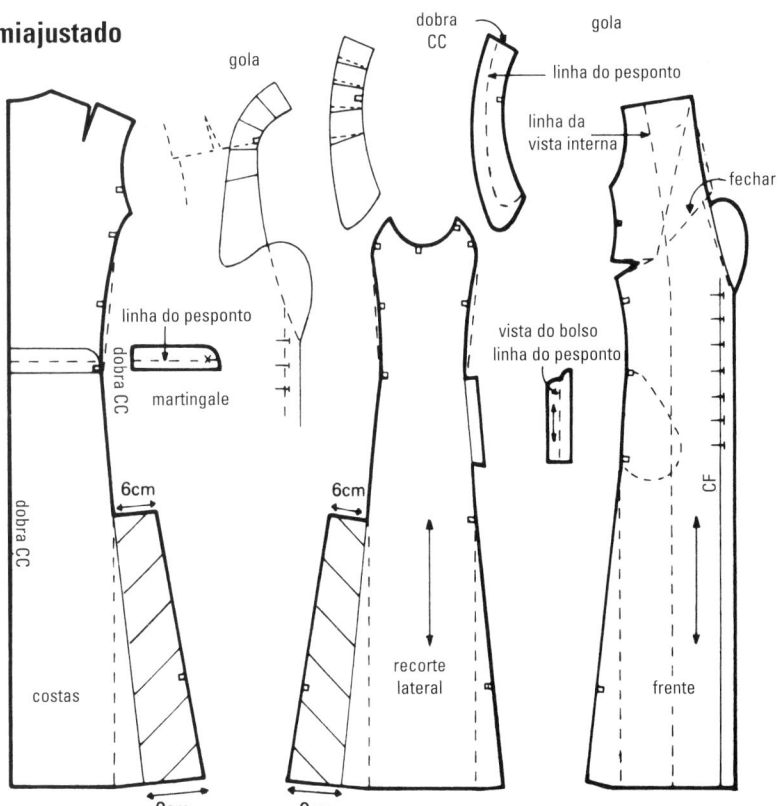

4 Vestido com recorte princesa semiajustado

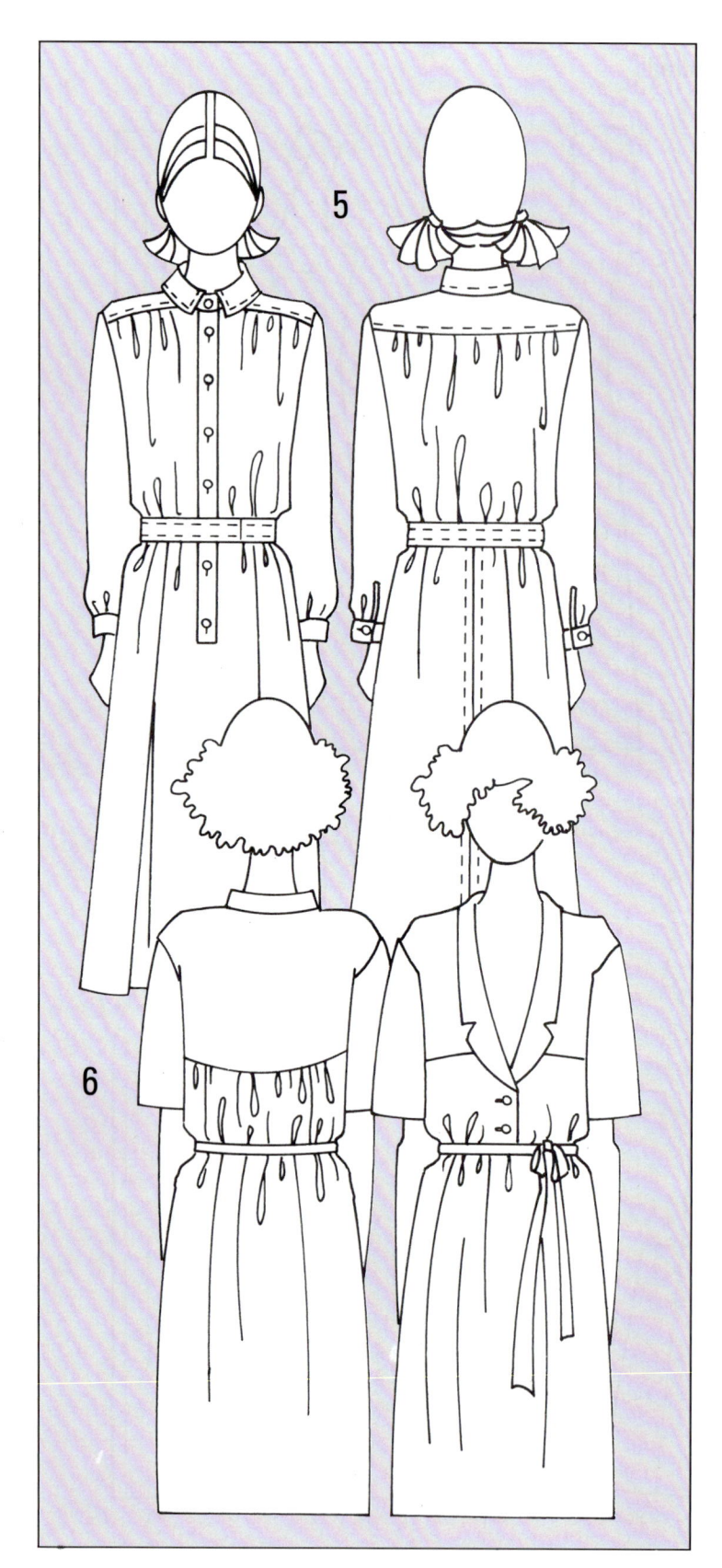

5 Chemisier tradicional

Trace o molde de vestido com folga e recorte (costuras laterais retas na parte superior). Transforme a folga de 0,5 cm do ombro das costas em uma pence pequena. Desenhe a carcela na saia e no corpo com 2 cm para cada lado da linha do centro.

Trace uma cava de camisa (amplie a parte superior em 2 cm e abaixe a cava 1 cm; ref. 24 página 60). Marque a linha do recorte da cintura na frente da saia.

Palas   Desenhe a linha da pala das costas e incline 0,5 cm da pence do ombro em direção à borda da cava. Desenhe a linha da pala da frente. Recorte as palas. Feche as pences do ombro. Coloque a pala da frente sobre a pala das costas na linha do ombro. Trace um molde com curva suave.

Frente e costas do corpo   Trace a frente e as costas do corpo. Corte a carcela da frente. Esquadre a partir da pence do busto; corte a linha e abra aproximadamente 4 cm. Adicione 4 cm ao centro das costas.

Saia   Trace o molde básico da saia. Faça as pregas (ref. 4 página 88). Adicione 2,5 cm de evasê à costura lateral.

Manga   Manga de camisa (ref. 2 página 54).

Gola   Colarinho de camisa (ref. 9 página 76).

Carcela e cinto   Faça a carcela e dobre sua largura; una na cintura. Faça o molde do cinto, com metade do comprimento e o dobro da largura desejados. Marque a linha de dobra no centro do molde.

6 Chemisier com folga

Trace o molde de vestido com folga sem recorte e a manga também sem recorte no comprimento desejado.

Partes superiores   Complete a adaptação para ombro caído com cava profunda (ref. 25 página 60). Desenhe as linhas da pala na frente e nas costas.

Costas e pala das costas   Divida a linha de pala das costas em três partes e esquadre a partir de cada ponto.

Trace a pala das costas. Trace o molde das costas, corte as linhas e abra aproximadamente 4 cm; redesenhe a curva.

Frente do corpo   Trace a frente do corpo. Corte seguindo a linha da pala até a base da pence do busto e feche essa pence. Marque as casas e adicione uma carcela. Faça uma gola *smoking* (ref. 12 página 78). Desenhe a linha da vista interna. Trace a pala e a parte superior do corpo da frente.

Vista interna da gola   Trace a vista interna.

Frente da saia   Trace a frente da saia.

Manga   Complete a adaptação para ombro caído com cava profunda (ref. 25 página 60).

Cinto   Faça o cinto, com metade do comprimento e o dobro da largura desejados. Marque a linha de dobra.

5 Chemisier tradicional

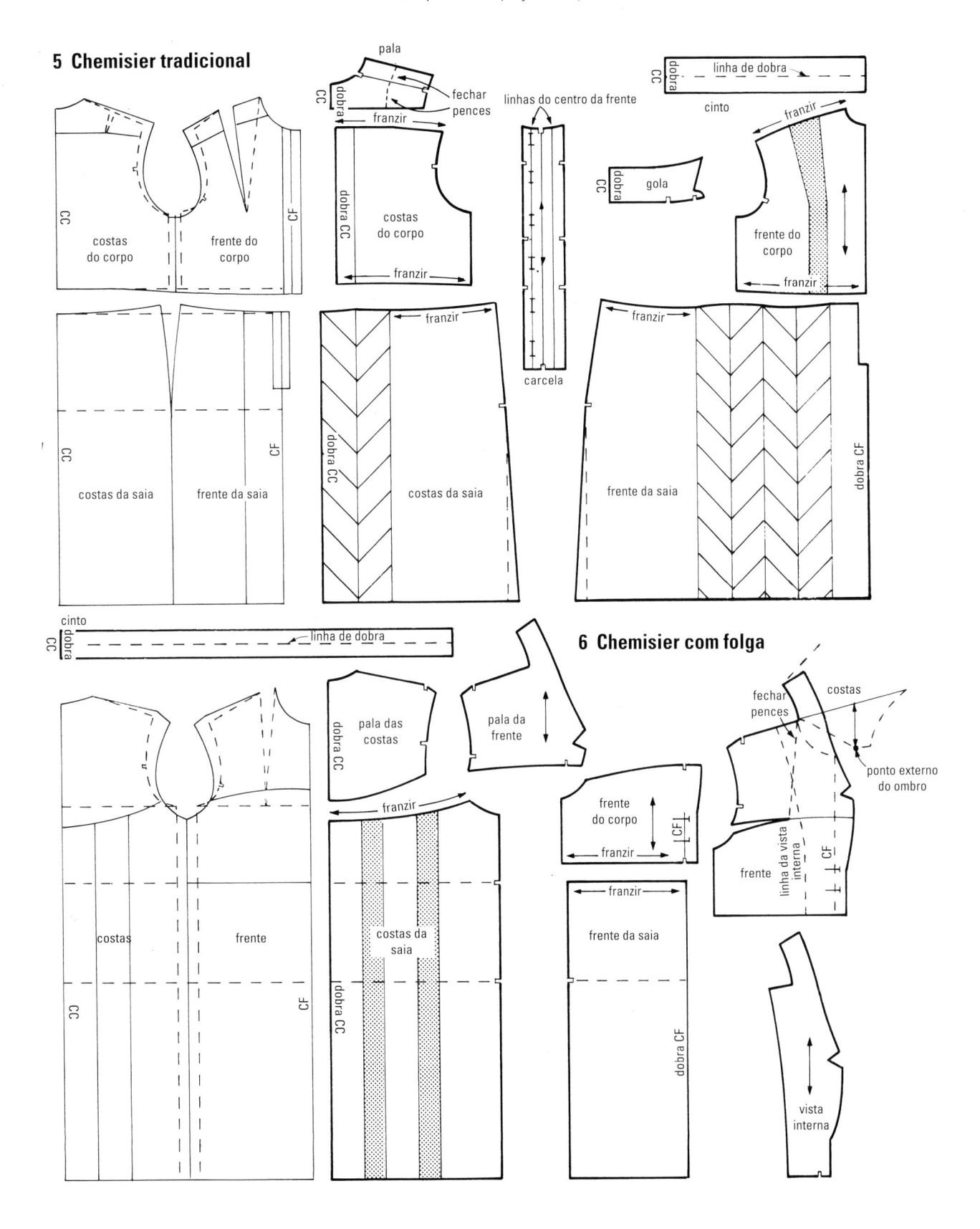

6 Chemisier com folga

7 Vestido de cintura alta

Trace o molde de vestido sem recorte no comprimento desejado. Desenhe a linha superior do cós aproximadamente 6 cm acima da linha da cintura natural; Eleve 1 cm e faça uma curva no centro da frente. Desenhe a linha inferior do cós aproximadamente 2 cm acima da linha da cintura natural.

Desenhe as linhas do recorte princesa nos moldes até as pences da cintura. Transfira a pence do busto para a cava da linha do recorte princesa. Estenda a pence do ombro das costas até a linha do recorte princesa.

Aprofunde o decote em 2 cm.

Desenhe uma carcela e marque as casas. Desenhe as vistas internas das costas e da frente. Desenhe linhas verticais a partir das pences da cintura até a barra. Divida o molde da saia em duas partes pela costura lateral.

Costas e frente corpo Trace as vistas internas da frente e das costas do corpo. Feche a pence do ombro das costas. Trace os cós e feche as pences.

Frente e costas da saia Trace as partes da saia e corte suas linhas. Adicione aproximadamente 6 cm de evasê à barra, fechando as pences da cintura. Adicione 4 cm de evasê à costura lateral e una a barra à linha da cintura com uma linha vertical.

Manga Manga franzida no ombro (ref. 17 página 58).

8 Vestido com recorte império

Trace o molde de vestido sem recorte no comprimento desejado. Desenhe uma cintura alta aproximadamente 6 cm acima da linha da cintura natural. Transfira a pence do busto para a cava. Amplie o decote em 2 cm e marque o ponto 1 no ponto do decote da frente. Marque o ponto 2 a 5 cm do centro da frente. Una 1–2.

Desenhe uma pence de 0,5 cm no decote. Redesenhe a pence das costas 2 cm em direção ao centro das costas. Desenhe uma linha a partir da base da nova pence até o decote. Desenhe a linha da vista interna das costas.

Costas do corpo Trace as costas do corpo e a vista interna. Transfira a pence do ombro para a linha do pescoço.

Frente do corpo Trace a frente do corpo. Feche a pence do decote e redesenhe 1–2 com uma linha reta.

Desenhe a linha da pala da frente e a linha da vista interna. Trace a frente do corpo, a pala e a vista interna. Na frente do corpo, transfira a pence do busto para a linha da pala e marque conforme os franzidos.

Frente e costas da saia Trace as partes da saia com a nova cintura alta. Estenda as linhas centrais da frente e das costas por 10 cm e elimine as pences. Adicione 5 cm de evasê à barra e desenhe uma linha reta da cintura até a barra.

Manga Manga curta (ref. 6 página 54).

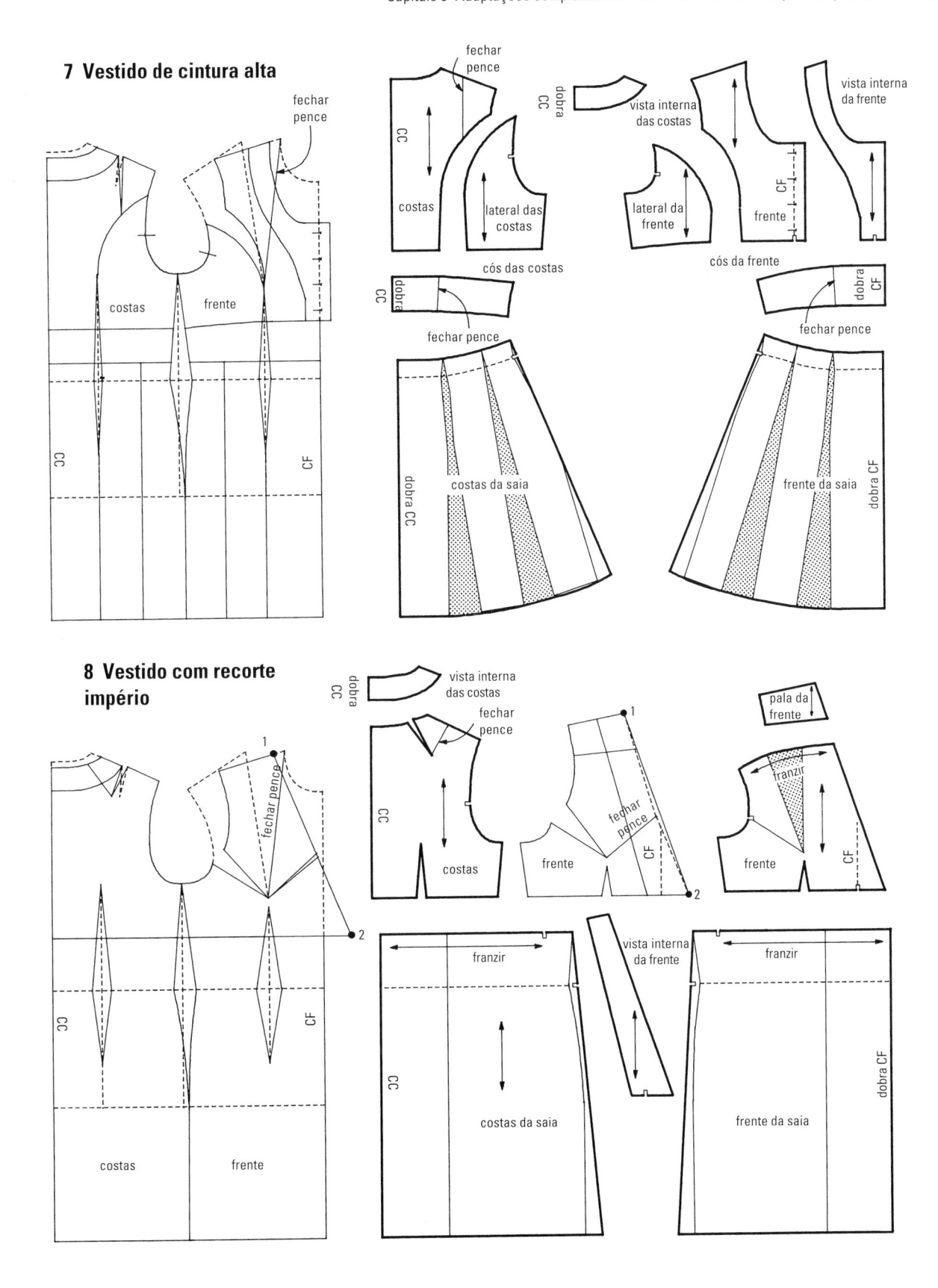

Capítulo 8 Adaptações complexas dos moldes básicos: vestidos, blazers, casacos **125**

7 Vestido de cintura alta

8 Vestido com recorte império

Para os blazers abaixo utilize um molde de vestido elaborado a partir dos moldes básicos ajustado ou com folga.

9 Blazer com peplum em pregas

Trace o molde de vestido com definição de cintura no comprimento desejado. Aprofunde a cintura em 1 cm no centro das costas e 1 cm no centro da frente. Desenhe as linhas do recorte e a gola. Feche a pence do busto. Desenhe o decote. Corte ao longo da costura da cintura, do recorte e das costuras laterais. Trace as partes do molde e a gola. Molde as costuras e marque as casas e a carcela. Recorte a vista interna conforme a frente.
Peplum Corte o centro das partes laterais e abra 2 cm para evasê. Adicione 4 cm de fendas às linhas do recorte e 8 cm ao centro das costas para uma prega fêmea. Contorne o molde, dobre as pregas e recorte. Adicione uma vista interna no centro da frente, como no diagrama.

10 Blazer ajustado com recorte princesa

Trace o molde de vestido não acinturado no comprimento desejado. Aprofunde a cintura nas costas em 2,5 cm e acinture em 1 cm. Desenhe as linhas do recorte conforme apresentado e, nessas linhas, desenhe a forma da cintura. Adicione uma pence pequena no ponto médio entre a costura lateral e o recorte da frente. Desenhe o bolso e sua vista interna partindo da pequena pence à linha do recorte das costas. Trace a vista interna e o forro do bolso. Corte as partes do molde.
Costas Contorne as costas e molde as costuras.
Recorte lateral Contorne o recorte lateral e molde as costuras. No ponto em que se encontra o bolso, estenda a costura lateral o equivalente à largura da pence. Corte ao longo das linhas 1 e 2.
Frente Feche a pence do busto, contorne a frente, molde a costura do recorte, marque as casas e adicione a carcela. Recorte a vista interna conforme a frente.

11 Blazer com peplum drapeado

Trace o molde de vestido não acinturado no comprimento desejado. Desenhe a linha do peplum. Desenhe duas pences nas costas e na frente conforme ilustrado no diagrama. Corte a costura lateral e ao longo da linha do plepum.
Costas Contorne as costas, molde as costuras e as pences.
Frente Feche a pence do busto e contorne a frente. Molde as costuras e encurte as pences. Adicione uma carcela rendilhada e marque as casas. Trace uma vista interna separada.
Peplum Feche as pences da linha da cintura e abra a barra para formar o evasê desejado. Trace um molde com curvas suaves.

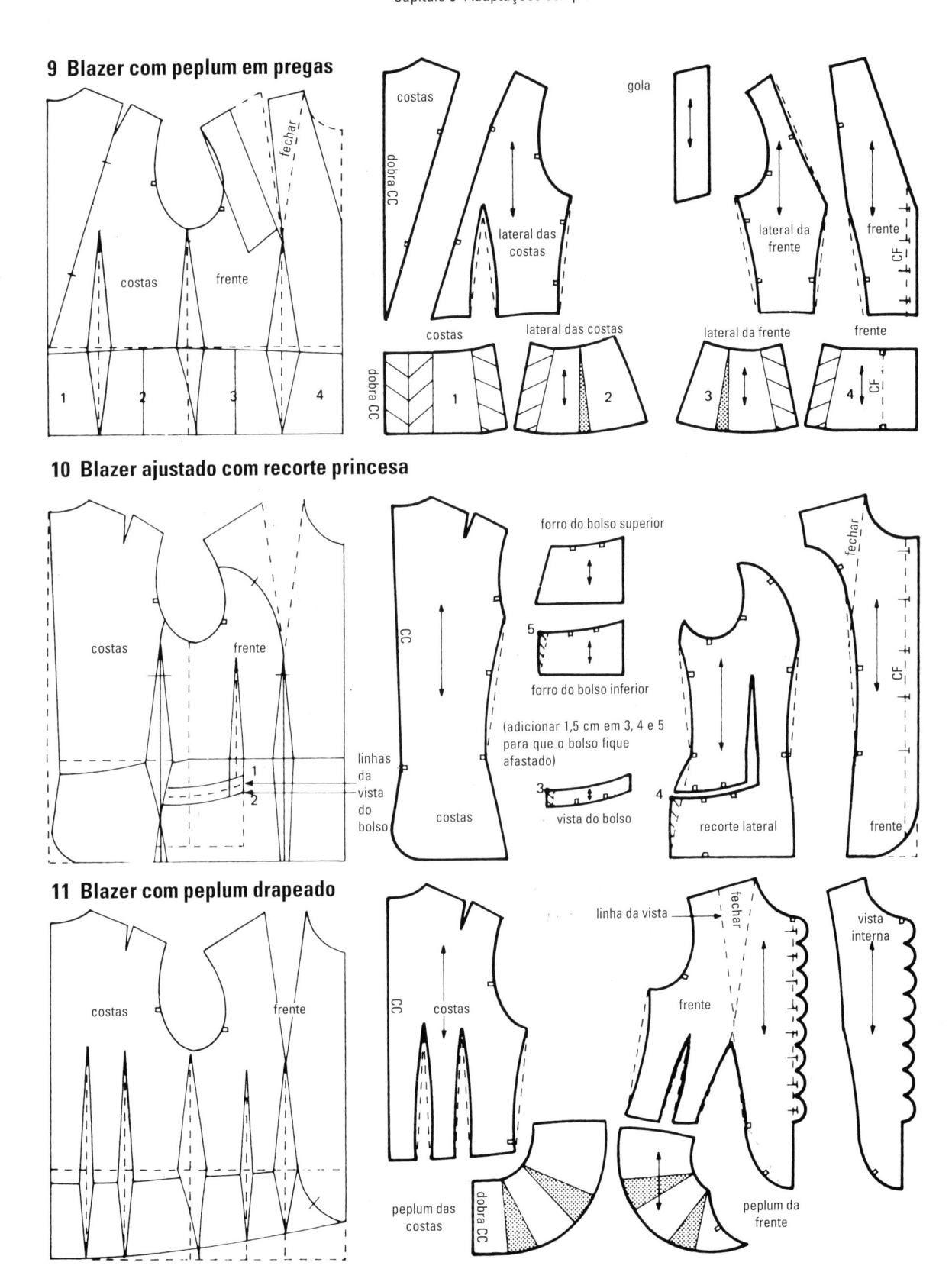

Capítulo 8 Adaptações complexas dos moldes básicos: vestidos, blazers, casacos **127**

9 Blazer com peplum em pregas

10 Blazer ajustado com recorte princesa

(adicionar 1,5 cm em 3, 4 e 5 para que o bolso fique afastado)

11 Blazer com peplum drapeado

Blazers e casacos

1 Blazer transpassado semiajustado

Trace o molde de blazer ou de casaco dependendo do tipo de peça desejada. Trace o molde com a pence de busto reduzida e transfira-a para o centro do ombro.

Partes do corpo Desenhe linhas verticais a partir dos piques das costas e da frente. Marque 1, 2, 3, 4 e 8 (ponto médio entre 1 e 2) nas costas e esquadre até 9. Marque 5, 6 e 7 na frente.

3–10 e 6–11 = 1,5 cm.
4–12 e 7–13 = 2 cm.

Desenhe as linhas de costura das costas 9, 3, 12 e 9, 10, 4.
Desenhe as linhas de costura da frente 5, 6, 13 e 5, 11, 7.
Desenhe o bolso embutido.

Marque as casas e adicione a frente transpassada (ref. 3 página 40). Abaixe o decote e desenhe a forma de lapela desejada. Faça a gola com lapela feminina tradicional (ref. 19 página 80) no novo decote. Desenhe a linha da vista interna.

Costas Trace as costas.
Recorte lateral Trace o recorte lateral.
Frente Trace a parte da frente e transfira 1 cm da pence do busto para a linha do recorte (use como folga). O restante, transfira para uma pence no decote.
Gola e vista interna Trace a gola e a vista interna.
Manga Manga de duas folhas (página 30).
Bolso Trace a lapela do bolso, dobre a largura e marque a linha de dobra no centro.

2 Sobretudo tradicional

Trace o molde de sobretudo com a pence do busto reduzida (no exemplo, metade do tamanho da pence está sendo utilizado). Se uma folga maior for necessária no corpo, desenhe uma cava profunda (ref. 23 página 60).

Costas Trace a parte das costas. Adicione 6 cm para a fenda no centro das costas. Adicione 2 cm de evasê e vistas internas de bolso à costura lateral.
Frente Transfira a pence do busto para a costura lateral. Desenhe o bolso embutido conforme desejado. Aprofunde a linha da barra da frente em 1 cm e una à costura lateral com uma curva suave.

Marque as casas e adicione uma carcela.

Desenhe a linha da vista interna e adicione uma vista rebatida, como no diagrama. Adicione 2 cm de evasê e vistas internas de bolso à costura lateral. Desenhe o forro do bolso e trace-o separadamente.
Manga Trace uma manga inteira (pág. 28) e complete a cava profunda, se desejado.
Gola Faça uma gola esporte (ref. 8 página 76).
Cinto O comprimento do cinto é metade da medida da cintura mais 25 cm e sua largura é o dobro da indicada. Marque a linha de dobra no centro.
Vistas externas do bolso Desenhe o comprimento indicado e o dobro da largura. Marque a dobra.

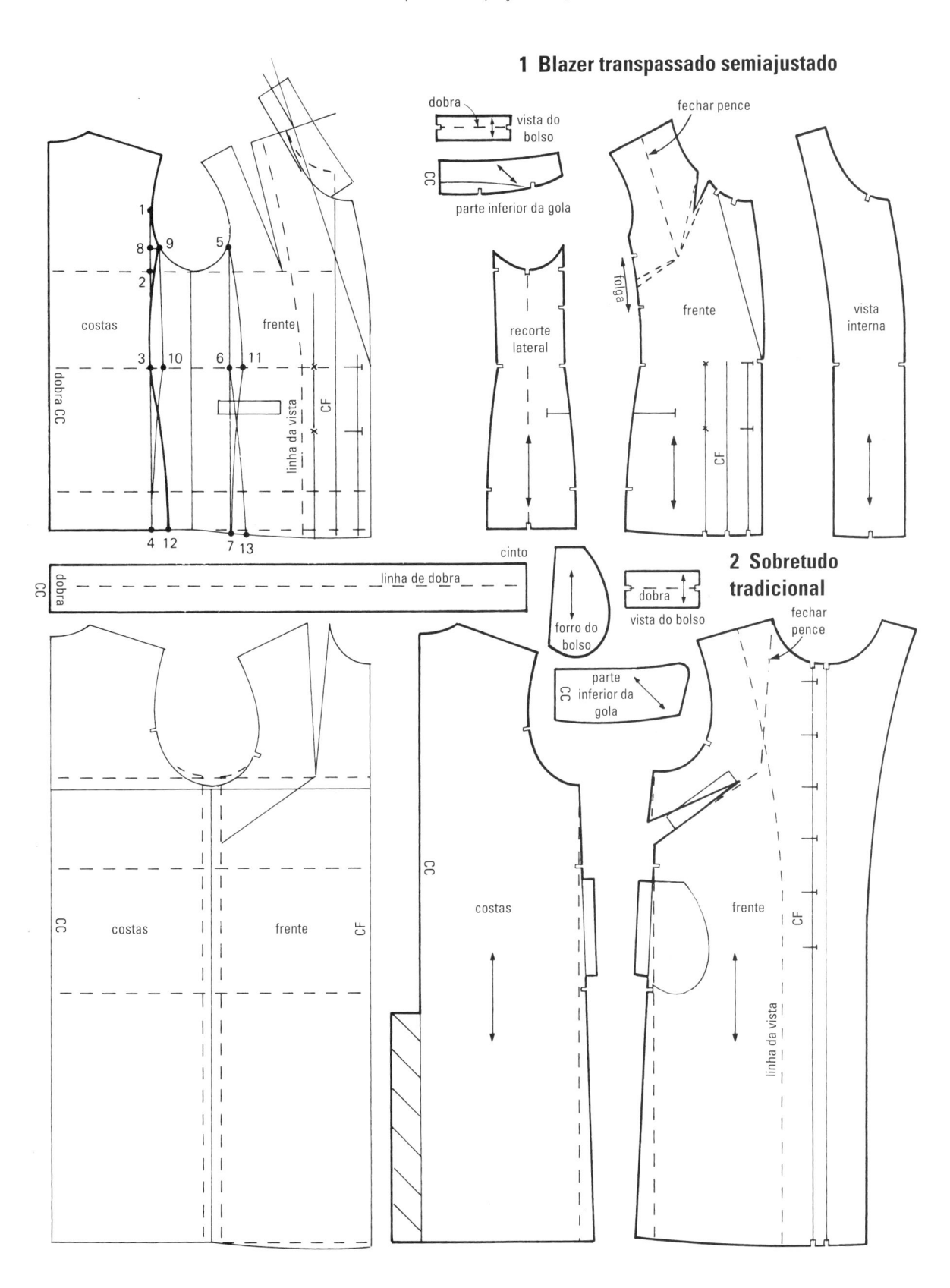

Capítulo 8 Adaptações complexas dos moldes básicos: vestidos, blazers, casacos **129**

1 Blazer transpassado semiajustado

2 Sobretudo tradicional

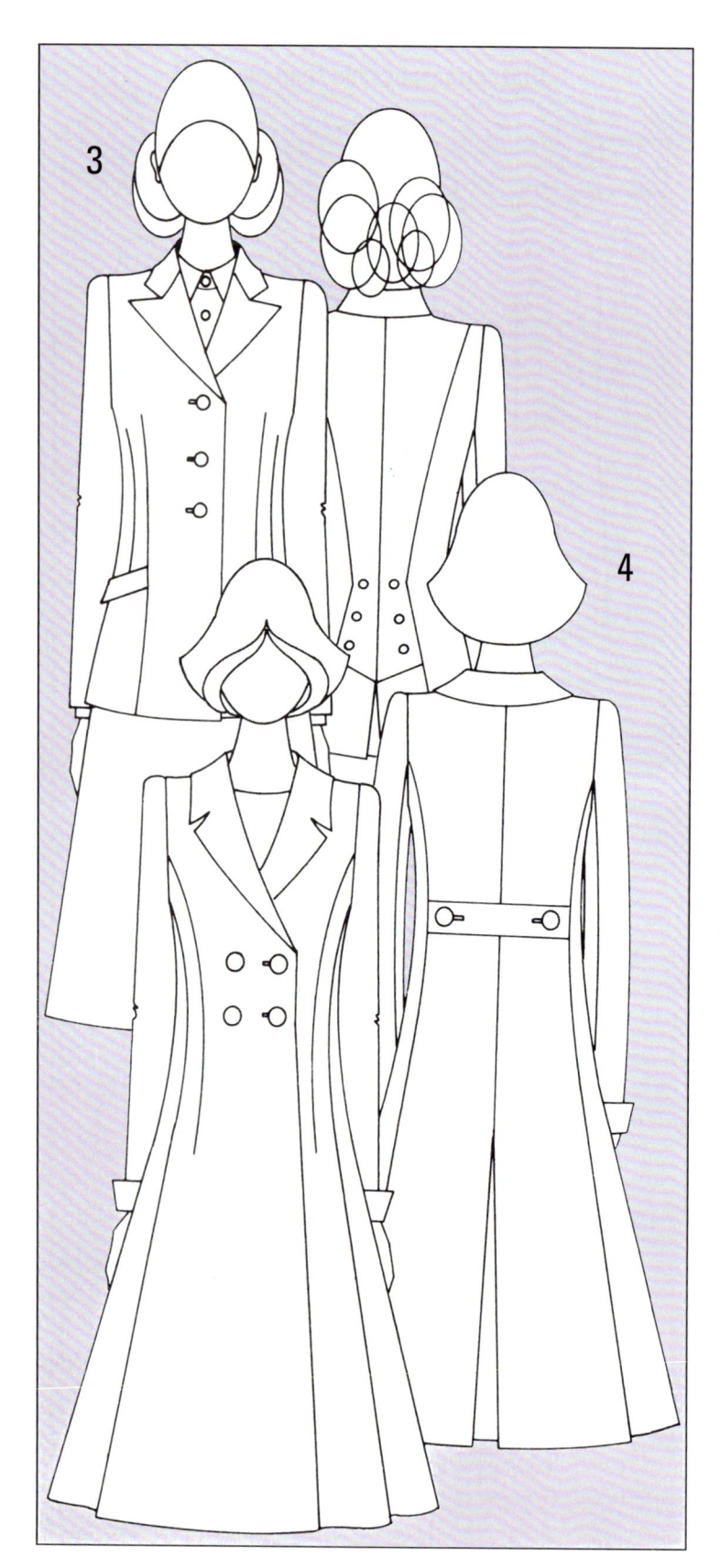

3 Blazer ajustado com três botões

Trace o molde de blazer no comprimento desejado. Desenhe as linhas do recorte das costas e remarque a costura lateral 2,5 cm em direção às costas. Molde a cintura e a costura lateral conforme mostrado. Divida a medida da pence em duas pences.

Adicione 1 cm de evasê à barra do recorte das costas. Desenhe o bolso. Marque as casas, adicione a carcela e faça uma gola tradicional de blazer – transpassado (ref. 18 página 80).

Trace todas as partes do molde.

Feche a pence do busto, molde as pences e as costuras do recorte.

Com a carretilha, faça uma vista interna da frente.

Adicione 12 cm no centro das costas do corpo para uma prega fêmea.

Manga Desenhe uma manga de duas folhas. (página 30)

4 Casaco 7/8 ajustado (cintura levemente alta)

Trace o molde de sobretudo no comprimento desejado. (O molde de blazer pode ser utilizado para uma modelagem ajustada). Marque uma linha da cintura reta. Estenda ao comprimento desejado. Desenhe as linhas de recorte. Molde a costura do centro das costas em 1 cm na cintura e na barra. Molde as linhas em aproximadamente 3 cm na pence da cintura da frente e nas linhas de recorte. Desenhe o martingale.

Para uma lapela baixa, desenhe uma pence de 0,6 cm no decote e a feche. Desenhe linhas de botão, marque as casas e adicione uma carcela. Faça uma gola com decote profundo (ref. 16 página 78) e dobre para trás 5 cm. Marque o pique. Trace todas as partes do molde.

Costas Adicione 16 cm no centro das costas da saia para uma prega fêmea. Molde a linha do recorte e adicione 4 cm de evasê à barra.

Recorte lateral e da frente Molde as linhas de recorte e adicione 5 cm de evasê à barra. Adicione 2,5 cm de evasê no centro da frente.

Adicione uma vista interna de bolso na costura da frente. Feche a pence do busto. Trace a vista interna da frente.

Manga Trace uma manga de duas folhas (página 30). Faça um punho estruturado (página 72).

Nota Para adição de ombreiras, eleve os ombros e as cabeças das mangas (ref. 8 página 54).

3 Blazer ajustado com três botões

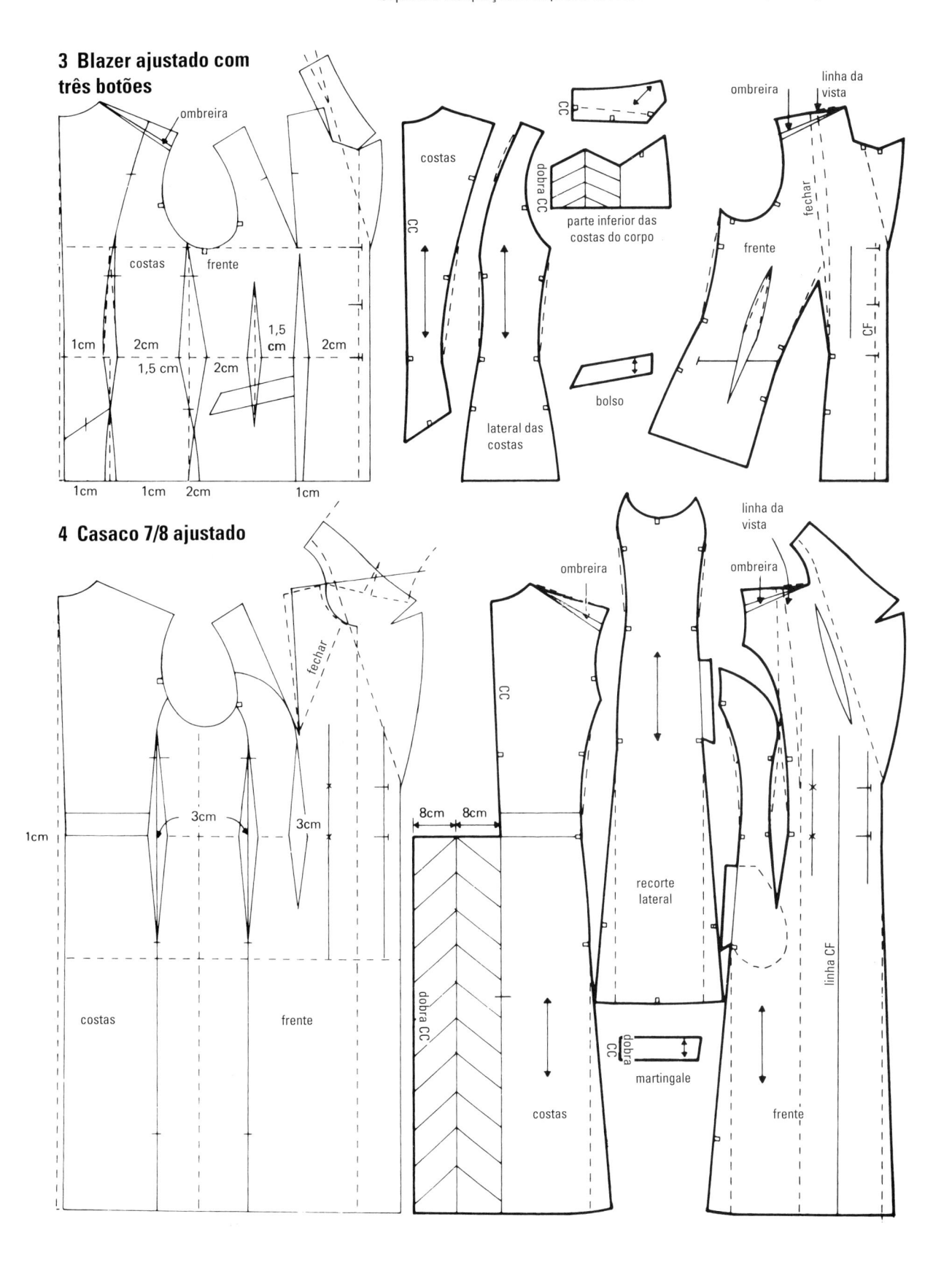

ombreira
costas
frente
1cm 2cm 1,5 cm 2cm
1,5 cm 2cm
1cm 1cm 2cm 1cm

CC
costas
lateral das costas

CC
dobra CC
parte inferior das costas do corpo

bolso

ombreira
linha da vista
fechar
frente
CF

4 Casaco 7/8 ajustado

ombreira
fechar
1cm
3cm 3cm
costas
frente

8cm 8cm
dobra CC
costas

ombreira
CC
recorte lateral

dobra CC
martingale

linha da vista
ombreira
linha CF
frente

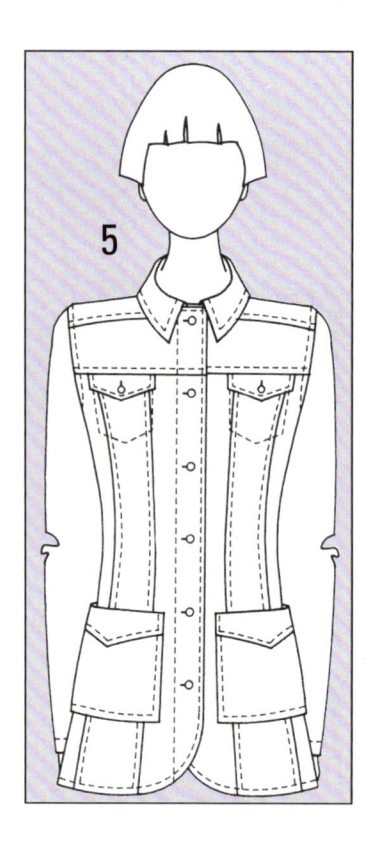

5 Blazer safári ajustado

Trace o molde básico do corpo com folga. Utilize o molde de manga de duas folhas (página 30). Para uma modelagem com mais folga, modifique a manga e a adaptação da cava de camisa com folga (ref. 24 página 60).

Separe a parte da frente. Transfira a pence para debaixo do braço. Estenda o molde para o comprimento desejado. Amplie o decote em 1,5 cm e aprofunde o decote da frente 1 cm. Retire 4 cm do ombro da frente e adicione esse valor no ombro das costas.

Redesenhe a cava. Desenhe a pala e as linhas do recorte. Desenhe a forma da cintura do modo que desejar ou conforme o exemplo.

Diminua a pence da linha do recorte lateral. Esquadre a partir do centro de cada pence da cintura até a barra.

Adicione 1 cm de evasê às costuras laterais e às partes do molde nos locais indicados.

Frente Adicione uma carcela e marque as casas e a linha da vista interna. Aprofunde a linha da barra na frente em 1 cm. Desenhe os bolsos. Trace a pala, as partes do molde e os bolsos. Feche a pence da lateral da frente.

Costas Trace a pala e as partes do molde das costas.

Gola e vista interna Trace a vista interna. Faça uma gola esporte (ref. 8 página 76).

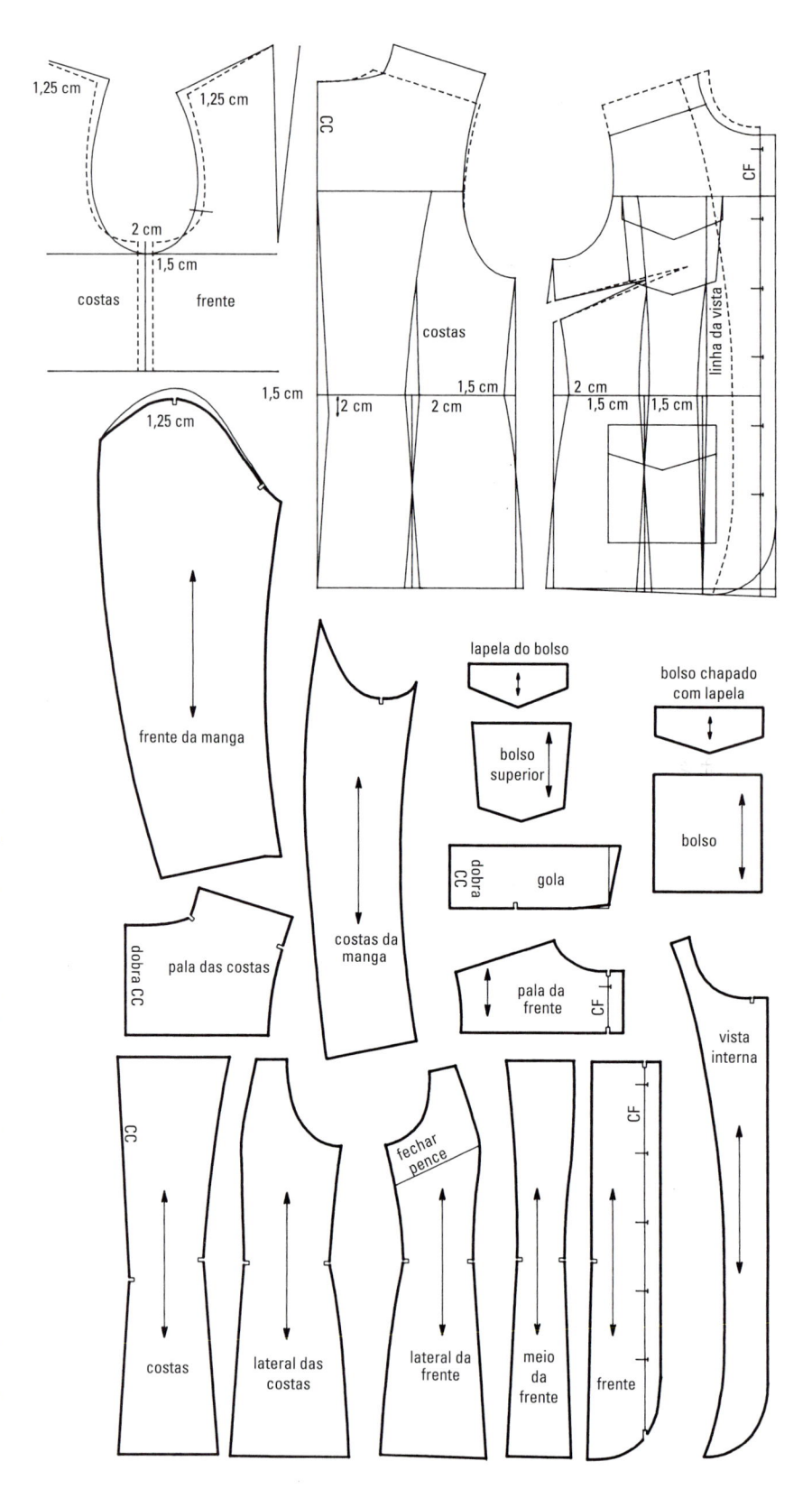

Barras e margens de costura para casaco e blazer tradicional

As margens de costura variam de acordo com o estilo e o tecido. O exemplo apresenta margens de costura em um molde de blazer tradicional.

Costas e frente Marque o ponto A no ponto da linha da vista interna na barra da frente.

A–B = 1 cm.

Adicione costura de 1 cm a todas as bordas de costura.

Adicione 1 cm à barra do ponto B até o centro da frente.

Adicione margem de barra de 4 cm. Faça um degrau no ponto B.

Vista interna Marque o ponto C no ponto da gola e o ponto D na linha de dobra da lapela. Adicione 1 cm a todas as bordas de costura de C–D. Adicione uma margem maior à borda externa da gola de C–D. (O valor dependerá da espessura do tecido.)

Golas As margens de costura para golas variam conforme a maneira que elas serão construídas e montadas (por exemplo, a forma da gola inferior). Observe que a gola superior é cortada com uma folga extra (ref. Depois de traçar uma gola, página 74). Para golas tradicionais adicione uma folga extra (aproximadamente 0,5 cm) à linha de estilo da gola de E–F e à borda do decote de G–H.

Manga Adicione uma abertura nas costuras das costas da manga com 10 cm de comprimento e 2 cm de largura. Adicione uma margem de costura de 1 cm a todas as linhas de costura. Adicione uma margem para bainha de 4,5 cm.

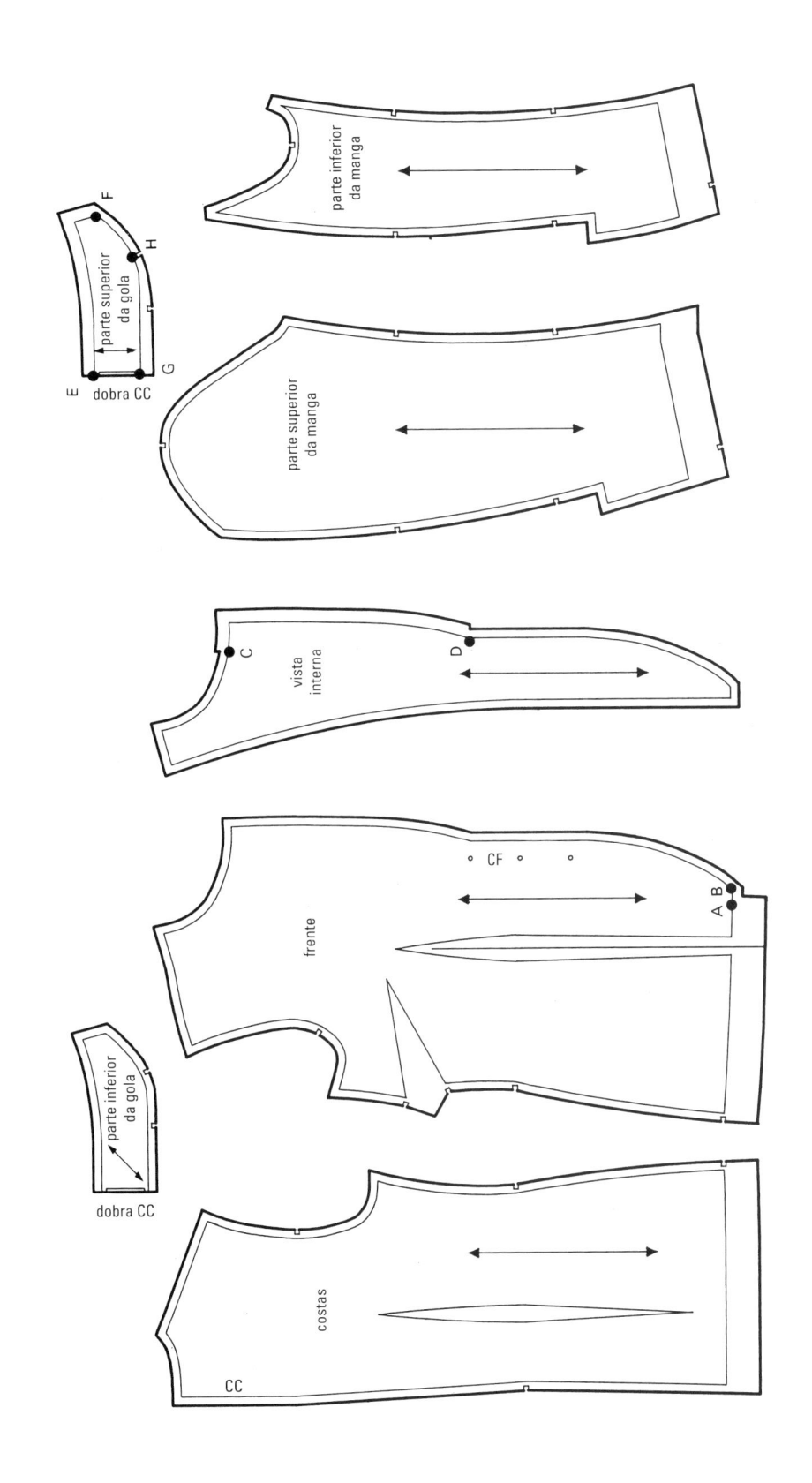

Forros para casaco e blazer tradicionais

Há duas razões para que a margem de folga seja necessária:

(1) As peças feitas em tecido plano, especialmente as produzidas em tecidos de lã, "cedem" um pouco ao serem cortadas. Com tecidos utilizados como forro, isso não acontece da mesma maneira. A folga necessária depende do tecido utilizado. O exemplo apresentado é uma orientação básica.
(2) Os forros devem ser folgados o bastante para evitar que a peça fique distorcida com a sua inserção. A folga também permite melhor caimento ao forro, nos pontos de tensão, para acompanhar o movimento do corpo. Os principais pontos de tensão são a cava e a parte do centro das costas.

Os moldes do forro são feitos após a inclusão das margens de costura no molde das roupas. Os forros diretamente em cima do tecido de forro. Em uma fabricação em série, é necessário que moldes de forro do corpo e da manga são cortados com 2 cm a menos que o comprimento desejado para a peça.

Costas Adicione 2 cm em A para a prega do centro das costas. Adicione 1 cm para fora e para cima de B; 1 cm para e fora e 0,5 cm para cima de C; e 0,5 cm para fora em D e E.
Frente Adicione 1 cm para fora e para cima de F; 1 cm para fora e 0,5 cm para cima de G; e 0,5 cm para fora de H e I. Adicione 1 cm à linha da vista interna para margem de costura.
Parte superior da manga Adicione 1 cm para cima e 0,8 cm para fora de J e K; e 1 cm para cima de L.
Parte inferior da manga Adicione 1 cm para cima e 0,8 cm para fora de M e N; e 1 cm para cima de O. Redesenhe a curva da parte debaixo do braço conforme apresentado. Adicione margem de abertura para a parte inferior da manga.

Nota Na confecção sob medida, os forros são muitas vezes cortados colocando as peças de roupa diretamente em cima do tecido de forro. Em uma fabricação em série, é necessário que moldes de forro sejam feitos separadamente.

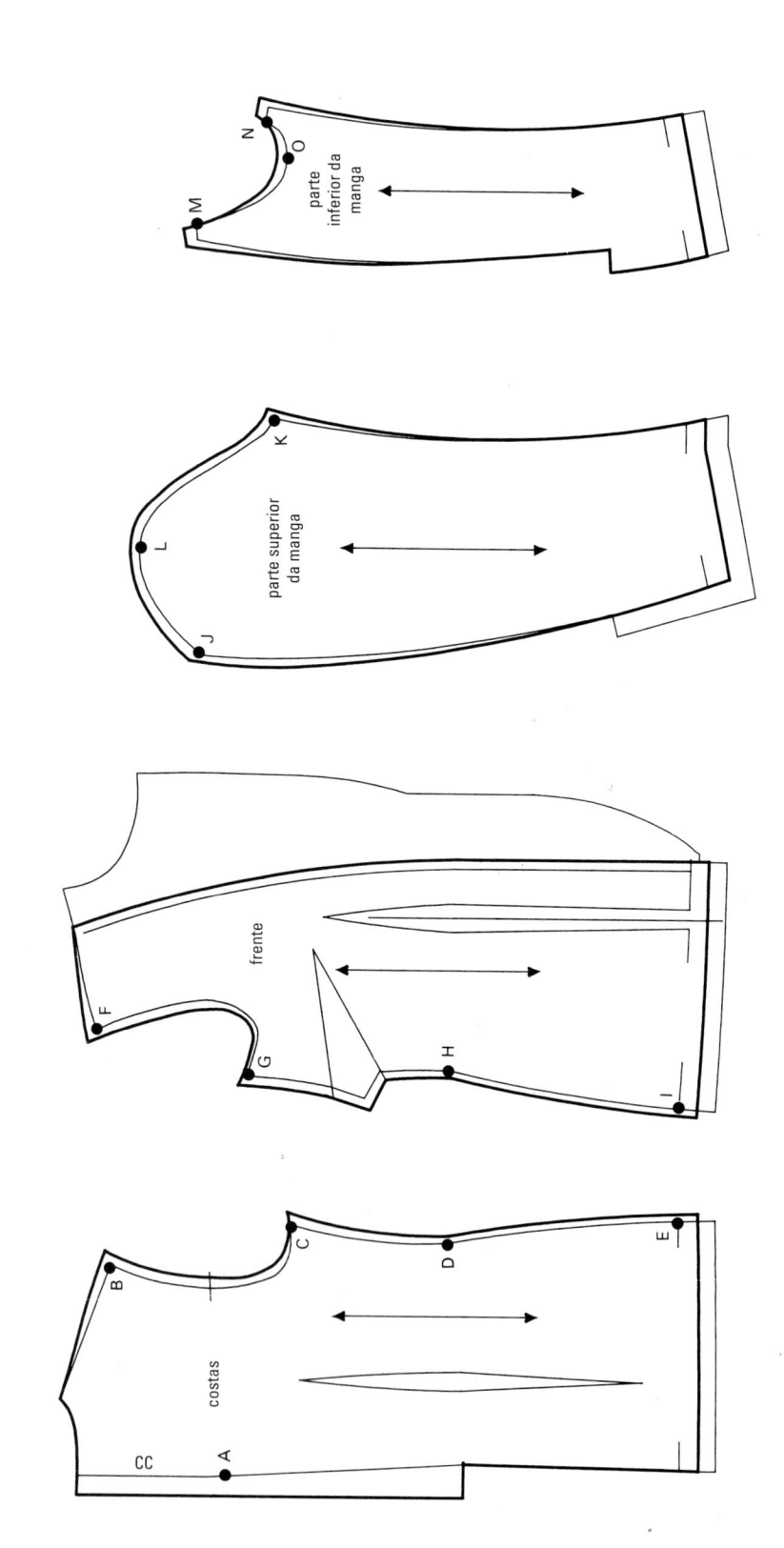

Parte 2: Processo de modelagem sem pences

9 Peças com folga (tecidos planos)

As adaptações encontradas neste capítulo apresentam como base o *processo de modelagem sem o uso de pences* ou de uma definição ajustada da cintura. A técnica é bastante útil para as peças de roupa que são dobradas e empacotadas. Os moldes básicos da *modelagem sem pences* são utilizados principalmente para peças com folga produzidas em tecidos planos e, portanto, apresentam uma quantidade considerável de folgas. Eles são a base para a maior parte das roupas esportivas e de inverno, mas também podem servir para a criação de novas formas.

As adaptações de mangas e golas da Parte 1: Processo de modelagem tradicional podem ser utilizadas. Alguns exemplos de modelo são apresentados ao longo do capítulo para demonstrar suas aplicações. A maioria desses exemplos mostra as partes da frente e das costas viradas para a mesma direção. A razão disso é que, assim, as instruções e os pontos de graduação para ambas as partes serão os mesmos. Como se pode observar, o processo de modelagem sem pences permite o uso de técnicas simples de graduação.

Modelos de calça e saia com folga	**136**
Molde da calça com folga (para calça cargo e jardineira)	136
Molde básico da calça sem pences	138
Moldes básicos da saia sem pences e saia sem pences simplificada	138
1 Calça cargo	140
2 Calça sarouel	140
3 Saia assimétrica com recortes	142
4 Saias básicas com cós e recortes	142
Modelos do corpo com folga	**144**
Molde de camisa	144
Moldes básicos de casaco sem pences	146
Molde básico do corpo de quimono para casaco sem pences	146
1 Blazer com manga embutida	148
2 Trench coat com manga embutida	148
3 Casaco com manga quimono	150
4 Caban com manga quimono	150

Tamanho

Os fabricantes de *roupas esportivas* e alguns de roupas casuais normalmente utilizam os tamanhos EXTRA PEQUENO (PP), PEQUENO (P), MÉDIO (M), GRANDE (G) e EXTRA GRANDE (GG). Os exemplos utilizados a seguir são baseados no tamanho M da moda *high-street* (ver página 16).

Modelos de calça e saia com folga

Molde da calça com folga (para calça cargo e jardineira)

Medidas necessárias para traçar o molde básico

O molde pode ser traçado nas numerações 8, 10, 12, etc., ou PP, P, M, G e GG de qualquer tabela de medidas deste livro (páginas 16-18). Além disso, medidas personalizadas (ver página 182) também podem ser aplicadas ao molde.

Este exemplo ilustrado utiliza o tamanho M da tabela de medidas da página 16 (para moda *high-street*).

cintura	68 cm	altura do gancho	28 cm
quadril	94 cm	comprimento da calça	104 cm
cintura até quadril	20,6 cm	largura da barra da calça (página 17)	22 cm

Frente

Esquadre para os dois lados a partir de 0.
- **0-1** altura do gancho mais 1 cm; esquadre.
- **0-2** cintura até quadril; esquadre.
- **0-3** medida do comprimento da calça; esquadre.
- **1-4** metade da medida de 1-3 menos 5 cm; esquadre.
- **1-5** doze avos da medida do quadril mais 1,8 cm; esquadre até 6 e 7.
- **6-8** um quarto da medida do quadril mais 1 cm.
- **5-9** dezesseis avos da medida do quadril mais 1 cm.
- **7-10** 1 cm.

Una 10-6 e 6-9 com uma linha curva sobre os pontos:

tamanhos	6-14 ou PP, P, M	3,5 cm	de 5
	16-26 ou G, GG	3,75 cm	de 5

- **10-11** um quarto da cintura mais 5 cm.
- **3-12** metade da largura da barra da calça menos 0,5 cm; una 8-12. Marque o ponto 13 na linha do joelho.

Desenhe a costura lateral; una 8-11 com uma curva suave. Una 8-13 e 13-12.

- **3-14** metade da largura da barra da calça menos 0,5 cm.
- **4-15** medida de 4-13.

Desenhe a costura do entrepernas e una 14-15; una 9-15 curvando a linha para dentro 0,75 cm.

Costas

- **5-16** um quarto da medida de 1-5; esquadre até o ponto 17 no quadril e 18 na cintura.
- **16-19** metade da medida de 16-18.
- **18-20** 2 cm.
- **20-21** 2 cm.
- **21-22** um quarto da cintura mais 6 cm; una 21-22 para tocar a linha horizontal de 0.
- **9-23** metade da medida de 5-9.
- **23-24** 0,25 cm.

Una 21-19; una 19-24 com uma linha curva sobre os pontos:

tamanhos	6-14 ou PP, P, M	4,5 cm	de 16
	16-26 ou G, GG	4,75 cm	de 16

- **17-25** um quarto da medida do quadril mais 2 cm.
- **12-26** 1 cm.
- **13-27** 1 cm.

Desenhe a costura lateral; una 22-25 com uma curva suave para fora, 25-27 com uma curva suave para dentro e 27-26 com uma linha reta.

- **14-28** 1 cm.
- **15-29** 1 cm.

Desenhe a costura do entrepernas; una 28-29; una 29-24 curvando a linha para dentro 1 cm.

Folga no gancho das costas

A maioria das calças com folga, principalmente as jardineiras, precisa de uma folga adicional no contorno do gancho das costas.

Trace as costas do molde da calça desejada.

Corte ao longo do quadril e abra uma nesga de aproximadamente 3,5 cm de largura no gancho das costas.

Redesenhe o gancho das costas conforme ilustrado.

Capítulo 9 Peças com folga (tecidos planos) **137**

—·—·— frente
———— costas

cintura

contorno do gancho

linha do quadril

profundidade do gancho

Folga no gancho das costas

linha do joelho

costas

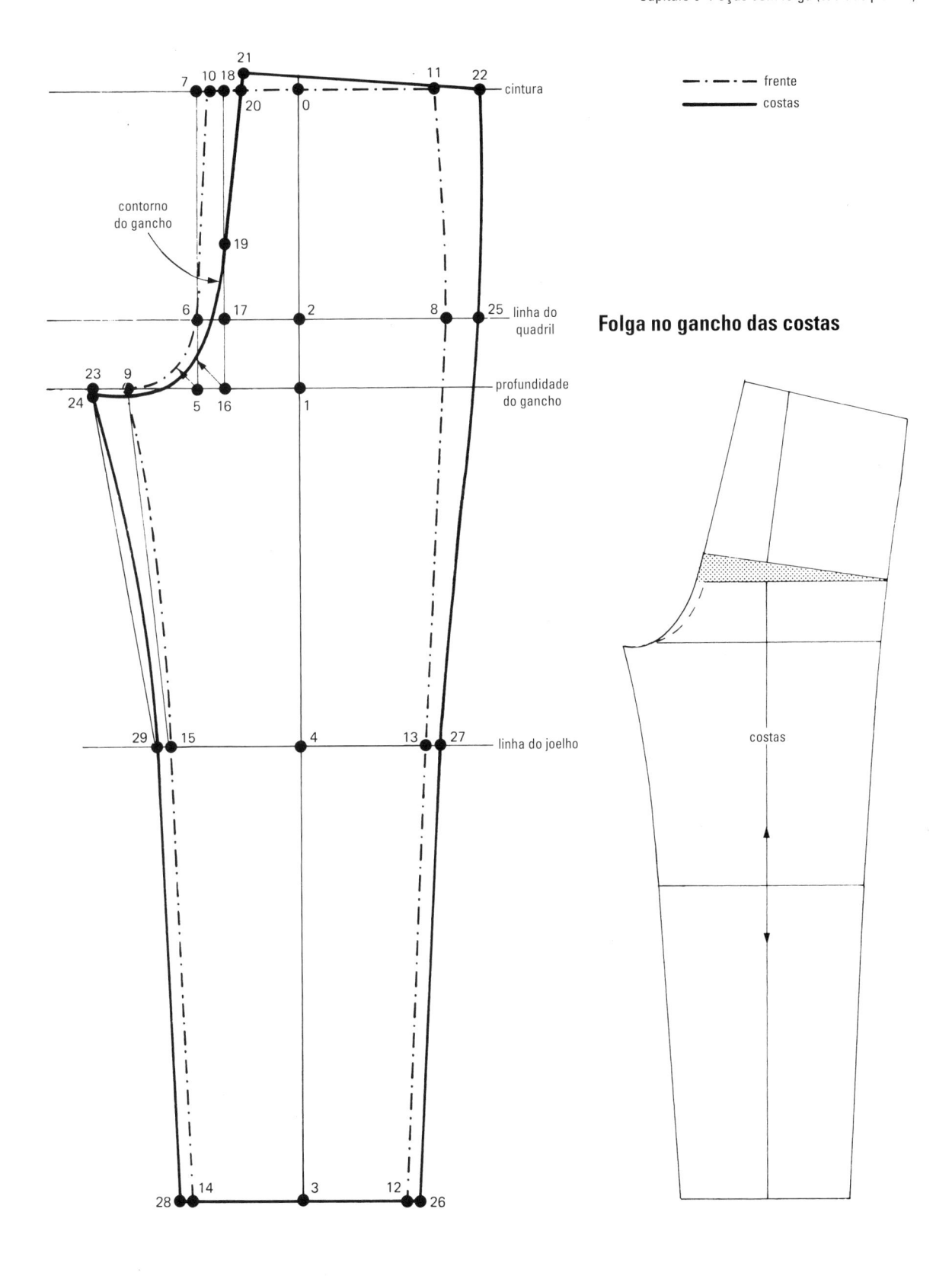

Molde básico da calça sem pences

Medidas necessárias para traçar o molde básico

O molde pode ser traçado nas numerações 8, 10, 12, etc., ou PP, P, M, G e GG de qualquer tabela de medidas deste livro (páginas 16-18). Além disso, medidas personalizadas (ver página 182) também podem ser aplicadas aos moldes.

Estes exemplos utilizam o tamanho M da tabela de medidas da página 16 (para moda *high-street*).

cintura	68 cm	altura do gancho	28 cm
cintura baixa	80 cm	comprimento da calça	104 cm
quadril	94 cm	canela	21 cm

Frente

Esquadre para baixo e para o lado a partir de 0.
0–1 altura do gancho mais 1 cm; esquadre.
0–2 medida do comprimento da calça; esquadre.
1–3 metade da medida de 1–2; esquadre.
1–4 um quarto da medida do quadril mais 4 cm; esquadre até 5.
5–6 1 cm.
4–7 um quarto da medida de 4–5.
4–8 um quarto da medida de 1–4 menos 0,5 cm.

Una 6–7 e 7–8 com uma linha curva sobre os pontos:
tamanhos   6–14 ou PP, P, M   2,75 cm de 4
                 16–26 ou G, GG   3 cm de 4

2–9 metade da medida da canela mais 6 cm.
3–10 três quartos da medida de 1–4 mais 0,3 cm.

Desenhe a costura do entrepernas; una 9–10 com uma linha reta; una 8–10 curvando a linha para dentro 1 cm.

Costas

5–11 3,5 cm.
11–12 3,5 cm; una 12–0.
4–13 metade da medida de 4–5.
8–14 medida de 4–8 mais 0,5 cm.
14–15 1 cm.

Una 12–13 e 13–15 com uma linha curva sobre os pontos:
tamanhos   6–14 ou PP, P, M   5 cm de 4
                 16–26 ou G, GG   5,5 cm de 4

9–16 2 cm.
10–17 3 cm.

Desenhe a costura do entrepernas; una 16–17 com uma linha reta; una 15–17 curvando a linha para dentro 2 cm.

Como criar um molde sem costura (peça inteira)

Contorne a parte das costas (linha forte contínua).
Contorne a parte da frente (linha pontilhada).
Espelhe a frente e posicione as costuras laterais lado a lado.

Moldes básicos da saia sem pences e saia sem pences simplificada

Molde básico da saia sem pences

Este molde pode ser utilizado para saias com folga com cós de elástico.

Frente

Esquadre para baixo a partir de 0.
0–1 comprimento desejado da saia; esquadre.
0–2 medida da cintura até quadril; esquadre.
2–3 um quarto da medida do quadril mais 0,5 cm. Esquadre até 4.
0–5 um quarto da medida da cintura mais 4 cm; esquadre 1,25 cm para cima até 6. Una 0–6 com uma curva.

Una 6–3. Curve a linha do quadril 0,25 cm para fora.

Costas

3–7 2 cm; esquadre até 8.
0–9 um quarto da medida da cintura mais 6,5 cm; esquadre 1,25 cm para cima até 10. Una 0–10 com uma curva.

Una 10–7. Curve a linha do quadril 0,25 cm para fora.

Molde básico da saia sem pences de cintura baixa

Este molde pode ser utilizado para saias que são cortadas no viés ou em tecidos com elastano. A folga na linha da cintura pode ser modelada no cós ou na vista interna da peça. O molde também pode ser utilizado para uma grande variedade de saias com palas.

Para este molde, as instruções de diagrama são utilizadas tanto para frente quanto para as costas da saia.

Frente e costas da saia

Esquadre para baixo a partir de 0.
0–1 comprimento desejado da saia; esquadre.
0–2 medida da cintura até quadril menos 6 cm; esquadre.
2–3 um quarto da medida do quadril mais 1,5 cm. Esquadre até 4.
0–5 um quarto da medida da cintura baixa mais 1,5 cm; esquadre 1,25 cm para cima até 6. Una 0–6 com uma curva.

Una 6–3. Curve a linha do quadril 0,2 cm para fora.

Molde básico da calça sem pences

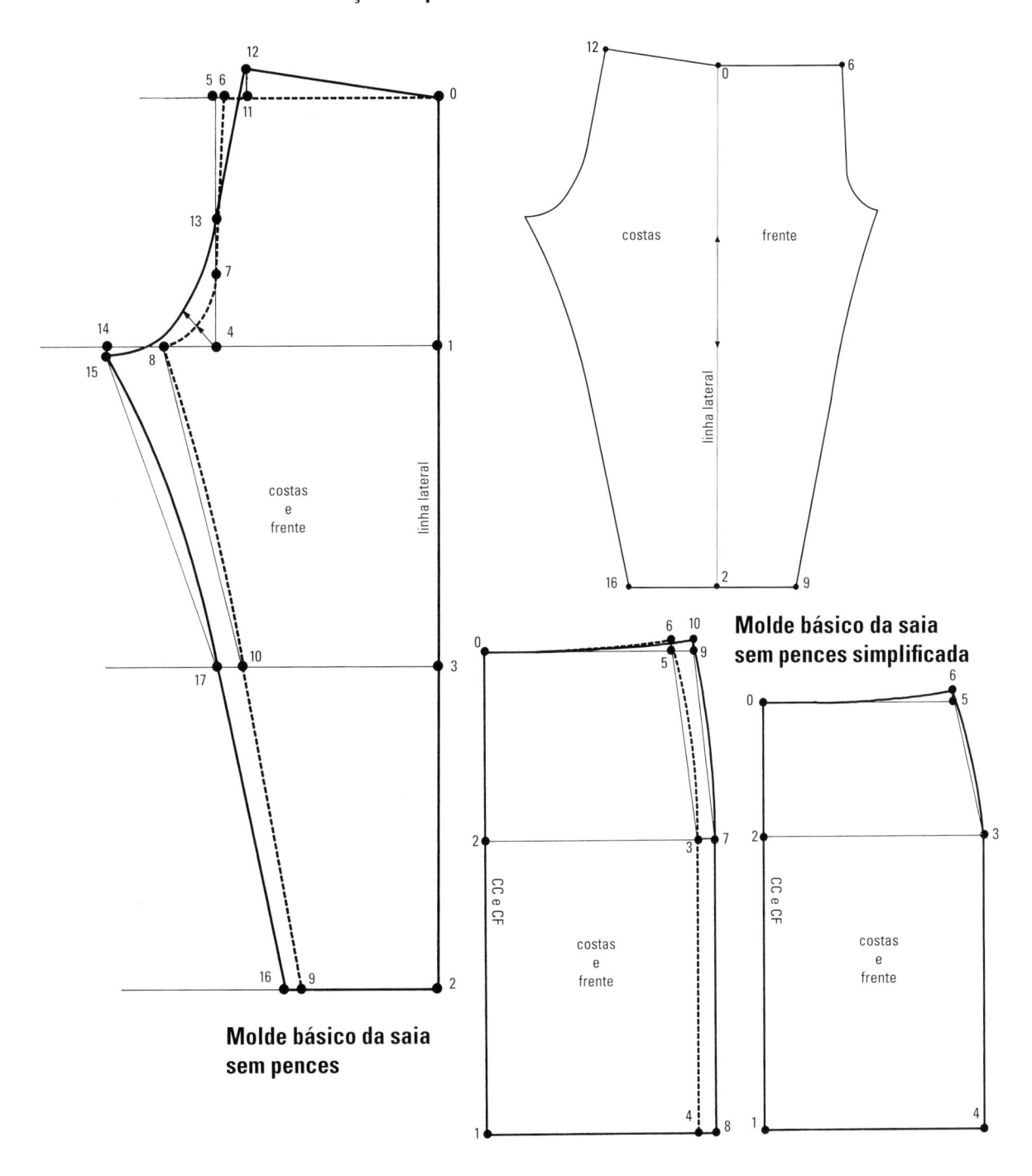

Molde básico da saia sem pences

Molde básico da saia sem pences simplificada

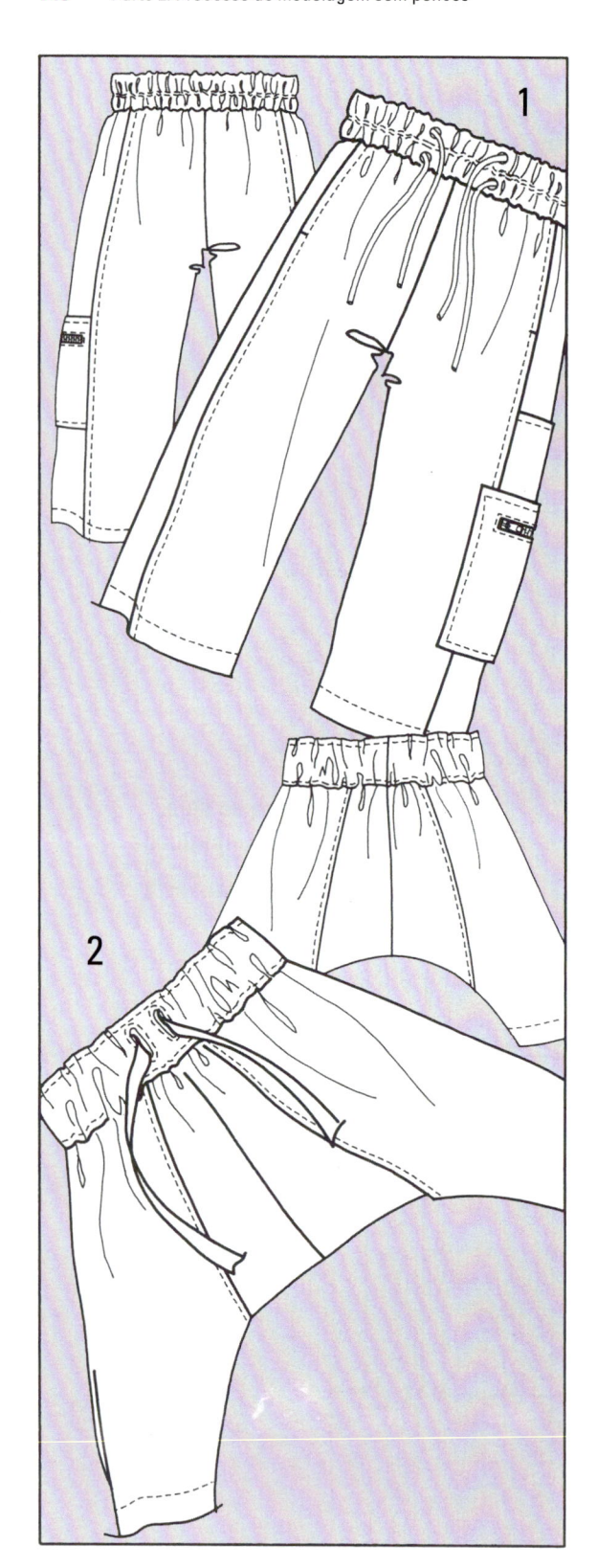

1 Calça cargo

Trace as costas e a frente do molde básico da calça com folga.

Diminua o molde para que a peça tenha o comprimento desejado.

Se a intenção for a de produzir uma calça ainda mais larga, com a característica da calça cargo mais acentuada, corte as linhas centrais e abra o quanto for desejado.

Frente   Desenhe a linha do recorte lateral.

Marque os pontos 0-1 na costura do entrepernas.

Estenda a linha de 1.

0-2   é um terço da medida de 0-1; esquadre para baixo até 3.

4-5   = 1-3; esquadre até 6.

Desenhe o forro do bolso a partir da linha do recorte lateral.

Desenhe a vista do bolso.

Desenhe o bolso lateral; marque os pontos 7 e 8.

Trace a frente e a parte lateral da frente.

Costas   9-10 e 11-12 são a medida de 1-3; esquadre até a costura do entrepernas e a costura lateral.

Desenhe a linha do recorte lateral, sendo a largura a medida de 7-8 no bolso lateral. Marque o bolso lateral.

Trace as costas e a parte lateral das costas.

Bolsos   Trace o forro do bolso, a vista do bolso e o bolso lateral.

Cós   Faça um cós com a medida da cintura dos moldes criados e o dobro da largura desejada. Marque a linha de dobra no centro.

2 Calça sarouel

Trace o molde básico da calça com muita folga.

Frente e costas   Diminua o desenho para que a peça tenha o comprimento desejado.

Esquadre para baixo a partir de 0 no centro da frente até 1.

Esquadre até 2. Esquadre para cima até 3, que se encontra 3 cm acima da cintura.

Estenda a linha da cintura das costas até 3.

Nesga   Desenhe uma linha vertical com comprimento de 110 cm.

Marque o ponto 4 no centro; esquadre.

4-5   aproximadamente 24 cm.

Desenhe uma linha paralela ao início da linha vertical, equidistante em 8 cm.

Desenhe uma linha paralela ao fim da linha vertical, equidistante em 12 cm.

5-6   é a medida de 0-1; esquadre.

5-7   é a medida de 2-3; esquadre.

Cós   Faça um cós conforme o modelo anterior.

Capítulo 9 Peças com folga (tecidos planos) **141**

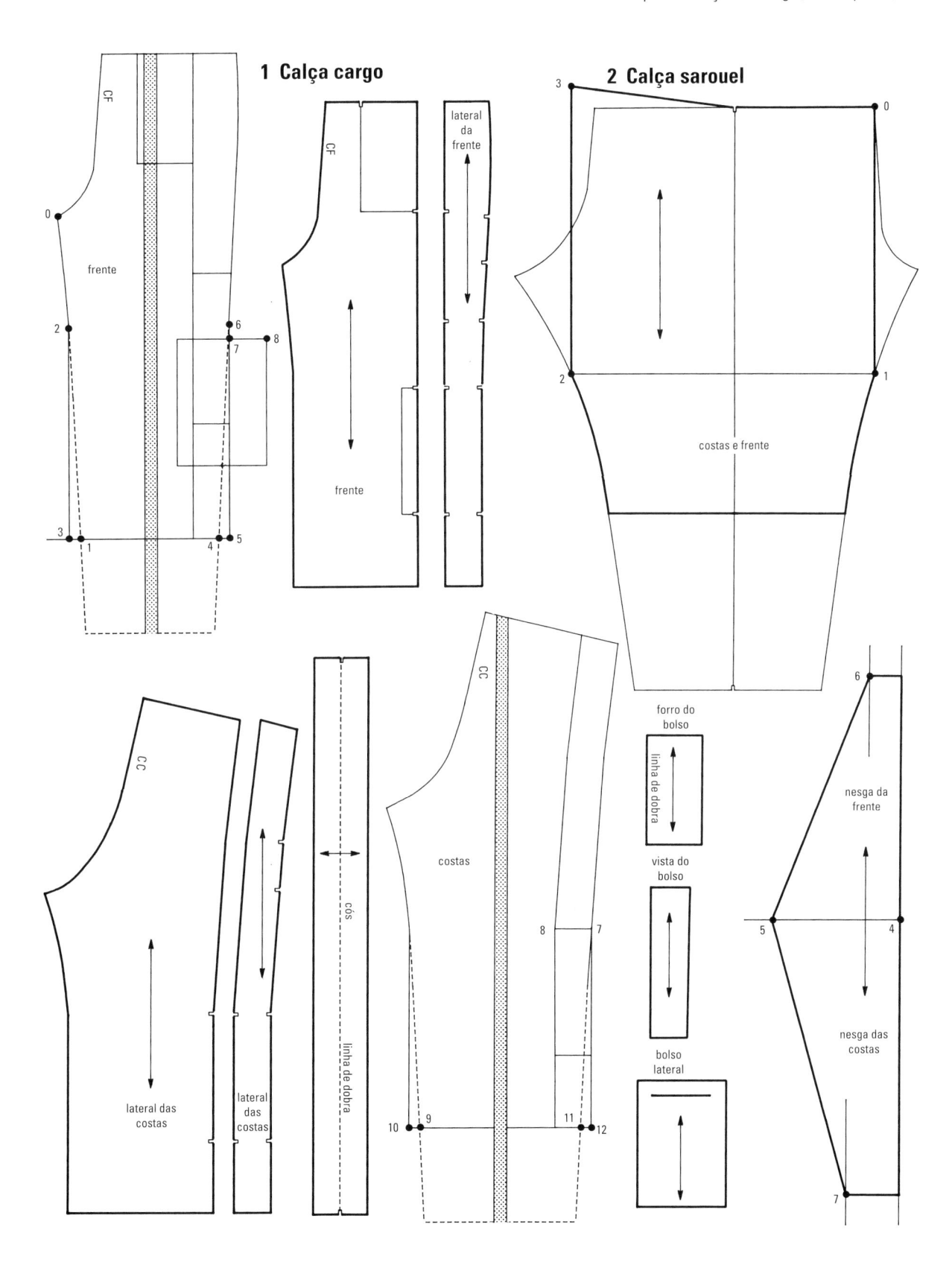

1 Calça cargo

2 Calça sarouel

frente
lateral da frente
frente
costas e frente
lateral das costas
lateral das costas
cós
linha de dobra
costas
forro do bolso
linha de dobra
vista do bolso
bolso lateral
nesga da frente
nesga das costas

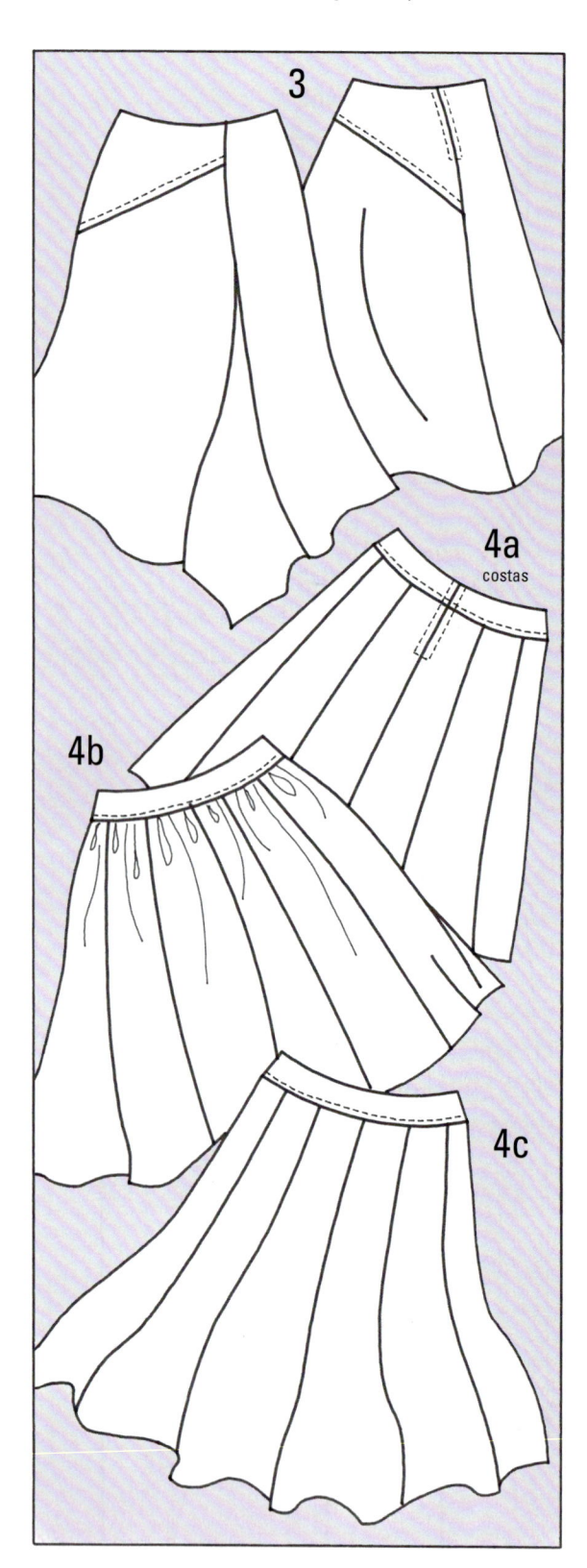

3 Saia assimétrica com recortes

Trace o molde da saia básica simples sem pences. O molde será traçado considerando o lado direito do tecido.

Espelhe e duplique os moldes para criar o molde da frente separado do molde das costas.

Marque as linhas de recorte na frente e nas costas da saia.

Desenhe as barras assimétricas da frente e das costas da saia, abaixando as linhas de recorte como desejado.

Desenhe diferentes recortes assimétricos na parte da frente e das costas da saia, na altura do quadril.

Desenhe a vista interna (5 cm de profundidade) no molde das costas conforme o diagrama. Marque um ponto de inserção da nesga na linha de recorte do molde da frente.

Desenhe a forma da cintura pelas linhas de recorte da frente e das costas da saia, traçando pences (aproximadamente 5 cm de comprimento) até que se tenha uma medida de cintura baixa final (80 cm), como no diagrama.

Aprofunde as pences até o recorte assimétrico do quadril na parte da frente e das costas da saia.

Divida as partes superior e inferior do molde, bem como o molde lateral da saia conforme mostrado.

Lateral das costas e da frente Trace as laterais do molde. Corte as linhas e adicione evasê, fechando as pences da cintura. Adicione 5 cm de evasê à barra da costura lateral.

Partes inferiores da saia Trace as partes inferiores da frente e das costas da saia. Corte as linhas de recorte dos moldes; adicione a quantidade desejada de evasê. Adicione 5 cm de evasê à barra da costura lateral.

Partes superiores Trace as partes superiores da frente e das costas da saia e feche as pences.

Nesga Faça uma nesga com a largura e o comprimento desejados.

Vistas internas da frente e das costas Trace a vista interna e feche as pences.

4 Saias básicas com cós e recortes

Trace o molde da saia básica simples sem pences ignorando a curvatura da cintura.

Marque os pontos 0, 3 e 5 do molde.

0–A profundidade da pala (no exemplo, 6 cm). Esquadre.

Esquadre para cima do ponto 3 na linha do quadril até o ponto B.

Recortes da saia Divida a linha A–B em um quarto do número de partes da saia (o exemplo apresenta uma saia com 12 partes). Trace as linhas de recorte.

Marque o ponto C na costura lateral da linha de pala; meça a distância de C–B (no exemplo, 1,5 cm).

A parte superior de cada linha de recorte deve ser reduzida em 0,5 cm para que a medida original da pala possa encaixar. Molde a linha do quadril.

Muitas variações de recortes podem ser feitas, por exemplo:

(a) recorte dividido ao meio com evasê adicionado na barra
(b) recorte dividido ao meio com folga extra para formar franzidos
(c) somente evasê adicionado na barra

Cós Estenda a linha de 0–5. Esquadre para cima a partir de C até o ponto D na cintura. Divida o retângulo 0, A, C, D em quatro partes. Trace as partes do molde.

Meça a distância de 0–D e diminua um quarto da medida da cintura baixa. (Exemplo: 23,6 − 20 = 3,6 cm). Divida por quatro (0,9 cm). Sobreponha cada parte do cós 0,9 cm na linha da cintura.

Molde a costura lateral em 0,9 cm na cintura. Contorne a nova forma do cós curvando a cintura e a costura lateral.

Capítulo 9 Peças com folga (tecidos planos) **143**

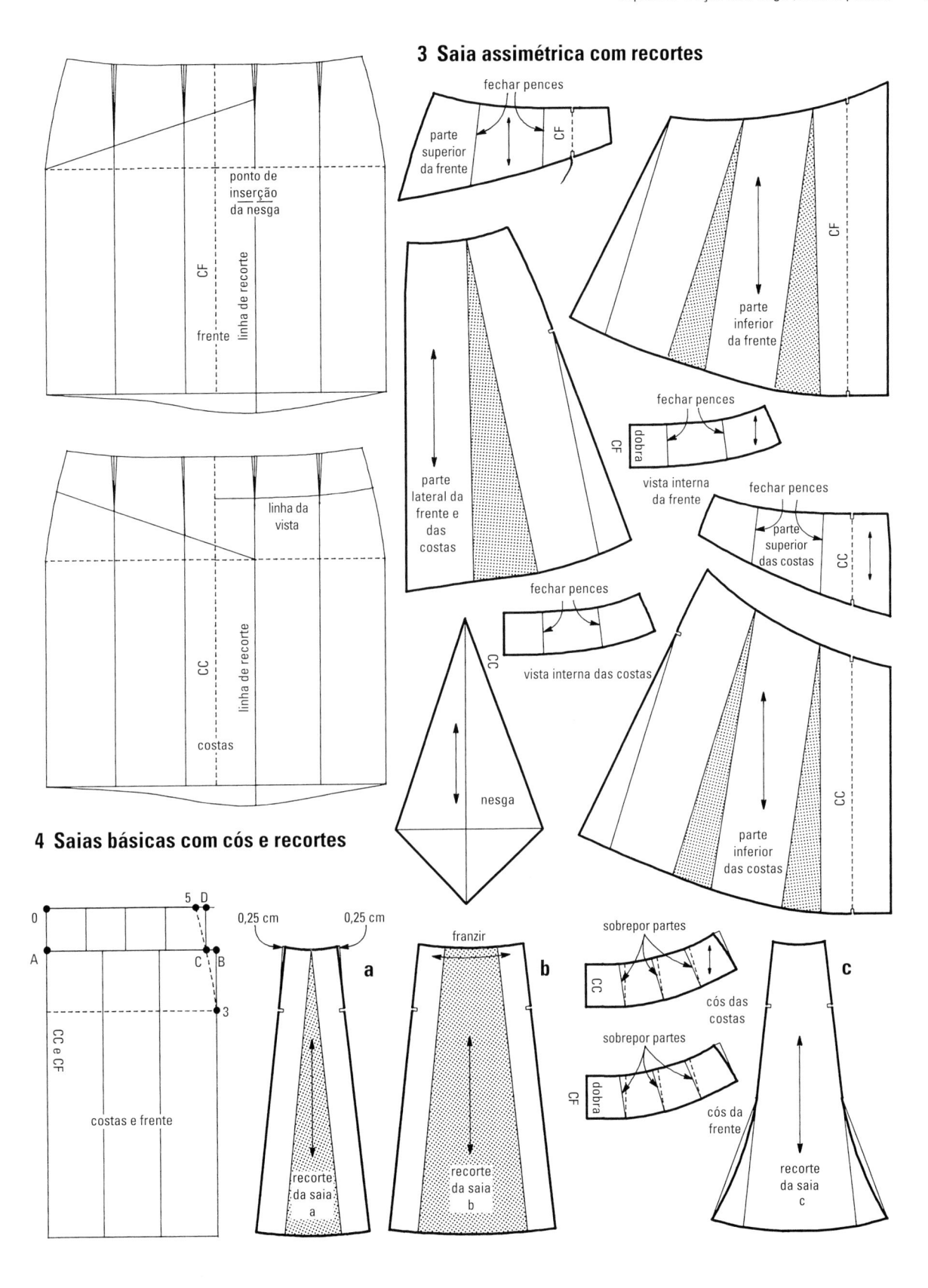

3 Saia assimétrica com recortes

4 Saias básicas com cós e recortes

Modelos do corpo com folga

Molde de camisa

Medidas necessárias para traçar o molde básico

O molde pode ser traçado nas numerações 8, 10, 12, etc., ou PP, P, M, G e GG de qualquer tabela de medidas deste livro (páginas 16-18).

Além disso, medidas personalizadas (ver página 182) também podem ser aplicadas ao molde.

Este exemplo utiliza o tamanho M da tabela de medidas da página 16 (para moda *high-street*).

busto	88 cm	circunferência do pescoço	37 cm
comprimento das costas	41 cm	comprimento da manga	58,5 cm
altura da cava	21 cm	circunferência do punho – camisas (página 17)	21,5 cm
largura das costas	34,4 cm		

Partes do corpo

Esquadre para cima e para baixo a partir de 0; esquadre aproximadamente 10 cm para o lado.

- **0–1** altura da cava mais 2,5 cm; esquadre.
- **0–2** pescoço até cintura = comprimento das costas; esquadre.
- **0–3** comprimento desejado da camisa; esquadre.
- **1–4** metade do busto mais 9,5 cm; esquadre para cima e para baixo até 5.
- **0–6** 3,5 cm; esquadre até 7.
- **6–8** um quinto da circunferência do pescoço mais 0,2 cm; esquadre até 9.
- **0–10** um terço da medida de 0–9; desenhe a curva de 8–10.
- **6–11** um quinto da altura da cava menos 0,5 cm; esquadre.
- **0–12** um quinto da medida de 0–1 mais 1 cm; esquadre para o lado até a metade do molde.
- **1–13** metade da largura das costas mais 2,5 cm; esquadre até 14 e 15.
- **15–16** 1,25 cm; una 8–16.
- **14–17** metade da medida de 12–14 menos 1,5 cm.
- **14–18** 0,5 cm; una 17–18 com uma curva.
- **7–19** 5 cm; esquadre.
- **19–20** um quinto da circunferência do pescoço menos 0,6 cm.
- **19–21** um quinto da circunferência do pescoço menos 1,6 cm.
  Desenhe a curva do decote de 20–21.
- **19–22** um quinto da altura da cava mais 0,5 cm; esquadre.
- **20–23** medida de 8–16. Desenhe uma linha a partir de 20 para tocar a linha de 22.
- **21–24** metade da medida de 4–21 mais 1 cm; esquadre.
- **4–25** medida de 1–13 menos 0,2 cm; esquadre até 26.
- **25–27** metade da medida de 13–25; esquadre até 28 e 29. Desenhe a cava conforme o diagrama, sobre os pontos 16, 18, 27, 26, 23 e também os pontos a 2,75 cm de 13 e 2,25 cm de 25.
- **21–30** carcela de 1,5 cm; esquadre para baixo.
- **30–31** vista interna de 3,5 cm; esquadre para baixo. Molde o decote com a carretilha.
- **12–32** 2 cm (prega das costas); esquadre para baixo.

Manga

Esquadre para baixo a partir de 0.

- **0–1** um quarto da medida da cava (ver como medir uma curva na página 27); esquadre.
- **0–2** comprimento da manga menos altura do punho mais folga de 2 cm; esquadre.
- **1–3** metade da medida de 1–2; esquadre.
- **0–4** metade da medida da cava; esquadre até 5.
- **0–6** metade da medida da cava; esquadre até 7.
  Divida a linha 0–4 em quatro partes, marcando os pontos 8, 9 e 10.
  Divida a linha 0–6 em quatro partes, marcando os pontos 11, 12 e 13.
- **8–0** eleve a curva: 1 cm em 9; 1,75 cm em 10.
  Eleve a curva em 11: 1 cm.
  Cave a curva em 13: 1 cm.
- **5–14** um quarto da medida de 2–5 menos 0,5 cm; una 4–14.
- **7–15** um quarto da medida de 2–7 menos 0,5 cm; una 6–15.
  Marque os pontos 16 e 17 na linha de 3.
- **14–18** 1 cm; una 16–18 com uma curva.
- **15–19** 1 cm; una 17–19 com uma curva.
  20 está no ponto médio de 2–18; esquadre até 21.
- **21–22** um terço da medida de 20–21.
- **20–23** 0,75 cm; una 18–2 com uma curva.

Punho

Trace um punho aplicado: comprimento = circunferência do punho + 2 cm; altura do punho = aproximadamente 7 cm. Marque a casa.

Desenhe curvas na borda inferior.

Gola

Faça um colarinho de camisa (ref. 9 página 76).

A altura do colarinho com o pé da gola é de aproximadamente 8 cm.

Capítulo 9 Peças com folga (tecidos planos) **145**

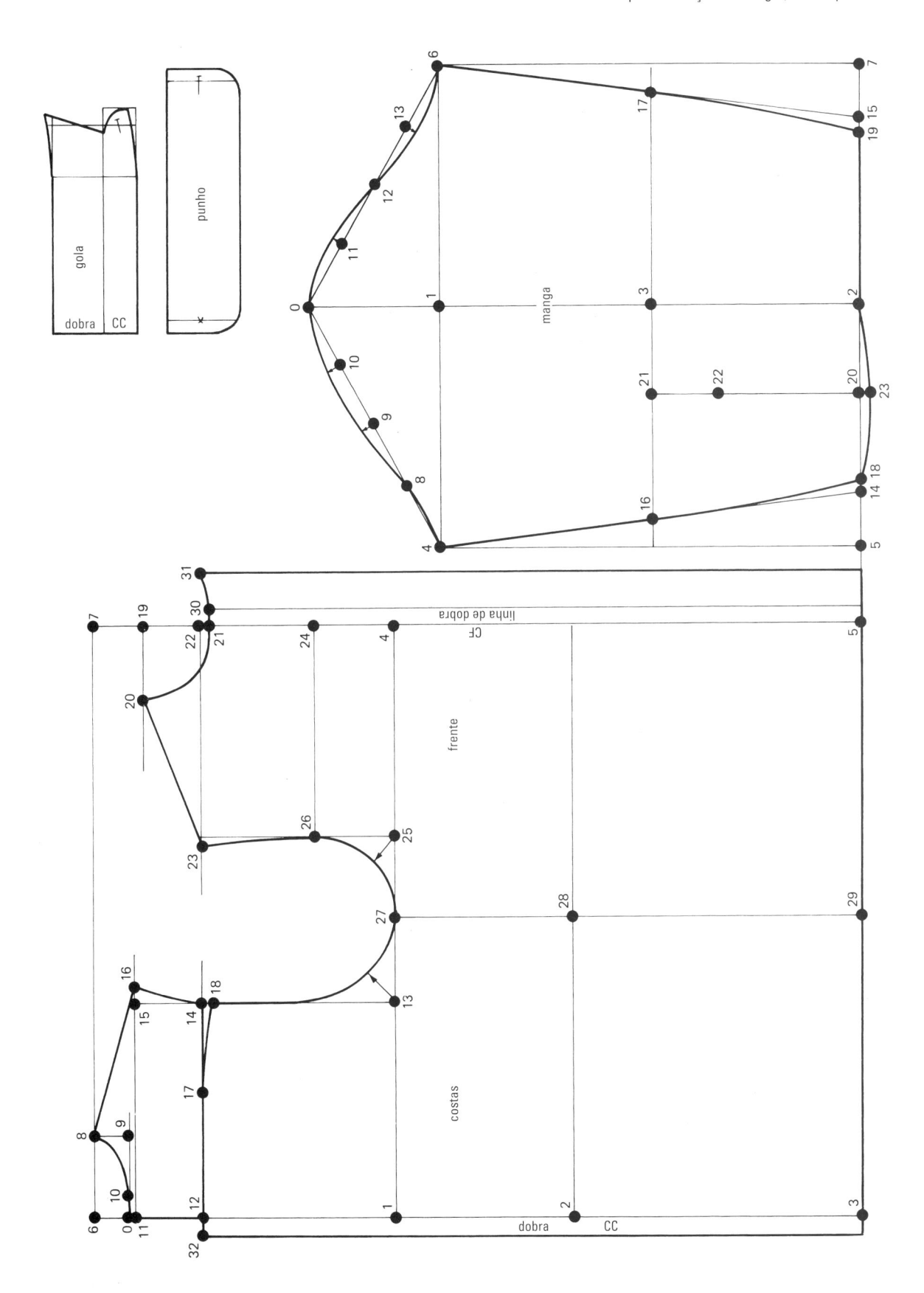

Moldes básicos de casaco sem pences

Para casacos e blazers com folga.

Medidas necessárias para traçar o molde básico

O molde pode ser traçado nas numerações 8, 10, 12, etc., ou PP, P, M, G e GG de qualquer tabela de medidas deste livro (páginas 16-18). Além disso, medidas personalizadas (ver página 182) também podem ser aplicadas ao molde.

Este exemplo utiliza o tamanho M da tabela de medidas da página 16 (para moda *high-street*).

Os valores principais são válidos para a produção do molde de blazer, enquanto os valores entre parênteses formam o molde de casacos.

busto	88 cm	ombro	12,2 cm
comprimento das costas	41 cm	largura das costas	34,4 cm
cintura até quadril	20,6 cm	altura da cava	21 cm
circunferência do pescoço	37 cm	comprimento da manga	58,5 cm

Partes da frente e das costas

Esquadre para baixo e para o lado a partir de 0.

0-1 comprimento das costas mais 3 cm; esquadre.
1-2 cintura até quadril; esquadre.
0-3 um quarto da medida do busto mais 4,5 cm (7 cm); esquadre até 4 e 5.
0-6 2 cm.
6-7 altura da cava mais 4 cm (6 cm); esquadre até 8.
6-9 metade da medida de 6-7; esquadre.
6-10 um quarto da medida de 6-9 menos 0,25 cm; esquadre.
0-11 um quinto da circunferência do pescoço mais 0,4 cm (0,7 cm); desenhe a curva do decote das costas.
7-12 metade das costas mais 2,5 cm (4,5 cm); esquadre até 13 e 14.
14-15 1,5 cm; una 11-15.

Desenhe o formato da cava das costas sobre os pontos 15, 13 e 8.

Parte da frente

0-16 um quinto da circunferência do pescoço mais 0,4 cm (0,7 cm); desenhe a curva do decote da frente.
13-17 0,75 cm (1 cm).

Desenhe uma linha 0,75 cm abaixo da linha esquadrada para o lado a partir de 10.

11-18 medida de 11-15; desenhe a linha do ombro da frente sobre a nova linha no ponto 18.

Desenhe o formato da cava da frente conforme o diagrama sobre os pontos 18, 17 e 8.

Manga

0-1 metade da medida de 6-7 do molde do corpo mais 1 cm; esquadre.
0-2 comprimento da manga mais 1 cm; esquadre.
0-3 medida da curva da cava de 15-8.
2-4 dois terços da medida de 1-3 mais 0,5 cm; una 3-4.

Divida a linha 0-3 em seis partes, marcando os pontos 5, 6, 7, 8 e 9.

Desenhe as costas da cabeça da manga: cave a curva 0,5 cm em 5; eleve a curva 1,5 cm em 8 e 9.

Desenhe a frente da cabeça da manga: cave a curva 0,75 cm em 5; eleve a curva 1,75 cm em 8 e 9.

Piques da manga

Algumas adaptações de manga exigem que haja piques na manga e nas partes do corpo.

Marque o ponto 6 na manga com um pique. Meça a curva da manga de 3-6.

Meça a mesma distância na cava das partes do corpo. Marque com um pique.

Molde básico do corpo de quimono para casaco sem pences

Partes do corpo

Contorne os modelos básicos do corpo das costas do blazer ou de moldes de casaco com a linha da altura da cava e o decote da frente marcados.

Marque os pontos 0, 1, 2, 3, 4 e 5.

3-6 1,5 cm; esquadre. Una 2-6 e estenda a linha.
6-7 comprimento da manga.

Esquadre a partir da linha 2-7 a medida 2-4 no molde da manga utilizado mais 2 cm. Marque o ponto 8.

4-9 um quarto da medida de 0-1.
9-10 2 cm; esquadre até 11. Una 10-8.

Molde básico de casaco sem pences

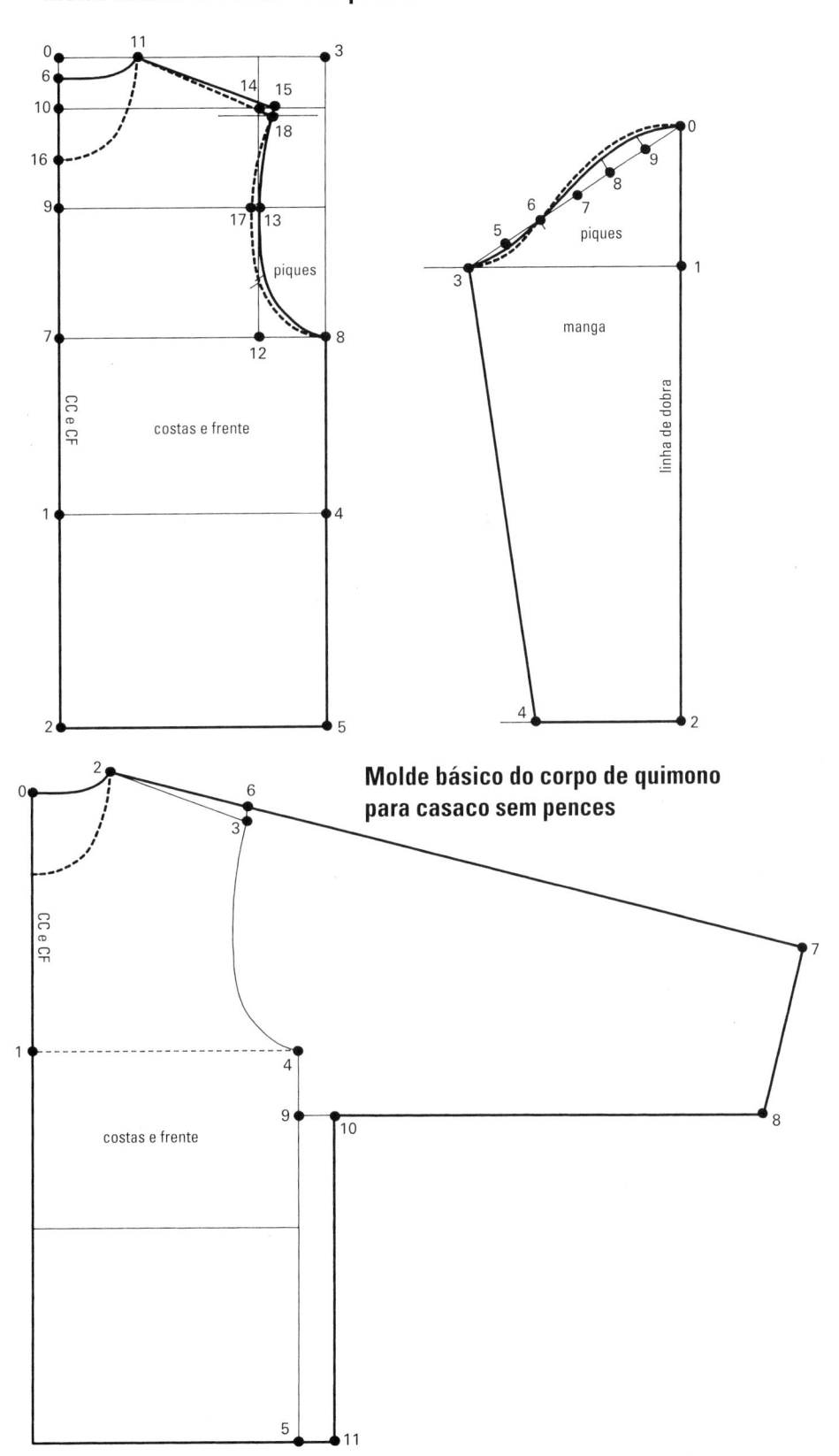

Molde básico do corpo de quimono para casaco sem pences

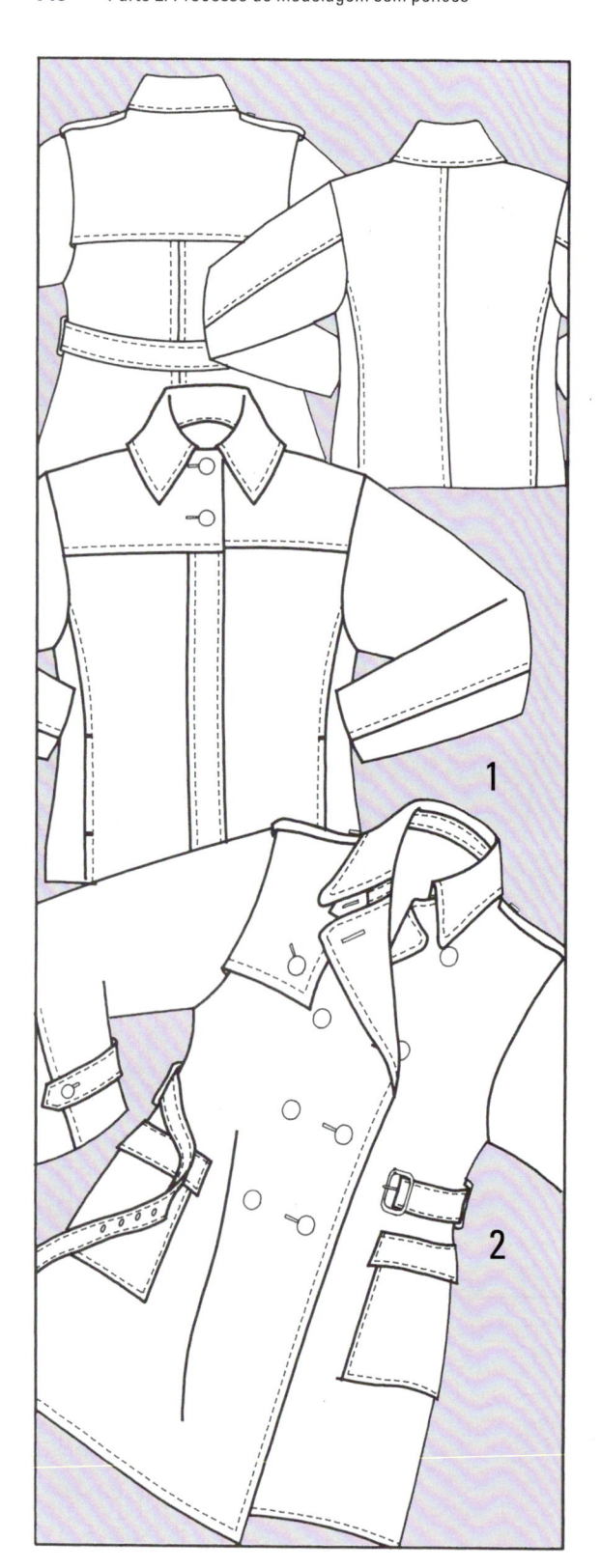

1 Blazer com manga embutida

Trace as costas, a frente e a manga do molde do blazer com folga.
Frente e costas Diminua o desenho para que a peça tenha o comprimento desejado. Desenhe linhas verticais nas posições do recorte lateral.
Costas Molde a costura do centro das costas para dentro em 1 cm e abaixe a posição da cintura 2 cm. Molde a linha do recorte das costas para dentro em 2 cm na cintura. Trace as costas.
Frente e pala da frente Molde a linha do recorte da frente para dentro em 2 cm na cintura; esquadre até a linha do quadril. Desenhe a linha da pala da frente.
Desenhe a carcela e marque as casas e a linha do abotoamento.
Desenhe a linha da vista interna. Desenhe o forro do bolso. Trace a frente e a pala da frente.
Recorte lateral Trace o recorte lateral da frente e inverta a parte. Trace o recorte lateral das costas e una-o ao recorte da frente pela costura lateral.
Mangas Duplique a frente da manga acompanhando o centro da manga. Marque a linha do cotovelo no ponto médio da costura de debaixo do braço. Desenhe uma linha de costura das costas.
Separe as mangas. Molde as duas mangas 1 cm para fora no cotovelo e 1 cm para dentro na barra.
Vista interna e abotoamento oculto Trace a vista interna. Trace o molde para abotoamento oculto acompanhando a linha do abotoamento; inverta a peça seguindo a linha de dobra.
Gola Faça uma gola esporte (ref. 8 página 76).
Forro do bolso Trace o forro do bolso.

2 Trench coat com manga embutida

Trace as costas, a frente e a manga do molde de casaco sem pences.
Frente e costas Aumente o comprimento do desenho para que a peça tenha a medida desejada. Adicione 3 cm de evasê na barra da costura lateral. Desenhe as abas das costas e da frente.
Costas Adicione 5 cm de extensão para prega. Faça uma vista interna da prega de 10 cm. Trace a aba das costas.
Frente Abaixe o decote em 1 cm. Desenhe linhas de botão, adicione a carcela e a lapela e marque as casas. Desenhe a linha da vista interna.
Trace a aba da frente.
Desenhe o bolso e a lapela do bolso.
Mangas Faça como o exemplo anterior. Desenhe uma tira de 3,5 cm para a manga. Trace a tira.
Vista interna e gola Trace a vista interna.
Meça a circunferência do pescoço até o centro da frente. Faça um colarinho de camisa sem extensão para botões (ref. 9 página 76).
Faça uma aba pequena com a largura do pé de gola.
Bolsos Trace o bolso e a lapela do bolso.
Martingale do ombro Faça um martingale para o ombro com o comprimento do ombro e o dobro da largura desejada.

Capítulo 9 Peças com folga (tecidos planos) **149**

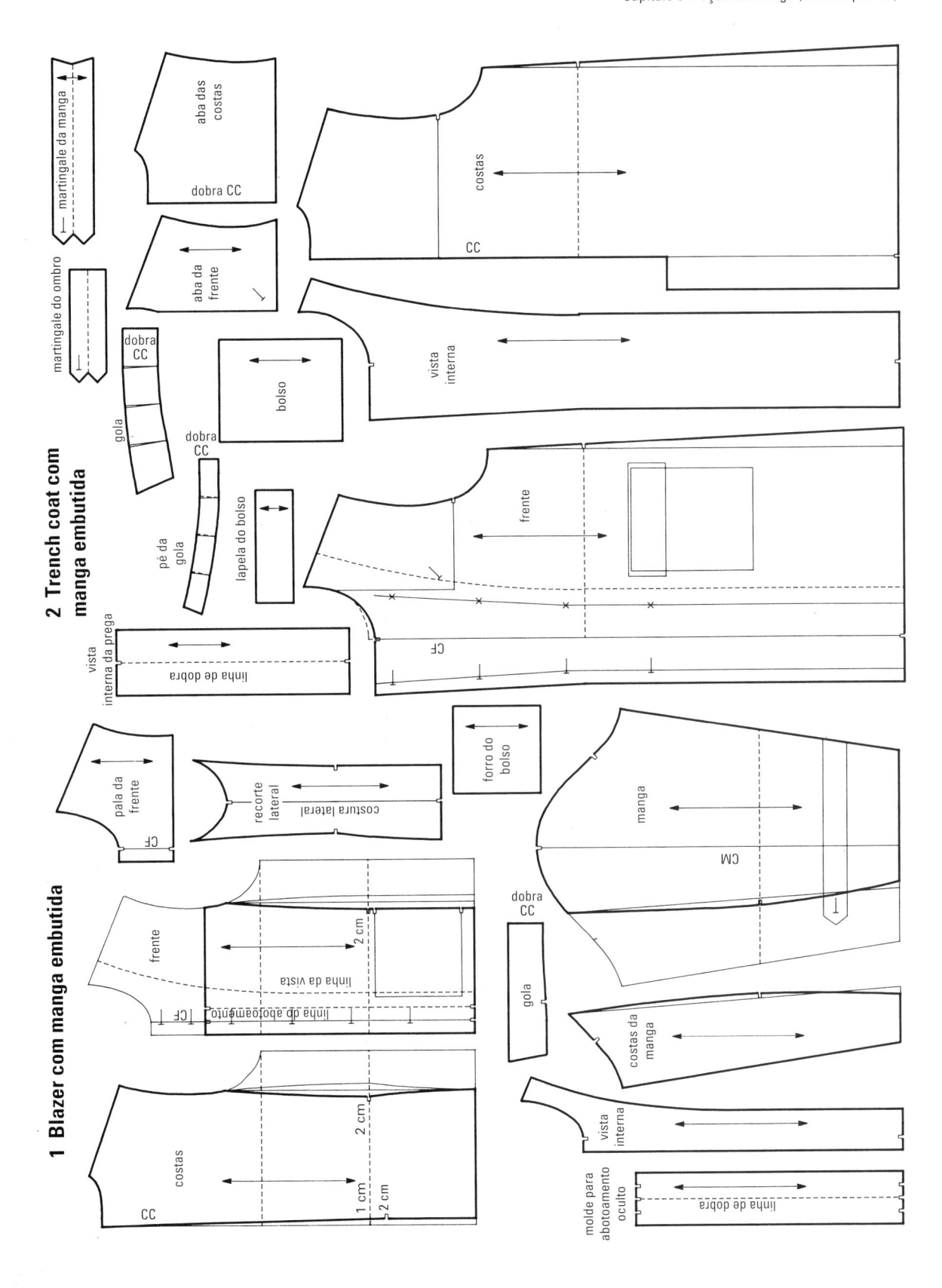

2 Trench coat com manga embutida

1 Blazer com manga embutida

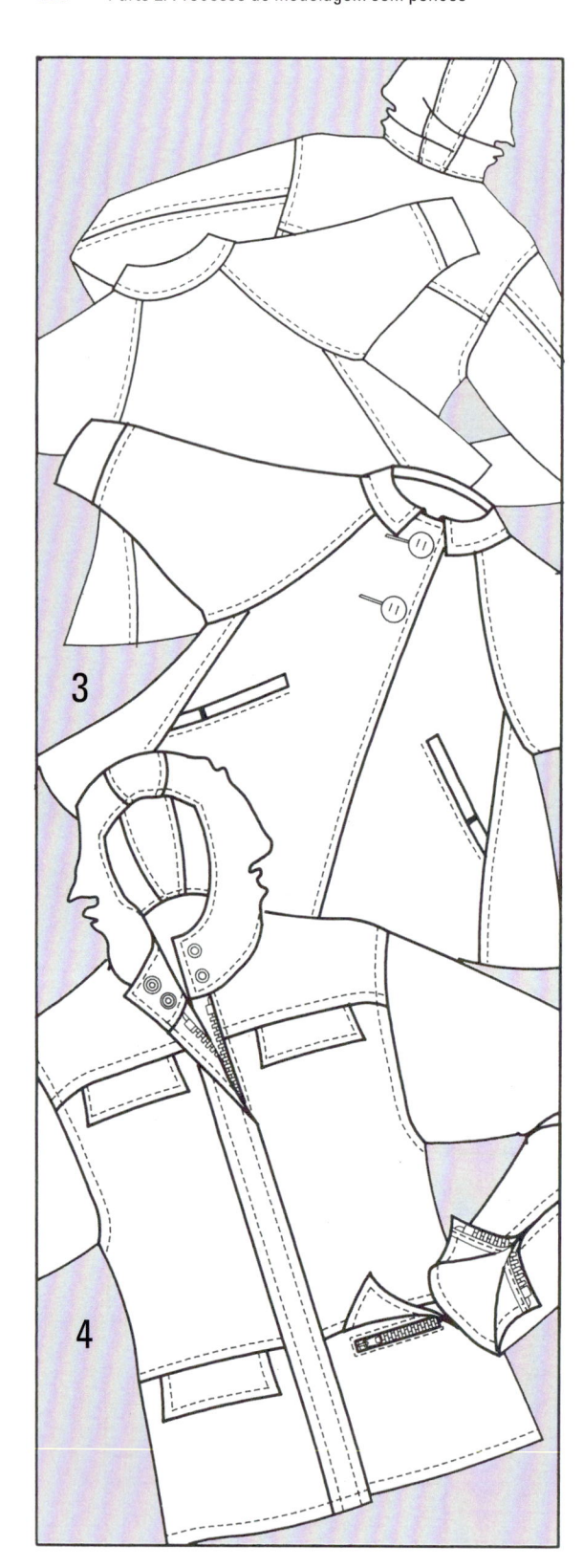

3 Casaco com manga quimono

Trace as costas e a frente do molde básico desejado do corpo de quimono sem pence.

Frente e costas Aumente o comprimento do desenho para que a peça tenha a medida desejada. Marque o ponto 1 debaixo do braço. **1–2** 5 cm; **1–3** 5 cm; una 2–3 com uma curva. Desenhe as costuras raglan.

Marque 4 no ponto de um terço da costura raglan. Una 3–4.

Curve a costura da manga.

Desenhe as linhas do recorte lateral. Divida as costas em três partes e os recortes lateral e da frente em duas partes.

Desenhe a carcela, as casas e a vista interna.

Costas Trace a parte das costas. Corte as linhas divisoras e abra o quanto for necessário na barra.

Frente Trace a parte da frente. Corte a linha divisora e abra o quanto for necessário na barra.

Desenhe o forro e a vista interna do bolso.

Recorte laterais da frente e das costas Corte a linha divisora e abra o quanto for necessário na barra.

Manga Trace as mangas. Inverta a frente da manga e una as partes na linha do centro. Corte ao longo das linhas 3–4 e abra aproximadamente 4 cm. Redesenhe as curvas da manga.

Desenhe a barra da manga. Trace o molde da manga.

Gola e vista interna Trace a vista interna. Faça uma gola esporte estruturada com pé de gola (ref. 8 página 76).

Bolsos Trace o forro e a vista interna do bolso.

4 Caban com manga quimono

É possível aplicar muitas variações deste modelo.

Normalmente, o caban é totalmente forrado.

Trace as costas, a frente e a manga do molde básico do corpo de quimono sem pence.

Se houver capuz fixo: abaixe a linha do pescoço 0,5 cm nas costas; amplie o pescoço 1 cm na frente e nas costas; e abaixe a linha do pescoço 1 cm na frente.

Frente e costas Desenhe o formato da cava a partir de aproximadamente 5 cm mais adiante do ponto 3 do molde original. Faça pences de 1 cm nas partes da manga, com dois terços do comprimento da cava no molde das costas e metade do comprimento da cava no molde da frente.

Marque o ponto 1 debaixo do braço. **1–2** 5 cm; **1–3** 10 cm. Una 2–3.

Costas Desenhe a linha da pala das costas. Trace a pala.

Partes da frente Inverta a frente. Desenhe a pala da frente e abaixe a linha do recorte. Desenhe as lapelas e os forros dos bolsos. Desenhe a linha do zíper do bolso. Desenhe a peça para abotoamento oculto de modo que ela fique posicionada aproximadamente a 2,5 cm para cada lado da linha do centro.

Trace os três recortes da frente. Reduza no centro da frente dos recortes o equivalente à largura do zíper.

Mangas Trace as mangas. Una na linha do centro. Corte ao longo das linhas 2–3 e abra aproximadamente 3 cm. Redesenhe com curvas a cabeça da manga e a parte debaixo do braço.

Desenhe a linha de costura das costas. Trace as costas da manga.

Peça para abotoamento oculto e extensão para zíper Trace a peça para abotoamento oculto ao longo da linha do abotoamento. Trace a peça de zíper a partir da linha do centro. Inverta as duas peças ao longo das linhas de dobra.

Bolsos Trace os forros e as lapelas dos bolsos.

Capuz Faça um capuz (ref. 6 página 161).

Capítulo 9 Peças com folga (tecidos planos) **151**

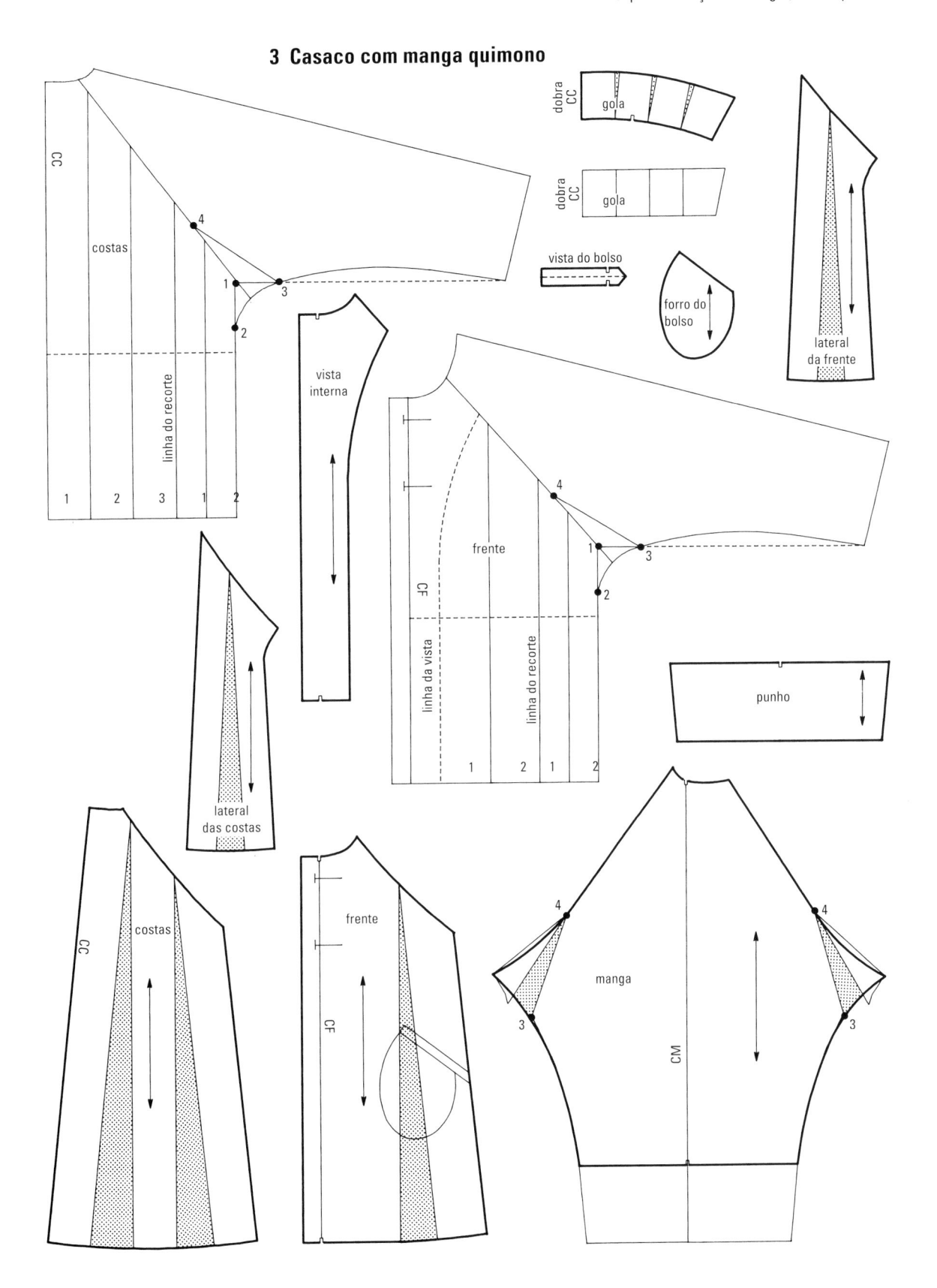

3 Casaco com manga quimono

4 Caban com manga quimono

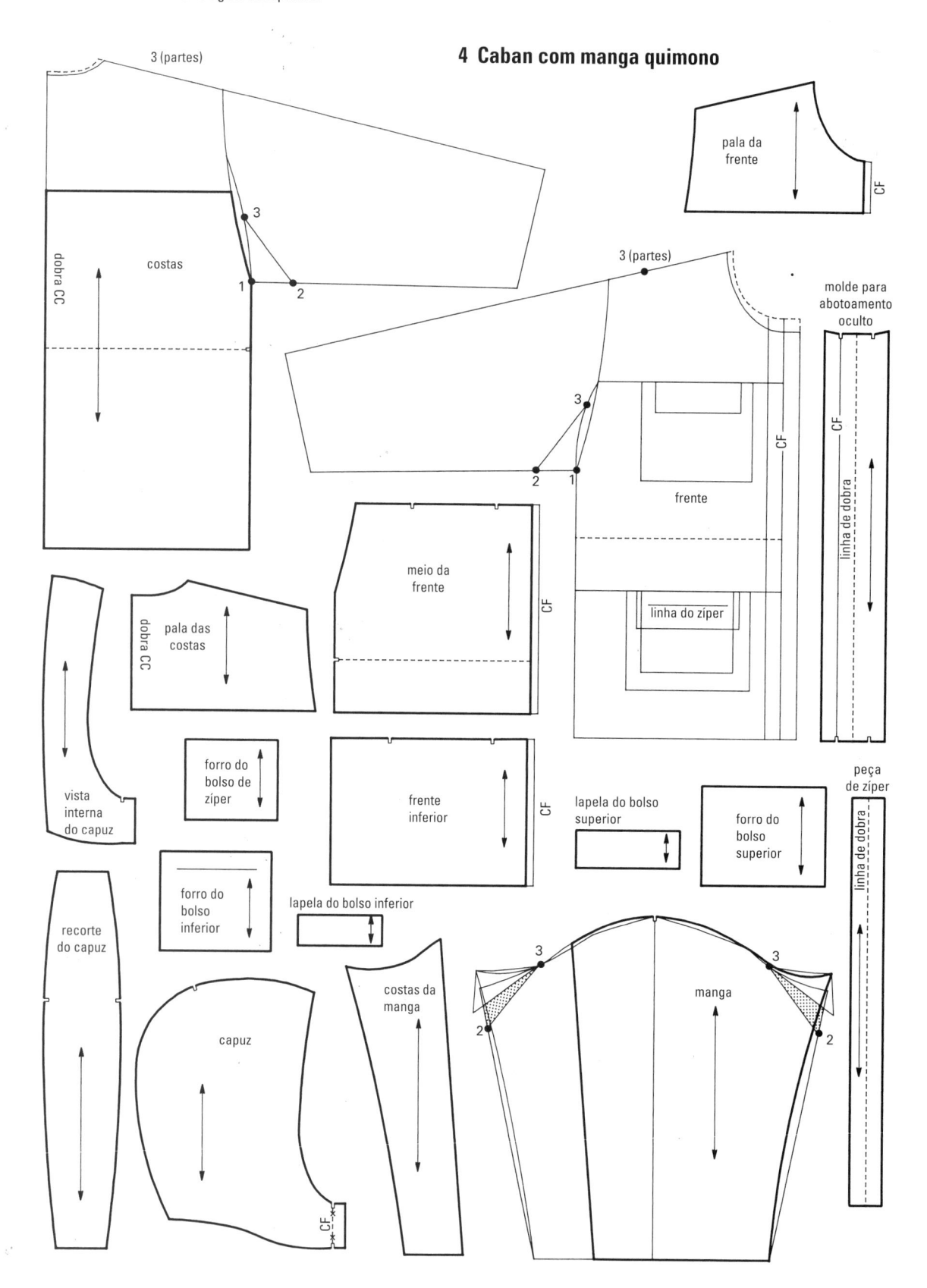

Parte 2: Processo de modelagem sem pences

10 Roupas básicas e com folga (malhas circular e retilínea)

Moldes básicos e com folga para roupas de malha circular	**154**
Camiseta básica e com folga, conjunto esportivo e moldes básicos de malha circular	154
1a Túnica com folga	156
1b Bata com folga	156
2 Camiseta com recorte vertical e adaptação para vestido	156
3 Jaqueta esportiva – manga embutida	158
4 Jaqueta de fleece – manga raglan	158
5 Calça esportiva	160
Capuzes	161
6 Capuz simples	161
7 Capuz com fechamento	161
Moldes de malha retilínea	162
Traçados básicos	162
1 Adaptação de manga para malha retilínea – ombro básico	162
2 Adaptação de manga embutida para malha retilínea – ombro caído	164
3 Adaptação de manga raglan para malha retilínea	164
Modelos de malha retilínea computadorizados	166

Notas especiais sobre estilos da moda

O molde da camiseta básica foi elaborado a partir de medidas corporais com folga mínima, permitindo, desse modo, definir o movimento do corpo através do estilo da peça e elasticidade da malha. Como no caso das camisetas básicas ajustadas, ele também é utilizado para criar peças da moda de baixo e médio valor, pois oferece um estilo básico e adaptável.

A malha circular permite o corte de formas simples que se esticam e envolvem o corpo. Dependendo do molde escolhido para adaptação, as peças ilustradas na página 156 podem ser ajustadas ou com folga.

Tamanho

Os fabricantes de *roupas esportivas* e alguns de roupas casuais normalmente utilizam os tamanhos EXTRA PEQUENO (PP), PEQUENO (P), MÉDIO (M), GRANDE (G) e EXTRA GRANDE (GG). Os exemplos utilizados a seguir são baseados no tamanho MÉDIO da moda *high--street* (ver página 16).

Moldes básicos e com folga para roupas de malha circular

Camiseta básica e com folga, conjunto esportivo e moldes básicos de malha circular

As instruções fornecidas permitem três proposições de moldes básicos de malha circular. As três proposições são:

(1) Molde básico sem folga para camisetas e vestidos ajustados (primeiro parêntese).

(2) Molde básico com folga de 2 cm para camisetas, blusas e vestidos com folga.

Essas são as instruções principais.

(3) Molde básico com folga de 4 cm para conjuntos esportivos e jaquetas de fleece (segundo parêntese).

A ilustração mostra o molde básico de camiseta com folga (2).

Medidas necessárias para traçar o molde básico

O molde pode ser traçado nas numerações 8, 10, 12, etc., ou PP, P, M, G e GG de qualquer tabela de medidas deste livro (páginas 16-18). Além disso, medidas personalizadas (ver página 182) também podem ser aplicadas ao molde.

Este exemplo utiliza o tamanho M da tabela na página 16 (para moda *high-street*).

busto	88 cm	ombro	12,2 cm
comprimento das costas	41 cm	largura das costas	34,4 cm
cintura até quadril	20,6 cm	altura da cava	21 cm
circunferência do pescoço	37 cm	comprimento da manga (malha)	54,5 cm

Corpo

Esquadre para baixo e para o lado a partir de 0.
0–1   comprimento das costas; esquadre.
0–2   comprimento final; esquadre.
0–3   a altura da cava é a medida básica mais 1 cm (menos 1 cm) (mais 4,5 cm); esquadre.
0–4   metade da medida de 0–3; esquadre.
0–5   um quarto da medida de 0–4; esquadre.
0–6   um quinto da circunferência do pescoço mais 0,25 cm (menos 0,25 cm) (mais 1 cm); esquadre para cima.
6–7   1 cm; desenhe a curva do decote das costas.
3–8   a metade da largura das costas é a medida básica mais 0,5 cm (menos 0,5 cm) (mais 3,5 cm); esquadre até 9 e 10.
10–11   1 cm; (0,5 cm) (1,5 cm); una 7–11.
3–12   um quarto do busto é a medida básica mais 2 cm (menos 2 cm) (mais 4,5 cm); esquadre até 13.

Desenhe a curva da cava a partir de 11 passando pelos pontos 9 e 12.
0–14   um quinto da circunferência do pescoço menos 3 cm; (mais 1,5 cm) (menos 0,5 cm); desenhe a curva do decote da frente.

Exceto pela curva do decote, a frente e as costas são iguais.

Manga

Esquadre para baixo a partir de 15.
15–16   metade da medida de 0–3 mais 1 cm.
15–17   comprimento da manga da camiseta de malha mais 5 cm; (menos 3 cm) (mais 5 cm); esquadre.
15–18   medida da linha diagonal de 11–12 na parte do corpo mais 3,5 cm (menos 2 cm) (mais 2 cm); esquadre até 19.
18–20   um terço da medida de 18–15.
Desenhe a cabeça da manga.
18–20   cave a curva em 0,6 cm.
20–15   eleve a curva em 1,75 cm.
19–21   um terço da medida de 17–19; una 18–21.

Manga curta

15–22   comprimento da manga desejado; esquadre até 23.
23–24   dependendo do comprimento, aproximadamente 4,5 cm (menos 2,5 cm) (não aplicável); una 18–24.

Adaptação para manga raglan

Trace o molde básico desejado.
Marque os pontos 7, 9, 12, 18 e 20.

Corpo

Elimine a curva de 9–12.
12–25   medida de 18–20 na manga; curve a linha para dentro 0,75 cm.
7–26   3 cm; una 25–26.
Recorte as partes sombreadas, como na ilustração.

Manga

Trace a manga como uma parte inteira.
Estenda o centro da manga.
Desenhe linhas paralelas a 3 cm de cada lado do centro da manga.
20–27   medida de 25–26 nas costas.
20–28   medida de 25–26 na frente.
Una 27–28 com uma curva.

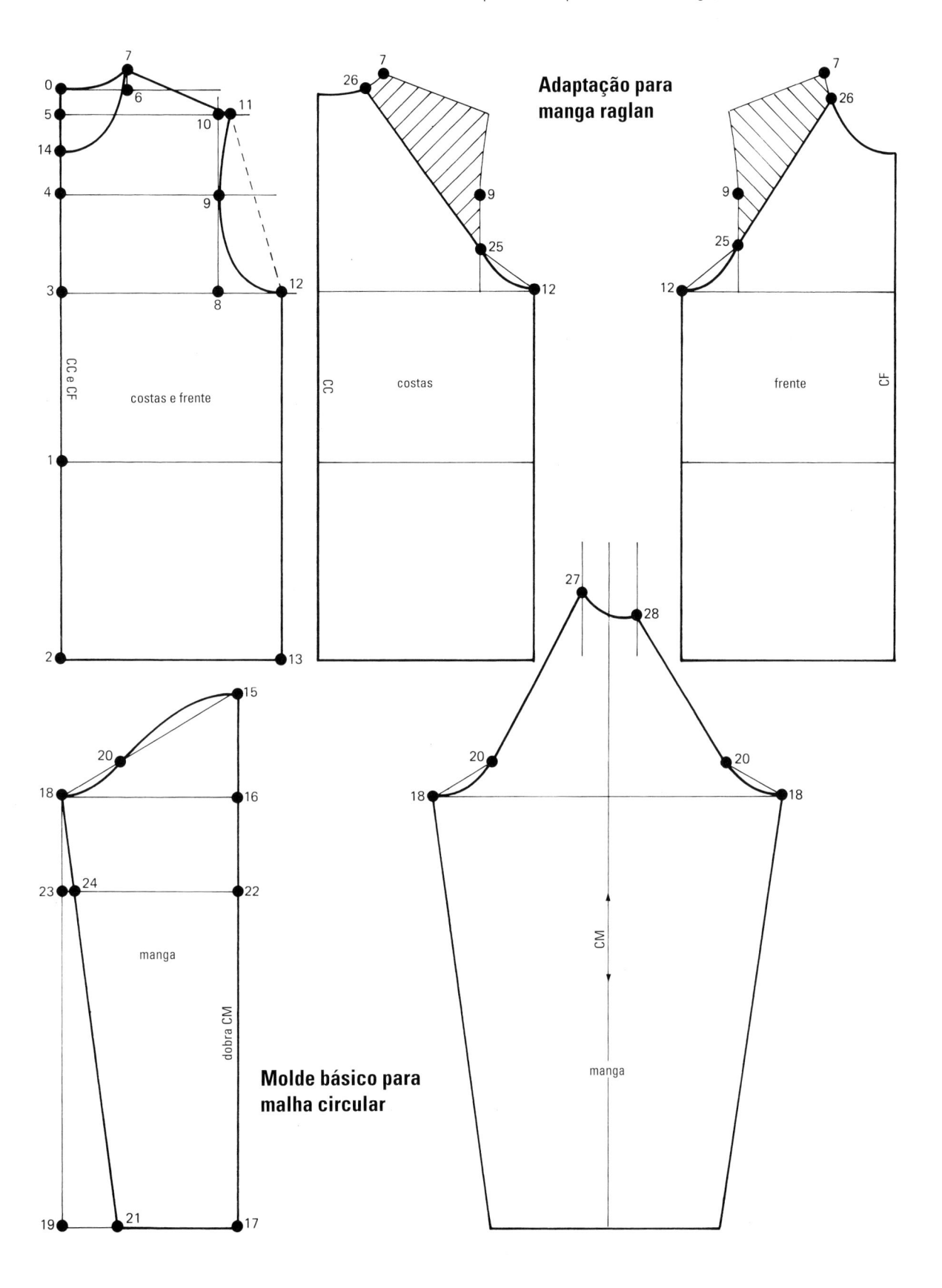

Capítulo 10 Roupas básicas e com folga (malhas circular e retilínea) **155**

Adaptação para manga raglan

Molde básico para malha circular

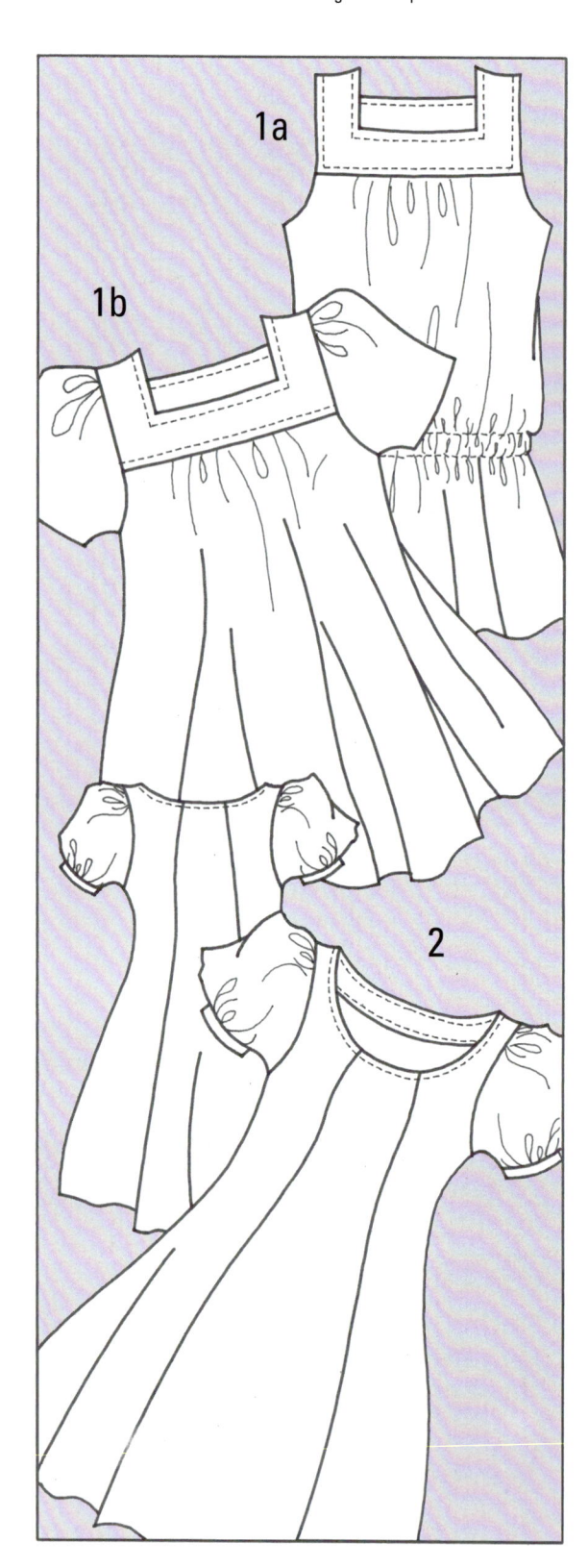

1a Túnica com folga

Trace o molde da camiseta com folga no comprimento desejado.

Marque uma linha horizontal para a pala. Marque o ponto A na borda da cava na linha de pala e B no encontro da cava com a costura lateral.

A–C = 1 cm.

Esquadre o ponto C até a linha do ombro. Redesenhe a curva da cava.

Desenhe o decote quadrado na frente e nas costas.

Reduza a altura do ombro em 1 cm no decote.

Desenhe as linhas do passante do elástico aproximadamente 8 cm abaixo da cintura.

Partes da frente e das costas   Trace as partes da frente e das costas.

B–D = 1 cm.

Adicione 1,5 cm de evasê à barra da costura lateral.

Desenhe a linha da costura lateral de D até o novo ponto na barra.

Adicione 10 cm à linha do centro das costas e da frente.

Pala   Trace os moldes da pala.

1b Bata com folga

Trace o molde da camiseta com folga no comprimento desejado.

Faça a linha de pala e o decote conforme o modelo da túnica com folga.

Partes da frente e das costas   Trace as partes da frente e das costas. Marque os pontos C e B na curva da cava.

Adicione 3 cm de evasê à barra.

Desenhe a linha da costura lateral de B até o novo ponto de barra.

Adicione 10 cm à linha do centro das costas e da frente.

Divida o desenho em três partes.

Corte as linhas verticais do molde e insira aproximadamente 6 cm de evasê em cada parte.

Pala   Trace os moldes da pala.

Manga   Trace a manga. E–F na manga equivale à distância de C–B nas partes do corpo.

Divida a manga em três partes conforme o diagrama.

Corte as linhas do molde e faça uma abertura na cabeça da manga.

Aumente a cabeça da manga 3 cm em cada parte cortada.

F–G = 1 cm. Desenhe o novo formato da manga conforme o diagrama.

2   Camiseta com recorte vertical e adaptação para vestido

Partes da frente e das costas   Trace os moldes separados da frente e das costas a partir do molde básico de camiseta.

Se desejado, estenda o molde até um comprimento de vestido.

Marque a linha da barra da camiseta aproximadamente 13,5 cm abaixo da cintura.

Desenhe uma nova cintura aproximadamente 5 cm acima da linha da cintura natural. Desenhe um decote profundo na frente e nas costas.

Desenhe as linhas do recorte a 8 cm do centro da frente e 9,5 cm do centro das costas.

Faça uma pence no decote do recorte da frente:

largura = 0,6 cm, comprimento = 5 cm.

Faça uma pence no decote do recorte das costas:

largura = 1,2 cm, comprimento = 6,5 cm.

Recorte da frente e das costas – camiseta   Trace os moldes do recorte da frente e das costas a partir das pences do decote, acompanhando as linhas do recorte no sentido do comprimento da camiseta.

Molde as linhas do recorte na cintura e no quadril conforme apresentado no diagrama.

Opção de vestido   Adicione o evasê extra desejado à barra a partir da linha da barra da camiseta (a ilustração mostra 4 cm nas linhas do recorte e 5 cm nas costuras laterais).

Manga   Faça uma manga bufante (ref. 16 página 58).

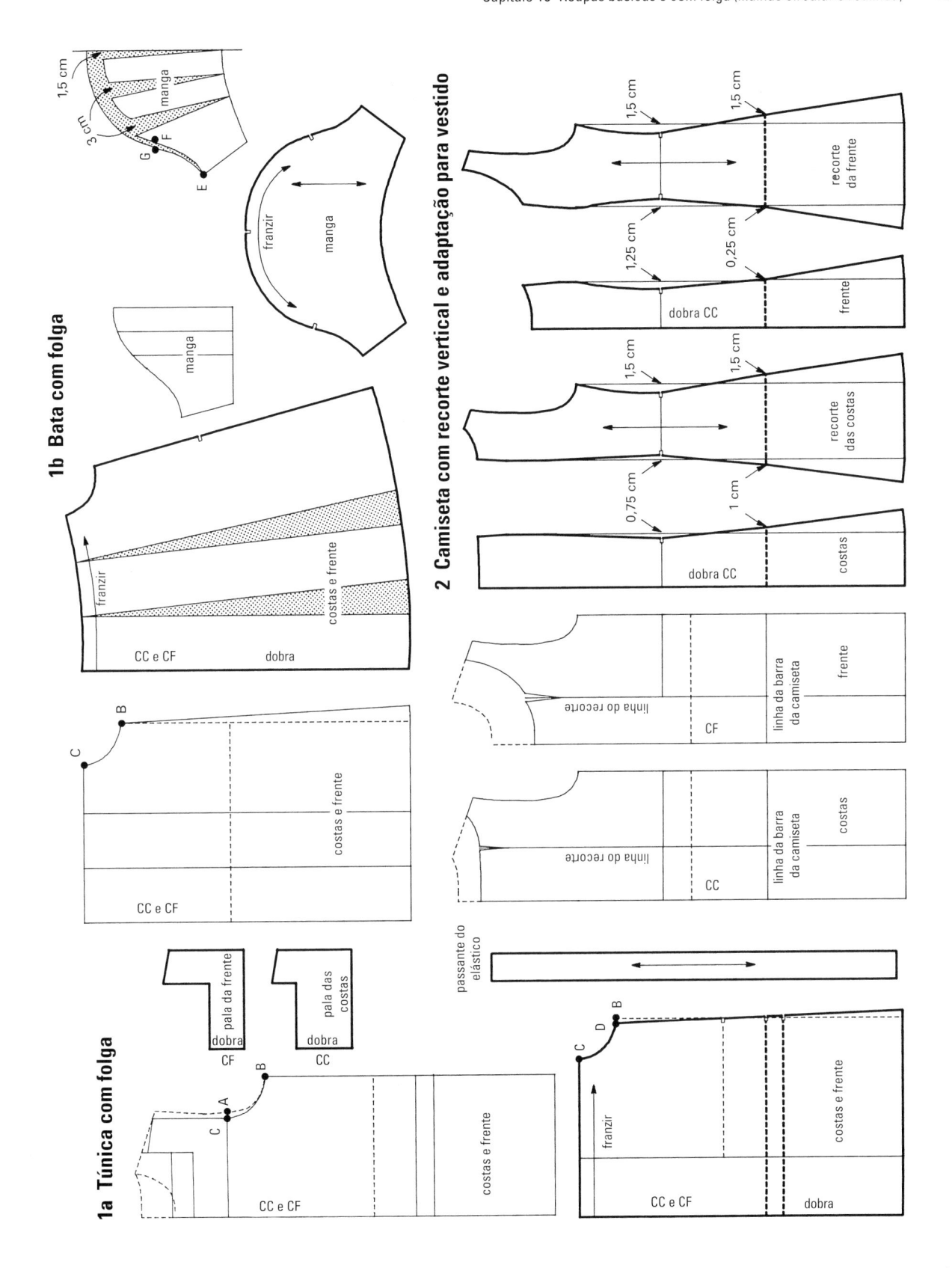

Capítulo 10 Roupas básicas e com folga (malhas circular e retilínea)

1b Bata com folga

1a Túnica com folga

2 Camiseta com recorte vertical e adaptação para vestido

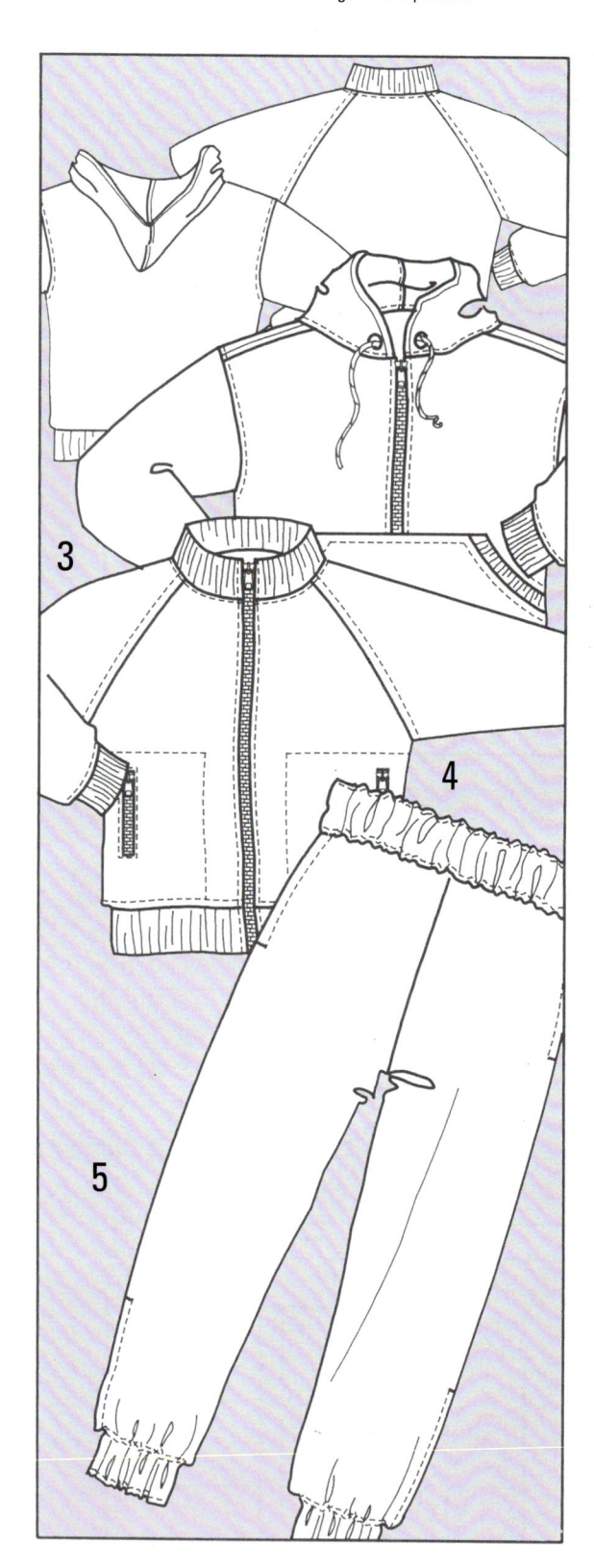

3 Jaqueta esportiva – manga embutida

Trace o molde da jaqueta esportiva.

Frente e costas Diminua o molde do corpo para que a peça tenha o comprimento desejado.

Diminua no comprimento do molde a largura equivalente à barra canelada.

Amplie o decote em 1 cm no ombro; abaixe o decote da frente 1 cm.

Subtraia uma faixa de aproximadamente 3 cm do ombro da frente e adicione ao ombro das costas.

Costas Desenhe a linha da pala das costas. Trace a pala das costas. Trace o molde das costas.

Frente Desenhe o formato do bolso. Desenhe a linha da vista interna. Trace o molde da frente.

Mangas Duplique a frente da manga acompanhando o centro da manga. Cave a curva da frente da manga em 0,7 cm.

Reduza no comprimento do molde da manga a largura equivalente ao punho canelado.

Vista interna Trace a vista interna. Reduza na parte do centro da frente a metade da medida da largura do zíper.

Capuz Faça um capuz simples para a nova medida do decote (ref. 6 página 161).

Bolso Trace o bolso da frente.

4 Jaqueta de fleece – manga raglan

Trace o molde da jaqueta esportiva

Frente e costas Diminua o molde do corpo para que a peça tenha o comprimento desejado.

Diminua no comprimento do molde a largura equivalente à barra canelada.

Faça uma adaptação para raglan básica (página 154).

Curve as linhas de raglan para fora 0,7 cm.

Costas Trace o molde das costas.

Frente Desenhe o formato do bolso e a posição do bolso com zíper.

Diminua na parte do centro da frente a metade da medida da largura do zíper.

Desenhe a linha da vista interna. Trace o molde da frente.

Mangas Duplique a frente da manga acompanhando o centro da manga. Cave as linhas de raglan 0,5 cm. Diminua no comprimento do molde da manga a largura equivalente ao punho canelado. Marque o ponto 1 no ponto 25 do molde da manga raglan (página 155).

Marque o ponto 2 a 5 cm do pique da cava com a costura lateral.

Corte ao longo da linha 1–2 e abra aproximadamente 2,5 cm até o ponto 3.

Redesenhe a linha de raglan e a linha debaixo do braço.

Vista interna Trace a vista interna. Reduza na parte do centro da frente a metade da medida da largura do zíper.

Gola Faça uma gola canelada com dois terços da medida do pescoço ou uma gola escafandro de tecido (ref. 6 página 76).

Bolso Trace o bolso.

3 Jaqueta esportiva – manga embutida

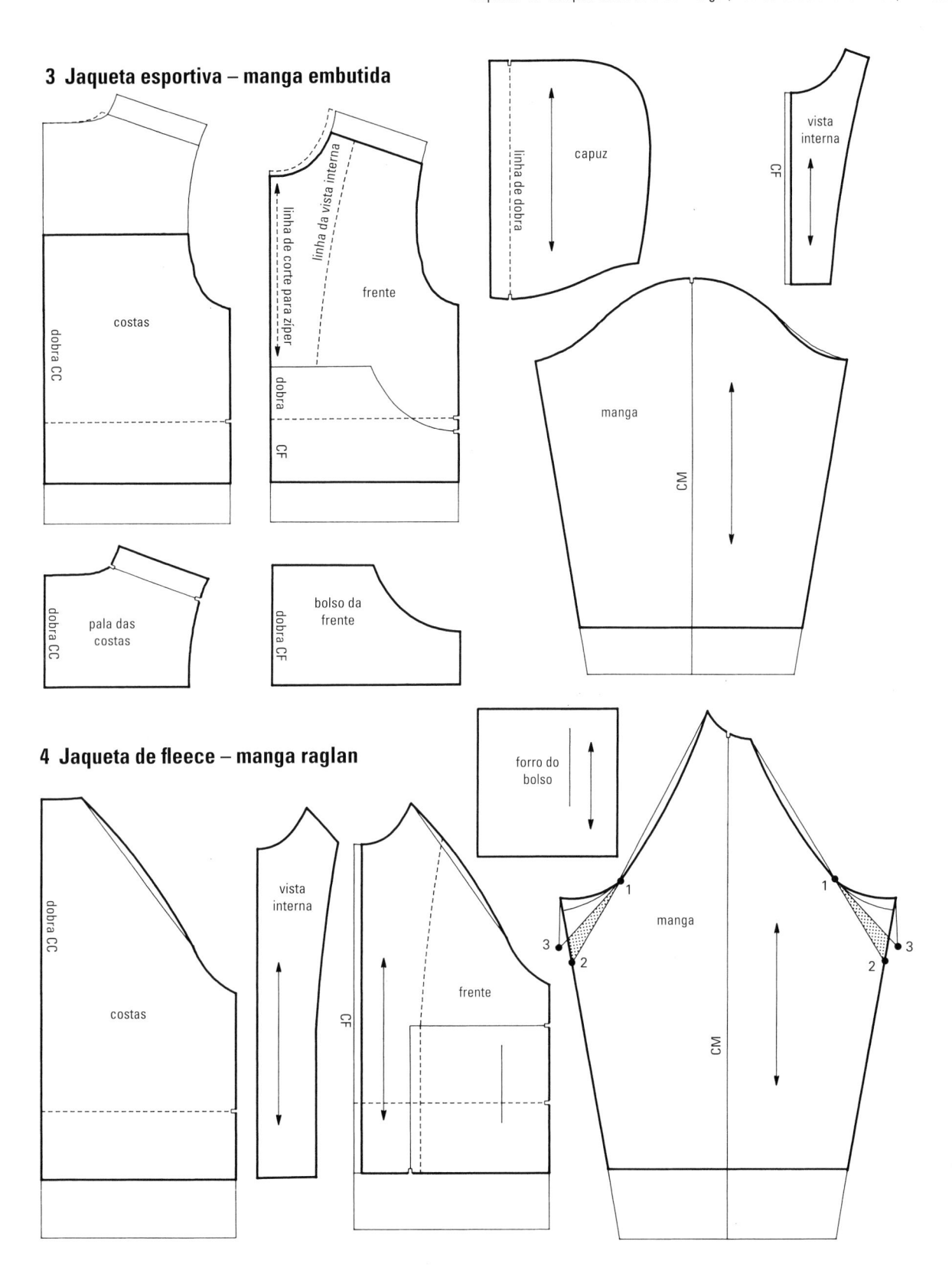

4 Jaqueta de fleece – manga raglan

5 Calça esportiva

5 Calça esportiva

Trace o molde básico da calça com folga (página 136). Marque os pontos 12, 13, 14, 15, 26, 27, 28 e 29. Insira uma folga de 3,5cm na linha do gancho das costas (página 136).

Se desejado, reduza a largura da calça no joelho e na barra.

Esquadre para cima do quadril até a cintura.

Desenhe novas costuras laterais e entrepernas como na ilustração.

Adicione 5 cm à barra e à cintura para os passantes do elástico.

Nota A calça pode ser cortada em peça inteira. Desenhe uma linha vertical.

Coloque as costuras laterais da frente e das costas lado a lado na cintura e na barra conforme mostrado.

Uma folga extra pode ser inserida na costura lateral original, se desejado.

"Calça de esqui"

Trace o molde da legging e insira uma folga na linha do gancho.

Estreite as pernas para que elas tenham a largura desejada.

As pernas da calça podem ser cortadas em peça inteira assim como a calça esportiva, mas uma pence no joelho deve permanecer para articulação.

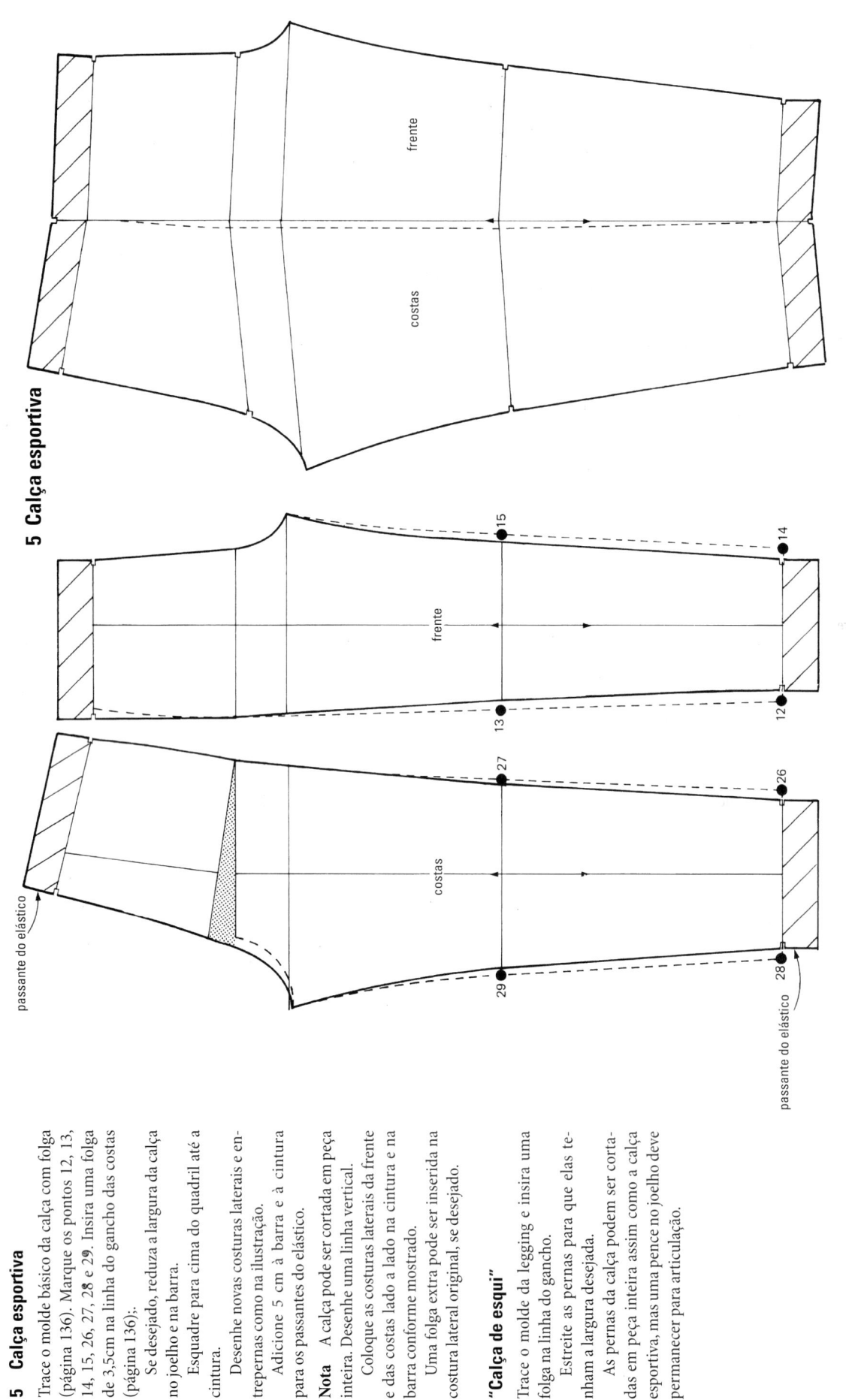

Capuzes

Medição do pescoço

O decote de peças com capuz é normalmente aprofundado e ampliado. Meça o novo decote.

6 Capuz simples

Esquadre para baixo e para o lado a partir de 0.

0–1   três quartos da medida do comprimento das costas mais 4 cm; esquadre.

1–2   6 cm; esquadre.

Desenhe uma linha com a medida do decote da frente e das costas a partir de 1, encontrando a linha 2.

Marque o ponto 3; esquadre até 4.

1–5   medida do decote das costas.

Desenhe a curva do decote.

Eleve a curva em 0,5 cm de 1–5.

Aprofunde a curva em 1 cm de 3–5.

0–6   metade da medida de 0–4.

0–7   um quarto da medida de 0–1 mais 2 cm.

7–8   2 cm. Desenhe a curva da cabeça 1, 8, 6, 4.

Estenda a linha da frente em aproximadamente 4 cm para uma vista interna.

7 Capuz com fechamento

Esquadre para baixo e para o lado a partir de 0.

0–1   três quartos da medida do comprimento das costas mais 6 cm.

1–2   medida do decote da frente e das costas.

Esquadre para cima até 3.

2–4   3,5 cm; una 1–4.

1–5   medida do decote das costas.

Eleve a curva em 0,5 cm de 1–5.

Aprofunde a curva em 1 cm de 4–5.

3–6   um quinto da medida de 0–3; esquadre para baixo até 7.

0–8   metade da medida de 0–6.

0–9   um quarto da medida de 0–1 mais 2 cm.

9–10   3 cm.

6–11   2 cm.

11–12   2 cm. Desenhe a curva da cabeça 1, 10, 8, 12.

6–13   metade da medida de 6–7.

4–14   7 cm. Desenhe a curva da frente 12, 13, 14.

Adicione carcela e marque as posições dos botões de pressão.

Desenhe a linha da vista interna e trace a vista.

Recorte

Desenhe um retângulo com o comprimento da medida da curva da cabeça e 6 cm de largura.

Marque os pontos 0 e 1.

0–2   um terço da medida de 0–1; esquadre até 3.

2–4 e 3–5   1,5 cm. Desenhe as curvas do recorte.

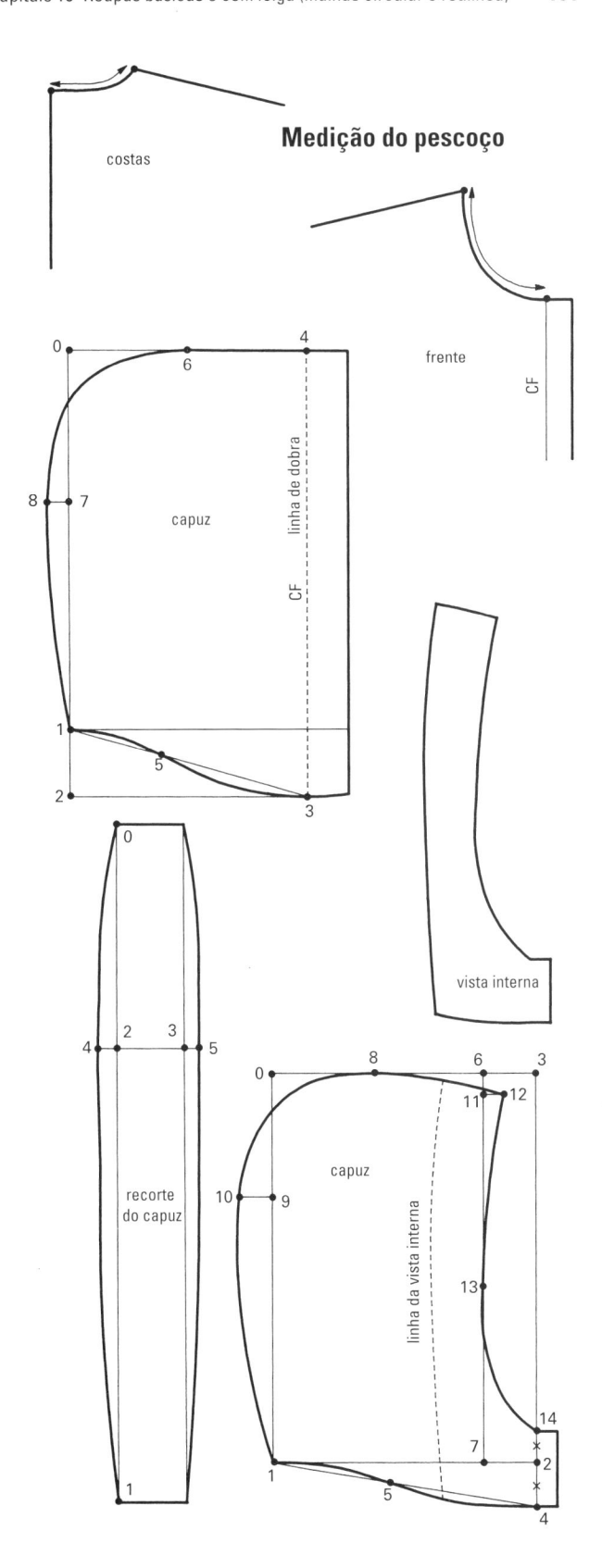

Moldes de malha retilínea

Roupas com muita folga podem ser cortadas a partir de moldes básicos simples, principalmente se você estiver trabalhando com malha retilínea ou circular. O tecido se esticará sobre as áreas complexas do corpo (por exemplo, o busto) ou sobre as que apresentam um movimento extremo (por exemplo, os cotovelos).

O molde de malha retilínea pode ser utilizado para confeccionar peças manuais ou com uso de máquinas. Os exemplos apresentam formas básicas, mas modelos bem mais complexos podem ser desenvolvidos.

Traçados básicos

Observe que esse molde não apresenta folga e foi elaborado com medidas corporais básicas. Deve-se adicionar uma quantidade considerável de folga para dar movimento e estilo.

Medidas necessárias para traçar o molde básico

O molde pode ser traçado nas numerações 8, 10, 12, etc., ou PP, P, M, G e GG de qualquer tabela de medidas deste livro (páginas 16-18). Além disso, medidas personalizadas (ver página 182) também podem ser aplicadas ao molde.

Este exemplo utiliza o tamanho M da tabela na página 16 (para moda *high-street*).

busto	88 cm	circunferência do pescoço	37 cm
comprimento das costas	41 cm	comprimento da manga (malha)	54,5 cm
altura da cava	21 cm	cintura até quadril	20,6 cm
ombro	12,2 cm		
largura das costas	34,4 cm		

Molde do corpo

Esquadre para baixo e para o lado a partir de 0.

0–1 1,5 cm.
0–2 um quinto da circunferência do pescoço menos 0,2 cm.
1–3 medida da altura da cava; esquadre para marcar a linha da cava.
3–4 2,5 cm; esquadre para marcar a linha do busto.
1–5 medida do pescoço até a cintura; esquadre para marcar a cintura.
5–6 medida da cintura até o quadril; esquadre para marcar o quadril.
0–7 um quinto da circunferência do pescoço menos 0,2 cm; desenhe a curva do decote das costas de 7–1; desenhe a curva do decote da frente de 7–2.

6–8 um quarto da medida do busto; esquadre até a linha da cava.

Desenhe uma linha a partir de 7 de modo que ela forme um ângulo de 17° com a linha de 0.

7–9 medida do ombro.

1 Adaptação de manga para malha retilínea – ombro básico

Trace o molde do corpo e marque os pontos 0, 1, 2, 6, 7 e 9.

Marque o ponto 10 na linha do centro das costas no comprimento desejado e esquadre.

10–11 é um quarto do busto mais a quantidade de folga e requisitos de estilo; esquadre para cima.

Marque o ponto 12 na altura da cava desejada.

A partir da linha do ombro, esquadre para os dois lados em 9.

Marque o ponto 13 na linha em que se encontra 0.

Para criar o formato da cava, desenhe uma linha a partir de 12 para encontrar a linha anteriormente esquadrada. Marque nessa intersecção o ponto 14.

Esquadre a partir de 9, a medida da manga de malha, marcando o ponto 15.

15–16 = comprimento do punho.
16–17 = largura desejada para a parte superior do punho; esquadre até 18. Una 17–12.

Dobre a parte 7, 13, 9 ao longo da linha do ombro (7 – 9) e marque o ponto 19.

Trace as costas utilizando a linha do ombro 7–19.

Trace a frente utilizando a linha do ombro 7–13.

Trace a manga; espelhe-a a partir do centro da manga.

Una os pontos 12–14 com uma reta.

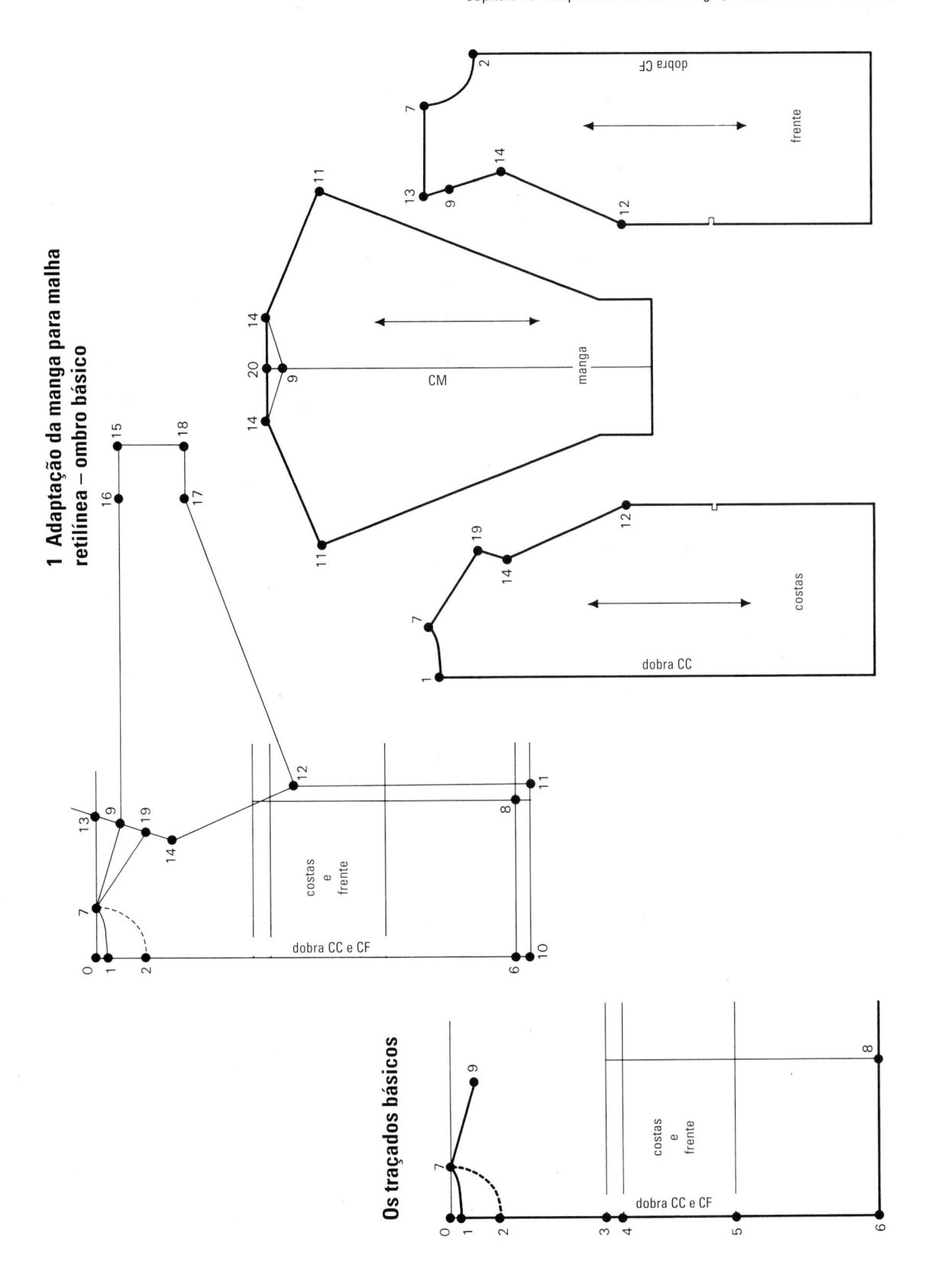

Capítulo 10 Roupas básicas e com folga (malhas circular e retilínea) **163**

1 Adaptação da manga para malha retilínea – ombro básico

Os traçados básicos

2 Adaptação de manga embutida para malha retilínea – ombro caído

Trace o molde do corpo e marque os pontos 0, 1, 2, 6, 7 e 9.

Marque o ponto 10 na linha do centro das costas no comprimento desejado e esquadre.

10-11 é um quarto do busto mais a quantidade de folga e requisitos de estilo; esquadre para cima. Marque o ponto 12 na altura da cava desejada. Estenda a linha do ombro até a posição desejada e marque o ponto 13. Desenhe o formato da cava a partir de 12–13 conforme desejado.

Esquadre a partir de 13 a medida da manga de malha menos a extensão adicionada ao ombro, marcando o ponto 15. Esquadre para baixo.

15-16 = comprimento do punho.

16-17 = largura desejada para a parte superior do punho; esquadre até 18. Una 17–12.

Trace as partes do molde da frente, das costas e da manga.

Nota Algumas peças de malha retilínea não possuem um formato de cava. A costura lateral da parte do corpo continua a partir de 12 até encontrar a costura do ombro caído. Então, a manga é traçada a partir desse novo ponto.

Observe que esse método produz um ombro muito caído e excesso de tecido na parte inferior do braço.

3 Adaptação de manga raglan para malha retilínea

Trace o molde do corpo e marque os pontos 0, 1, 2, 6, 7 e 9. Marque o ponto 10 na linha do centro das costas no comprimento desejado e esquadre.

10-11 é um quarto do busto mais a quantidade de folga e requisitos de estilo; esquadre para cima. Marque o ponto 12 na altura da cava desejada. Estenda a linha do ombro a partir de 9, a medida da manga de malha, até o ponto 13.

13-14 = comprimento do punho.

14-15 = largura desejada para a parte superior do punho; esquadre até 16. Una 15–12.

Desenhe uma linha a partir do ponto 12, debaixo do braço, até o ponto 17, no decote da frente.

Desenhe uma linha a partir do ponto 12, debaixo do braço, até o ponto 18, no decote das costas.

Trace as partes do molde da frente, das costas e da manga conforme apresentado.

Espelhe a frente da manga e posicione as partes da manga lado a lado, acompanhando o centro da manga.

Nota Embora esse molde enfoque uma modelagem básica, muitas variações podem ser elaboradas utilizando diferentes pontos de malha na produção dos panos. Esse método pode mudar a estrutura da peça. Por exemplo, o ponto arroz cria um pano com nervuras que pode ser utilizado para modelar a peça no corpo.

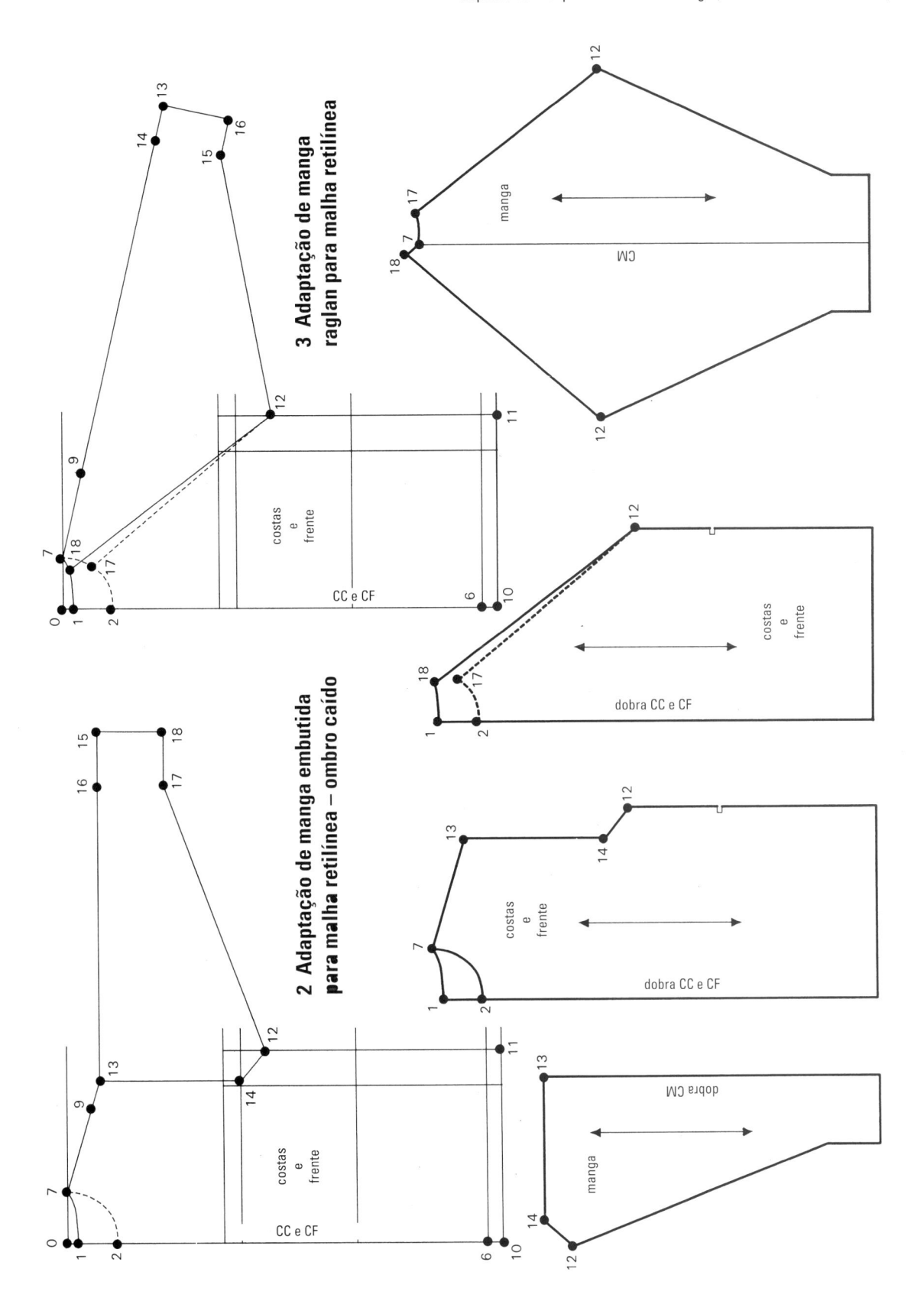

Capítulo 10 Roupas básicas e com folga (malhas circular e retilínea) **165**

2 Adaptação de manga embutida para malha retilínea – ombro caído

3 Adaptação de manga raglan para malha retilínea

Modelos de malha retilínea computadorizados

Atualmente, a indústria malheira está altamente computadorizada.

Muitas máquinas são capazes de produzir roupas com modelagem sem costura. Malhas firmes e estáveis são utilizadas para produzir esse tipo de roupa. As peças produzidas em malhas soltas e instáveis, ou em tecidos muito estampados, normalmente são modelados de forma simples e tradicional, como apresentado nas páginas anteriores. Os fabricantes de roupas de malha mais baratas, cortadas a partir de moldes básicos, também utilizam modelos simples para minimizar o desperdício de tecido.

Atualmente, o setor malheiro, que utiliza máquinas domésticas, está criando modelos com estilos arrojados. O mercado dispõe de programas de computador que, surpreendentemente, não são caros. Esses programas oferecem moldes básicos que podem ser modificados ou permitem a criação de seus próprios moldes. Alguns programas possuem até mesmo um sistema de graduação de tamanhos, assim como possibilidade de personalização de medidas.

Parte 2: Processo de modelagem sem pences

11 Roupas justas (tecido com elastano e malhas)

Moldes ajustados	168
1 Molde da legging	168
2 Blusa ajustada com cava raglan	170
3 Camiseta básica com manga japonesa	170
4 Saia-short	170
5 Vestido com elastano	170
Collant	172
Medidas necessárias para traçar o molde básico	172
Maiô básico	172
Maiô com bojo	172

Os moldes ajustados são elaborados com medidas menores que as do corpo para se esticarem e contorná-lo. Ajustes nas medidas horizontais podem ser necessários (conforme a elasticidade e memória* de cada tecido). Para mais informações técnicas e abordagens sobre elaboração de moldes, consulte os Capítulos 2 e 7 do livro *Fabric, Form and Flat Pattern Cutting*, também escrito pela autora deste livro.

A medida utilizada como comprimento da manga refere-se ao da camiseta de malha. Portanto, talvez o valor precise de ajuste dependendo da elasticidade e memória do tecido.

Tamanho

Os fabricantes de roupas esportivas e alguns de roupas casuais normalmente utilizam os tamanhos EXTRA PEQUENO (PP), PEQUENO (P), MÉDIO (M), GRANDE (G) e EXTRA GRANDE (GG). Os exemplos utilizados a seguir são baseados no tamanho MÉDIO da moda *high-street* (ver página 16).

---

* N. de R.T.: O termo "memória" refere-se à tendência do tecido de voltar ao seu estado natural.

Moldes ajustados

Estes moldes são traçados para tecidos com o máximo de elastano, malha canelada ou Lycra. Entre parênteses, é apresentado um valor para folga extra, necessária em malhas circulares menos flexíveis.

Medidas necessárias para traçar o molde básico

O molde pode ser traçado nas numerações 8, 10, 12, etc., ou PP, P, M, G e GG de qualquer tabela de medidas deste livro (páginas 16-18). Além disso, medidas personalizadas (ver página 182) também podem ser aplicadas ao molde.

Este exemplo utiliza o tamanho M da tabela de medidas da página 16 (para moda *high-street*).

busto	88 cm	circunferência do pescoço	37 cm
comprimento das costas	41 cm	altura da cava	21 cm
largura das costas	34,4 cm	punho	16 cm
comprimento da manga (malha)	54,5 cm		

Partes do corpo

Esquadre para baixo e para o lado a partir de 0.
- **0–1** comprimento das costas mais 1 cm (0,5 cm); esquadre.
- **0–2** comprimento final; esquadre.
- **0–3** altura da cava menos 3 cm (1 cm); esquadre.
- **0–4** metade da medida de 0–3; esquadre.
- **0–5** um oitavo da medida de 0–4; esquadre.
- **0–6** um sexto da circunferência do pescoço mais 1 cm; esquadre para cima.
- **6–7** 1,3 cm; desenhe a curva do decote das costas.
- **3–8** metade da largura das costas menos 2,5 cm (1 cm); esquadre até 9 e 10.
- **10–11** 1 cm; una 7–11.
- **3–12** um quarto do busto menos 3 cm (1 cm); esquadre até 13 na cintura e 14 na barra.

Desenhe a curva da cava a partir de 11 passando por 9 e 12.
- **13–15** 3 cm (2 cm); desenhe a costura lateral 12, 15, 14.
- **0–16** um sexto da circunferência do pescoço menos 1 cm (0,5 cm); desenhe a curva do decote da frente.

Exceto pela curva dos decotes, a frente e as costas são iguais.

Manga

Esquadre para baixo a partir de 17.
- **17–18** metade da medida de 0–3 mais 1 cm (0,5 cm).
- **17–19** comprimento da manga da malha mais 4 cm (2 cm); esquadre.
- **17–20** medida da linha diagonal de 11–12 da parte do corpo mais 0,5 cm.
- **20–21** um terço da medida de 17–20.

Desenhe a cabeça da manga. Cave a curva em 0,6 cm de 20–21; suba a curva em 2 cm de 17–21.
- **19–22** metade do punho mais 0,5 cm (1 cm); una 20–22.

Manga curta

- **17–23** comprimento da manga desejado; esquadre até 24.
- **24–25** 1,5 cm; una 20–25 com uma curva.

1 Molde da legging

quadril	94 cm
altura do gancho	28 cm
comprimento da calça	104 cm
canela	21 cm

Frente

Esquadre para baixo e para o lado a partir de 0.
- **0–1** altura do gancho menos 1 cm; esquadre.
- **0–2** medida do comprimento da calça menos 8 cm; esquadre.
- **1–3** metade da medida de 1–2; esquadre.
- **1–4** um quarto da medida do quadril menos 2 cm; esquadre até 5.
- **5–6** 1 cm.
- **4–7** um quarto da medida de 4–5.
- **4–8** um sexto da medida de 1–4.

Una 6–7 e 7–8 com uma linha curva sobre os pontos:

tamanhos	6-14	2,25 cm	do 4
tamanhos	16-26	2,5 cm	do 4

- **2–9** metade da medida da canela menos 0,5 cm.
- **3–10** dois terços da medida de 1–4 menos 0,5 cm.

Desenhe a costura do entrepernas; una 9–10 com uma linha reta; una 8–10 curvando a linha para dentro 0,75 cm.

Costas

- **5–11** 4 cm.
- **11–12** 3 cm; una 12–0.
- **4–13** um terço da medida de 4–5.
- **8–14** um quinto da medida de 1–4.

Una 12–13 e 13–14 com uma linha curva sobre os pontos:

tamanhos	6-14	3,75 cm	do 4
tamanhos	16-26	4 cm	do 4

- **9–15** 2 cm.
- **10–16** 3 cm.

Desenhe a costura do entrepernas; una 15–16 com uma linha reta; una 14–16 curvando a linha para dentro 0,75 cm.

Como criar um molde sem costura (peça inteira)

Contorne a parte das costas (linha forte contínua).
Contorne a parte da frente (linha pontilhada).
Espelhe a frente e posicione as costuras laterais lado a lado.
Adicione 2,5 cm de vista interna para o cós e 2 cm à barra para a bainha.

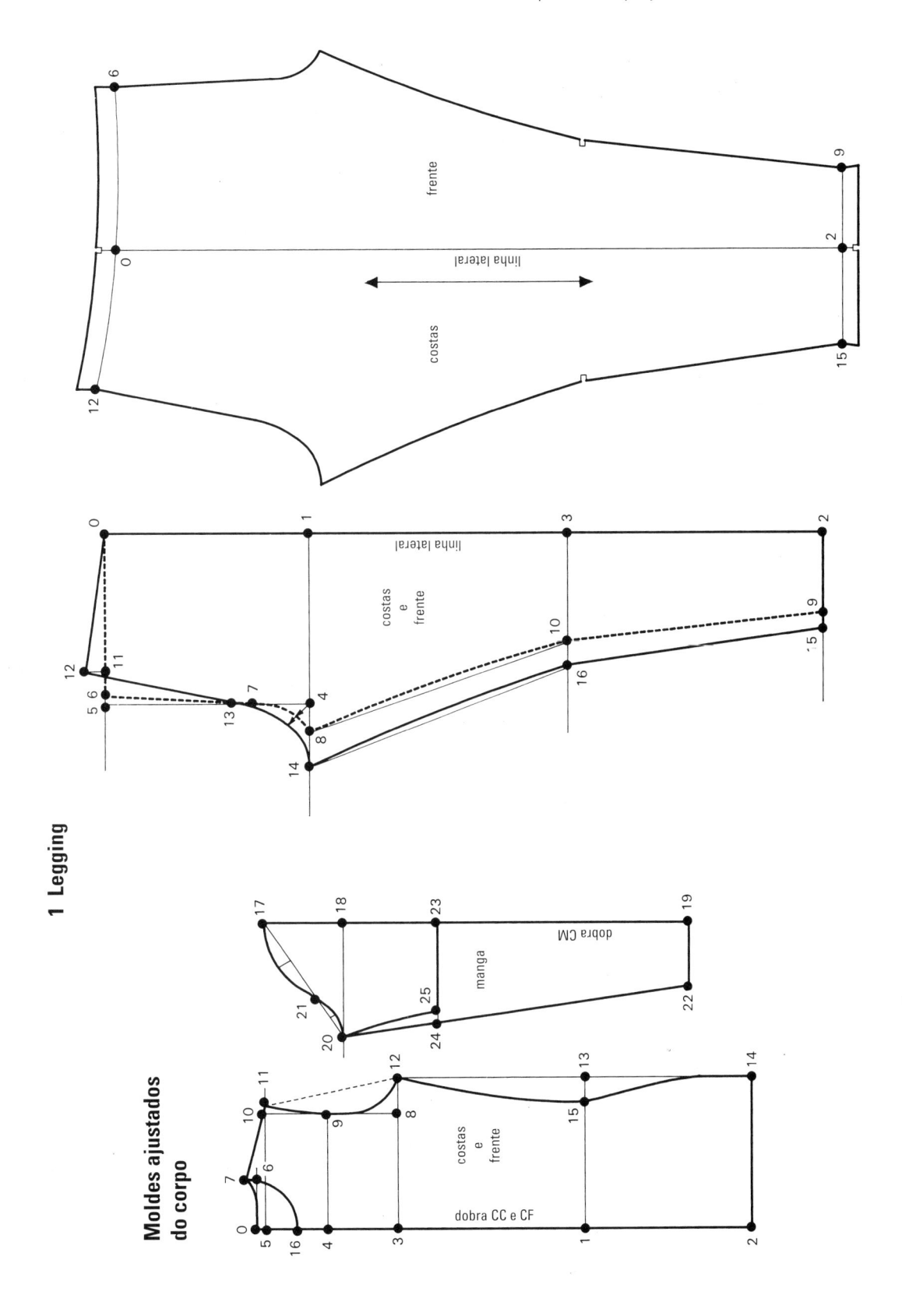

Capítulo 11 Roupas justas (tecido com elastano e malhas) **169**

1 Legging

Moldes ajustados do corpo

2 Blusa ajustada com cava raglan

Trace o molde ajustado no comprimento desejado.

Partes da frente e das costas Aprofunde o decote e corte a linha da cava. Desenhe a largura das ribanas ao redor do pescoço e nas cavas. Trace as partes da frente e das costas.

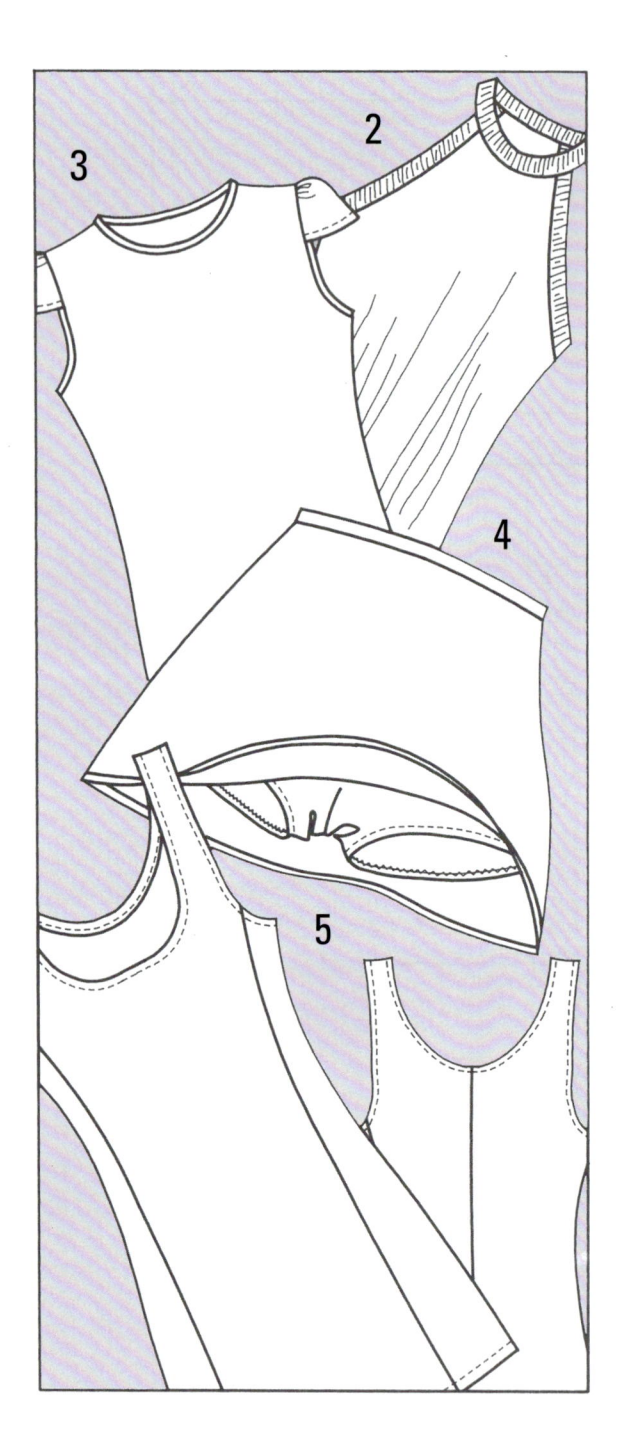

3 Camiseta básica com manga japonesa

Trace o molde para malha circular com menos elastano no comprimento desejado.

Partes da frente e das costas Aprofunde o decote conforme desejado.
Manga Desenhe a manga japonesa.

Marque os pontos 1 e 2. Meça o comprimento.

Meça o mesmo comprimento na cava do corpo entre os pontos 3 e 4. Marque com um pique o ponto 4.

Trace a parte superior da manga japonesa. Divida-a em quatro partes. Desenhe uma linha vertical e outra horizontal.

Corte e abra as partes como ilustrado.

Contorne o novo formato da manga.

4 Saia-short

Frente e costas da saia Esquadre para baixo e para o lado a partir de 0.
0–1 medida da cintura até quadril menos 6 cm.
0–2 comprimento da saia.
1–3 um quarto da medida do quadril menos 1 cm.
  Esquadre até 4.
0–5 um quarto da medida da cintura mais 1,5 cm.
5–6 1 cm; desenhe a curva da cintura.
4–7 2 cm; una 3–7. Una 3–6 com uma curva.

Desenhe uma linha vertical a partir do centro da linha da cintura até a barra.

Corte e abra a barra em aproximadamente 3,5 cm.

Short Esquadre para baixo a partir de 0.
0–1 medida da cintura até quadril menos 6 cm; esquadre.
0–2 altura do gancho menos 5,5 cm; esquadre.
1–3, 1–4 um quarto da medida do quadril menos 3,5 cm.
  Esquadre para cima até 5 e 6 e para baixo até 7 e 8.
5–9 2 cm. Una 3–9.
7–10 um quarto de 1–3 mais 1 cm; una 3–10 com uma curva.
10–11 5 cm.
11–12 2,5 cm; una 10–12.
6–13 1 cm; una 0–13.
8–14 3,25 cm; esquadre.
14–15 um quarto de 2–8 mais 2,5 cm; una 4–15 com uma curva.
15–16 5 cm.
16–17 2,5 cm; desenhe a circunferência da perna 17, 2, 12.

5 Vestido com elastano

Trace o molde para malha circular com menos elastano no comprimento desejado.

Partes da frente e das costas Aprofunde o decote conforme desejado. Desenhe a linha da cava.

Desenhe a linha do recorte da frente.

Trace as partes da frente e das costas.

Costas Molde a cintura em 1 cm em um ponto 2 cm abaixo da linha da cintura natural. Adicione 1,5 cm de evasê à barra.

Frente Molde a cintura em 0,5 cm. Adicione 1,5 cm de evasê à barra. Corte e sobreponha a linha do decote 0,5 cm.

Recorte lateral Molde a cintura em 1 cm. Adicione 1,5 cm de evasê à barra.

2 Blusa ajustada com cava raglan

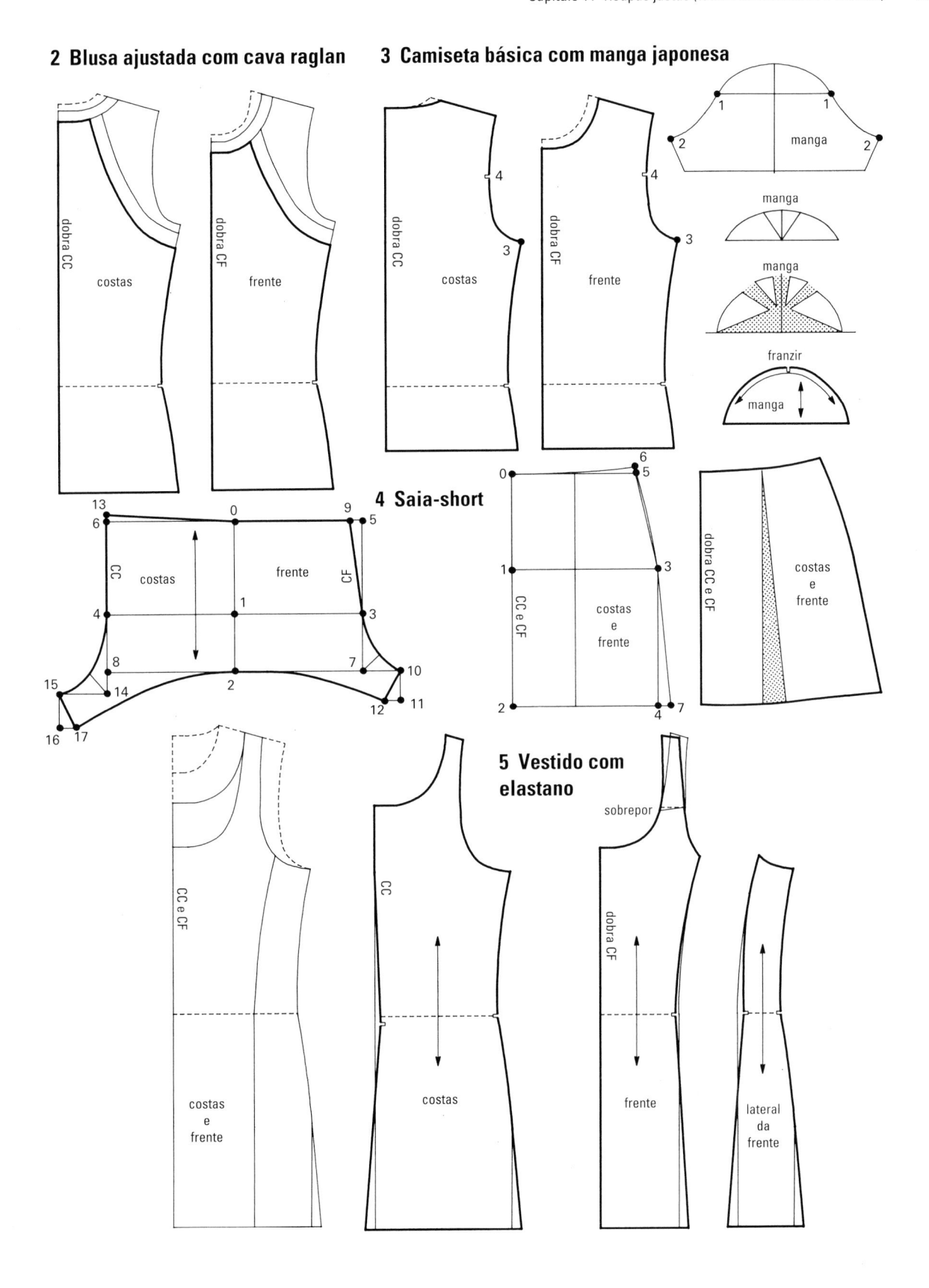

3 Camiseta básica com manga japonesa

4 Saia-short

5 Vestido com elastano

Collant

Medidas necessárias para traçar o molde básico

O molde pode ser traçado nas numerações 8, 10, 12, etc., ou PP, P, M, G e GG de qualquer tabela de medidas deste livro (páginas 16-18). Além disso, medidas personalizadas (ver página 182) também podem ser aplicadas ao molde.

Este exemplo utiliza o tamanho M da tabela de medidas da página 16 (para moda *high-street*).

busto	88 cm	circunferência do pescoço	37 cm
comprimento das costas	41 cm	comprimento da manga (malha)	54,5 cm
altura da cava	21 cm	punho	16 cm
largura das costas	34,4 cm		

Costas

Esquadre para baixo e para o lado a partir de 0.
0–1 comprimento das costas mais 1 cm; esquadre.
1–2 altura do gancho; esquadre.
0–3 altura da cava mais 1,5 cm; esquadre.
0–4 metade da medida de 0–3; esquadre.
0–5 um quinto da medida de 0–4; esquadre.
0–6 um sexto da circunferência do pescoço; esquadre para cima.
6–7 1,5 cm; desenhe a curva do decote das costas.
3–8 metade da largura das costas menos 0,5 cm; esquadre até 9 e 10.
10–11 1 cm; una 7–11.
3–12 um quarto do busto menos 1,5 cm; esquadre até 13 na cintura e 14 na linha da altura do gancho.
Desenhe a curva da cava a partir de 11 passando por 9 e 12.
1–15 um quarto da medida de 1–2; esquadre até 16.
16–17 3 cm.
13–18 4,25 cm. Desenhe a costura lateral.
2–19 um oitavo da medida do busto mais 1 cm; esquadre 3,5 cm até 20.
2–21 esquadre 6 cm para formar o cavalo; una 21–17.

Desenhe a perna das costas e curve a linha 21–17 para fora em 0,5 cm.
Desenhe a curva do cavalo e curve a linha 20–21 para dentro em 0,3 cm.
Trace o cavalo. Desenhe uma linha curva a partir de 21 até 0,5 cm acima do ponto 2. Adicione 2 cm à linha de 19–20.

Frente

0–22 um sexto da circunferência do pescoço menos 1 cm; desenhe a curva do decote da frente.
2–23 metade da medida de 2–19; esquadre 2 cm para o lado até 24; esquadre 2 cm para cima até 25; una 25–17.
25–26 metade da medida de 25–17.
Desenhe a perna da frente e curve a linha para dentro em 1,75 cm no ponto 26.

Manga

Esquadre para baixo a partir de 27.
27–28 metade da medida de 0–3 mais 1 cm.
27–29 comprimento da manga da malha mais 3 cm; esquadre.
27–30 medida da linha diagonal de 11–12 na parte do corpo mais 0,5 cm.
30–31 cave a curva em 0,6 cm.
31–27 eleve a curva em 2 cm.
29–32 metade do punho mais 0,5 cm; una 30–32 com uma curva.

Manga curta

27–33 comprimento da manga desejado; esquadre até 34.
34–35 1,5 cm; una 30–35 com uma curva.

Collant sem manga

12–36 2,5 cm.
11–37 4,5 cm; desenhe uma nova curva da cava de 36–37.

Maiô básico

Veja o diagrama da página 174.

Costas

Trace o molde do maiô conforme o molde do Collant até o ponto 7.
3–8 metade da largura das costas menos 4,5 cm; esquadre até 9 e 10 na linha de 0. Una 7–10.
3–11 um quarto do busto menos 4 cm; esquadre até 12 na cintura e 13 na linha da altura do gancho.
Desenhe a curva da cava a partir de 10 passando por 9 e 11.
1–14 um quarto da medida de 1–2; esquadre até 15.
15–16 0,5 cm.
12–17 2 cm. Desenhe a costura lateral.
2–18 6 cm; una 16–18.
Desenhe a perna das costas e curve a linha 16–18 para fora em 0,5 cm.
Abaixe a curva inferior de 18 para 0,5 cm abaixo do ponto 2.

Frente

3–19 metade da medida de 3–4. Desenhe a curva do decote da frente.
2–20 um dezesseis avos da medida do busto mais 0,5 cm; esquadre 3,5 cm até 21. Esquadre para cima 2 cm até 22. Una 16–22.

22–23 metade da medida de 16–22. Desenhe a perna da frente e curve a linha para dentro em 1,75 cm no ponto 23.
2–24 medida de 2–20; esquadre 6 cm até 25.
Curve a linha 21–25 para dentro em 0,3 cm
Abaixe a curva inferior de 25 para 0,5 cm abaixo do ponto 24.

Maiô com bojo

Trace o molde da frente e espelhe a frente conforme apresentado.
3–26 metade da medida de 3–11 menos 2 cm; una 7–26. Trace uma linha com o comprimento de 7–26 para criar uma pence de 10 cm no ponto 26. Marque o ponto 27.
Desenhe uma linha de 4 cm de comprimento para tocar a linha de 5 no ponto 28.
Desenhe a linha da cava de 11–28.
Desenhe a forma do bojo, o decote e a linha da costura do bojo.
Trace as partes superior e inferior do bojo.
Feche a pence da parte superior.
Redesenhe a linha inferior e o decote se houver alguma distorção.

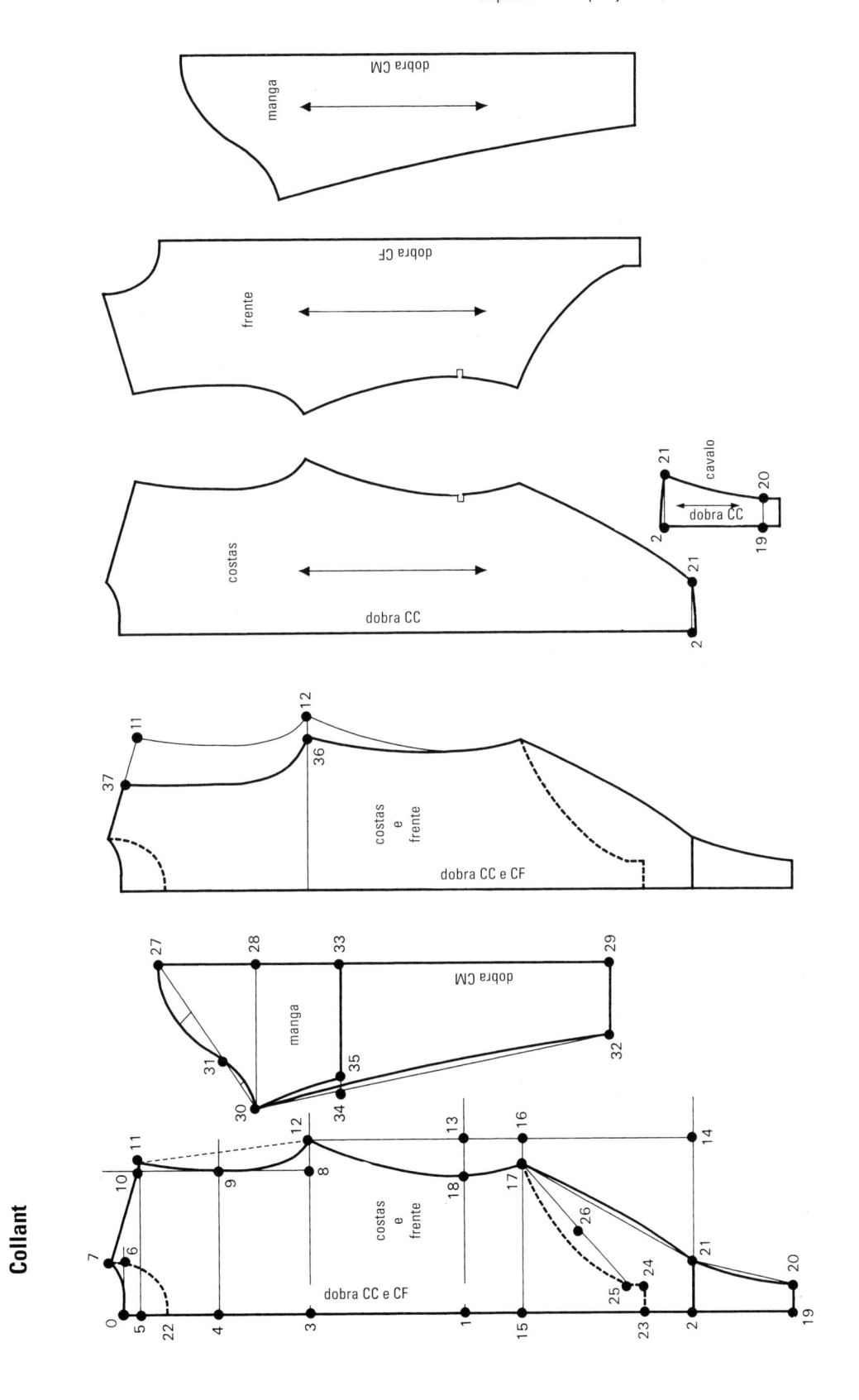

Collant

Bojo em tamanho maior

Parte inferior

Desenhe uma linha vertical cruzando a parte inferior do bojo a partir do ponto do busto e abra o necessário para acomodar o seio (no exemplo, 1,5 cm). Eleve a curva da borda superior em 0,5 cm.

Parte superior

Abra a linha da pence a partir do ponto do busto o equivalente a medida aberta na parte inferior do bojo mais 1 cm. Molde novamente a borda inferior como mostrado e certifique-se de que o comprimento de A–B seja igual ao de C–D na taça inferior.

Maiô com bojo

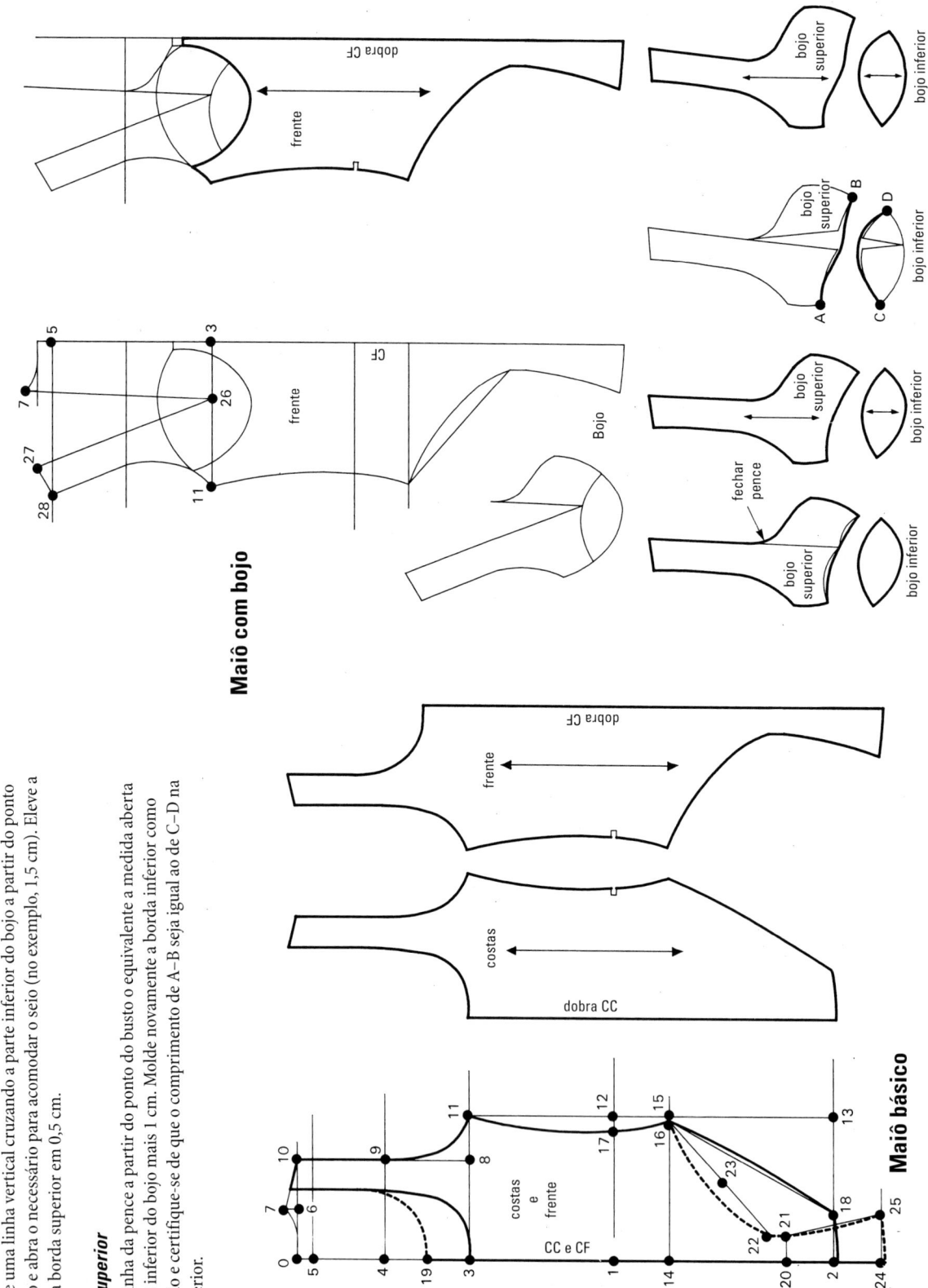

Maiô básico

Parte 3: Tamanho e caimento

12 Técnicas básicas de graduação

Graduação de moldes	176
Graduação para um tamanho acima – modelagem com pences (intervalos de 4 cm) – 1	176
Graduação para um tamanho acima – modelagem com pences (intervalos de 4 cm) – 2	177
Graduação para um tamanho acima – modelagem com pences (intervalos de 4 cm) – 3	178
Graduação para um tamanho acima – modelagem sem pences (intervalos de 6 cm) – 1	179
Graduação para um tamanho acima – modelagem sem pences (intervalos de 6 cm) – 2	180

Notas especiais

Muitos estudantes consideram a graduação uma matéria difícil. Sendo assim, e como este é um livro de introdução à modelagem plana, são apresentados exemplos com tabelas de medidas simples.

Neste capítulo, a **graduação** para *modelagem com pences* é baseada na Tabela de medida para moda *high-street* (numerações **6-16**) encontrada na página 16. A tabela possui intervalos de 4 cm e uma graduação em números pares entre todos os tamanhos.

Neste capítulo, a **graduação** para *modelagem sem pences* é baseada na Tabela de medida para moda *high-street* (tamanhos **PP, P, M, G e GG**) encontrada na página 16. A tabela possui intervalos de 6 cm e uma graduação em números pares entre todos os tamanhos.

Graduação de moldes

A graduação de moldes é uma técnica utilizada para reproduzir um molde em outros tamanhos. Ela deve ser aplicada com precisão, pois pequenos erros que passam despercebidos quando um tamanho é graduado se tornam problemas quando muitos tamanhos são necessários. Um método preciso é traçar o menor e o maior tamanho disponível e, então, marcar os tamanhos entre eles em linhas desenhadas nos pontos básicos (ver o diagrama).

Atualmente, muitos fabricantes utilizam computadores para fazer a graduação de moldes, mas é válido que os estudantes compreendam o princípio de como os dados utilizados são calculados. Após aprender esse princípio básico, entender qualquer outro método se torna mais fácil. Normalmente, os métodos manuais "deslocam" o molde inteiro primeiro de modo horizontal e, depois, vertical.

O método apresentado neste livro é utilizado na graduação computadorizada, com os pontos para um tamanho maior sendo definidos por meio da medição das distâncias que são também de modo horizontal e, depois, vertical. A nova forma do molde é desenhada entre os pontos.

Exemplo – graduação para um tamanho acima (ver o diagrama)
Esquadre para o lado a partir da base 1 no ponto do ombro. Meça horizontalmente a medida desejada e marque o ponto 2.

Esquadre para cima e meça verticalmente a medida desejada para o ponto 3. O ponto 3 é o novo ponto externo do ombro para a próxima numeração.

Graduação de quatro tamanhos

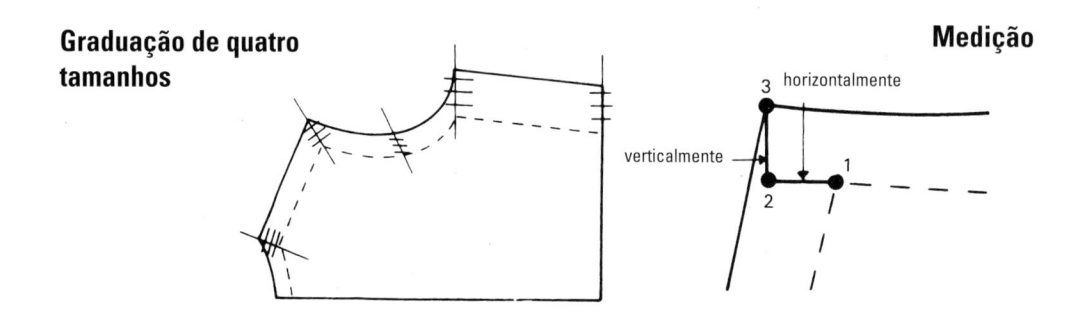

Medição

Graduação para um tamanho acima – modelagem com pences (intervalos de 4 cm) – 1

Tabela de medida para moda *high-street* com numerações de 6-16, página 16.

Molde ajustado do corpo

Costas
1   meça 4 mm horizontalmente
2   meça 4 mm horizontalmente e 2 mm verticalmente
3, 4, 5   meça 3,5 mm horizontalmente e 3 mm verticalmente
6   meça 3 mm horizontalmente e 4,5 mm verticalmente
7   meça 2 mm horizontalmente e 5 mm verticalmente
8, 9   meça 8,5 mm verticalmente
10, 11, 12   meça 2,5 mm verticalmente

Frente
13, 14, 15   meça 4,5 mm verticalmente
16   meça 2 mm horizontalmente
17   meça 4 mm horizontalmente e 2 mm verticalmente
18   meça 4 mm horizontalmente e 8 mm verticalmente
19   meça 3 mm horizontalmente e 11 mm verticalmente
20   meça 1 mm horizontalmente e 8 mm verticalmente
21, 22   meça 11,5 mm verticalmente

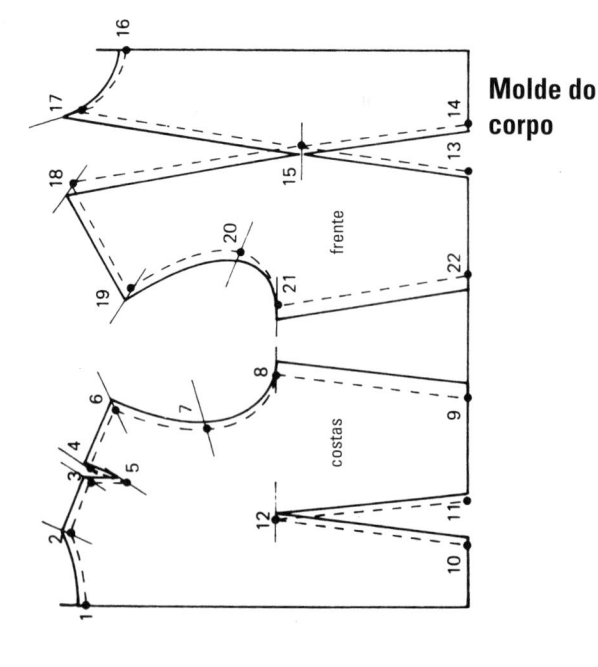

Molde do corpo

Graduação para um tamanho acima – modelagem com pences (intervalos de 4 cm) – 2

Tabela de medida para moda *high-street* com numerações de 6-16, página 16.

Molde da manga

Manga

1. meça 4 mm verticalmente
2. meça 5 mm verticalmente
3. meça 2 mm horizontalmente e 0,5 mm verticalmente
4. meça 1 mm horizontalmente e 0,5 mm verticalmente
5. meça 4 mm horizontalmente
6. meça 1 mm horizontalmente e 4 mm verticalmente
7. meça 1 mm horizontalmente e 5 mm verticalmente

Molde da manga

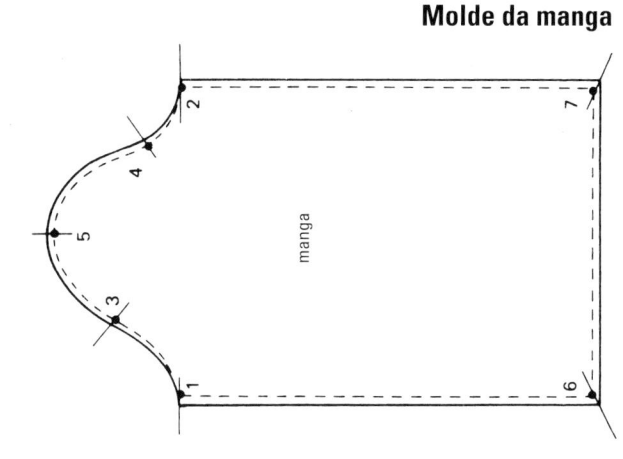

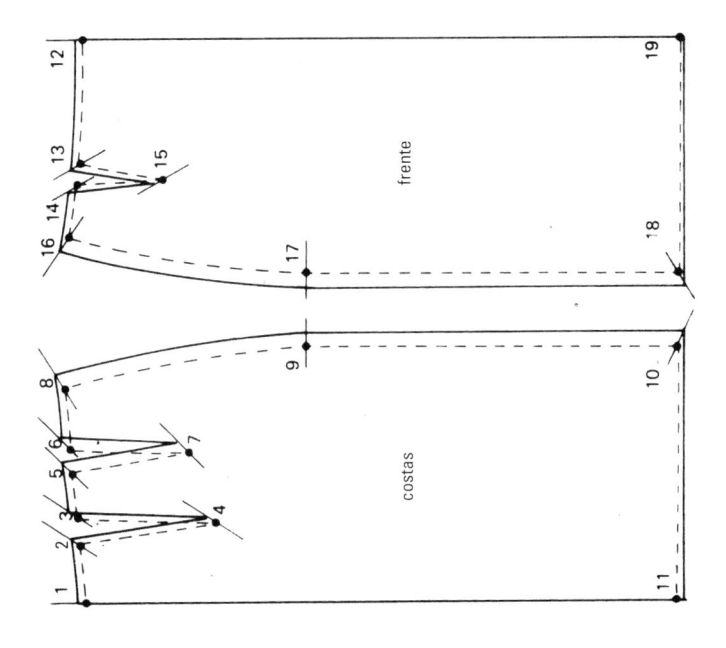

Molde da saia de alfaiataria

Os pontos 10, 11, 18 e 19 são graduados para ter o comprimento na linha do joelho. Ajuste conforme desejado.

Costas

1. meça 3 mm horizontalmente
2, 3, 4 meça 3 mm horizontalmente e 3 mm verticalmente
5, 6, 7 meça 3 mm horizontalmente e 6 mm verticalmente
8. meça 3 mm horizontalmente e 10 mm verticalmente
9. meça 10 mm verticalmente
10. meça 5 mm horizontalmente e 10 mm verticalmente
11. meça 5 mm horizontalmente

Frente

12. meça 3 mm horizontalmente
13, 14, 15 meça 3 mm horizontalmente e 6 mm verticalmente
16. meça 3 mm horizontalmente e 10 mm verticalmente
17. meça 10 mm verticalmente
18. meça 5 mm horizontalmente e 10 mm verticalmente
19. meça 5 mm horizontalmente

Molde da saia de alfaiataria

Graduação para um tamanho acima – modelagem com pences (intervalos de 4 cm) – 3

Tabela de medida para moda *high-street* com numerações de 6-16, página 16.

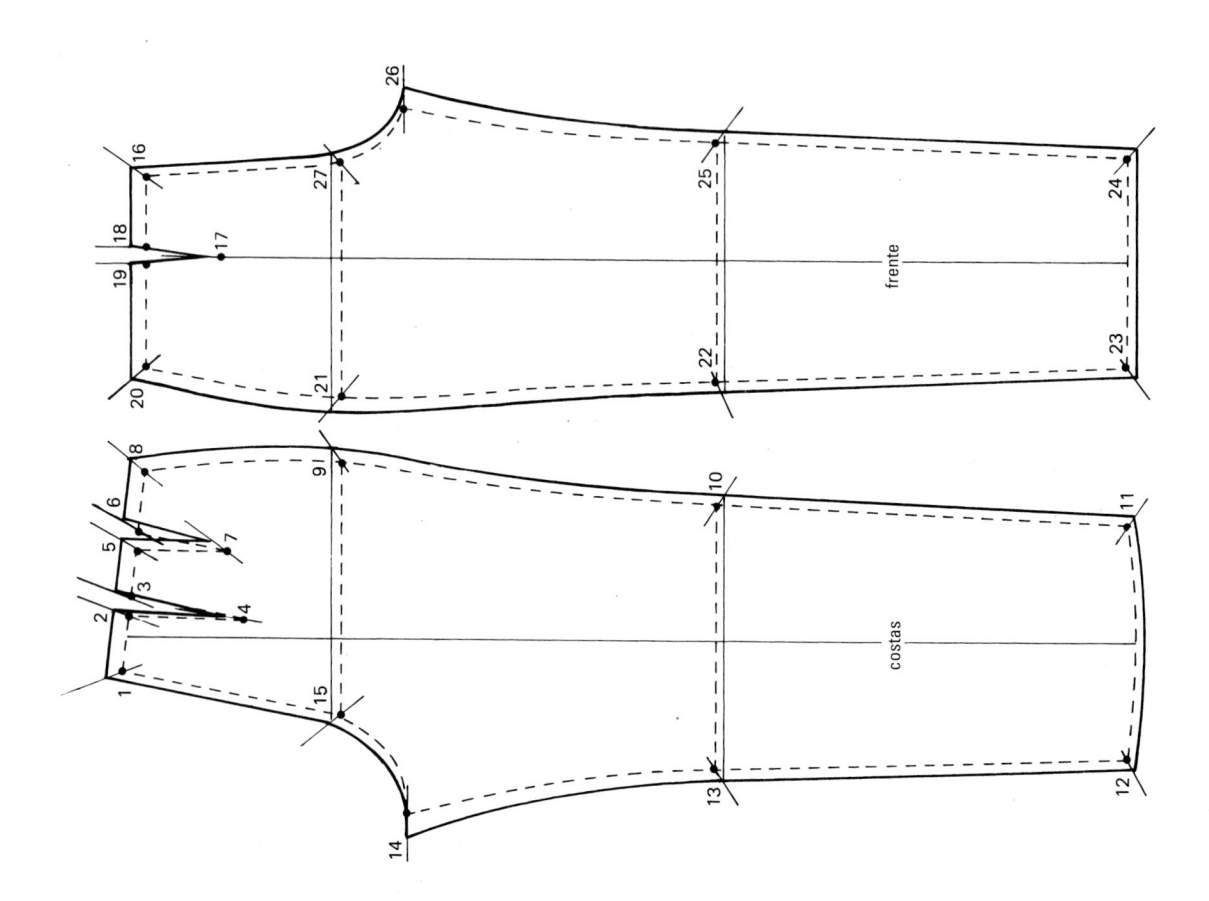

Molde básico da calça de alfaiataria tradicional

Costas

1   meça 7 mm horizontalmente e 3 mm verticalmente
2, 3, 4   meça 7 mm horizontalmente e 1 mm verticalmente
5, 6, 7   meça 7 mm horizontalmente e 4 mm verticalmente
8   meça 7 mm horizontalmente e 7 mm verticalmente
9   meça 4 mm horizontalmente e 7 mm verticalmente
10   meça 1,5 mm horizontalmente e 3 mm verticalmente
11, 12   meça 3 mm horizontalmente e 2,5 mm verticalmente
13   meça 1,5 mm horizontalmente e 3 mm verticalmente
14   meça 8 mm verticalmente
15   meça 4 mm horizontalmente e 3 mm verticalmente

Frente

16   meça 7 mm horizontalmente e 3 mm verticalmente
17, 18, 19   meça 7 mm verticalmente
20   meça 7 mm horizontalmente e 7 mm verticalmente
21   meça 4 mm horizontalmente e 7 mm verticalmente
22   meça 1,5 mm horizontalmente e 3 mm verticalmente
23, 24   meça 3 mm horizontalmente e 2,5 mm verticalmente
25   meça 1,5 mm horizontalmente e 3 mm verticalmente
26   meça 6 mm verticalmente
27   meça 4 mm horizontalmente e 3 mm verticalmente

Graduação para um tamanho acima – modelagem sem pences (intervalos de 6 cm) – 1

Tabela de medida para moda *high-street* com os tamanhos PP, P, M, G e GG, página 16.

Molde do corpo sem pences

Frente e costas

1. meça 6 mm horizontalmente
2. meça 6 mm horizontalmente e 3 mm verticalmente
3. meça 5,5 mm horizontalmente e 7,5 mm verticalmente
4. meça 2 mm horizontalmente e 9,5 mm verticalmente
5, 6 meça 15 mm verticalmente
7. meça 4 mm horizontalmente e 15 mm verticalmente
8. meça 4 mm horizontalmente
9. meça 3 mm horizontalmente

Manga

1. meça 3 mm horizontalmente
2. meça 1 mm horizontalmente e 6,5 mm verticalmente
3. meça 10 mm verticalmente
4, 5 meça 7 mm horizontalmente e 6,5 mm verticalmente
6. meça 10 mm verticalmente
7. meça 1 mm horizontalmente e 6,5 mm verticalmente

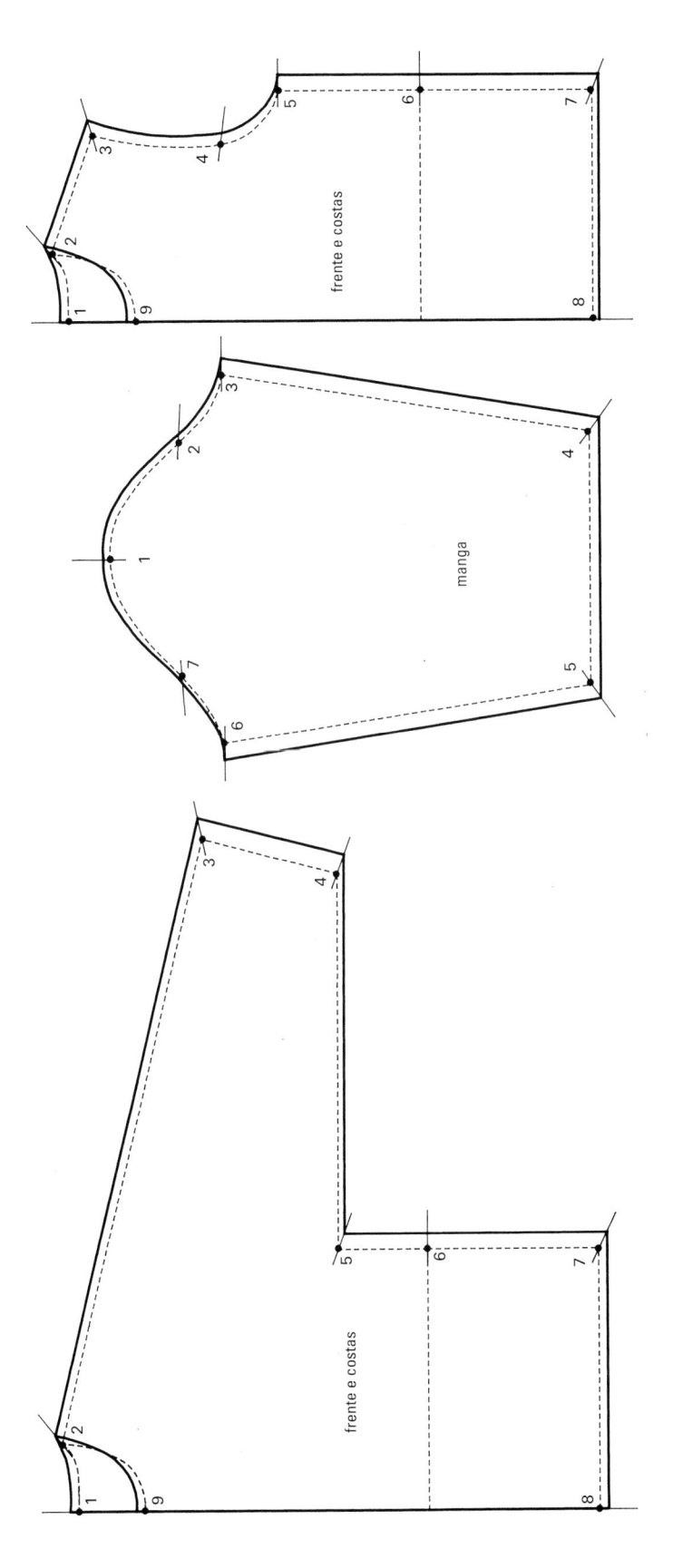

Molde do corpo do quimono sem pences

1. meça 6 mm horizontalmente
2. meça 6 mm horizontalmente e 3 mm verticalmente
3. meça 5,5 mm horizontalmente e 15 mm verticalmente
4. meça 1,5 mm horizontalmente e 13,5 mm verticalmente
5. meça 1,5 mm horizontalmente e 15 mm verticalmente
6. meça 15 mm verticalmente
7. meça 4 mm horizontalmente e 15 mm verticalmente
8. meça 4 mm horizontalmente
9. meça 3 mm horizontalmente

Graduação para um tamanho acima – modelagem sem pences (intervalos de 6 cm) – 2

Tabela de medida para moda *high-street* com os tamanhos PP, P, M, G e GG, página 16.

Molde básico da calça sem pences

Costas

1. meça 10 mm horizontalmente e 4 mm verticalmente
2. meça 10 mm horizontalmente e 11 mm verticalmente
3. meça 6 mm horizontalmente e 11 mm verticalmente
4. meça 2,5 mm horizontalmente e 3 mm verticalmente
5, 6 meça 5 mm horizontalmente e 3 mm verticalmente
7. meça 2,5 mm horizontalmente e 3 mm verticalmente
8. meça 10 mm verticalmente
9. meça 6 mm horizontalmente e 4 mm verticalmente

Frente

1. meça 10 mm horizontalmente e 5 mm verticalmente
2. meça 10 mm horizontalmente e 10 mm verticalmente
3. meça 6 mm horizontalmente e 10 mm verticalmente
4. meça 2,5 mm horizontalmente e 3 mm verticalmente
5, 6 meça 5 mm horizontalmente e 3 mm verticalmente
7. meça 2,5 mm horizontalmente e 3 mm verticalmente
8. meça 8 mm verticalmente
9. meça 6 mm horizontalmente e 5 mm verticalmente

Molde básico da saia sem pences

1. meça 4 mm horizontalmente
2. meça 4 mm horizontalmente e 15 mm verticalmente
3. meça 15 mm verticalmente
4. meça 7 mm horizontalmente e 15 mm verticalmente
5. meça 7 mm horizontalmente

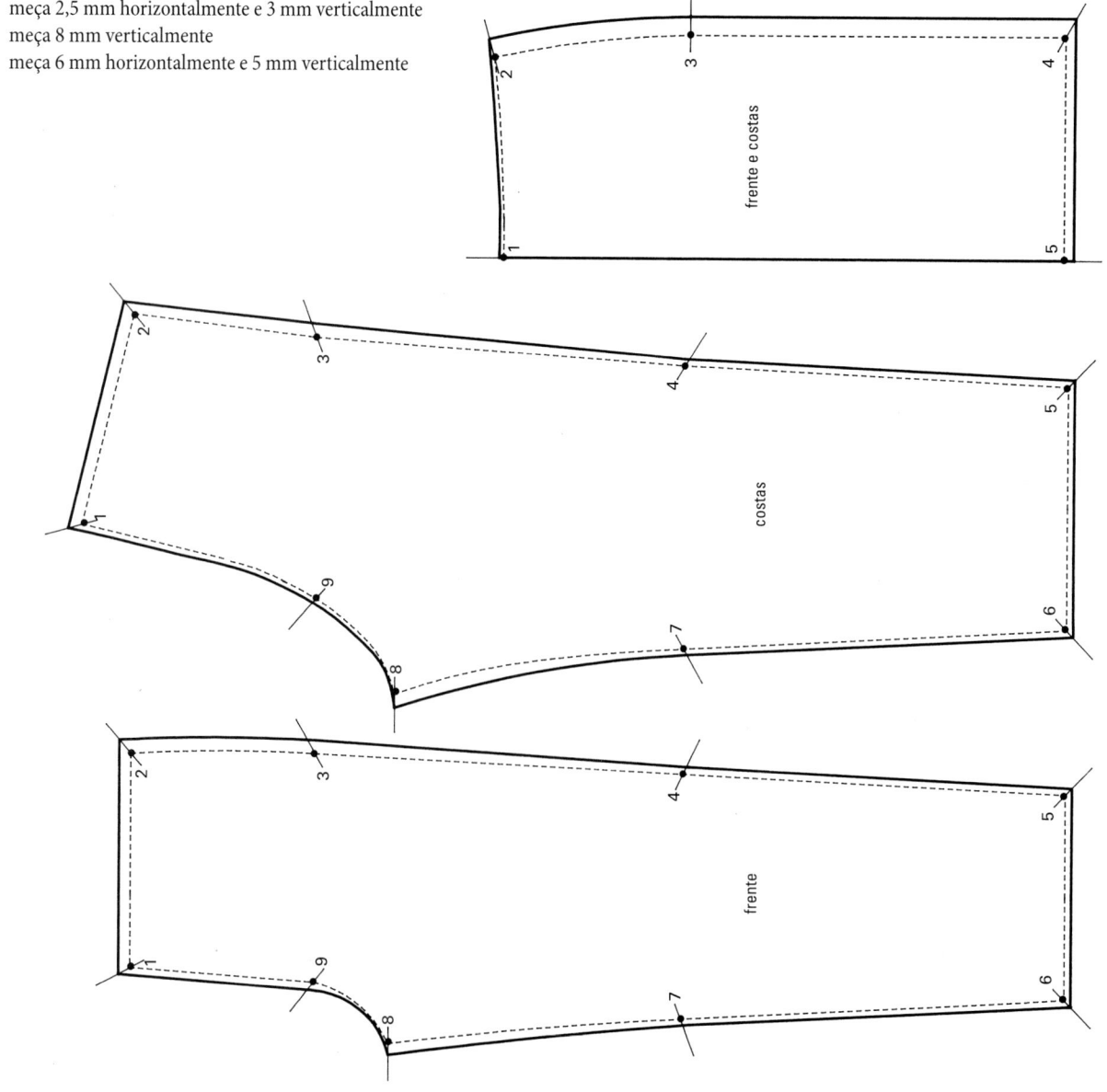

Parte 3: Tamanho e caimento

13 Como traçar moldes personalizados e realizar ajustes

Como traçar moldes personalizados	182
Tirando as medidas	182
Construção de toiles	184
Alterações do molde para ajustes de caimento	185

Como traçar moldes personalizados

Traçar moldes personalizados é uma tarefa simples. Utilize as instruções para os moldes básicos (Capítulo 1), porém aplique medidas personalizadas em vez de utilizar a tabela de medidas padrão.

Tire a medida do busto. A medida do busto determina o tamanho do traçado do molde, a menos que seja muito grande em relação às outras partes do corpo. Exemplo: busto de 104 cm = tamanho 20.

Nota Para casos de busto muito grande ou corcunda nas costas, ver página 190 antes de começar o traçado do molde.

Copie a tabela de medidas apresentada abaixo. Preencha as medidas em fonte normal utilizando a tabela de medidas do corpo feminino padrão da página 17. Para um tamanho de busto de 103,5 cm, utilize as medidas indicadas para um tamanho 20. Todas as medidas apresentadas ao lado e em negrito são personalizadas. Essas medidas devem ser tiradas diretamente do corpo feminino e escritas na tabela.

Esse procedimento possibilita uma comparação entre as medidas personalizadas e as medidas padrão. Caso houver diferença significativa nos resultados, uma nova medição deve ser realizada nos pontos específicos, para verificar se as medidas são mesmo maiores ou menores que as de um corpo feminino padrão.

		Medidas personalizadas	Medidas padrão	Comentários sobre o corpo
1.	Busto	103,5	104	tamanho mais aproximado
2.	Cintura	90	88	cintura maior
2a.	Cintura baixa	100	98	cintura baixa maior
3.	Quadril	114	112	quadril maior
4.	Largura das costas	38,4	38,4	
5.	Peito	37,2	37,2	
6.	Ombro	13,6	13,25	ombros mais largos
7.	Circunferência do pescoço	41	41	
8.	Pence	9,4	9,4	
9.	Largura do braço	32,2	33,2	braço mais fino
10.	Punho	17,5	18	punho mais fino
11.	Tornozelo	25,9	26	tornozelo mais fino
12.	Canela	22,9	23	
13.	Comprimento das costas	43,5	42,6	costas mais compridas
14.	Comprimento da frente	46	44,1	frente mais comprida
15.	Altura da cava	23,5	22,6	
16.	Comprimento da saia	71		comprimento final da saia
17.	Cintura até quadril	21,8	21,8	
18.	Comprimento da calça	110	108	comprimento extra
19.	Altura do gancho	32,5	30,8	gancho maior
20.	Comprimento da manga	61,5	60,25	braço mais longo
Para mais medidas (roupas): estas são as medidas padrão (ver página 17).				

Tirando as medidas

Para uma maior orientação, utilize as instruções e o diagrama a seguir.

1 Busto Meça o corpo no ponto mais amplo do busto sem permitir que a fita caia nas costas.

2 Cintura Meça ao redor da cintura da mulher, assegurando que ela esteja confortável.

Após medir a cintura, amarre firmemente um cordão ao redor dela: isso permite maior precisão nas medidas verticais.

2a Cintura baixa Meça a cintura baixa 6 cm abaixo da linha da cintura natural.

3 Quadril Meça a parte mais ampla do quadril aproximadamente a 21 cm da linha da cintura natural. Para uma medida de quadril muito diferente do corpo feminino padrão (quadril 5 cm maior que o busto), ver página 192 para moldes de vestido.

4 Largura das costas Meça a largura das costas 15 cm abaixo do osso do pescoço, no centro das costas. Meça de uma cava à outra.

5 Peito Meça o peito 7 cm abaixo do ponto do pescoço no centro da frente (de uma cava à outra).
6 Ombro Meça do pescoço até o osso do ombro.
7 Circunferência do pescoço Meça a base do pescoço passando pelo osso da clavícula.
8 Pence Medida padrão.
9 Largura do braço Com o braço levemente dobrado, meça o contorno do bíceps.
10 Punho Meça o punho com uma leve folga.
11 Tornozelo Meça a circunferência, passando sobre o osso do tornozelo.
12 Canela Meça ao redor da perna acima do tornozelo.
13 Comprimento das costas Meça do osso do pescoço no centro das costas até o cordão amarrado na cintura.
14 Comprimento da frente Meça do centro do ombro da frente até a cintura passando pelo ponto do busto.
15 Altura da cava Medida padrão.
16 Comprimento da saia Meça o comprimento da saia a partir do cordão amarrado na cintura até o comprimento de barra desejado.

Nota Confira se o corpo feminino é equilibrado medindo o comprimento da calça (do cordão amarrado na cintura até o chão) na frente e nas costas, para verificar se há equivalência.

17 Cintura até quadril Medida padrão.
18 Comprimento da calça Meça o comprimento da calça no centro das costas.
19 Altura do gancho A mulher deve sentar-se em uma cadeira rígida. Meça a altura do gancho pela lateral do corpo, a partir da cintura até a cadeira.
20 Comprimento da manga Posicione a mão no quadril de modo que o braço fique levemente dobrado. Meça a partir do osso do ombro, passando pelo cotovelo até o osso do punho acima do dedo mínimo.

A lista de medidas personalizadas deve ser conferida com cuidado, comparando-a com as medidas do corpo feminino padrão e observando se há grandes diferenças. Os moldes podem ser, então, esboçados com o uso das medidas personalizadas da mulher. Se houver alguma diferença de medida relevante, consulte a seção a seguir e adapte o molde antes de construir o toile.

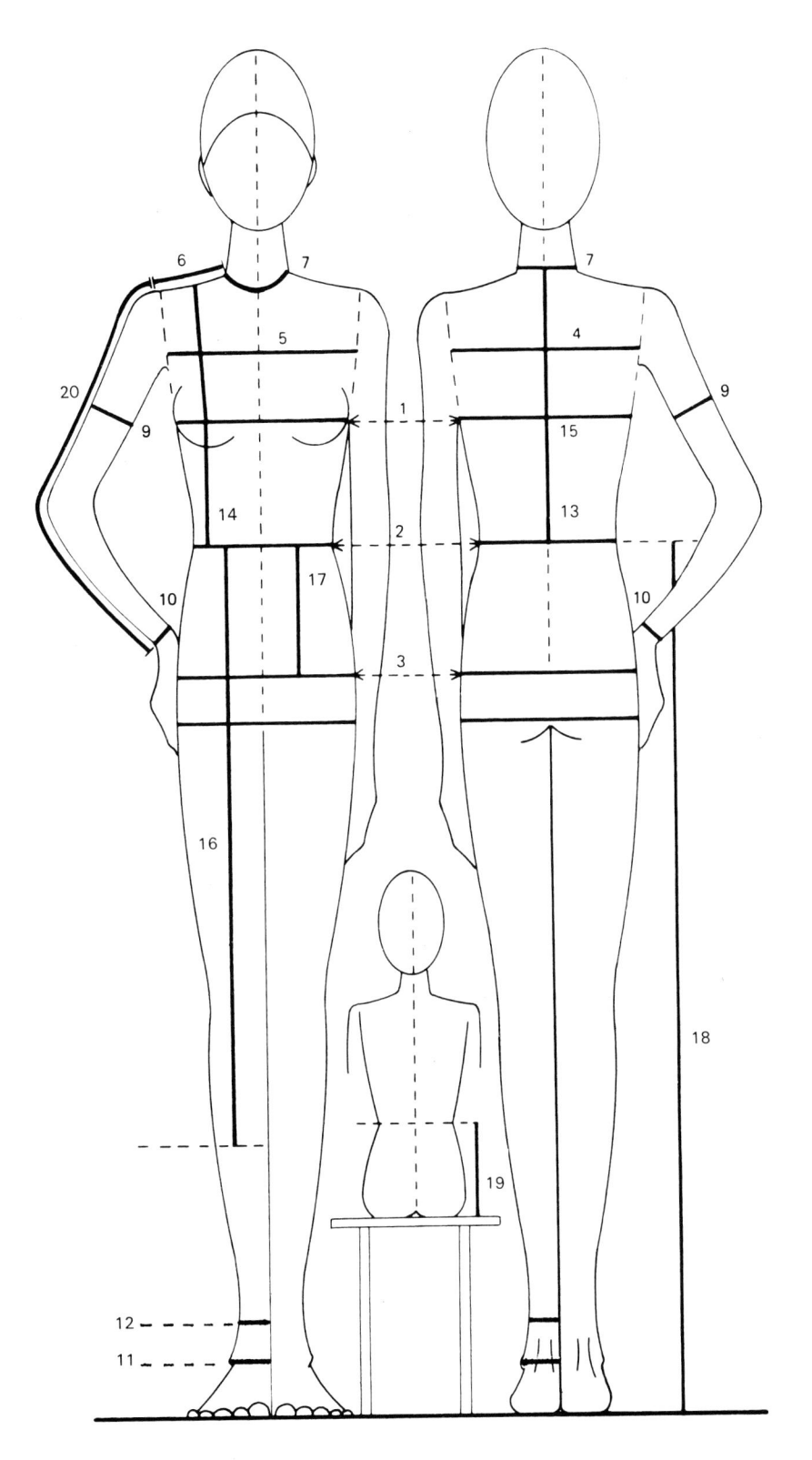

Molde básico de vestido com recorte e manga inteira

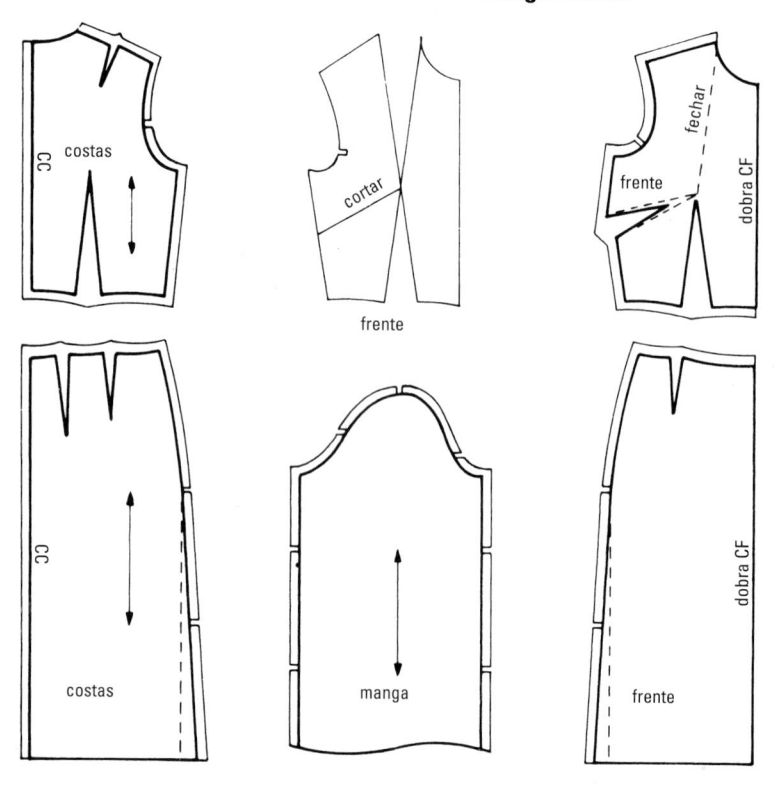

Molde básico da saia de alfaiataria

Molde básico da calça de alfaiataria tradicional

Construção de toiles

Os moldes básicos devem ter caimento perfeito. Portanto, é necessário que o caimento seja verificado em toiles de algodão. Os exemplos apresentados são para a construção dos seguintes toiles:

(1) Molde básico do vestido com recorte e manga inteira (página 34 e página 28).
(2) Molde básico da saia de alfaiataria (página 84).
(3) Molde básico da calça de alfaiataria tradicional (página 104).

Molde básico do vestido com recorte e manga inteira

Trace o molde básico ajustado do corpo e o molde da manga. Siga as instruções das páginas 20, 28 e 34 para produzir o molde básico do vestido com recorte.

Ajuste as pences da cintura se a medida da cintura a ser aplicada for diferente das medidas padrão. Caso a medida do quadril divergir, ver página 192. Transfira a pence do busto para debaixo do braço para facilitar o ajuste dos ombros e desenhe uma linha a partir da costura inferior do braço até o ponto do busto. Recorte ao longo dessa linha. Feche a pence do ombro. Isso abrirá uma nova pence debaixo do braço. Encurte a pence em 2,5 cm no ponto do busto.

Recorte a costura lateral da saia. Adicione 2,5 cm de evasê à costura lateral na barra acabando em zero na altura do quadril.

Molde básico da saia de alfaiataria

Diferente do molde básico da saia utilizado para modelar o vestido, o molde da saia de alfaiataria oferece mais caimento, pois define melhor a parte das costas. Portanto, é útil que se tenha um molde básico específico para saias.

Trace o molde (página 84). Separe os moldes cortando na linha da costura lateral. Adicione 2,5 cm de evasê à costura lateral na barra da saia acabando em zero na altura do quadril.

Molde básico da calça de alfaiataria tradicional

Trace o molde básico da calça de alfaiataria tradicional (página 104).

Nota Recorte as partes dos moldes como ilustrado e adicione margens de costuras de 1,5 cm (não é indicado adicionar margens de costuras no decote, nas barras da saia, da calça e das mangas). Utilize fita adesiva na cintura da calça e da saia.

Alterações do molde para ajustes de caimento

Se o molde foi traçado com medidas personalizadas, ele terá um bom caimento, a menos que o corpo da mulher apresente características fora do padrão. Algumas vezes, essas características são aparentes, e o molde pode ser adaptado antes da construção do toile. Porém, são frequentes os casos em que elas são percebidas apenas quando o toile é analisado no corpo. Durante essa etapa de ajuste, os problemas são marcados e o molde é corrigido.

Ajustando o toile

Para fazer o ajuste do toile a mulher deve vestir roupas de baixo e calçado apropriados. Ela deve ficar em pé, em posição normal e relaxada. Utilize alfinetes para fechar qualquer abertura.

Questões de balanço

1 Balanço A mulher deve permanecer em pé e um pouco distante da pessoa que está fazendo os ajustes, para se ter uma visão geral. Ela deve se virar lentamente. Observe se há problemas aparentes. Estude a costura lateral; mesmo tendo um corpo com medidas padrão, a postura da mulher pode fazer o toile se movimentar, distorcendo a costura lateral. Veja as ilustrações.

Nota Certifique-se de que é a postura que está causando a distorção, e não os volumes do corpo, a exemplo do busto grande, já que isso requer outra solução.

Região do tórax ereta Corte horizontalmente o molde da frente na linha do busto e na linha do peito; aumente o quanto for necessário para baixar a linha da cintura até sua posição correta. A alteração pode ser necessária apenas na linha do peito ou na linha do busto. Contorne o novo formato. A pence lateral do busto será ampliada de modo que as costuras laterais tenham o mesmo comprimento.

Região do tórax curvada Corte horizontalmente o molde como explicado acima; sobreponha as partes, removendo o quanto desejado. Contorne o novo formato. A pence lateral do busto será diminuída de modo que as costuras laterais tenham o mesmo comprimento.

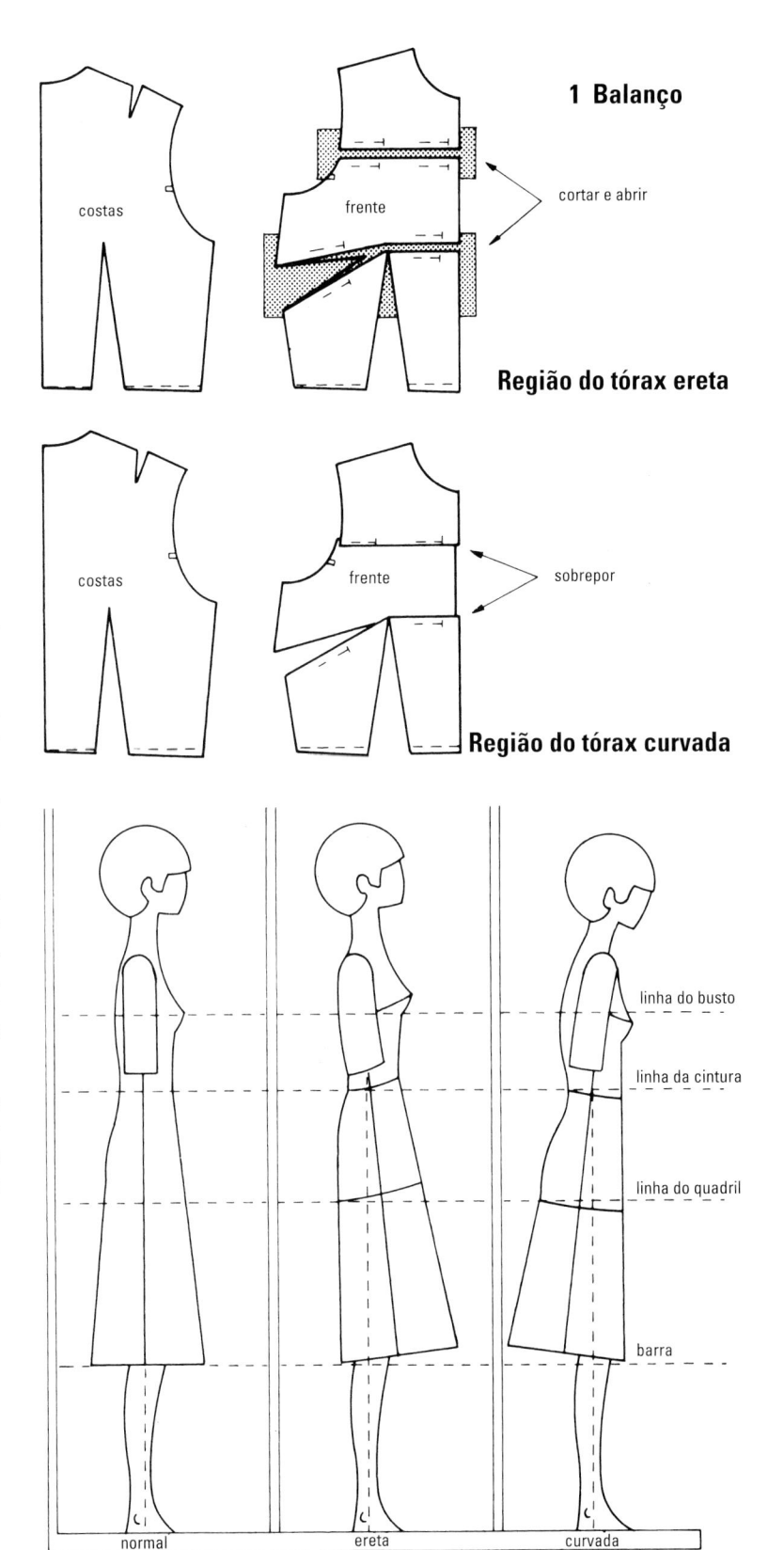

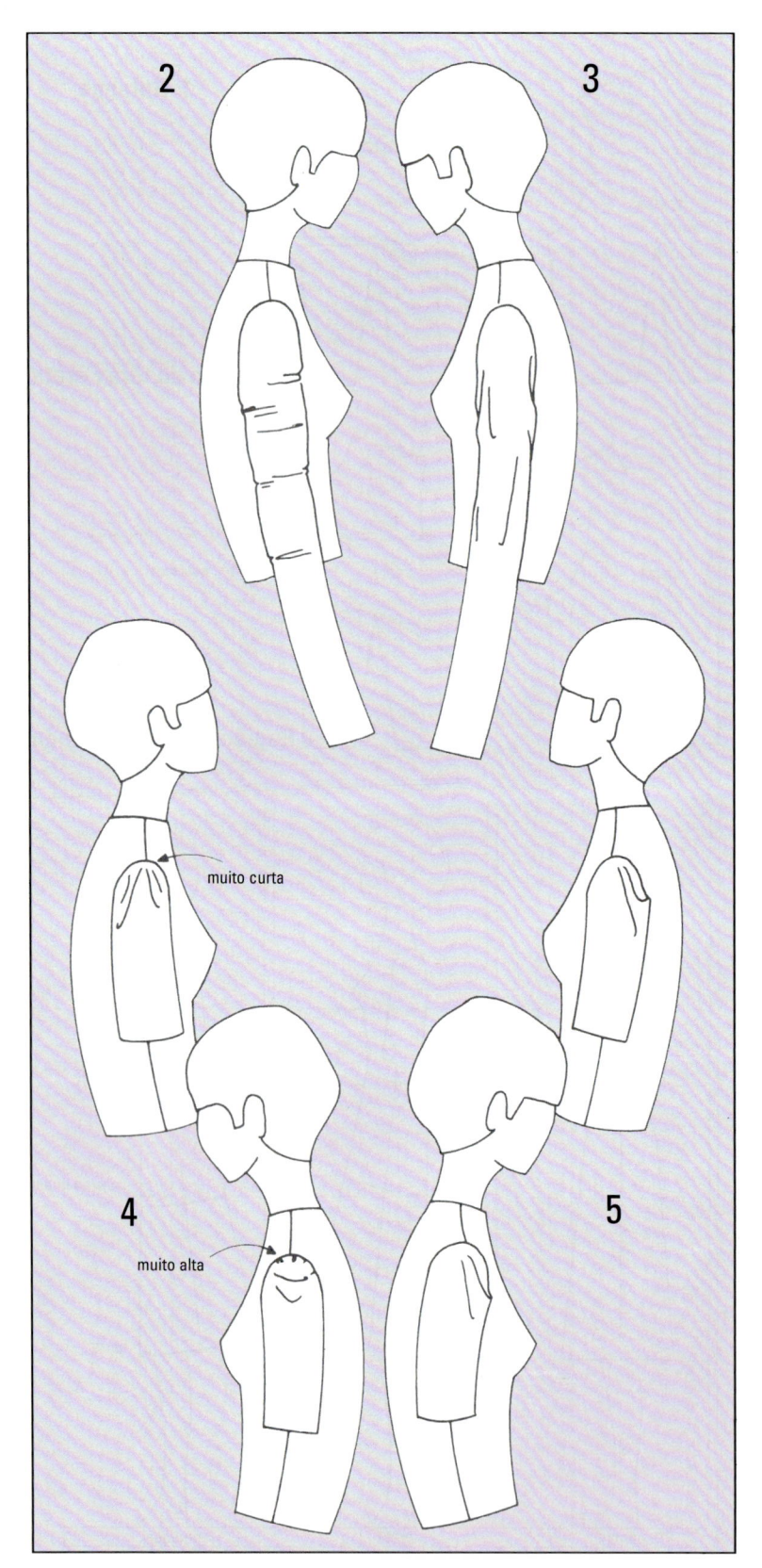

Mangas – questões de medida

2 Braço largo A manga fica apertada no braço, o que causa rugas. Corte o molde na linha do centro da manga e horizontalmente na cabeça da manga acima do pique das costas.

Acrescente o quanto for necessário de medida, como no diagrama. Redesenhe a cabeça da manga. Isso aumenta a medida da cabeça da manga de modo que a cava é aprofundada aproximadamente em 1 cm. Remarque os piques da manga.

Nota Se apenas a parte superior do braço, que é a mais larga, estiver muito apertada, estreite as costuras laterais até o punho após a alteração.

3 Braço fino A manga fica frouxa e sem forma.

Corte o molde pelo centro da manga e sobreponha as partes o quanto for necessário, como no diagrama.

Redesenhe a cabeça da manga. Isso reduz a medida da cabeça da manga de modo que a cava é elevada aproximadamente em 1 cm. Remarque os piques da manga.

Mangas – questões corporais

4 Cabeça da manga muito curta Linhas diagonais se formam a partir do ponto externo do ombro e há uma folga muito pequena na cabeça da manga. Corte horizontalmente a cabeça da manga e aumente-a o quanto for necessário. Isso fornecerá a folga necessária para embeber a cabeça da manga.

Cabeça da manga muito alta Folga excessiva na cabeça da manga, deixando-a frouxa. Corte horizontalmente a cabeça da manga e sobreponha as partes para reduzir a medida da cabeça da manga.

5 Manga inclinada A manga pode pender para a direita ou para a esquerda. Remova a manga da roupa e prenda com um alfinete no ponto externo do ombro de modo que a manga fique com o caimento correto. Remarque os piques na manga.

Isso normalmente desalinha as linhas de costura lateral do braço. Se for esse o caso, marque um pique na manga para que as linhas de costura lateral correspondam novamente.

Capítulo 13 Como traçar moldes personalizados e realizar ajustes **187**

Mangas – questões de medida

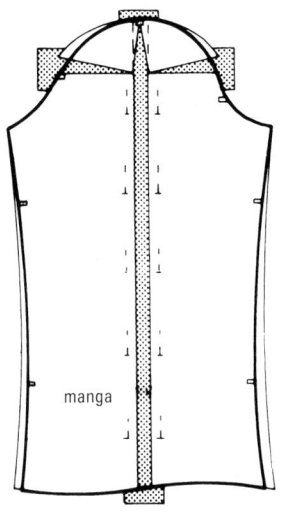

2 Braço largo

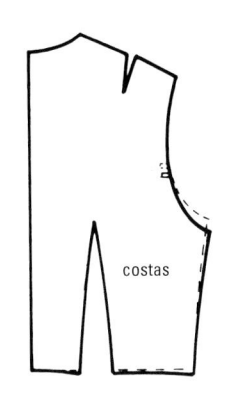

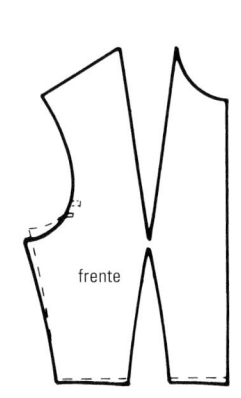

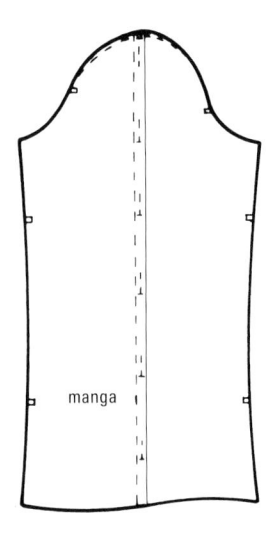

3 Braço fino

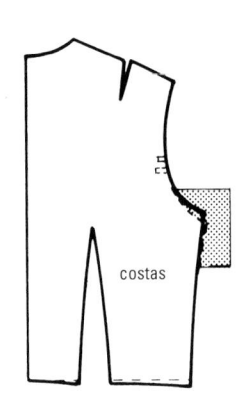

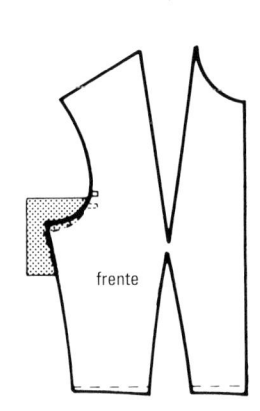

Mangas – questões corporais

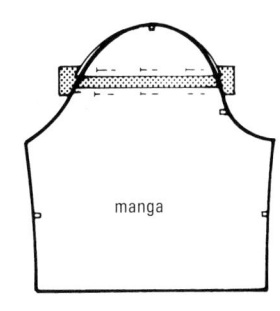

4 Cabeça da manga muito curta e muito alta

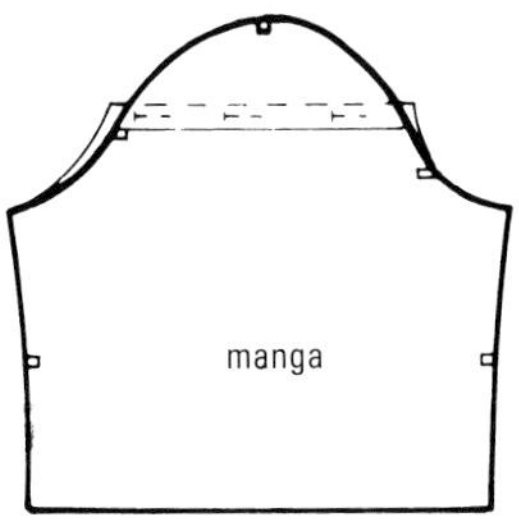

5 Manga inclinada

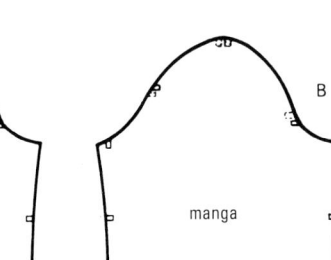

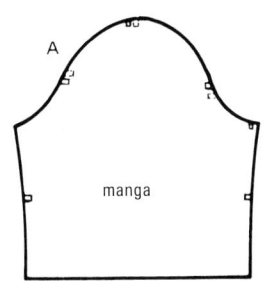

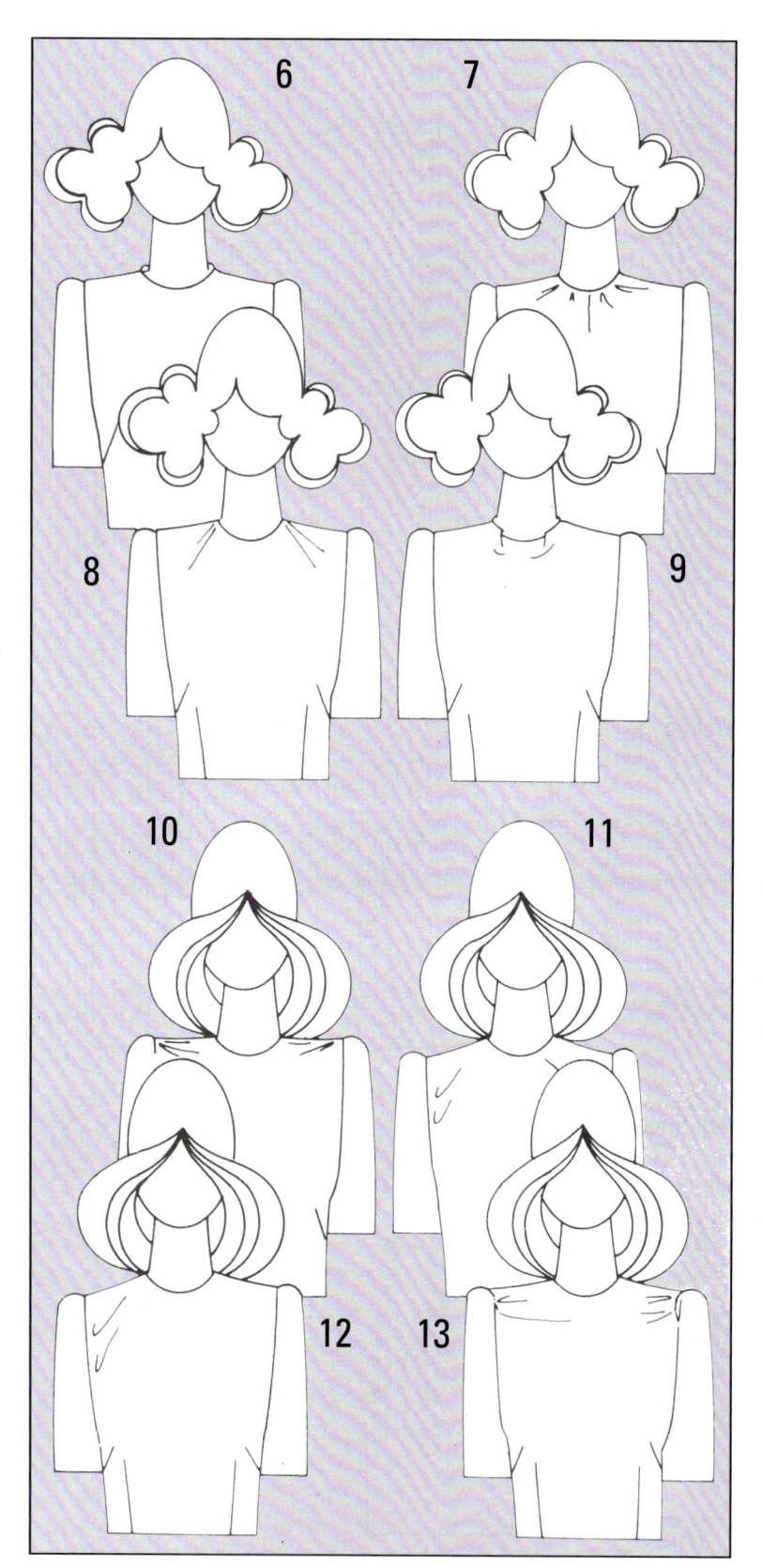

Decotes – questões corporais

6 Decote largo O decote fica muito longe da linha do decote natural.

Aumente a medida do decote no molde da frente e das costas conforme for necessário.

7 Decote apertado O decote aperta o pescoço, o que forma rugas.

Aprofunde a medida do decote no molde da frente e das costas conforme for necessário.

8 Decote das costas muito apertado O decote repuxa em direção às costas, o que forma rugas diagonais a partir do decote da frente. Aprofunde a medida do decote nas costas e compense o mesmo valor no ponto externo do ombro de modo que a medida do ombro permaneça a mesma.

9 Decote da frente muito frouxo O decote fica muito folgado na frente.

Aprofunde um pouco a linha do ombro e retrace o decote da frente como no diagrama.

Compense o mesmo valor da borda externa do ombro de modo que a medida do ombro permaneça a mesma.

Ombros – questões corporais

10 Ombros quadrados Rugas são formadas partindo do ponto externo do ombro. Corte a partir da cava até o ponto do decote como no diagrama e abra a medida necessária.

Eleve a parte inferior do braço de modo que a medida da cava permaneça a mesma e eleve os piques.

Se os ombros forem bem tonificados, mantenha a parte de debaixo do braço original e eleve a cabeça da manga (ref. 4 página 186).

11 Ombros caídos Excesso de tecido aparecem nas laterais das cavas.

Corte a partir da cava até o ponto do decote como no diagrama e sobreponha as partes o quanto for necessário.

Abaixe a parte inferior do braço de modo que a medida da cava permaneça a mesma e abaixe os piques.

12 Ombros desnivelados Altere apenas um lado da roupa.

13 Ombros proeminentes na frente A roupa repuxa na frente em razão dos ossos proeminentes do ombro. Corte a partir da cava até o ponto do decote como no diagrama e abra o quanto for necessário. Amplie a frente da cabeça da manga levemente.

Capítulo 13 Como traçar moldes personalizados e realizar ajustes **189**

Decotes – questões corporais

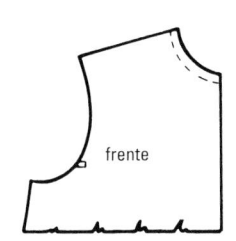

6 Decote largo

7 Decote apertado

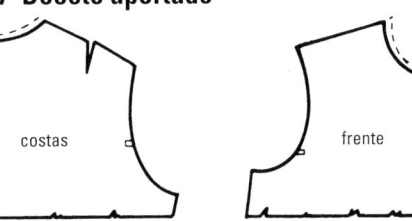

8 Decote das costas muito apertado

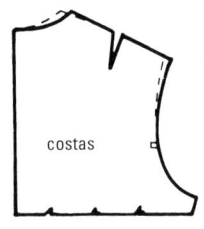

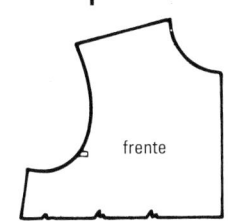

9 Decote da frente muito frouxo

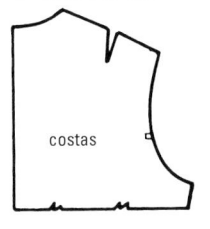

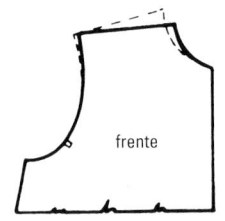

Ombros – questões corporais

10 Ombros quadrados

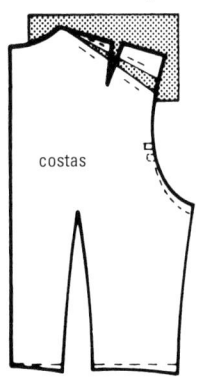

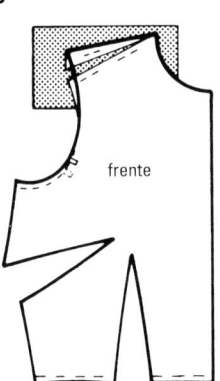

11 Ombros caídos

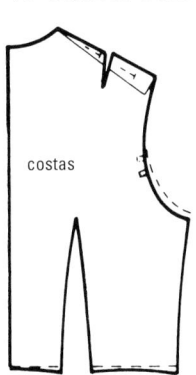

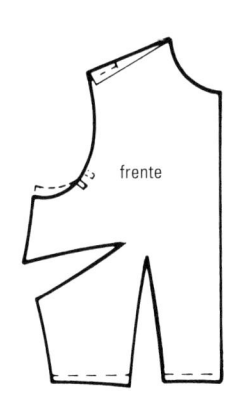

12 Ombros desnivelados

13 Ombros proeminentes na frente

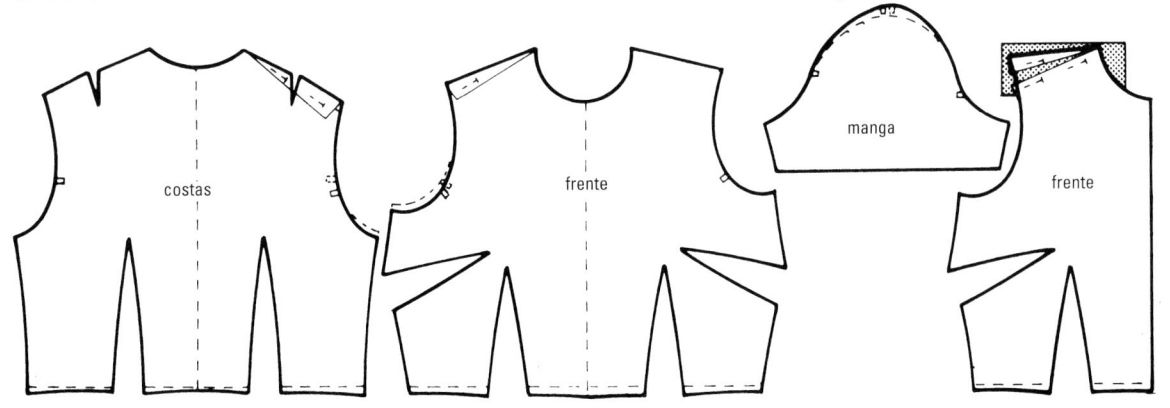

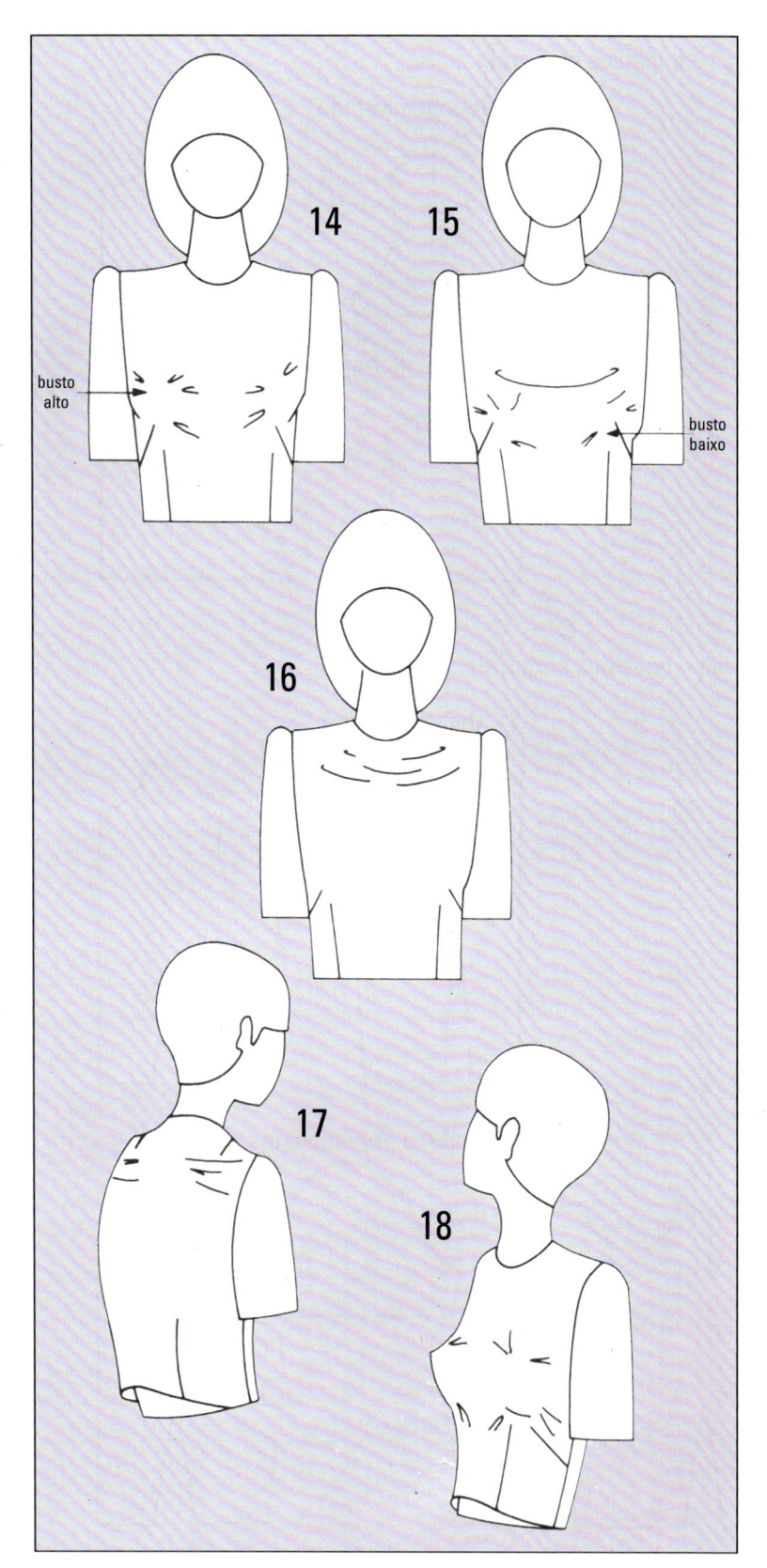

Corpo – questões corporais

Se o molde foi traçado para medidas individuais, a maior parte das medidas deve estar correta. As pences deverão ser ajustadas no molde básico do vestido se o tamanho da cintura for diferente do padrão.

14 Busto alto   Marcas de tensão e rugas aparecem na linha do busto.

Desloque o ponto da pence para um ponto mais alto, conforme necessário, e redesenhe a pence até esse ponto.

15 Busto baixo   O tecido fica frouxo na linha do busto e repuxado no ponto da pence.

Desloque o ponto da pence para um ponto mais baixo, conforme necessário, e redesenhe a pence até esse ponto.

16 Peito côncavo   Há excesso de tecido na área do peito.

Determine o quanto deve ser removido. Aprofunde o decote da frente e o ombro com valores equivalentes como no diagrama.

Redesenhe o decote.

Una o novo decote ao ponto externo do ombro com uma linha.

17 Corcunda nas costas   Uma corcunda aparente nas costas repuxa o tecido na parte superior elevando a blusa nesta região. Se as outras características corporais forem normais, desenhe o molde com um comprimento padrão das costas e faça ajuste depois.

Corte horizontalmente a linha da parte superior das costas e abra o quanto for necessário.

Reposicione a parte cortada, mantendo a linha do centro das costas na posição vertical, o que aumentará a pence do ombro. Contorne o molde.

Corpo – questões de medida

18 Busto grande   O tecido fica repuxado na linha do busto elevando a blusa pelo centro da frente. Se, exceto pelo busto, o corpo da mulher tiver um tamanho básico menor, desenhe o molde em um tamanho menor e faça as alterações depois.

Corte o molde do corpo verticalmente e horizontalmente e abra o quanto for necessário. Isso aumentará as pences do busto e da cintura.

Corpo – questões corporais

14 Busto alto

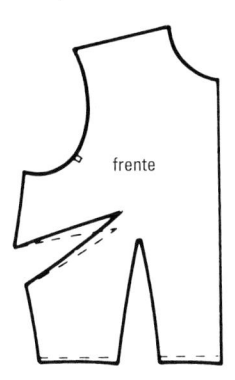

15 Busto baixo

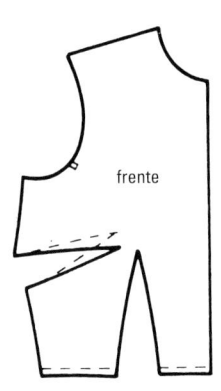

16 Peito côncavo

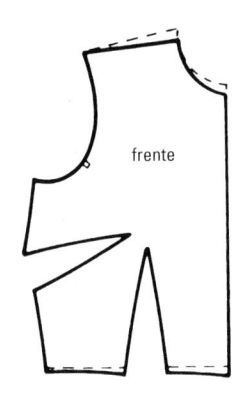

17 Corcunda nas costas

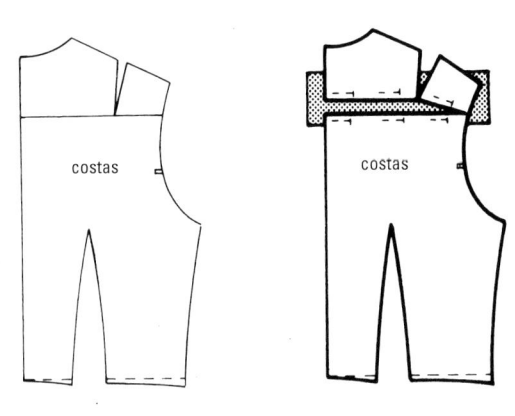

Corpo – questões de medida

18 Busto grande

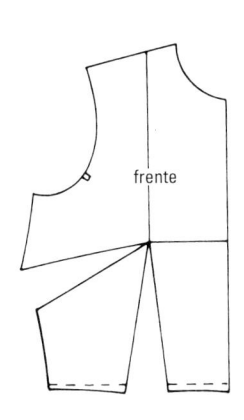

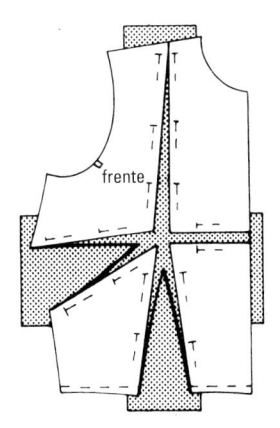

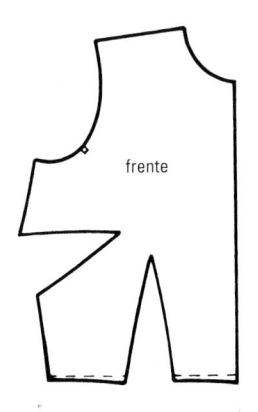

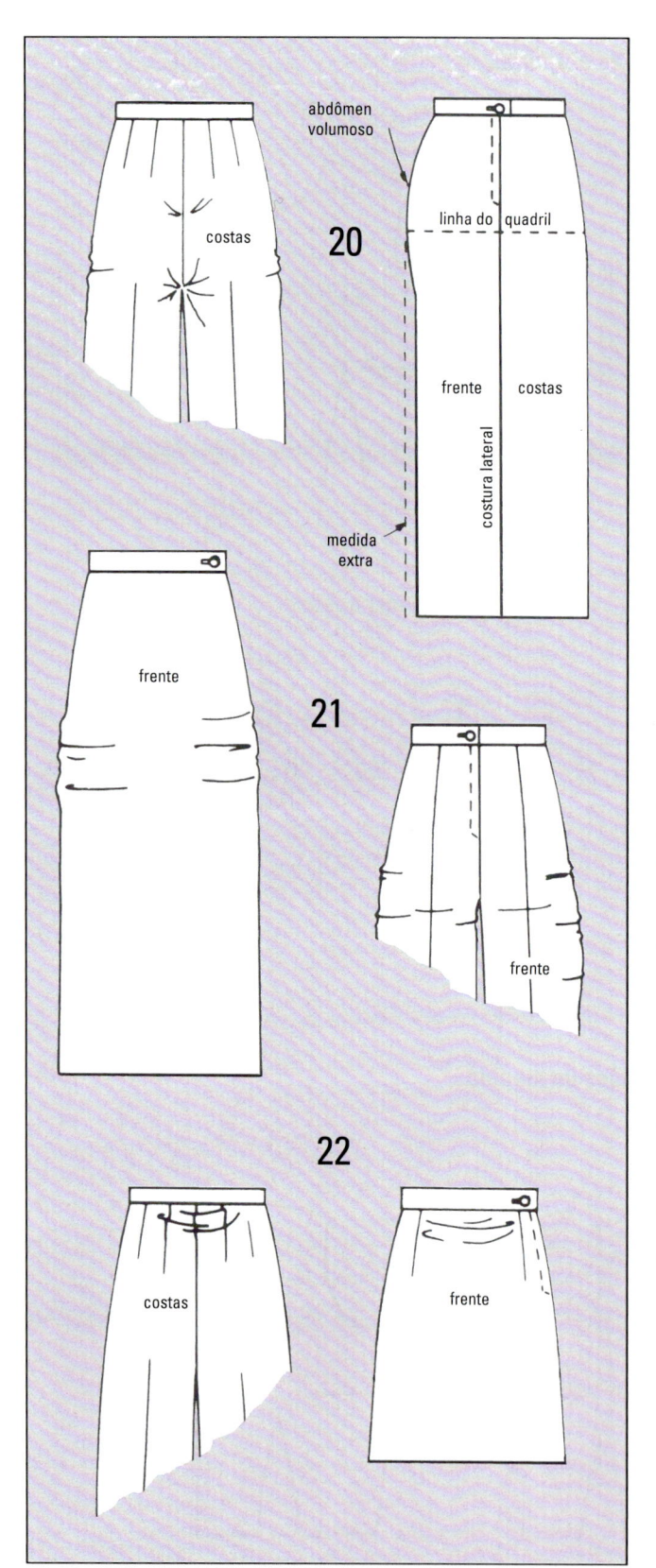

Moldes de saias, calças e vestidos – questões de medida

Uma vez que foram traçados com medidas personalizadas, os tamanhos do quadril e da cintura devem estar corretos, exceto pelas medidas padrão do quadril e a forma da cintura no molde básico do vestido, utilizado para vestidos e blazers.

19 Molde de vestido

Pences da cintura: ajuste as pences o quanto for necessário para manter uniformidade.

Quadril maior ou menor que o padrão: corte a costura lateral do molde básico do vestido e analise a diferença entre o quadril da mulher e o quadril padrão para o tamanho do busto dela.

Adicione ou retire um quarto da diferença do molde das costas e um quarto da diferença do molde da frente a partir da linha do quadril até a barra. Molde as laterais acabando em zero na linha da cintura.

Nota Em peças sem costura lateral, complete o modelo e, após, distribua as diferenças de modo uniforme nas linhas do recorte.

20 Nádegas ou abdômen volumosos As roupas ficam repuxadas no corpo, desalinhadas no gancho de calças ou, no caso da saia, a barra sobe no centro das costas ou da frente. Embora o tamanho do quadril esteja correto, a roupa pode ficar distorcida porque a forma do corpo é assimétrica.

Adicione a largura necessária à linha da cintura na parte do centro da frente ou das costas e, no caso das calças, ao gancho. (Meça do centro das costas ao centro da frente entre as pernas).

Se a roupa ainda assim ficar distorcida, uma opção é inserir uma medida extra cortando o molde verticalmente a partir da base da pence e abrindo conforme mostrado no diagrama. Isso aumentará a largura do quadril, no entanto, uma roupa com folga é mais adequada quando o problema do corpo é aparente.

Nota Veja também a seção "Folga no gancho das costas", página 136.

Saias e calças – questões corporais

21 Coxas salientes As calças ou a saia repuxam na linha da coxa.

Saia: adicione o quanto for necessário à costura lateral a partir da coxa até a barra e molde a linha pra que ela acabe em zero na linha da cintura.

Calças: adicione o quanto for necessário às coxas no ponto 1. Desenhe uma linha a partir da cintura passando pelo ponto 1 até o ponto do joelho.

22 Região da cintura retificada ou curvada A calça ou a saia fica frouxa um pouco abaixo da cintura.

Reduza a medida do comprimento da cintura até o quadril, pelas linhas do centro da frente ou das costas, o quanto for necessário.

Capítulo 13 Como traçar moldes personalizados e realizar ajustes **193**

Questões de medida

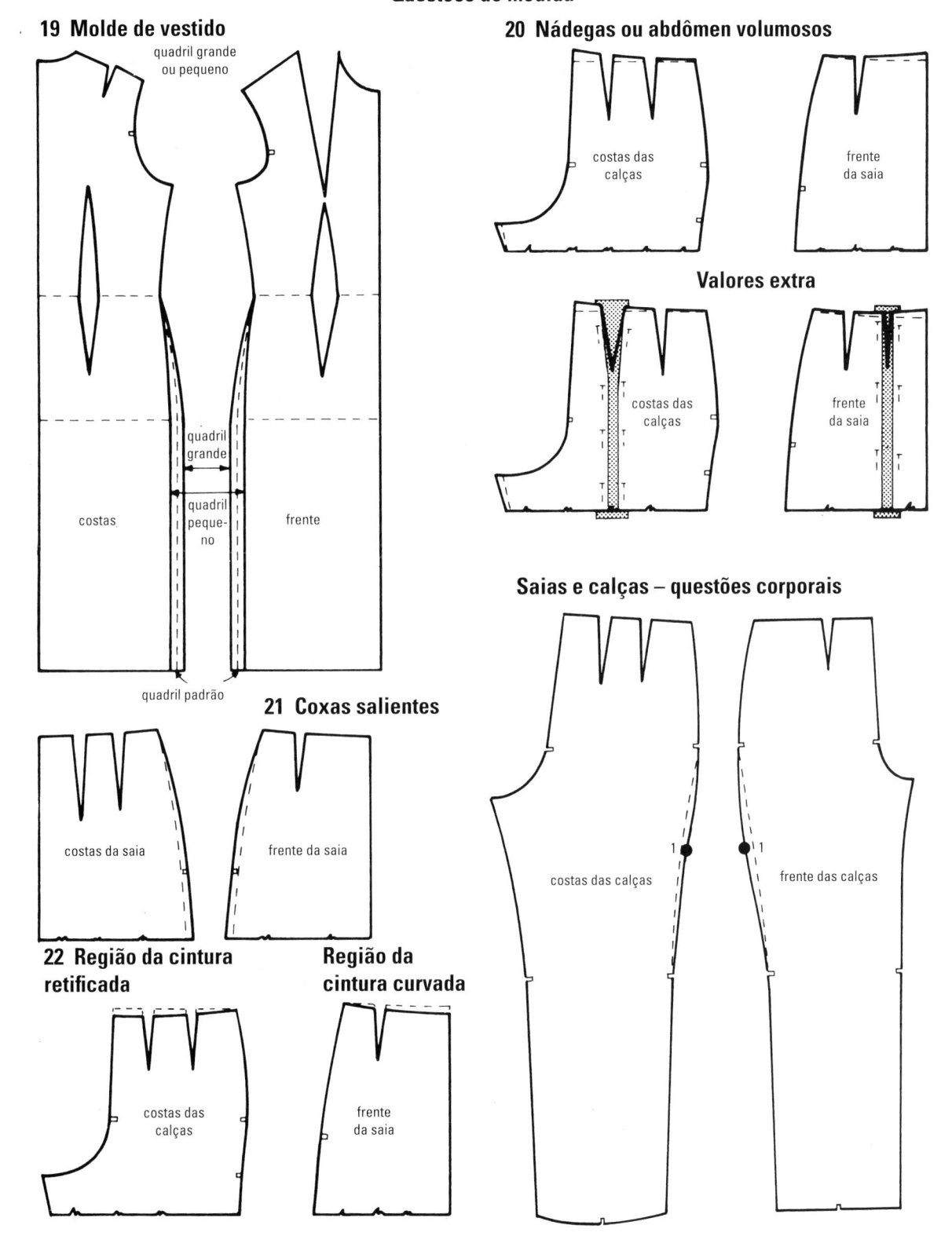

19 Molde de vestido

quadril grande ou pequeno

costas

quadril grande

quadril pequeno

frente

quadril padrão

20 Nádegas ou abdômen volumosos

costas das calças

frente da saia

Valores extra

costas das calças

frente da saia

Saias e calças – questões corporais

costas das calças

frente das calças

21 Coxas salientes

costas da saia

frente da saia

22 Região da cintura retificada

costas das calças

Região da cintura curvada

frente da saia

Região da cintura retificada

Região da cintura curvada

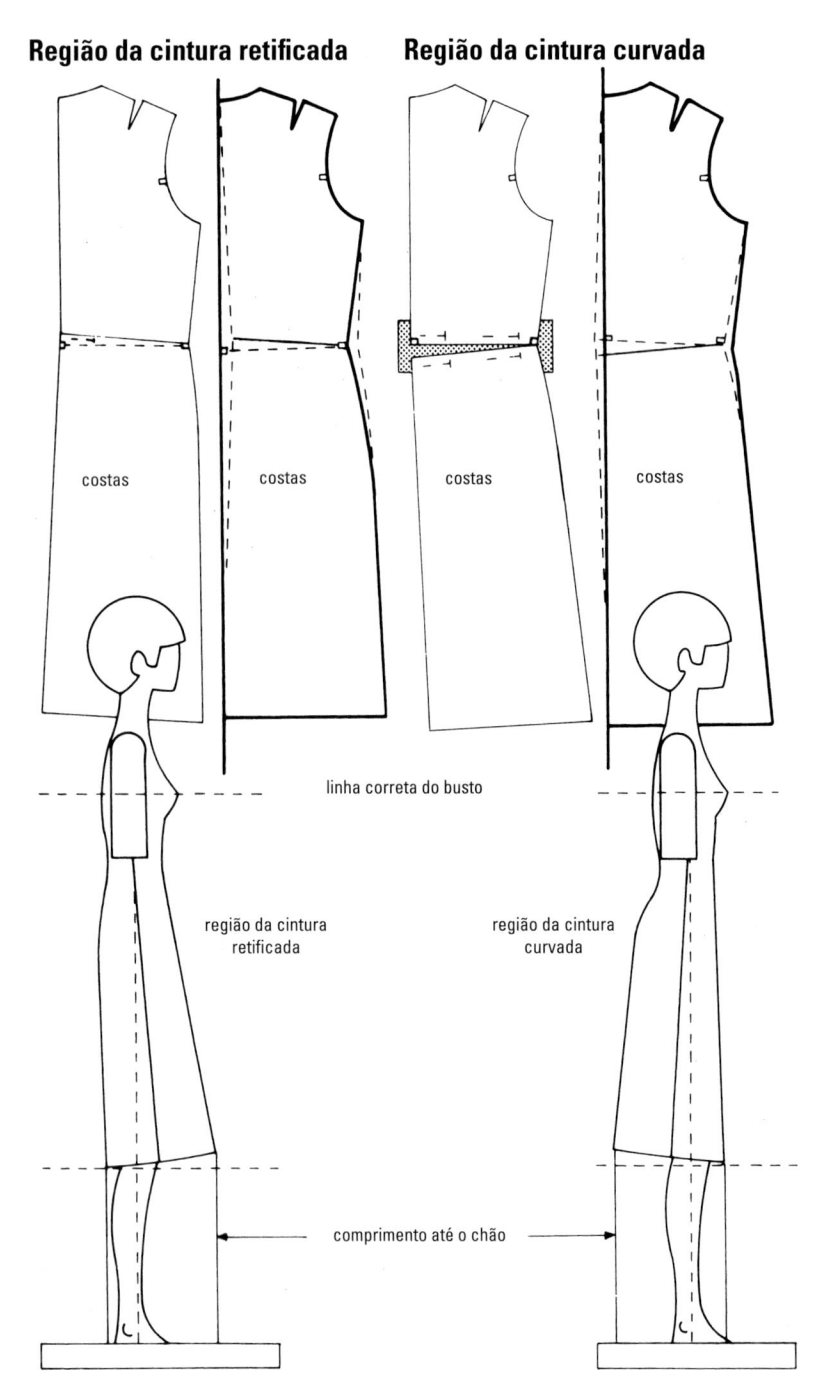

Ajustando vestidos e blazers sem recorte (peça inteira)

Vestidos e blazers sem recorte na linha da cintura às vezes requerem uma alteração especial. Isso acontece quando o corpo é mais reto ou mais curvo na região entre o busto e o quadril.

Região da cintura retificada   O vestido ou o blazer apresenta balanço das costas para frente.

Correção: meça o comprimento da frente e das costas até o chão para descobrir o valor que deve ser elevado nas costas.

Corte o molde na linha da cintura e sobreponha as partes o quanto for necessário para o ajuste.

Desenhe uma linha vertical em um pedaço de papel e posicione o decote e a barra do molde alterado nessa linha. Contorne o molde. Molde novamente a costura lateral considerando o mesmo valor que é adicionado pela distorção na costura central das costas.

Região da cintura curvada   O vestido ou o blazer apresenta balanço da frente para costas.

Correção: meça o comprimento da frente e das costas até o chão para descobrir o valor que deve ser inserido no comprimento das costas.

Corte o molde na linha da cintura e abra o necessário para o ajuste. (Coloque um pedaço de papel embaixo do molde e prenda-os com alfinete para que a abertura não se desloque.)

Desenhe uma linha vertical em um pedaço de papel e posicione o decote e a barra do molde alterado nessa linha. Contorne o molde. Adicione à costura lateral o mesmo valor que é sobreposto na costura central das costas.

O molde plano

Ao ajustar o toile, assinale as alterações necessárias com alfinete. Marque no toile, com lápis, qualquer instrução que você precisar. Muitas vezes, as observações feitas em papel acabam extraviadas.

Após ajustar o toile, todas as alterações devem ser feitas no molde plano. No caso de ajustes complexos, altere o molde e depois o toile. Faça nova verificação do toile para garantir um caimento perfeito.

O molde deve ser feito em papel cartão ou em papel pardo de maior gramatura, pois será utilizado muitas vezes. Alguns estudantes preferem moldes em papel cartão para contorná-los; outros preferem que os moldes sejam desenhados em um pedaço de papel, de modo que eles possam passar a carretilha sobre as linhas em uma nova folha posicionada embaixo do molde.

Parte 4: Desenho com auxílio do computador (CAD)

14 Desenho e modelagem computadorizados

Conectividade e marketing	196
Criação e ilustração do design	198
Gerenciamento de dados de produção (PDM)	200
Desenho e adaptação de moldes – 1	202
Desenho e adaptação de moldes – 2	203
Pilotagem de roupas – programas de software 3D	204
Pilotagem de roupas – impressão em tecido	205
Inovação no design – forma e estampa	206
Modelagem por tamanhos e sob medida	207
Graduação de moldes – 1	208
Graduação de moldes – 2	209
Graduação de moldes – 3	210
Graduação de moldes – 4	211
Estudo de encaixe e plano de corte	212
Plotagem e corte	214
Gerenciamento do ciclo de vida do produto (PLM)	215

Conectividade e marketing

Conectividade

O modo com que o desenho com auxílio do computador (CAD, computer aided design) é utilizado está se transformando, pois a globalização torna a conectividade uma prioridade no processo de produção. Normalmente, o processo completo, de conceitos iniciais de estilo à venda, é um investimento feito por fabricantes especializados em um tipo específico de roupa, que produzem em grandes quantidades ou têm fortes vínculos com um varejista de grande porte. No entanto, as pequenas empresas também podem se beneficiar de algumas ferramentas do CAD.

Os avanços tecnológicos da década de 1990 geraram mudanças revolucionárias na área da comunicação. A internet conecta os diferentes setores da indústria e se tornou uma parte vital das operações de muitas empresas. Ela pode conectar compradores, designers, fabricantes ou fornecedores de todo o mundo por meio de textos e imagens. A maioria das empresas utiliza a plataforma Windows®, permitindo a integração de diferentes softwares que podem ser executados no sistema de CAD.

Programas bitmap   Utilizam pixels na tela para exibir e manipular imagens. As ilustrações e as fotografias podem ser escaneadas para o sistema e, depois, manipuladas.

Programas vetoriais   Manipulam dados na forma de coordenadas matemáticas. Eles são utilizados para a criação de moldes, graduações, planos de corte e desenhos técnicos precisos. As linhas vetoriais podem ser convertidas para o formato bitmap e muitos softwares podem integrar as duas formas.

Os sistemas de gerenciamento de dados de produção (PDM, product data management) são um dos principais meios de conexão. Eles podem integrar as informações visuais (de qualquer formato) a outras funções financeiras e de produção. A função mais importante desses sistemas é organizar e controlar a produção de uma empresa, mas também são o vínculo vital entre a empresa e os varejistas.

Marketing

As conexões de banda larga resultaram em um aumento significativo nas compras pela internet. Os catálogos online fornecem, tanto para os varejistas quanto para os clientes, uma grande variedade de mercadorias, visualizadas em imagens em alta resolução, algumas das quais exibindo roupas virtuais que podem ser personalizadas com combinações de cores e tecidos alternativos. Outros incluem modelos virtuais que giram, permitindo aos clientes visualizar as roupas em todos os ângulos e adequar as imagens virtuais para o seu tamanho. Tecnologias mais avançadas em realidade virtual podem criar modelos que se movem e desfiles de moda eletrônicos.

A conectividade entre fabricantes e varejistas é crucial devido às vendas e alterações nas tendências que surgem com os *outlets* de moda *high-street*. Para grandes varejistas, as roupas devem refletir a imagem da marca, o que muitas vezes requer um conceito completo de design. Um software 3D é capaz de criar uma loja virtual, permitindo sua setorização por áreas e por estilos. Assim, os varejistas podem calcular o número de roupas para deixar em exibição e remapear as imagens com diferentes combinações de cores e tecidos.

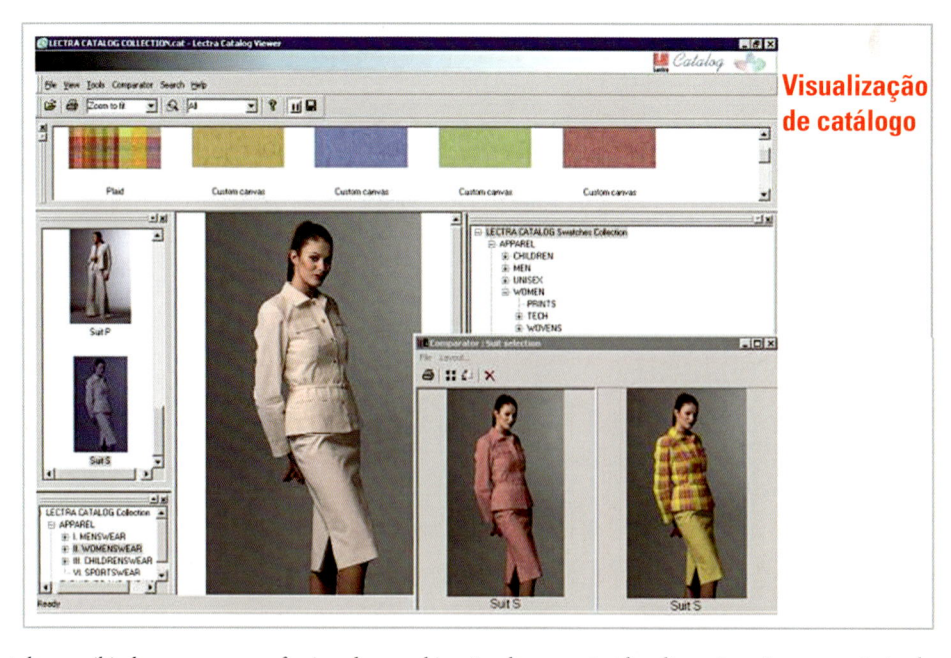

Visualização de catálogo

Página do *Lectra Catalogue* exibindo uma roupa confeccionada e combinações de cores e tecidos alternativos. *Imagem autorizada pela Lectra.*

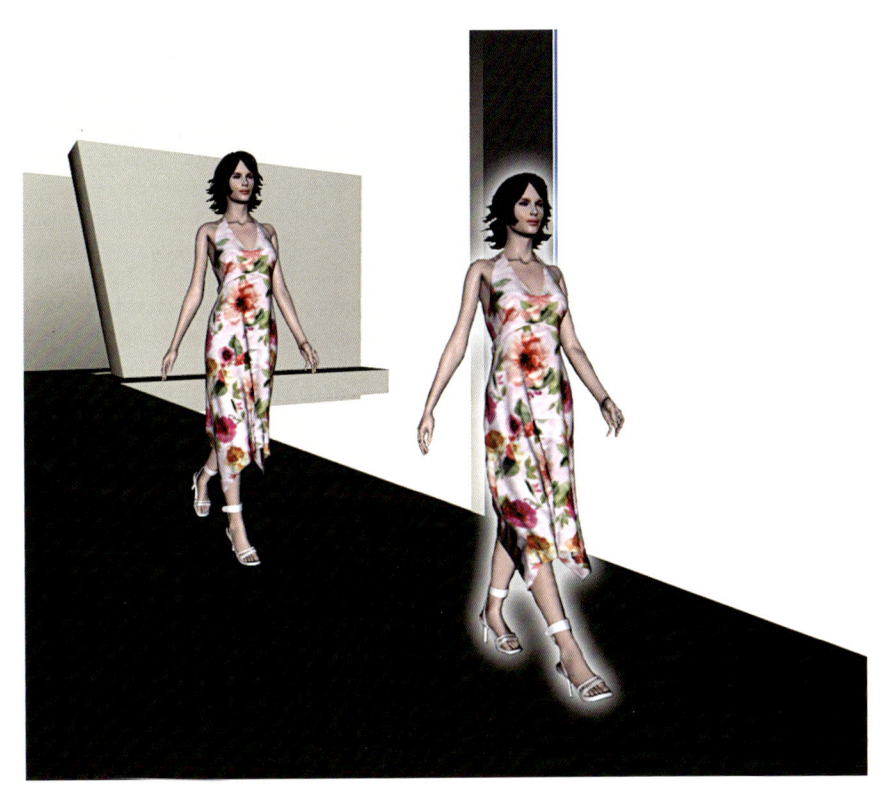

Capítulo 14 Desenho e modelagem computadorizados 197

Desfile de moda virtual feito no *3D Runway* com roupa simulada em 3D e modelo que caminha por modelagem paramétrica. *Imagem autorizada pela Optitex.*

Estudo de visual merchandising no *Mockshop*, que cria uma loja virtual interativa com expositores, acessórios e roupas. *Imagem autorizada pela Visualretailing.*

Criação e ilustração do design

A palavra "designer" é um termo amplo que inclui diferentes funções. A área de atuação do designer abrange desde a decodificação de tendências e desenvolvimento de coleção até o desenvolvimento de moldes e supervisão da pilotagem, o que requer verificação em todos os tamanhos com planos de corte, estimativas de custos e fichas técnicas. O designer de uma grande empresa pode se especializar em uma determinada área e ser parte de uma equipe, enquanto que em uma empresa muito pequena pode somar as atribuições citadas acima.

A introdução do CAD em uma empresa parece ter aumentado a divisão entre a criação (etapa de estilo) e a modelagem (etapa técnica) dos produtos. Cada vez mais, o desenvolvimento de moldes é visto como um processo técnico em vez de projetual. Quando uma empresa adota uma nova tecnologia, normalmente acontece uma divisão, pois softwares diferentes operam dados visuais de modos diferentes.

Os *programas de edição de imagens* manipulam os dados por meio de pixels. Os programas são utilizados para geração de ideias, storyboards, ilustração e design têxtil. O software pode oferecer uma integração muito maior entre o design de estampas e de roupas, dando ao designer novas possibilidades. Atualmente, os designers ingressantes no mercado de trabalho terminam sua formação sentindo-se mais à vontade com a tecnologia, fato que, com certeza, potencializa sua utilização. O custo de computadores, impressoras e escâners associados, bem como de alguns softwares, encontram-se relativamente acessíveis, mesmo para empresas muito pequenas e designers freelancers.

Também estão disponíveis no mercado softwares que operam em altíssima resolução. Eles elaboram produções e imagens fotográficas de alta qualidade. Hoje, os varejistas de moda exigem uma resposta rápida. Portanto, as vantagens de modificar desenhos e imprimi-los com variações de cor e forma são evidentes. Os varejistas tomam muitas decisões a partir de roupas e tecidos virtuais criados por programas 2D e 3D de tecidos e confecções. Na tela, tecidos planos, malhas e estampas podem virar realidade e ser impressos em tecido por meio de impressoras de jato de tinta para que se tenha uma peça piloto instantânea. As coleções podem ser visualizadas aplicando-se tecidos em esboços e fotografias, criando modelos virtuais que reduzem a demanda de pilotagem física para cada temporada. Atualmente, muitas empresas consideram esses softwares uma parte essencial das etapas iniciais para definição do design.

Novas tecnologias em realidade virtual possibilitam a criação de modelos que se movem, desfiles de moda eletrônicos ou visual merchandising de lojas. Já é possível também acessar modelos virtuais online pela internet e visualizá-los de todos os ângulos, pois eles podem girar em tempo real. A imagem da roupa pode ser alterada aplicando-se qualquer um dos diferentes tecidos apresentados na tela.

Os *programas de modelagem* são baseados em vetores, que registram e manipulam os dados na forma de coordenadas matemáticas. Para que se tenha um bom desempenho ao trabalhar com programas de computador, é preciso dedicar bastante tempo de estudo. Diante disso, uma escolha de atuação deve ser feita, e uma distinção direta fica estabelecida entre o designer, agora visto como estilista (que utiliza *programas de edição de imagens*), e o modelista (que utiliza tecnologia vetorial).

A Lectra combina suas tecnologias com a Datacolour para fornecer uma correspondência de cores idêntica durante todo o ciclo de produção. *Imagem autorizada pela Lectra.*

Capítulo 14 Desenho e modelagem computadorizados **199**

Um storyboard em 2D incorporando muitas imagens de CAD. *Imagem autorizada pela assyst-bullmer.*

Simulação de uma roupa com alteração de tecido. *Imagens autorizadas pela Blue Fox Ned Graphics.*

Gerenciamento de dados de produção (PDM)

Em seus primeiros cargos na área de design, os estudantes frequentemente são surpreendidos pela quantidade de documentação exigida do designer. A organização é parte central do trabalho do designer. Apontamentos minuciosos são necessários já nas primeiras decisões sobre tecidos, suas origens e aplicações, durante o início do desenvolvimento do produto. Informações precisas sobre tamanhos, medidas de roupas e detalhes de construção são cruciais à aceitação e produção de um modelo.

Um software PDM (production data management – gerenciamento de dados de produção) controla todo o processo de produção da roupa. O ciclo de produção de uma roupa requer informações precisas que possam ser acessadas por todos os departamentos da empresa. Um sistema de gerenciamento de dados de produção elimina a repetição de informações idênticas que estão em processamento. As informações fornecidas pelo designer sobre cada modelo formam a base para que esse modelo percorra o banco de dados ao entrar no ciclo de produção. O software permite que usuários autorizados acessem e modifiquem os desenhos ou as fotografias; o molde, os tamanhos e as medidas; as informações sobre tecido, forros, entretelas e aplicações; planos de corte e cálculos de custos; instruções de montagem; e procedimentos de produção. Setores externos de corte, produção e finalização em outras fábricas e outras fontes de dados também podem ser acessados.

As informações podem ser atualizadas constantemente, notificando instantaneamente todos os envolvidos quando houver modificações.

Os módulos PDM oferecem rastreamento do macrofluxo de produção e mostram o status no qual uma roupa se encontra, para controle do cronograma de produção e prazos de entrega.

Bibliotecas visuais com imagens de modelos e processos de produção podem ser criadas e acessadas para futuras referências.

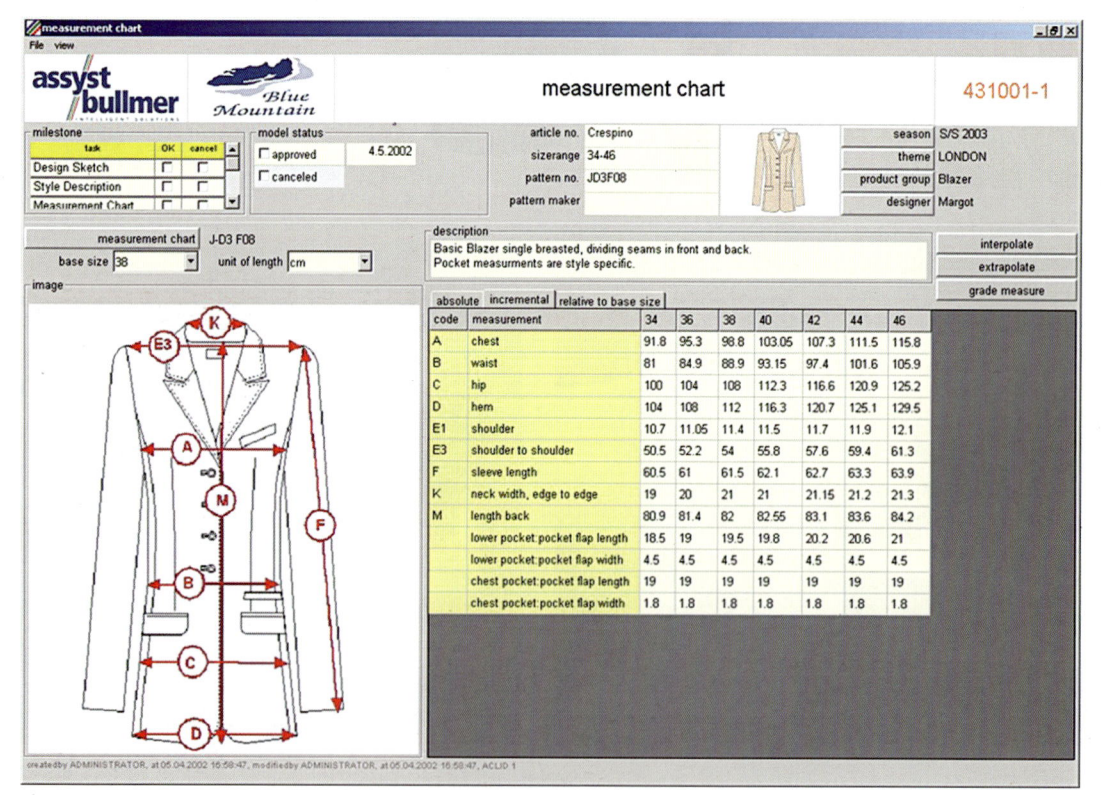

Ficha técnica do *pdm.assyst* exibindo as medidas finais de uma roupa. *Imagem autorizada pela assyst-bullmer.*

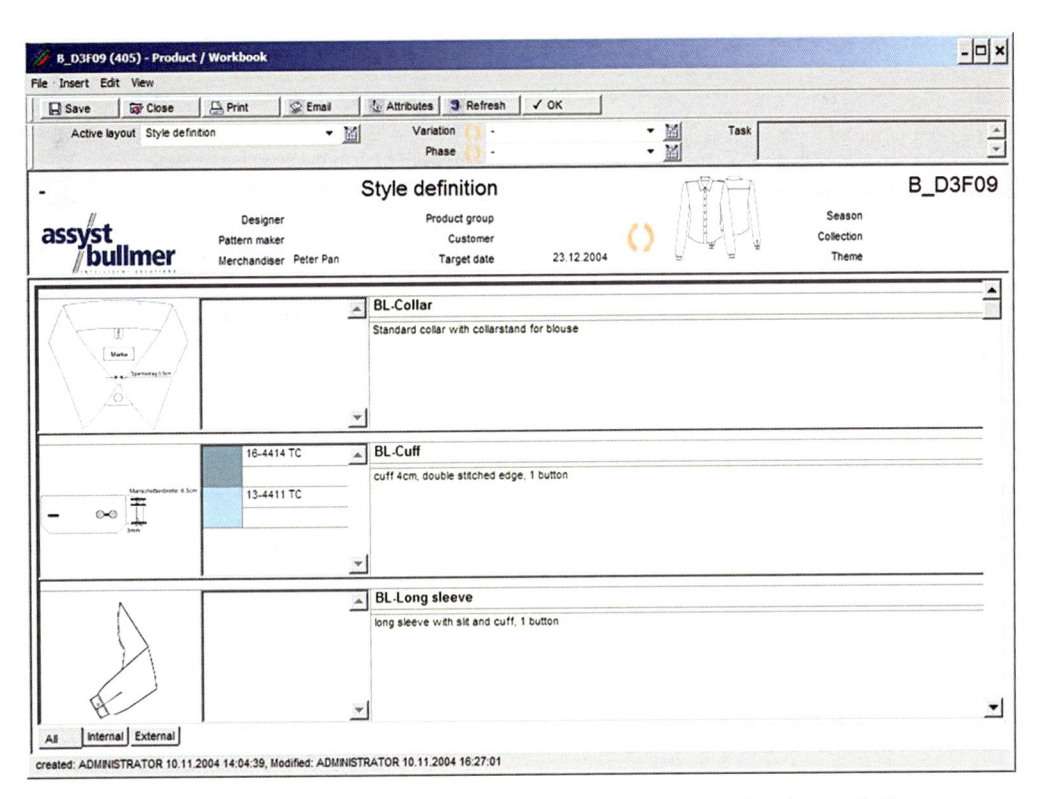

Ficha técnica do *pdm.assyst* exibindo detalhes técnicos da construção de uma blusa. *Imagem autorizada pela assyst-bullmer.*

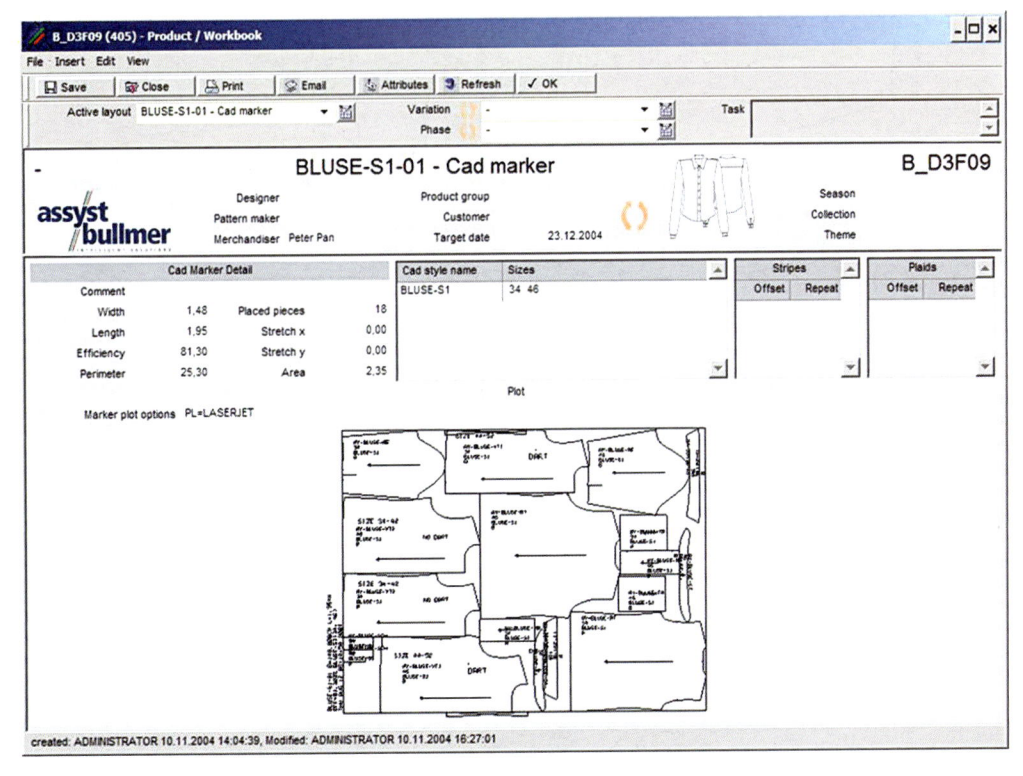

Ficha técnica do *pdm.assyst* exibindo plano de corte econômico para a blusa. *Imagem autorizada pela assyst-bullmer.*

Desenho e adaptação de moldes – 1

Desenhos técnicos

Os designers devem registrar os modelos por meio de desenhos técnicos. Isso é importante especialmente para o designer que delega a modelagem de suas roupas a outros profissionais. O designer tem que desenvolver um meio de comunicação conciso dentro da equipe de design, bem como com a equipe de produção. A precisão do desenho técnico, com proporções e medidas corretas, pode ser desenvolvida com o auxílio de softwares como o Adobe Illustrator ou o Corel Designer. Esses desenhos podem ser importados para a maioria dos programas de PDM e, então, interpretados de maneira precisa, gerando um molde de trabalho já na primeira execução. Medidas de proporção podem ser tiradas dos desenhos técnicos para garantir uma interpretação exata do design.

Meios para desenvolver moldes

Os designers utilizam diversas técnicas:
- Modelagem das roupas em um manequim.
- Medição direta.
- Desenvolvimento de moldes por meio de instruções (normalmente modelos básicos da moda masculina).
- Cópia de um molde já existente.
- Adaptação de um molde anterior.
- Adaptação de moldes básicos.

Alguns designers utilizam uma única técnica, outros fazem uma combinação delas para chegar ao molde final. Além disso, é possível combinar qualquer um dos métodos mencionados com a criação de moldes gerados por computador. No entanto, as adaptações de moldes básicos ou já existentes são as principais formas de trabalho das empresas que utilizam um sistema de modelagem (PDS), pois permitem controlar a qualidade e manter padrões de tamanhos.

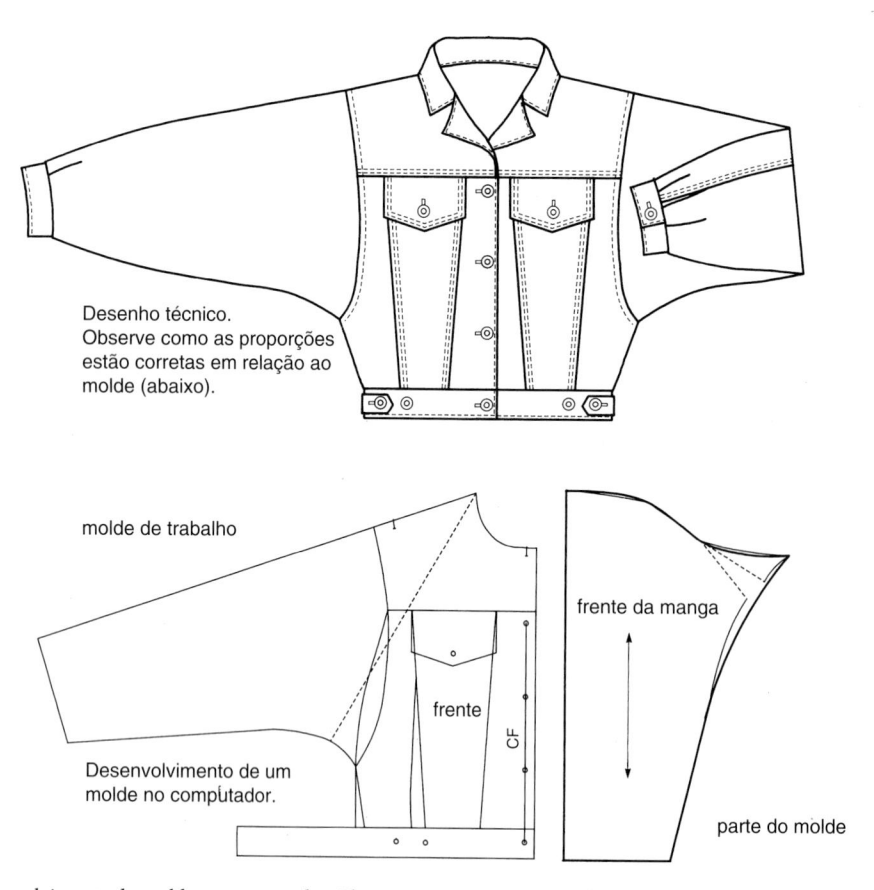

Desenho técnico e o desenvolvimento do molde no computador. Observe como as proporções do molde refletem o desenho.

Desenho e adaptação de moldes – 2

Sistema de modelagem (PDS)

Embora os moldes possam ser traçados diretamente na tela, um sistema de modelagem (PDS, pattern design system) é especialmente hábil na adaptação de moldes básicos ou de moldes armazenados no computador. O software pode realizar muitas adaptações padrão de moldes, como o deslocamento de pences, adição de pregas e volume etc. Ele também realiza tarefas recorrentes, como aplicação das margens de costuras, instruções e identificação dos moldes.

A principal vantagem de um PDS é a sistematização do processo de criação de moldes precisos que possuam partes similares, porém levemente diferentes, como blazers e casacos forrados. A capacidade de sobrepor e verificar as partes é crucial nesse processo. O software também consegue associar as partes, de modo que qualquer modificação durante o desenvolvimento da roupa possa ser programado para acontecer em partes associadas, como a entretela ou os acabamentos internos (vista ou forro).

Alguns softwares, a exemplo do assyst-bullmer, possibilitam a criação de "macros" pelas quais o operador pode ensinar o sistema a realizar operações de desenhos que são recorrentes. Essa opção é ideal para empresas que produzem um design "padronizado", como ocorre com a alfaiataria. Alguns softwares mais avançados conseguem programar o computador com instruções para desenhar determinado estilo. Esse método permite criar moldes com medidas personalizadas, gerando, dessa maneira, moldes sob medida.

O ambiente de trabalho do modelista é reproduzido, permitindo que o designer opere diretamente em uma mesa digitalizadora com material e ferramentas pessoais, mas as linhas são traçadas eletronicamente.

Os toiles ou moldes inovadores, desenvolvidos manualmente (em que a forma é alterada durante o desenvolvimento do molde), podem ser implementados no sistema, refinando o nível de produção e possibilitando a adição de margens de costuras.

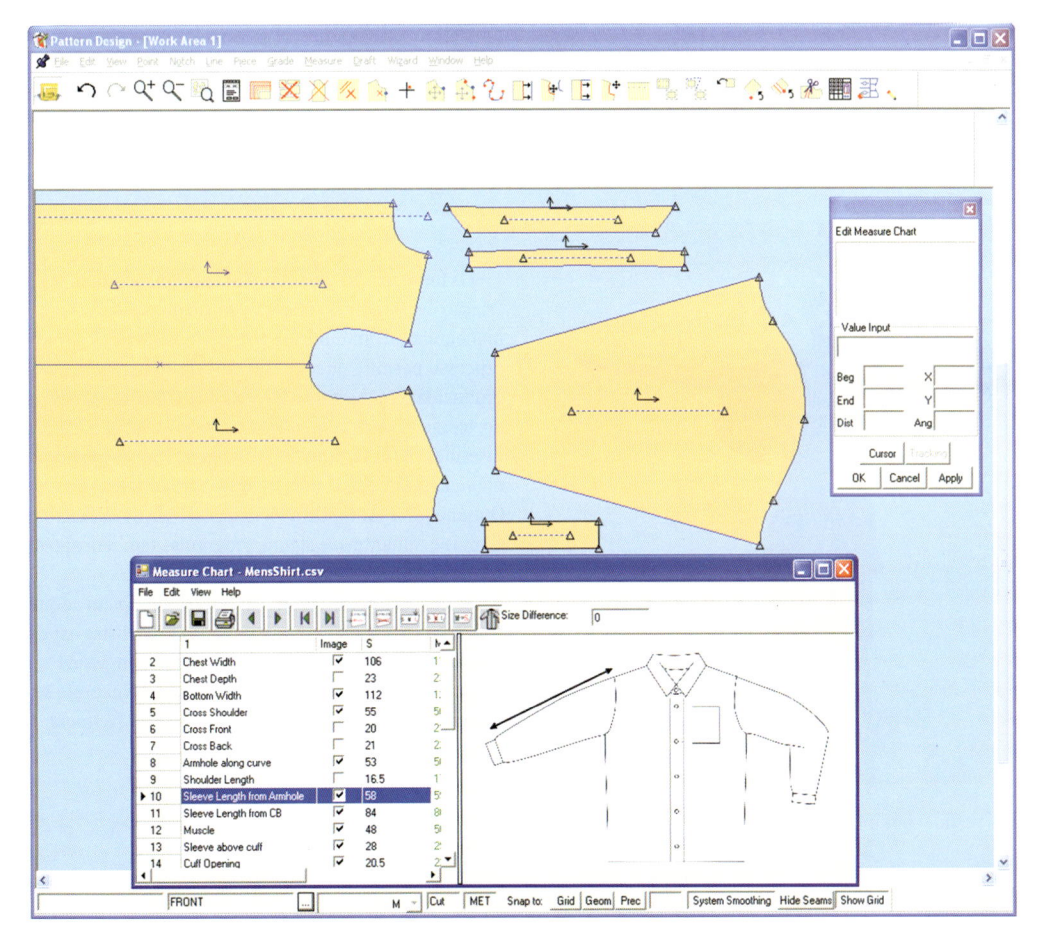

Desenvolvimento de um molde de camisa seguindo dados de uma tabela de medidas. *Imagem autorizada pela Gerber.*

Pilotagem de roupas – programas de software 3D

Após a conclusão do molde, o próximo processo é criar uma peça piloto da roupa; muitas vezes, isso é feito antes que qualquer decisão seja tomada. Pelo menos quatro fornecedores de CAD oferecem diferentes versões de pilotagem em um ambiente 3D. O objetivo é reduzir a demanda de pilotagem física e toiles produzidos pelo departamento de design.

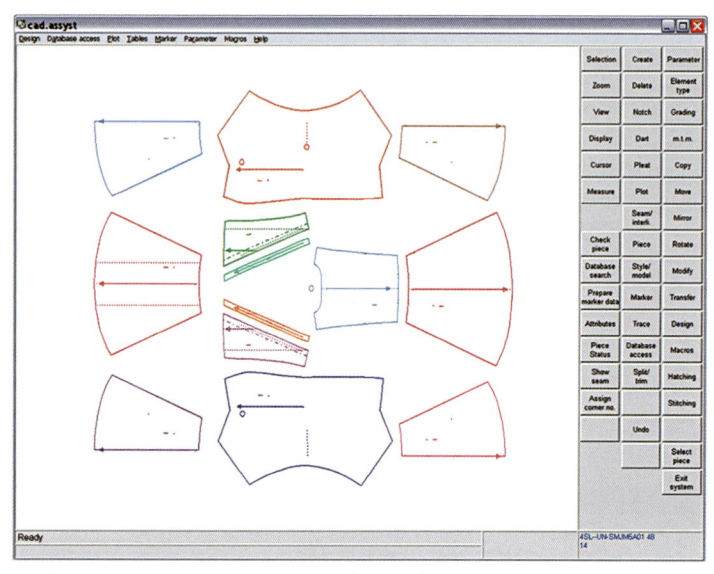

Peças de roupa criadas em um programa de modelagem 2D. *Imagem autorizada pela assyst-bullmer.*

O programa 3D *Vilna* simula virtualmente as posições em que as partes da roupa devem ser costuradas. *Imagem autorizada pela assyst-bullmer.*

A imagem da roupa "vestida" por uma modelo virtual. *Imagem autorizada pela assyst-bullmer.*

Os fornecedores de CAD têm concentrado suas pesquisas sobre 3D na criação de programas que transformem moldes 2D em roupas virtuais no manequim ou em modelos virtuais "costurando" as partes do molde. Esse processo permite que o designer veja a aparência e o ajuste que a roupa produzida terá durante o desenvolvimento do produto. As características do tecido, principalmente suas propriedades para drapear, podem ser inseridas de modo que uma imagem realista seja criada. No entanto, o maior sucesso que se tem obtido é com as roupas que se ajustam ao corpo. O manequim ou modelo virtual pode ser modificado para ter diferentes formas e tamanhos, e alguns programas também apresentam a distribuição de folga.

Muitas empresas têm mostrado relutância em adquirir programas 3D. Elas preferem contar com designers e modelistas experientes, que trabalharam com moldes e tecidos e que conseguem visualizar formas 2D como imagens 3D. Porém, a comunicação via internet está se tornando tão importante que as "amostras 3D virtuais" provavelmente terão uma função cada vez mais relevante.

Pilotagem de roupas – impressão em tecido

Muitos fornecedores de CAD oferecem diferentes programas de tecido. Já foram desenvolvidos softwares de CAD para a maioria dos processos têxteis, alguns diretamente vinculados com o maquinário de produção. No entanto, para designers de moda, os programas de simulação de tecidos (ver página 200) são os que se mostraram mais úteis na criação de *storyboards* ou no desenvolvimento de produtos e de coleções.

Atualmente, as impressoras digitais A0 possibilitam a criação e impressão de estampas e moldes em tecidos, porém em pequena escala. Isso significa que peças pilotos podem ser elaboradas, avaliadas e modificadas durante o processo de desenvolvimento. Alguns softwares permitem que o design seja integrado aos moldes da roupa na tela e, depois, impressos no tecido pronto para montagem.

Os programas 3D que criam simulações de roupas em modelos utilizam essa técnica em um nível mais avançado; a amostra pode ser vista com uma rotação em tempo real, permitindo a verificação do design da estampa de todos os ângulos.

Desenvolvimento de moldes incorporando impressão de estampa em tecido. Partes do molde impresso no tecido em uma impressora a jato de tinta, seguido da peça piloto montada. *Imagem autorizada pela Lectra.*

Inovação no design – forma e estampa

Integrar o design da estampa com as partes de um molde é uma técnica que pode ser utilizada em outras atividades além da pilotagem de roupas. Alguns designers estão criando novos conceitos de 2D para designs 3D. Eles consideram a estampa uma parte importante da modelagem, que deve evoluir e se transformar à medida que a forma do molde é desenvolvida. Além disso, eles utilizam o poder da tecnologia para criar novos tipos de imagens em suas estampas.

Com o uso de formas básicas, o círculo e o quadrado, pesquisadores da Nottingham Trent University utilizaram recursos de manipulação tecnológica de confecção para desenvolver e modificar a estampa *durante o processo de desenvolvimento da roupa.*

Trabalhar com modelagens simples pode dar aos estudantes uma oportunidade de explorar a relação entre a imagem da superfície que eles criaram e a forma.

Trabalho com o círculo e o quadrado; experimentação integrada de modelos e estampas de roupas. *Imagens autorizadas por Katherine Townsend e Gillian Bunce.*

Modelagem por tamanhos e sob medida

Um número cada vez maior de empresas está incluindo software para produções sob medida de seus produtos. Diferentes elementos do processo de CAD tornaram isso possível. A customização em massa é considerada uma maneira de se ter um ajuste melhor e também mais opções de modelos, tecidos, acabamentos internos e aplicações.

Processo padrão

A primeira etapa do processo é tirar as medidas do cliente de forma manual ou escanear as medidas em 3D. Os sistemas de escaneamento não apenas fornecem as medidas da cliente, mas também definem a forma da figura virtual, que pode ser constantemente atualizada.

Os tecidos e os modelos podem ser escolhidos na loja ou via internet. Após a seleção do modelo, as medidas do cliente são comparadas ao tamanho do molde mais próximo que esteja armazenado no sistema. Uma segunda camada com regras de graduação é utilizada para abranger a maioria das alterações e posturas corporais mais básicas. Quando novas medidas são inseridas, o sistema automaticamente as utiliza para modificar o molde.

Os ajustes que não são padrão podem ser feitos no software de modelagem. Qualquer peça de acabamentos internos ou entretela pode ser automaticamente ajustada, enquanto peças pequenas, como bolsos e golas, dificilmente precisam de ajustes. Um plano de corte é elaborado para o molde modificado, que é enviado diretamente a uma máquina de corte que infesta peças individuais em alta velocidade.

Outras aplicações de softwares

A demanda por softwares para personalização de medidas direcionou o caminho para a modelagem paramétrica com CAD. Os moldes são definidos por um conjunto de dimensões que podem ser modificadas com a inserção de novas medidas. Se um ponto é arrastado com o mouse, o sistema recalcula todo o modelo conforme a alteração.

Um trabalho experimental foi feito para criar moldes de roupa 3D com graduação pelas técnicas de modelagem "wireframe", que são utilizadas na produção de objetos sólidos. Obteve-se algum sucesso na criação de roupas ajustadas, como sutiãs e certas roupas esportivas. No entanto, a complexidade das formas de muitas roupas e do caimento, principalmente de peças da moda, impossibilita a adoção dessas técnicas pela indústria do vestuário.

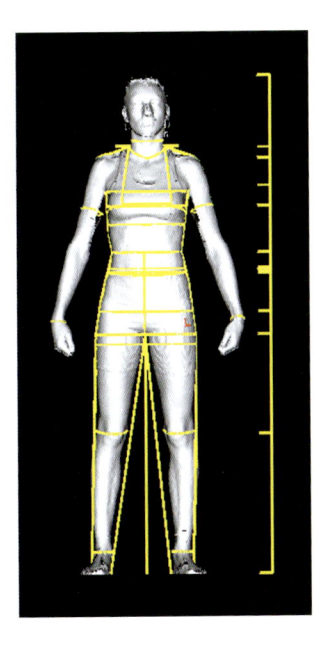

Medidas tiradas por escaneamento corporal e a seleção de tecido e modelo para roupas sob medida no programa FitNet. *Imagens autorizadas pela Lectra.*

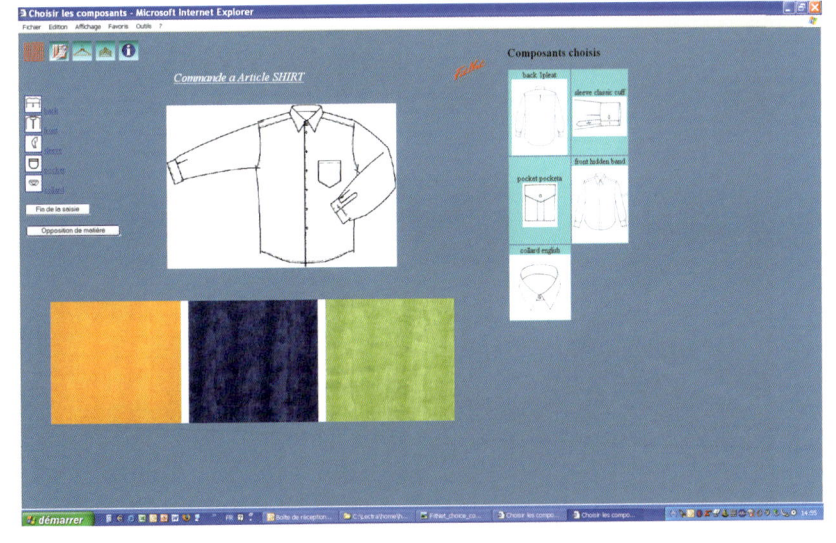

Graduação de moldes – 1

Visão geral

A graduação computadorizada oferece aos fabricantes mais rapidez, precisão e consistência do que a graduação manual para determinação dos tamanhos dos moldes. Após aprovação da peça piloto e efetivação do pedido por parte do varejista, a roupa deve ser produzida em uma grade de tamanhos. Atualmente, a maioria das empresas de grande porte utiliza o CAD para graduar seus moldes.

Os moldes criados em um PDS podem passar diretamente à seção de graduação. No entanto, algumas empresas com sistemas de CAD ainda utilizam o processo de modelagem manual. Portanto, elas devem inserir as informações de seu molde digitalizando o contorno.

Inserção de moldes no sistema

Se um molde foi elaborado de forma manual, normalmente ele é digitalizado para o sistema. O molde é colocado na digitalizadora e o contorno do molde é inserido no computador por meio da identificação precisa do fim de linhas retas e pontos ao longo de linhas curvas. As dobras, o fio do tecido e a posição de piques, casas de botões e bolsos também são inseridos.

Pontos a serem graduados e também suas regras podem ser registrados durante a digitalização ou posteriormente, quando o molde estiver na tela do computador.

Um sistema alternativo de inserção de moldes foi desenvolvido: o *Digiflash*, fornecido pela Audaces, utiliza uma câmera digital para registrar os moldes. Depois disso, as imagens dos moldes em pixels são automaticamente traçadas para processamento posterior.

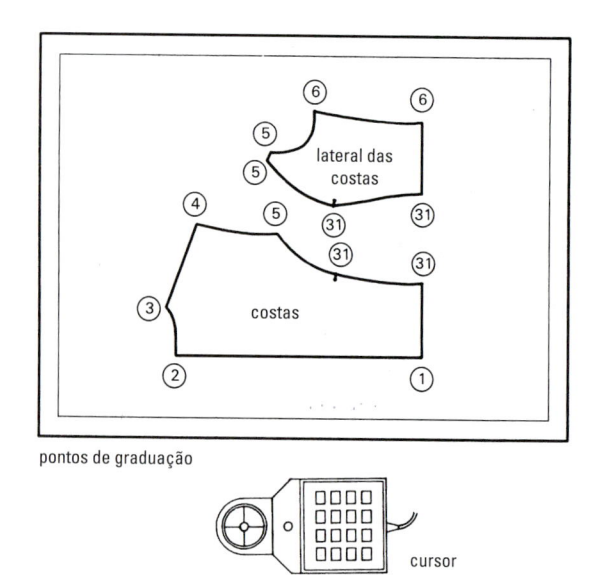

pontos de graduação

cursor

Digitalização de um molde. A imagem mostra também um encaixe de peças graduadas e um plano de corte sendo impresso por uma plotter A0. *Imagem autorizada pela Gerber.*

Graduação de moldes – 2

Processo geral de graduação

Algumas informações básicas para determinação do tamanho são necessárias para graduar um conjunto de moldes. As seguintes referências podem ser utilizadas:
- Tabela de medidas.
- Ficha técnica do produto.
- Conjunto de moldes graduados manualmente.
- Regras de graduação oferecidas por um fornecedor de CAD.
- Graduações copiadas de um molde graduado que já esteja inserido no sistema de computador.

A graduação de moldes feita pela maioria dos sistemas de CAD é baseada na identificação da posição de pontos específicos do molde, estendidos ou reduzidos para criar um novo tamanho. Esses pontos são movidos por coordenadas X e Y que informam ao computador a direção do movimento; medidas são fornecidas para identificar a posição do novo ponto. Essa coordenada é conhecida como uma regra de graduação.

Cálculo da regra de graduação

As regras de graduação normalmente são calculadas a um décimo de milímetro. A quantidade de movimento na direção X é registrada primeiro, seguida pela direção Y. Por exemplo, o movimento do ponto externo do ombro entre os tamanhos é de –4 mm horizontalmente e 4 mm verticalmente (ver diagrama).

A regra de graduação pode ser registrada em um décimo de milímetro (por exemplo, –40 40 mm) ou em centímetros (por exemplo, –0,40 0,40 cm). Essa é a instrução para uma variedade de tamanhos. Graduações irregulares entre os tamanhos podem ser registradas. A mesma regra de graduação pode ser utilizada em qualquer ponto que necessitar da mesma graduação. Quando não há necessidade de graduação, é registrada uma regra de graduação zero 00,00 00,00.

Frequentemente, as empresas calculam muitas das regras diretamente a partir das tabelas de medidas ou das fichas técnicas da roupa. No entanto, conjuntos de moldes graduados manualmente podem ser utilizados. É comum que o conjunto seja sobreposto na linha da altura da cava. As direções das coordenadas X e Y são registradas a partir desse ponto. Cada ponto graduado do conjunto (os pontos iniciais e finais de linhas e pontos específicos, ou seja, pontos de controle ou piques) é medido. As medidas podem ser verificadas por meio das diferenças de graduação das tabelas de medidas.

As regras de graduação também podem ser copiadas de outros moldes, método que muitas empresas utilizam. Além disso, os moldes com regras de graduação anexadas podem ser modificados, sendo que suas graduações podem ser mantidas no novo modelo. Esse é um procedimento rápido de produzir graduações para estimar custos.

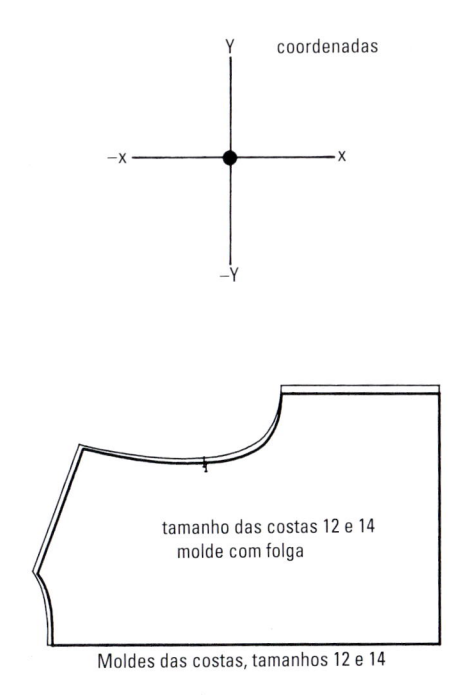

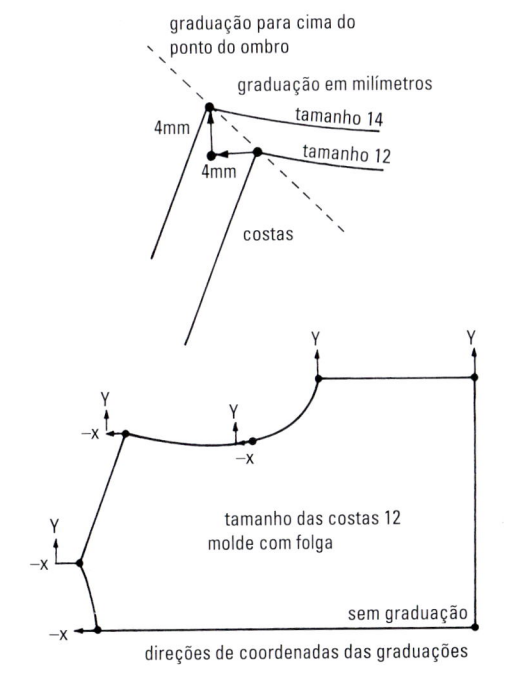

Graduação de moldes – 3

Bibliotecas de regras de graduação

As bibliotecas de regras de graduação são utilizadas por muitos fabricantes, principalmente nos casos em que seus produtos não apresentam grandes diferenças.

Uma biblioteca de regras de graduação é compilada a partir de regras de graduação numeradas para serem utilizadas nos pontos de graduação. Quando o número é atribuído a um ponto, a graduação será aplicada. Veja o diagrama abaixo. O número de tamanhos, seus intervalos e seus nomes devem ser inseridos no programa. Após, as regras de graduação para o molde são digitadas, criando uma biblioteca para aquela variação de tamanhos.

Uma vez inseridas na biblioteca as regras de graduação de um molde básico, qualquer molde similar ou adaptado pode ser graduado por essa base. No entanto, poucos moldes apresentam exatamente a mesma forma. Isso significa que novas regras de graduação devem ser calculadas pela pessoa responsável, bem como adicionadas na biblioteca.

As bibliotecas de regras de graduação das empresas que possuem diversos produtos podem ser extensas, mesmo quando divididas em seções. Por essa razão, algumas empresas preferem aplicar regras de graduação de maneira interativa, ou fazendo cópias das regras de outros moldes.

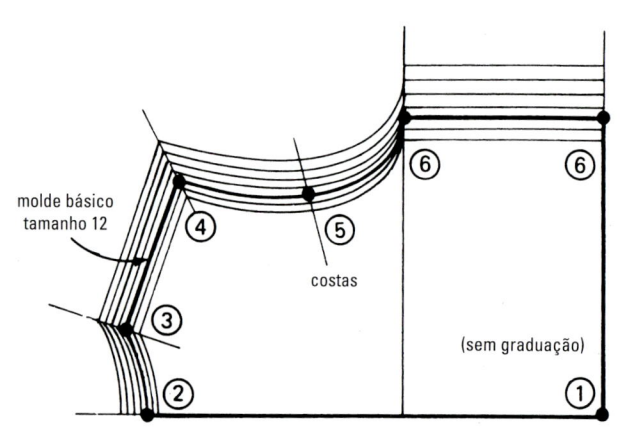

molde básico tamanho 12
costas
(sem graduação)
molde com folga, tamanhos 8-20

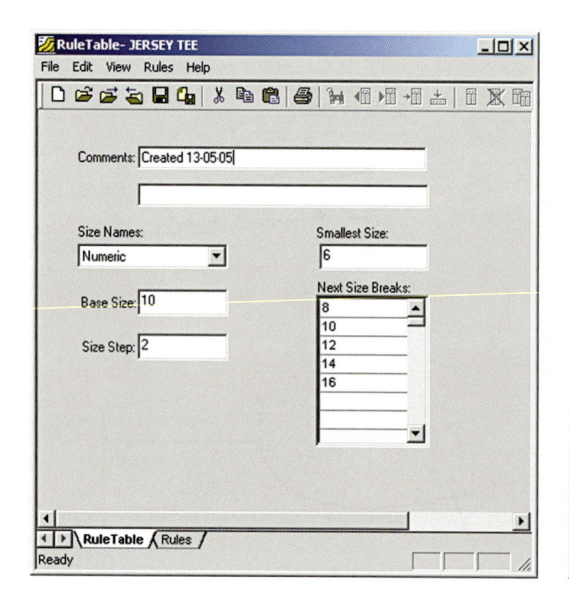

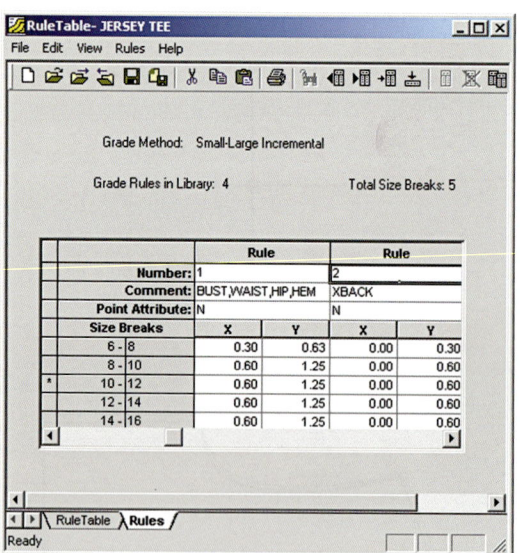

Exemplos de tela que mostram a inserção de tamanhos e regras de graduação. *Imagens autorizadas pela Gerber.*

Graduação de moldes – 4

Graduação do molde

As partes dos moldes, digitalizadas ou geradas em um PDS, devem ser conferidas para certificação de que todas as regras de graduação (aplicadas por meio de qualquer um dos métodos descritos) estão corretas. Após a conferência, é dada a instrução para que o molde seja graduado.

Esse comando gerará um conjunto de graduações para diversos tamanhos por meio das regras de graduação anexadas às peças ou das regras armazenadas na biblioteca de regras de graduação. Os moldes graduados aparecem na tela e podem ser verificados. Então, os moldes podem ser plotados ou enviados pelo sistema para planejamento de corte e infesto.

Técnicas de graduação avançadas

Atualmente, técnicas de graduação sofisticadas estão incluídas em muitos programas. A graduação perpendicular calcula as graduações com referência ao ângulo de outra linha, enquanto técnicas de graduação tangente controlam pontos ao longo de uma linha ou o comprimento da própria linha. Se um molde graduado for dividido, o sistema graduará as novas linhas de costura com a mesma proporção. Os moldes graduados podem ser modificados visualmente em tamanhos individuais, e essas modificações são atualizadas na tabela de regras automaticamente. Ao graduar partes do molde que possuem movimento, é possível verificar as costuras para medir as linhas de união.

Muitas empresas estão desenvolvendo sistemas de modelagem paramétrica. Nesses sistemas, os tamanhos apresentam como base as medidas utilizadas para traçar o molde. Qualquer tamanho novo é gerado não por movimento de pontos, mas por mudanças de medidas.

Diversas empresas de vestuário de pequeno porte não possuem expertise em modelagem ou graduação, de modo que empresas de software oferecem diversos moldes de roupas básicas (com mangas e golas alternativas) já graduados. Esse processo, que atalha etapas do desenvolvimento do produto, é útil para empresas com linhas enxutas, pois restringe as possibilidades de estilo.

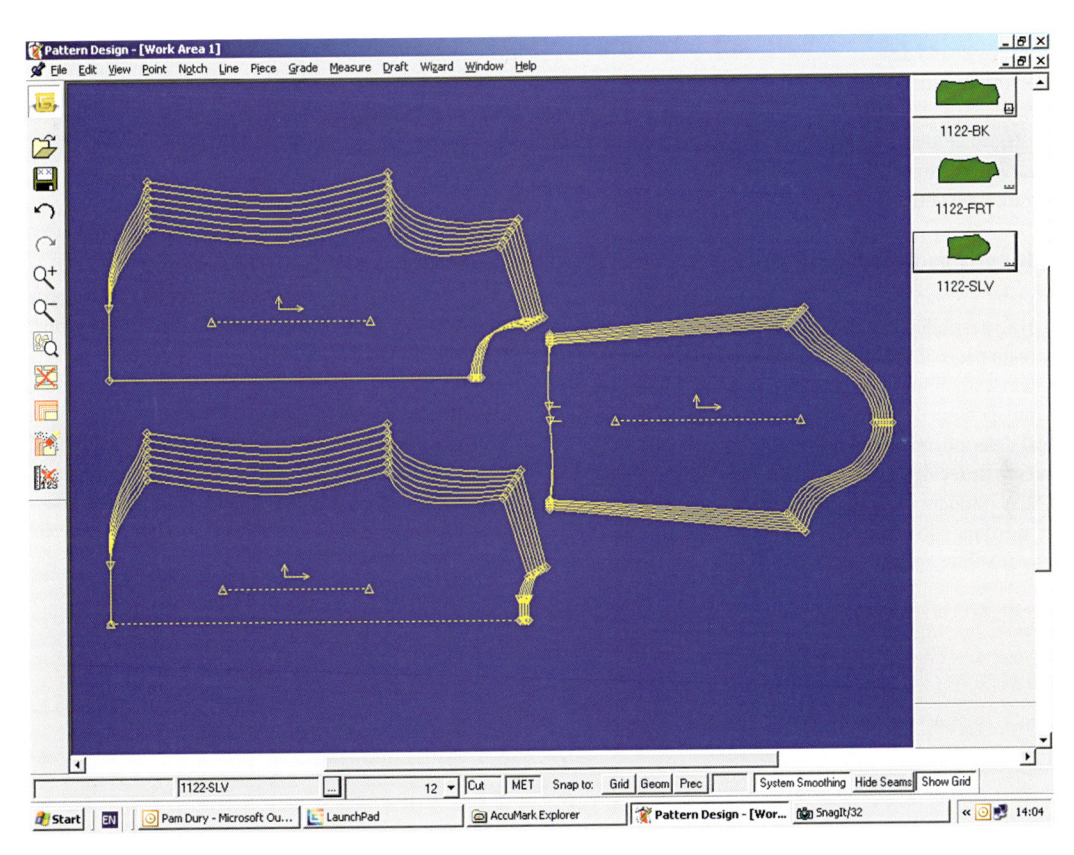

Exemplo de uma tela exibindo peças graduadas. *Imagem autorizada pela Gerber.*

Estudo de encaixe e plano de corte

Criação de modelos

A maioria dos fabricantes de médio e grande porte utiliza sistemas de desenho e manufatura com auxílio do computador (CAD/CAM, computer aided design and manufacturing). A principal razão dessas empresas comprarem um sistema é melhorar o aproveitamento do tecido e a velocidade da produção. Para cada modelo, normalmente mais de um plano de corte é necessário, pois planos separados devem ser elaborados para entretelas, acabamentos internos ou tecidos contrastantes.

Um modelo é criado tendo como base as partes de um molde armazenadas no sistema que serão cortadas em um determinado tecido. Então, informações sobre o número de partes e se alguma deve ser espelhada ou duplicada são solicitadas. Mais informações sobre o estilo da peça podem ser acessadas a partir do software de PDM, e muitos sistemas são multitarefas, permitindo que o operador trabalhe em diferentes programas na mesma tela.

Identificação do encaixe para plano de corte

O processo de identificação do plano de corte requer as seguintes instruções:

(1) Nome da parte do molde.
(2) Tamanhos.
(3) Número de partes do molde.
(4) Restrições do tecido (simples ou duplo, reversível, unidirecional ou estampado).
(5) Qualquer restrição de área.
(6) Qualquer margem entre peças.
(7) Encaixe de xadrez ou outras estampas.

Planejamento de corte para produção

Ao processar um pedido, o planejamento de corte para produção pode ser muito complexo. Há a possibilidade de um blazer ser cortado em diversos tecidos, cada qual com necessidades e plano de corte diferentes. Além disso, pedidos grandes e com muitos tamanhos precisam de diversos encaixes. O comprimento da mesa de corte, a largura do tecido, o número e o tamanho das peças determinam o encaixe do plano de corte.

O aproveitamento de tecidos é crucial para o lucro de uma empresa. Softwares de encaixe estudam e calculam o plano de corte mais eficiente para o número de roupas do pedido distribuindo os tamanhos em diferentes posições para obter a maior eficiência. Alguns programas também calculam opções para alcançar um melhor desempenho alterando a proporção de tamanhos do pedido, oferecendo diversas alternativas à empresa.

Estudo de encaixe

Uma vez processadas as informações sobre o pedido, o software de encaixe apresenta na tela o número e a rotação (tecido unidirecional ou bidirecional) das partes do molde para encaixe específico. As partes do molde podem ser, então, realocadas manualmente por um operador até a posição desejada. Muitas opções permitem ações como união de partes, divisão de partes e funções para encaixe de tecido listrado e xadrez.

O percentual de aproveitamento do tecido é exibido à medida que o encaixe das partes é feito. O aproveitamento é a área utilizada pelas partes do molde. Os fabricantes esperam que esse percentual seja acima de 80%, pois quanto maior for, menor será o desperdício.

Encaixe automático

Grande parte dos sistemas de CAD/CAM faz encaixe automático. Atualmente, a maioria dos fabricantes utiliza esse recurso porque as melhorias no hardware dos computadores aumentaram a velocidade e os níveis de aproveitamento do tecido. O sistema estudará diferentes encaixes das partes do molde no plano de corte e oferecerá a melhor alternativa.

Encaixe à distância

Atualmente, o encaixe à distância baseado na Web encontra-se disponibilizado por empresas como a assyst-bullmer, que fornece o serviço por meio do site *www.automarker.com*. Ela possibilita um encaixe universal para fabricantes com segurança de dados. A vantagem está na potência do computador central, que oferece encaixes de qualidade para o mundo todo 24 horas por dia, todos os dias. O serviço é direcionado a fabricantes que apresentam poucos funcionários, picos de trabalho, que estão esperando para expandir sua produção ou que possuem diversas unidades de produção. Esse tipo de serviço também fornece um sistema rápido de encaixe para pilotagem ou pedidos individuais.

A compatibilidade entre diferentes sistemas de CAD/CAM não se apresenta mais como um problema, pois há transferência de dados entre sistemas geracionais de moldes, plotters e máquinas de corte. O usuário também pode visualizar os resultados online ou inspecionar os encaixes quando finalizados.

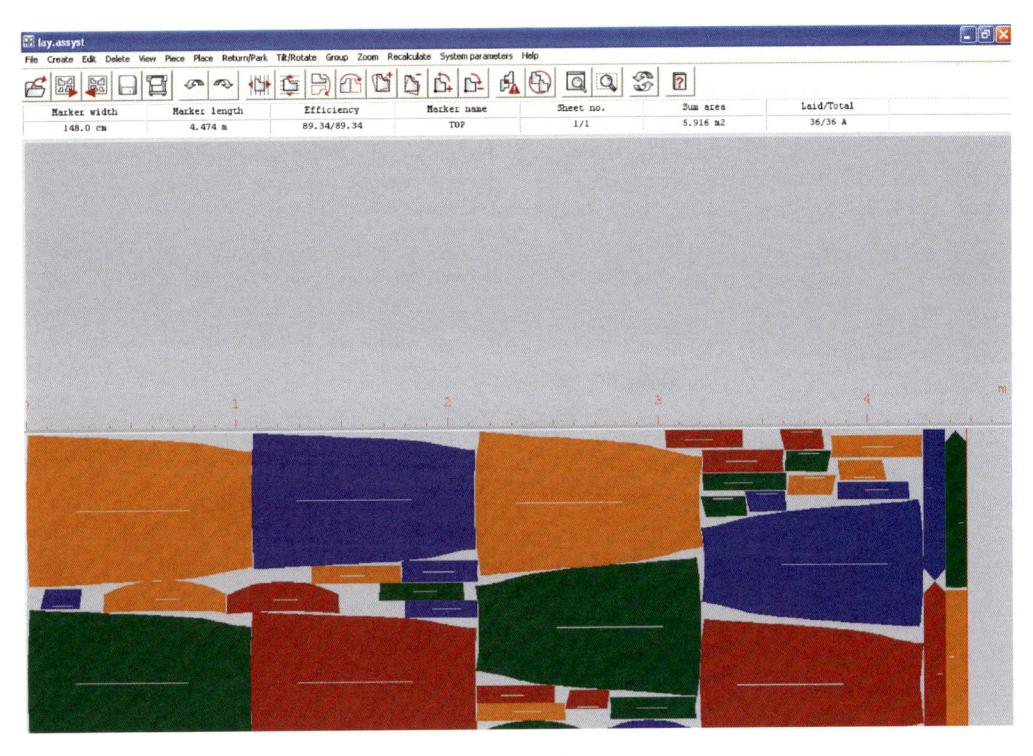

Tela de software apresentando plano de corte. *Imagem autorizada pela assyst-bullmer.*

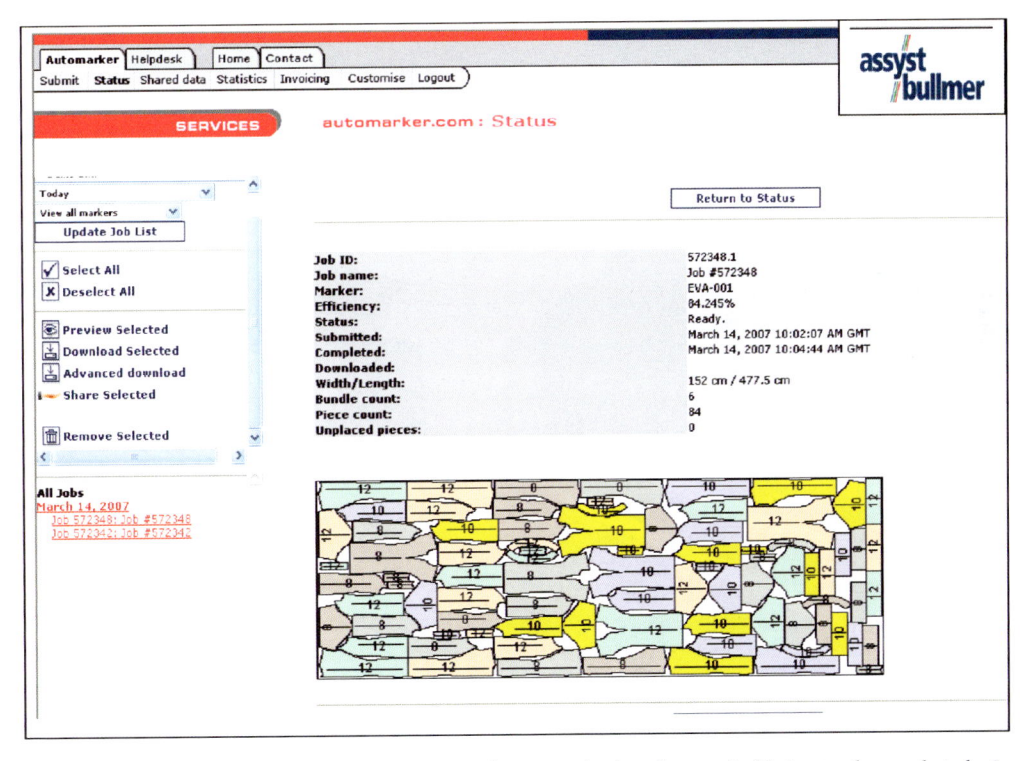

O site *www.automarker.com* possibilita criação de plano de corte para plotters e máquinas de corte de fabricantes do mundo todo. *Imagem autorizada pela assyst-bullmer.*

Plotagem e corte

Encaixes podem ser impressos em grandes plotters ou em plotters A0 de menor escala (ver imagem da página 208) para estimativas de custo. Eles também podem ser enviados para máquinas de corte de alta velocidade, que cortam muitas camadas de tecido de uma só vez. Máquinas menores ou específicas foram desenvolvidas para cortes pequenos e rápidos, de modelos individuais ou de peças pilotos.

A Lectra e a Gerber criaram máquinas de corte que utilizam sistemas inteligentes para melhorar o encaixe de tecidos listrados ou xadrez mesmo quando o tecido está enviesado. O operador utiliza câmera ótica avançada para fazer a correspondência entre as peças de tecido.

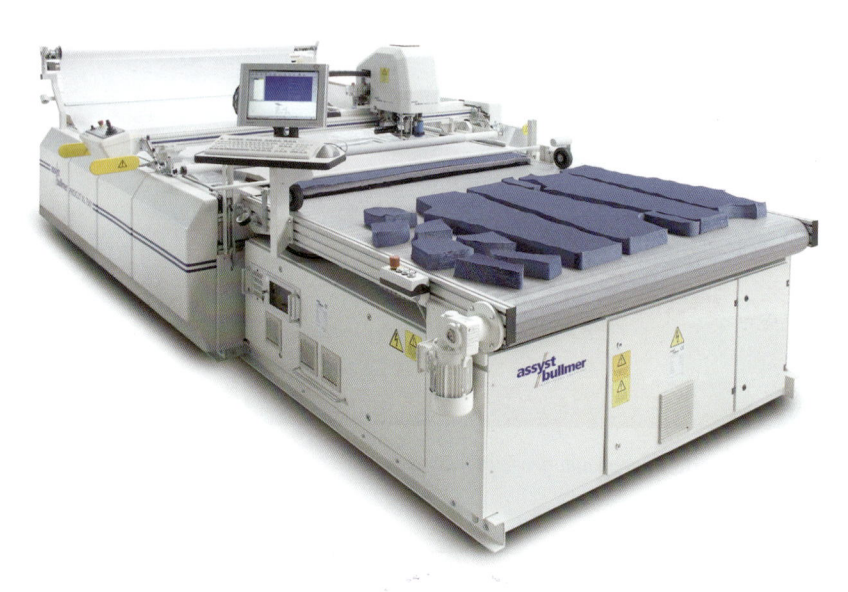

Corte de grande escala na plotter de recorte *Turbocut*. Imagem autorizada pela *assyst-bullmer*.

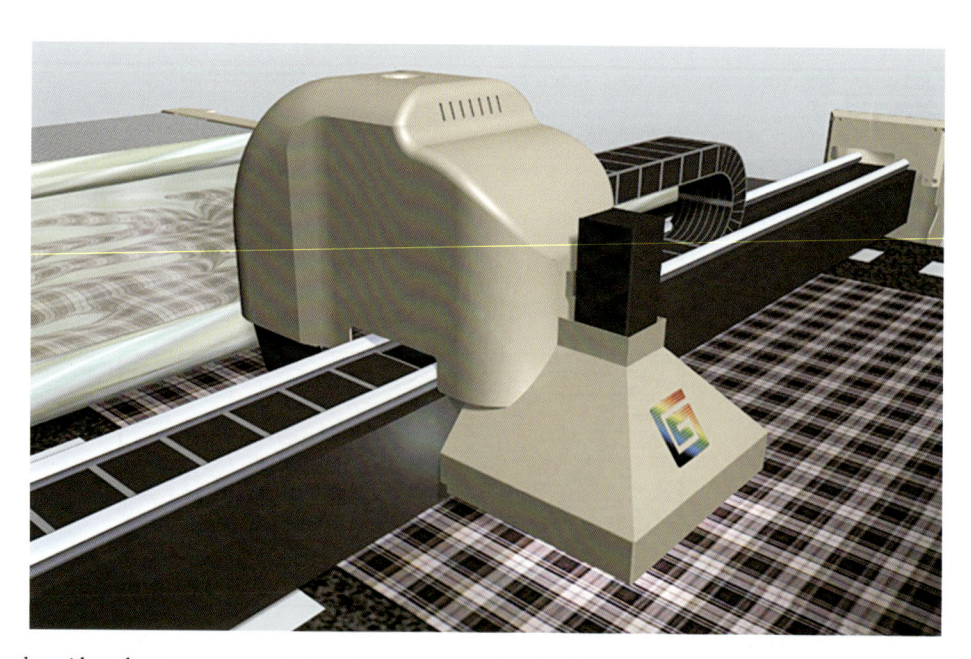

Encaixe automático do tecido xadrez no programa *Invision*. Imagem autorizada pela *Gerber*.

Gerenciamento do ciclo de vida do produto (PLM)

Os sistemas Web para gerenciamento do ciclo de vida do produto (PLM, product lifecycle management) permitem a criação de um banco de dados central. Esse banco de dados sobre produtos abrange todo o processo de desenvolvimento do produto, do fabricante ao varejista, sendo acessível em qualquer parte do mundo. Integrado aos sistemas de PDM por meio do ciclo de produção, o PLM fornece conhecimento sobre o macrofluxo do produto e o gerenciamento de sua produção. A velocidade necessária para levar roupas da moda ao mercado requer uma base de informações comum durante todo o ciclo de vida de um produto.

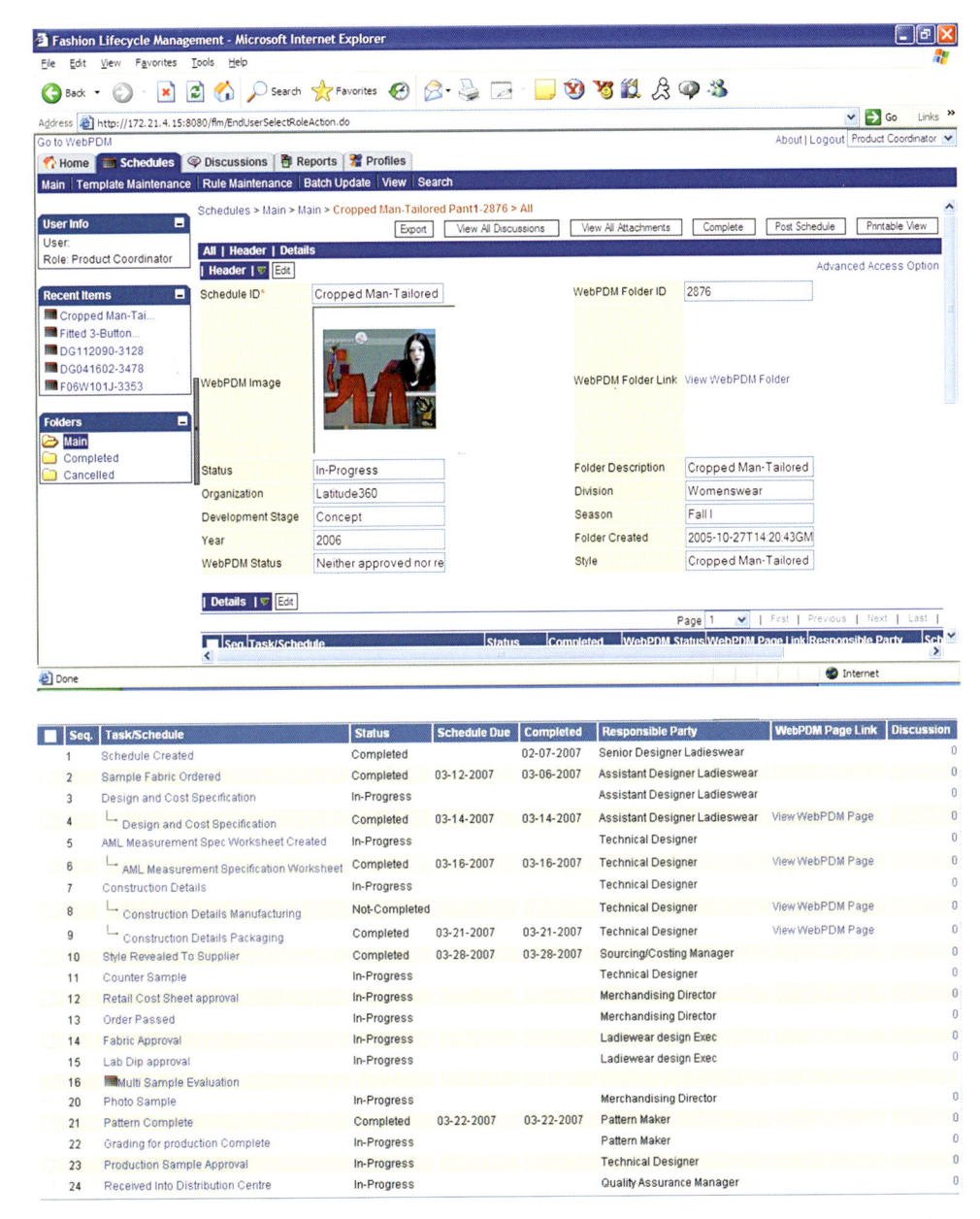

A página inicial de um software de PLM e uma página posterior com informações sobre o status de uma roupa durante seu ciclo de vida até sua finalização. *Imagens autorizadas pela Gerber.*

Apêndice: Divisores de apoio

Se você não tiver uma calculadora à mão para resolver partes fracionais, utilize o quadro abaixo. O quadro abrange os tamanhos mais comuns. (Os números que compõem as colunas marcadas com asterisco foram calculados em até duas casas decimais.)

Circunferência do pescoço (cm)

	*1/8	*1/5
34	4,3	6,8
35	4,4	7
36	4,5	7,2
37	4,6	7,4
38	4,8	7,6
39,2	4,9	7,8
40,4	5,1	8,1
41,6	5,2	8,3
42,8	5,4	8,6
44	5,5	8,8
45,2	5,7	9

Traçando um círculo

Os círculos são a base do traçado de alguns moldes. Os seguintes cálculos podem ser feitos para obter o raio necessário do traçado do círculo.
- A circunferência de um círculo é a medida ao redor do círculo.
- O raio é a linha que vai do centro do círculo até a extremidade oposta.
- Deve-se saber o raio para traçar um círculo. Raio = circunferência dividida por 6,28.

Exemplo prático O comprimento da cintura é de 68 cm; é necessário um círculo cuja circunferência seja de 68 cm. Raio = 68 ÷ 6,28 = 10,8. Um círculo traçado com raio de 10,8 cm terá uma circunferência de 68 cm.

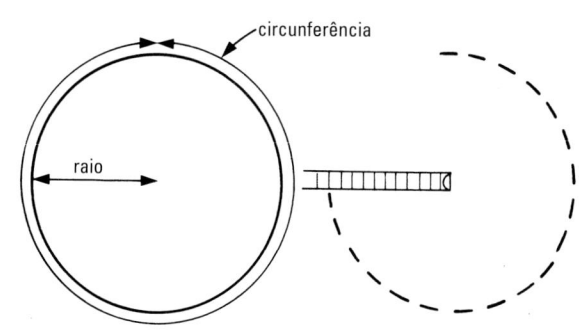

Busto, cintura e quadril (cm)

	*1/16	*1/12	*1/6	*1/4	*1/2
60	3,8	5	10	15	30
61	3,8	5,1	10,2	15,25	30,5
62	3,9	5,2	10,3	15,5	31
63	3,9	5,3	10,5	15,75	31,5
64	4	5,3	10,7	16	32
65	4,1	5,4	10,8	16,25	32,5
66	4,1	5,5	11	16,5	33
67	4,2	5,6	11,2	16,75	33,5
68	4,3	5,7	11,3	17	34
69	4,3	5,8	11,5	17,25	34,5
70	4,4	5,8	11,7	17,5	35
71	4,4	5,9	11,8	17,75	35,5
72	4,5	6	12	18	36
73	4,6	6,1	12,2	18,25	36,5
74	4,6	6,2	12,3	18,5	37
75	4,7	6,3	12,5	18,75	37,5
76	4,8	6,3	12,7	19	38
77	4,8	6,4	12,8	19,25	38,5
78	4,9	6,5	13	19,5	39
79	4,9	6,6	13,2	19,75	39,5
80	5	6,7	13,3	20	40
81	5,1	6,8	13,5	20,25	40,5
82	5,1	6,8	13,7	20,5	41
83	5,2	6,9	13,8	20,75	41,5
84	5,3	7	14	21	42
85	5,3	7,1	14,2	21,25	42,5
86	5,4	7,2	14,3	21,5	43
87	5,4	7,3	14,5	21,75	43,5
88	5,5	7,3	14,7	22	44
89	5,6	7,4	14,8	22,25	44,5
90	5,6	7,5	15	22,5	45
91	5,7	7,6	15,2	22,75	45,5
92	5,8	7,7	15,3	23	46
93	5,8	7,8	15,5	23,25	46,5
94	5,9	7,8	15,7	23,5	47
95	5,9	7,9	15,8	23,75	47,5
96	6	8	16	24	48
97	6,1	8,1	16,2	24,25	48,5
98	6,1	8,2	16,3	24,5	49
99	6,2	8,3	16,5	24,75	49,5
100	6,3	8,3	16,7	25	50
101	6,3	8,4	16,8	25,25	50,5
102	6,4	8,5	17	25,5	51
103	6,4	8,6	17,2	25,75	51,5
104	6,5	8,7	17,3	26	52
105	6,6	8,8	17,5	26,25	52,5
106	6,6	8,8	17,7	26,5	53
107	6,7	8,9	17,8	26,75	53,5
108	6,8	9	18	27	54
109	6,8	9,1	18,2	27,25	54,5
110	6,9	9,2	18,3	27,5	55
111	6,9	9,3	18,5	27,75	55,5
112	7	9,3	18,7	28	56